档案文献·甲

# 国民政府抗战时期厂企内迁档案选辑（下）

中国第二历史档案馆 ● 编

## 国民政府抗战时期档案选辑编委会名单

**主任委员：** 马振犊

**委　　员：** 王俊明　文俊雄　孙秋浦　任　荣
　　　　　　刘　冰　刘鼎铭　杨　斌　杨智友
　　　　　　郭必强　胡震亚　张开森　曹必宏
　　　　　　戚如高　蒋　耘　虞亚梅　戴　雄

## 本辑编委会名单

**主　　编：** 曹必宏
**副 主 编：** 胡震亚　蒋　梅
**编　　辑：** 蒋　梅　刘楠楠　胡震亚　杨　斌
　　　　　　魏振民　张士杰　张有高　郭必强

# 内迁厂企对抗战的贡献

# 一、概况

## 1. 经济部关于建设内地农业及建立工矿基础计划业已实施部分报告①（1938年10月）

拟请由经济部拟具开发西南各省富源计划，并欢迎国外投资及招集海外华侨人才、资本，发展西南实业，以裕抗战资源两案。

上列两案原系参政会议决合并，并请政府按照"在内地建立工矿基础，增加生产，以充实国力案"所通过之原则，合并计划施行；复奉国防最高会议常务委员会第95次会议，加入"建设内地农业，以促进后方生产，充实抗战力量案"，切实统筹办理等因，先后由行政院发交到部。

查本部自成立以来，对于增加生产，开发资源，业经从事规划，次第实施。兹就西南部分农、工、矿业之基础建设分别言之。

（1）关于农业者　如在四川方面，注意改良推广稻、麦、杂粮、棉花；贵州方面，由部、省合办农业改进所，改良稻、麦、杂粮及棉花；云南方面，注重改良推广棉花及稻作物；广西方面，注重改良稻、麦；广东方面，由中央农业实验所与中央大学合作，湖南方面由中央农业实验所与湖南农业改进所合作，均注重推广稻作、棉花。并于五月十八日公布经济部补助各省农业改进经费办法，使本部直辖之中央农业实验所与各省密切联络，为技术之协助指导。经费方面，亦可由部补助。又于农本局设置合作指导室，以推广农村合作事业。并于六月十九日，公布非常时期粮食调节办法，以适应非战区内之需

---

① 此件节录自《国民参政会第一次大会决议各案经济部办理情形报告》。

要。嗣又公布简易农仓办法,俾农仓得以普遍建立。又以推广棉田为增加棉产有效方法,本年计在四川推广优良中美棉棉田达74,926亩,滇省推广优良中美棉棉田52,000亩,本棉57,000亩。又拟2年之内,在川省换种德字棉、脱字棉160万亩,增加中棉棉田22万亩。又在西昌、泸县、奉节推广美棉15万亩,云南推广中棉棉田20万亩,又木棉60万株,贵州推广中棉棉田8万亩,约共可产皮棉50余万担,以供迁川纱厂及西南军民之需。又农本局自沪、粤、汉等地购进棉纱,运销川、桂、滇、黔等省者,截至九月份止,棉花数量为120,752市担,棉纱为5,931件,棉布为106,927匹,亦均陆续销售。

(2)关于矿业者　如广西之西湾,湖南之湘潭、辰溪、湘乡、恩口及零陵,贵州之桐梓,四川之犍为、屏山、彭县,云南之弥勒、宜良等处煤矿,已由资源委员会积极筹划开采,其中已有一部分生产者。又四川巴县石油沟、飞仙岩及达县税家槽等处之石油矿,已安设机钻,从事探凿。又国营之湖南茶陵铁矿,又湘潭中央钢铁厂,四川綦江铁矿及重广钢铁厂,亦正分别加紧建设。重庆一厂明夏可期生产。铜矿则湖南长沙已设立炼铜厂,每日可出铜5吨,四川重庆拟设精铜厂及彭县铜矿筹备处,川、康、滇铜业管理处,暨云南、东川铜矿等,亦由资源委员会与各省府筹商合作,均先后成立机关,总期能供目前兵工用铜每年6,000余吨之数量。金矿则四川之松潘、漳腊,湖南之沅陵,柳林义、合同、漠里,及沿沅江流域与青海西康之产金各地,均经分别由资源委员会与各该省府会同设局,一面探采,一面收集,以期充实外汇资金。铅、锌等矿,则湖南已设炼铅、炼锌两厂,余如云南、东川之炼铅厂,四川之宁属一带铅银矿,亦已派员分赴该地指导研究,以谋开发。又如贵州省溪之水银,及湖南向产水银各处,本部亦正与湘、黔省府商洽合办。锡矿如广西之平桂,湖南之江华等处,已由资源委员会与各该省政府合出资金,设立矿务局,力谋生产。云南个旧亦正在划区凿井进行。又江西、广东、湖南所产钨砂,及湖南之纯锑,均由本部资源委员会设处管理,统制输出。至后方民营各矿,则颁有战时请领煤矿办法,并拟具工矿业奖助暂行条例,以期提倡协助。至于由战地内迁矿厂,如河南之中福煤矿,已与天府煤矿合作开采四川天府煤矿;湖北之源华煤矿,已与资源委员会合作,办理辰溪煤矿;山东之中兴煤矿,已与资源委员会商定合办开采湖南零陵煤矿。汉口六河沟及汉阳制铁钢厂,已由本部资委会与军政部兵工署合设钢铁厂迁建委会拆运入川。又上海之大鑫钢铁厂,亦已由本部借款协助,将其机炉运至重庆矣。

  (3)关于工业者　国营基本工业之无线电机及电瓷、灯泡等厂,现一面积极出货,一面由长沙分迁桂林、沅陵。电线厂正在昆明建造厂房,电机厂现由宜都迁往桂林。又自湘迁滇之机器厂,已在新址装机,先为兵工署制造炮弹引信。植物油提炼轻油厂,已在重庆沙坪坝建筑厂房,安置机器。四川之酒精厂,自七月份起出货供给兵工需要,现正增制动力酒精。陕西酒精厂,已经接收整顿,拟将制造无水酒精设备迁于四川。

  至民营事业方面,自今春作第2次内迁以来,综计迁到及在途中之厂,入川者130余家,往湘西者104家,赴桂林者15家,至陕西及其他地方者23家,均由本部工矿调整处主持办理贷予资金达130余家。工矿调整处至九月十五日为止,计支迁移借款83.5万余元,营运资金借款85.1万余元,建筑及设备借款237.2万余元,共计400万余元,并为重要各厂购置一年所需五金材料约需三百数十万元,均在分别进行之中。现已在各地复工者,计66厂,其中承造军需品者,计44厂,其已在重庆附近复工者,计20余家,仍以承造军需品为先务。其未复工者,该处订有内迁厂矿限期复工办法,饬令限期复工,俾得增加生产。此外又协助民营各厂,介绍银行贷予流通资金,期得扩大生产,如重庆之电力、自来水、水泥、民生等公司,及湖南之炼铅、炼锌等厂,综计贷款不下500万元,用以扩充工业基础。此外新设立之各电厂,则有汉中电厂、宜都电厂、兰州电厂、万县电厂、沅陵及辰溪电厂、贵阳电厂、昆明电厂、西京电厂8处。旧电厂之调整,则有云南昆明、四川内江、泸县、湖南桃源、及广西桂林分厂等。又西南各地原有之土法工业,大都关系民生日用,只以技术不良,经营不善,未臻发达,本部为增加战时生产,俾与机器制造相辅而行,已责成所属技术及调整机关分别予以技术指导,资金协助,其已见施行者,有江苏难民之木机纺织、四川制革之使用国产鞣等,并设法改进。川、黔两省造纸之技术,及土法制糖之工具、国产染料之试验、小规模酒精制造之增产等,俱渐有成效,并正在分别推进之中。

右列3项为本部建设内地农业及建立工矿基础计划之业已实施者,此后仍当竭力推进,并招致海外华侨在内地投资,俾期群策群力,以增加后方生产力量,而充裕抗战资源。

[经济部档案]

## 2. 工矿调整处编核迁厂数及物资吨位统计表(1938年12月)

### 核迁厂数及物资吨位统计表

（截至廿七年十一月三十日止）

| 类别 | 迁往省区<br>厂数及吨位 | 共计 | 四川省 | 湖南省 | 广西省 | 陕西省 | 其他 | 未定 |
|---|---|---|---|---|---|---|---|---|
| 共计 | 厂数 | 341 | 142 | 110 | 15 | 20 | 12 | 42 |
|  | 吨位 | 63,411.2 | 34,252.1 | 7,926.3 | 2,452.5 | 11,969.0 | 555.0 | 6,256.3 |
| 机器五金 | 厂数 | 143 | 55 | 58 | 8 | 3 | 3 | 16 |
|  | 吨位 | 8,008.9 | 4,984.4 | 939.2 | 1,106.5 | 138.0 | 376.3 | 464.5 |
| 无线电电器 | 厂数 | 22 | 7 | 7 | 1 | 2 | 1 | 4 |
|  | 吨位 | 3,229.3 | 1,783.2 | 297.6 | 800.0 | 60.0 | 5.5 | 283.0 |
| 陶瓷玻璃 | 厂数 | 10 | 5 | 4 |  |  | 1 |  |
|  | 吨位 | 3,436.4 | 159.7 | 3,223.9 |  |  | 52.8 |  |
| 化学 | 厂数 | 38 | 21 | 6 | 2 |  | 1 | 8 |
|  | 吨位 | 2,191.8 | 1,259.5 | 172.8 | 331.5 |  |  | 428.0 |
| 饮食品 | 厂数 | 17 | 6 | 3 |  | 2 | 4 | 2 |
|  | 吨位 | 3,072.8 | 1,603.7 | 503.2 |  | 604.0 | 72.9 | 289.0 |
| 印刷文具 | 厂数 | 31 | 23 | 1 | 2 |  | 1 | 4 |
|  | 吨位 | 2,902.0 | 2,404.9 | 3.6 | 89.5 |  | 14.5 | 389.5 |
| 纺织 | 厂数 | 60 | 11 | 28 | 1 | 13 | 1 | 6 |
|  | 吨位 | 31,632.3 | 15,768.3 | 143.0 | 120.0 | 11,167.0 | 33.0 | 4,401.0 |
| 矿业 | 厂数 | 9 | 4 | 3 |  |  |  | 2 |
|  | 吨位 | 8,604.3 | 5,960.0 | 2,643.0 |  |  |  | 1.3 |
| 其他 | 厂数 | 11 | 10 |  | 1 |  |  |  |
|  | 吨位 | 333.4 | 328.4 |  | 5.0 |  |  |  |

[资源委员会档案]

## 3. 经济部关于后方工业发展报告①（1941年3月）

### 后方工业之发展

在抗战以前，中国的工业多集中于沿江沿海一带，内地工业基础极为薄弱。抗战军兴，政府西迁之后，沿海沿江各地工厂在政府协助与鼓励之下，相继西迁的共达450家，内迁机料共达12万吨，内迁技工共达1.2万余人。

以上内迁工厂，连同近二三年内政府及人民在后方新设立之工厂，以及后方原有之工厂，据去年年底的统计，已达1,354家，形成内地11个工业中心区域，所有各区内工业发展情形，略如下表：

| 工业别\区别 | 机器 | 冶炼 | 电器 | 化学 | 纺织 | 其他 | 总计 |
|---|---|---|---|---|---|---|---|
| 重庆区 | 159 | 17 | 23 | 120 | 62 | 48 | 429 |
| 川中区 | 16 | 23 | 3 | 100 | 31 | 14 | 187 |
| 广元区 | 2 | 3 | 0 | 1 | 1 | 0 | 7 |
| 川东区 | 8 | 20 | 0 | 4 | 4 | 2 | 38 |
| 沅辰区 | 49 | 3 | 3 | 7 | 5 | 2 | 69 |
| 桂林区 | 17 | 4 | 8 | 8 | 23 | 7 | 67 |
| 西安宝鸡区 | 12 | 0 | 1 | 19 | 15 | 10 | 57 |
| 昆明区 | 11 | 6 | 7 | 25 | 18 | 13 | 80 |
| 贵阳区 | 6 | 1 | 0 | 7 | 1 | 3 | 18 |
| 宁雅区 | 6 | 2 | 0 | 9 | 3 | 0 | 20 |
| 甘青区 | 3 | 1 | 0 | 1 | 8 | 7 | 20 |
| 其他 | 23 | 13 | 2 | 60 | 111 | 153 | 362 |
| 合计 | 313[312] | 93 | 48[47] | 361 | 294[282] | 269[259] | 1,354 |

在这张表内，有两点极可注意。第一，在短短的二三年内，我们已在内地建立若干工业中心，矫正了过去只知注重沿江沿海的错误。第二，在抗战以前，中国的工业偏重于轻工业，这是大家都知道的。但在我们后方所建立的工业，重工业已居于领导的地位，不但资源委员会所办的事业大部分是属于重工业的范围之内，就是民营的事业，重工业的比重已大有可观，只看机械、炼冶、电器、化学（化学工业中，有一部分属于轻工业）等工厂的数目，在整个

---

① 节录自1941年3月经济部给国民参政会的《经济部报告》。

工业中所占的地位,便可了然。机械工业是一切工业之母。我们在后方设立300多个机器工厂,在抗战的初期,因若干兵工厂尚在迁移的过程中,所以他们的工作偏重于制造兵工材料,如手榴弹、机关枪零件之类。此点我在以前几次参政会中已有报告。最近兵工厂均已复工,所以后方的机器工厂,其产品的性质又有改变。近来各地的机器工厂多注重于工具机及工作机的制造,以便他种工业因有生产工具而得以创立。只以政府所协助的内迁机械工厂来说,在二十九年内,曾制造车床579部、钻床144部、铣床142部、牛头刨床66部、锉刀9,500把、蒸汽机18部、煤气机31部、柴油机17部、锅炉13座、煤气发生炉170套、鼓风机72部、抽水机434部、轧花机269部、弹花机1,006部、摇纱机189部、纱锭子11,000只、印度纺纱机8套、手工纺纱机737部、针织机240部、织布机115部、压坯机43部、制革机38部、面粉机8套、切面机151部、碾米机37部、滤油机及榨油机4部、印刷机122部、水轮机2部、酒精蒸馏塔14套、火柴机8部、汽车用煤气发生炉640具、造船14艘、救火汽车4部、起重机4部,其他零星机件不计。从这个单子上,我们可以看出后方的机器工厂,已经能够负起一部分的责任,来奠定后方工业化的基础。

我们又知道工业的发展,有赖于电力的供给,所以政府在西迁之后,即立定计划,在若干工业中心,设立电厂,以供给新兴工厂所需要的电力。在最近一年之内完成的,有龙溪河长寿分厂,设有煤气发电机200千瓦,水力发电机900千瓦;有五通桥的岷江电厂,除原有设备外,又新添柴油发电机200千瓦,正在添设之500千瓦的发电机,夏间可以完成,有宜宾电厂,除原有设备外,又新添煤气发电机200千瓦,柴油发电机340千瓦,均已实行发电;有自流井电厂,设有汽轮发电机500千瓦;又有筹备中之泸州电厂,用中央机器厂自造的2,000千瓦发电机;有贵阳电厂,新加发电机520千瓦;有甘肃电厂,设有蒸汽发电机264千瓦,又新添500千瓦的发电机;有西宁电厂,设有柴油发电机29千瓦,已于二月八日通电。

在矿业方面,除外销矿产品在后面当再提及外,对于煤、铁两种重要物资之生产,后方亦颇有加增。煤的生产,后方四川、云南、贵州、广西、湖南、江西、陕西、西康、甘肃等省,在二十六年产量为366万吨,二十七年增至426万吨,二十八年增至456万吨,二十九年增至571万吨。其中四川产量最多,已由二十六年的161万吨增至二十九年的328万吨。湖南次之,已由二十六年的90万吨加至二十九年的150万吨。其余如江西、陕西、贵州三省,去年的产量均在30万吨之上,云南的产量已在20万吨之上。以铁的生产来说,后方四川、云南、西康、贵州、广西等省,土铁的产量已由二十六年之3.1万吨加至二十九年之10万吨,矿砂则由二十六年之8.5万吨加至二十九年之25.8万吨。新式炼铁设备,钢铁厂迁建委员会在大渡口之钢铁厂设有20吨炼铁炉,继续出铁,100吨炼铁炉,在设置中,有马丁炼铁炉4座,本年年底可开始出产。中国兴业公司在江北之30吨炼铁炉,10吨马丁炼钢炉,涪陵之15吨炼铁炉,均在装置中。威远炼铁厂之30吨炼铁炉,在装置中。此外民营钢铁厂,如渝鑫为最重要,均照旧出货。

这些都是我们后方工业化的起点,虽然比抗战以前已有进步,但与我们的理想相比,还相差甚巨。现在我们在总裁领导之下,正在起草10年国防工业计划,假如那个计划能够完成,那么中国的整个经济面目当完全改观。关于这点,将来有机会时,当再为说明。

[经济部档案]

## 4. 后方各省纱厂资本额及工人数统计表(1941年4月)

| 省别 | 纱厂资本总额 | 男工人数 | 女工人数 | 备注 |
| --- | --- | --- | --- | --- |
| 四川 | 18,200,000.00 | 1,100 | 4,578 | 军政部纺织厂未在内 |
| 陕西 | 21,000,000.00 | 3,942 | 825 | |
| 云南 | 17,000,000.00 | 445 | 1,226 | |
| 湖南 | 5,100,000.00 | 200 | 800 | |
| 广西 | 1,150,000.00 | 255 | 130 | |
| 合计 | 62,450,000.00 | 5,942 | 7,559 | |

[经济部工矿调整处档案]

## 5. 方崇森报送厂矿迁建统计及内迁工厂复工后产品价值统计呈
（1941年6月2日）

谨查本处自二十七年督迁沿海沿江厂矿内迁以来，分配在川湘桂陕各省复工，计至二十九年年底止，内迁厂矿共448家。除另有主管机关及联络中断者外，在本处直接监督复工之厂矿仅有323家，已复工者现时已有308家，迁建工作至此可告一段落。谨将前由业务组编制之厂矿迁建统计及内迁工厂复工后产品价值统计修正至二十九年年底止，编成新表共两册。以后关于后方厂矿产品价值统计拟以全数后方民营工厂为准，包括原有、内迁、新创等三类厂矿，以表示本处调整范围不限于内迁工厂。是否有当，理合检同修正厂矿迁建统计及内迁工厂复工后产品价值统计各一本，呈请鉴核示遵。谨呈

组长林

副处长张、处长翁

职方崇森谨签　六月二日

附：厂矿迁建统计及内迁工厂复工后产品价值统计各一本

### 厂矿迁建统计

一、本处迁建厂矿推进情形分期累计总表

二、内迁厂矿数累计表（按内迁后设厂地区分类）

三、本处协助内迁机料吨位累计表

四、本处协助内迁技术工人数累计表

五、内迁厂矿复工数累计表

六、内迁工厂复工后产品价值分类统计

经济部工矿调整处编

### 本处迁建厂矿推进情形分期累计总表

| 日期<br>项目 | 二十七年<br>十二月底止 | 二十八年<br>六月底止 | 二十八年<br>十二月底止 | 二十九年<br>六月底止 | 二十九年<br>十二月底止 |
|---|---|---|---|---|---|
| 内迁厂矿（家） | 304 | 386 | 418 | 448 | 448 |
| 机料重量（吨） | 51,182.5 | 67,254.3 | 70,037.3 | 70,941.2 | 70,991.2 |

续表

| 日期<br>项目 | 二十七年<br>十二月底止 | 二十八年<br>六月底止 | 二十八年<br>十二月底止 | 二十九年<br>六月底止 | 二十九年<br>十二月底止 |
|---|---|---|---|---|---|
| 内迁技工(人) | 1,793 | 8,015 | 11,413 | 12,080 | 12,164 |
| 复工厂矿(家) | 87 | 229 | 274 | 303 | 308 |
| 复工后产品价值(元) | 5,512,541 | 16,079,810 | 34,268,223 | 92,904,786 | 145,859,005 |
| 平均每厂内迁后产品价值(元) | 68,056 | 70,218 | 125,067 | 306,616 | 473,568 |

查内迁厂矿虽有448家，但有一部分工厂或因主要机件不及新迁无复工能力，或因与本处联络中断，详情待查，或因另有主管机关监督其复工事宜。故在本处直接监督复工之厂矿，目前仅有323家，其中308家已复工，余在积极筹备中。此外尚有由闽浙内迁工厂86家，分设永嘉、闽侯等地，以未经本处主办，其详情在询报中，亦未列入。

### 内迁厂矿数累计表（按内迁复设厂地区分类）

| 类别 | 日期<br>迁往省区 | 共计 | 四川省 | 湖南省 | 广西省 | 陕西省 | 其他省区 |
|---|---|---|---|---|---|---|---|
| 共计 | 二十七年年底止 | 304 | 134 | 118 | 21 | 20 | 11 |
| 共计 | 二十八年年底止 | 418 | 223 | 122 | 23 | 27 | 23 |
| 共计 | 二十九年年底止 | 448 | 254 | 121 | 23 | 27 | 23 |
| 钢铁工业 | 二十七年年底止 | 1 | 1 | | | | |
| 钢铁工业 | 二十八年年底止 | 1 | 1 | | | | |
| 钢铁工业 | 二十九年年底止 | 1 | 1 | | | | |
| 机械工业 | 二十七年年底止 | 121 | 50 | 55 | 10 | 3 | 3 |
| 机械工业 | 二十八年年底止 | 168 | 96 | 50 | 11 | 3 | 8 |
| 机械工业 | 二十九年年底止 | 181 | 108 | 50 | 12 | 3 | 8 |
| 电器制造业 | 二十七年年底止 | 17 | 8 | 6 | 2 | | 1 |
| 电器制造业 | 二十八年年底止 | 28 | 18 | 6 | 3 | | 1 |
| 电器制造业 | 二十九年年底止 | 29 | 20 | 6 | 3 | | |
| 化学工业 | 二十七年年底止 | 41 | 27 | 7 | 3 | 2 | 2 |
| 化学工业 | 二十八年年底止 | 54 | 34 | 9 | 1 | 3 | 7 |

续表

| 类别 | 迁往省区＼日期 | 共计 | 四川省 | 湖南省 | 广西省 | 陕西省 | 其他省区 |
|---|---|---|---|---|---|---|---|
|  | 二十九年年底止 | 56 | 37 | 8 | 1 | 3 | 7 |
| 纺织工业 | 二十七年年底止 | 71 | 10 | 44 | 2 | 14 | 1 |
|  | 二十八年年底止 | 92 | 20 | 52 | 3 | 16 | 1 |
|  | 二十九年年底止 | 97 | 25 | 52 | 3 | 16 | 1 |
| 饮食工业 | 二十七年年底止 | 15 | 7 | 3 |  | 1 | 4 |
|  | 二十八年年底止 | 22 | 12 | 1 | 1 | 4 | 4 |
|  | 二十九年年底止 | 22 | 12 | 1 | 1 | 4 | 4 |
| 教育用具工业 | 二十七年年底止 | 20 | 19 |  | 3 |  |  |
|  | 二十八年年底止 | 31 | 26 | 1 | 3 |  | 1 |
|  | 二十九年年底止 | 37 | 32 | 1 | 3 |  | 1 |
| 其他工业 | 二十七年年底止 | 9 | 8 |  | 1 |  |  |
|  | 二十八年年底止 | 14 | 12 |  | 1 |  | 1 |
|  | 二十九年年底止 | 17 | 15 |  |  |  | 2 |
| 矿业 | 二十七年年底止 | 7 | 4 | 3 |  |  |  |
|  | 二十八年年底止 | 8 | 4 | 3 |  | 1 |  |
|  | 二十九年年底止 | 8 | 4 | 3 |  | 1 |  |

注：在二十八年前迁湘桂之工厂因战局关系有再迁川或滇黔者，故湘桂累计厂数者见减少者即是此故。

## 本处协助内迁机料吨位累计表

| 类别 | 迁往省区＼日期 | 共计 | 四川省 | 湖南省 | 广西省 | 陕西省 | 其他省区 |
|---|---|---|---|---|---|---|---|
| 共计 | 二十七年年底止 | 51,182.5 | 32,328.3 | 5,931 | 2,511.2 | 10,199 | 231 |
|  | 二十八年年底止 | 90,039.3 | 44,388.6 | 10,727.3 | 3,333.6 | 10,534 | 1,053.8 |
|  | 二十九年年底止 | 70,991.2 | 45,262.5 | 10,442.8 | 3,428.1 | 10,534 | 1,053.8 |
| 钢铁工业 | 二十七年年底止 | 1,151.9 | 1,151.9 |  |  |  |  |
|  | 二十八年年底止 | 1,151.9 | 1,151.9 |  |  |  |  |
|  | 二十九年年底止 | 1,151.9 | 1,151.9 |  |  |  |  |

续表

| 类别 | 迁往省区\日期 | 共计 | 四川省 | 湖南省 | 广西省 | 陕西省 | 其他省区 |
|---|---|---|---|---|---|---|---|
| 机械工业 | 二十七年年底止 | 6,162.4 | 4,199.2 | 670.9 | 1,124.5 | 138 | 29.8 |
| | 二十八年年底止 | 13,255 | 9,781.1 | 1,198.7 | 1,783.6 | 138 | 353.6 |
| | 二十九年年底止 | 13,554.4 | 9,980.5 | 1,198.7 | 1,883.6 | 138 | 353.6 |
| 电器制造业 | 二十七年年底止 | 3,051.5 | 2,224.1 | 288.1 | 553.8 | | 5.5 |
| | 二十八年年底止 | 5,299.8 | 2,273.2 | 2,542.6 | 478.5 | | 5.5 |
| | 二十九年年底止 | 5,299.8 | 2,273.2 | 2,542.6 | 478.5 | | 5.5 |
| 化学工业 | 二十七年年底止 | 6,506 | 3,010.2 | 2,949.5 | 491.5 | 2 | 52.8 |
| | 二十八年年底止 | 8,093.4 | 3,411.6 | 3,898.6 | 126.6 | 140 | 516.6 |
| | 二十九年年底止 | 8,356.7 | 3,689.4 | 3,884.1 | 126.6 | 140 | 516.6 |
| 纺织工业 | 二十七年年底止 | 26,150.4 | 16,723.9 | 161.5 | 150 | 9,114 | 1 |
| | 二十八年年底止 | 30,822 | 20,414.5 | 424.5 | 726 | 9,256 | 1 |
| | 二十九年年底止 | 30,823.2 | 20,415.7 | 424.5 | 726 | 9,256 | 1 |
| 饮食品工业 | 二十七年年底止 | 1,923.9 | 1,182 | | | 400 | 141.9 |
| | 二十八年年底止 | 3,212.7 | 2,021.8 | 154 | | 880 | 156.9 |
| | 二十九年年底止 | 3,212.7 | 2,021.8 | 154 | | 880 | 156.9 |
| 教育用具工业 | 二十七年年底止 | 1,220.3 | 1,014.4 | | 205.9 | | |
| | 二十八年年底止 | 1,374.3 | 1,137.3 | 3.6 | 213.4 | | 20 |
| | 二十九年年底止 | 1,665.6 | 1,428.6 | 3.6 | 213.4 | | 20 |
| 其他工业 | 二十七年年底止 | 383.3 | 377.8 | | 5.5 | | |
| | 二十八年年底止 | 560 | 554.3 | | 5.5 | | 0.2 |
| | 二十九年年底止 | 658.7 | 653 | | 5.5 | | 0.2 |
| 矿业 | 二十七年年底止 | 4,832.8 | 2,989.8 | 1,843 | | | |
| | 二十八年年底止 | 6,268.2 | 3,642.9 | 2,505.3 | | 120 | |
| | 二十九年年底止 | 6,268.2 | 3,642.9 | 2,505.3 | | 120 | |

注:本表中有两项累计数减少系因工厂再度迁移之故。

## 本处协助内迁技工人数累计表

| 类别 | 日期 \ 迁往省区 | 共计 | 四川省 | 湖南省 | 广西省 | 陕西省 | 其他省区 |
|---|---|---|---|---|---|---|---|
| 共计 | 二十七年年底止 | 1,793 | 1,532 | 148 | 55 | 58 | |
| | 二十八年年底止 | 10,912 | 7,688 | 2,561 | 524 | 352 | 288 |
| | 二十九年年底止 | 12,664 | 8,105 | 2,777 | 532 | 432 | 318 |
| 钢铁工业 | 二十七年年底止 | 313 | 313 | | | | |
| | 二十八年年底止 | 360 | 360 | | | | |
| | 二十九年年底止 | 360 | 360 | | | | |
| 机械工业 | 二十七年年底止 | 797 | 657 | 82 | 54 | 4 | |
| | 二十八年年底止 | 5,588 | 3,817 | 1,221 | 382 | 38 | 130 |
| | 二十九年年底止 | 5,968 | 3,434 | 1,471 | 395 | 38 | 130 |
| 电器制造业 | 二十七年年底止 | 161 | 154 | 7 | | | |
| | 二十八年年底止 | 684 | 545 | 114 | 25 | | |
| | 二十九年年底止 | 744 | 595 | 119 | 30 | | |
| 化学工业 | 二十七年年底止 | 126 | 66 | 59 | 1 | | |
| | 二十八年年底止 | 1,376 | 642 | 593 | 8 | 33 | 100 |
| | 二十九年年底止 | 1,408 | 688 | 554 | 8 | 58 | 100 |
| 纺织工业 | 二十七年年底止 | 135 | 81 | | | 54 | |
| | 二十八年年底止 | 1,603 | 736 | 633 | | 231 | 3 |
| | 二十九年年底止 | 1,688 | 797 | 633 | | 255 | 3 |
| 饮食品工业 | 二十七年年底止 | 12 | 12 | | | | |
| | 二十八年年底止 | 549 | 444 | | | 50 | 55 |
| | 二十九年年底止 | 580 | 444 | | | 81 | 55 |
| 教育用具工业 | 二十七年年底止 | 184 | 184 | | | | |
| | 二十八年年底止 | 606 | 527 | | 79 | | |
| | 二十九年年底止 | 635 | 536 | | 99 | | |
| 其他工业 | 二十七年年底止 | 50 | 50 | | | | |
| | 二十八年年底止 | 270 | 240 | | 30 | | |
| | 二十九年年底止 | 404 | 374 | | 30 | | |
| 矿业 | 二十七年年底止 | 15 | 15 | | | | |
| | 二十八年年底止 | 377 | 377 | | | | |
| | 二十九年年底止 | 377 | 377 | | | | |

注：湖南二十九年底之迁移数字少于二十八年底之迁移数字系因工厂再度迁移之故。

## 内迁厂矿复工数累计表

| 类别 | 迁往省区<br>日期 | 共计 | 四川省 | 湖南省 | 广西省 | 陕西省 | 其他省区 |
|---|---|---|---|---|---|---|---|
| 共计 | 二十七年年底止 | 81 | 54 | 78 | 7 | 1 | 1 |
| 共计 | 二十八年年底止 | 274 | 118 | 118 | 13 | 17 | 8 |
| 共计 | 二十九年年底止 | 308 | 184 | 86 | 14 | 17 | 7 |
| 钢铁工业 | 二十七年年底止 | 1 | 1 | | | | |
| 钢铁工业 | 二十八年年底止 | 1 | 1 | | | | |
| 钢铁工业 | 二十九年年底止 | 1 | 1 | | | | |
| 机械工业 | 二十七年年底止 | 47 | 24 | 15 | 6 | 1 | 1 |
| 机械工业 | 二十八年年底止 | 135 | 45 | 75 | 8 | 3 | 4 |
| 机械工业 | 二十九年年底止 | 155 | 92 | 46 | 10 | 3 | 4 |
| 电器制造工业 | 二十七年年底止 | 4 | 3 | 1 | | | |
| 电器制造工业 | 二十八年年底止 | 12 | 8 | 2 | 1 | | 1 |
| 电器制造工业 | 二十九年年底止 | 11 | 9 | 1 | 1 | | |
| 化学工业 | 二十七年年底止 | 7 | 5 | 2 | | | |
| 化学工业 | 二十八年年底止 | 29 | 17 | 7 | 1 | 3 | 1 |
| 化学工业 | 二十九年年底止 | 36 | 25 | 6 | 1 | 3 | 1 |
| 纺织工业 | 二十七年年底止 | 3 | 3 | | | | |
| 纺织工业 | 二十八年年底止 | 53 | 13 | 33 | | 7 | |
| 纺织工业 | 二十九年年底止 | 58 | 18 | 33 | | 7 | |
| 饮食品工业 | 二十七年年底止 | 3 | 3 | | | | |
| 饮食品工业 | 二十八年年底止 | 10 | 6 | | | 3 | 1 |
| 饮食品工业 | 二十九年年底止 | 11 | 7 | | | 3 | 1 |
| 教育用具工业 | 二十七年年底止 | 11 | 10 | | 1 | | |
| 教育用具工业 | 二十八年年底止 | 22 | 19 | | 2 | | 1 |
| 教育用具工业 | 二十九年年底止 | 24 | 21 | | 2 | | 1 |
| 其他工业 | 二十七年年底止 | 4 | 4 | | | | |
| 其他工业 | 二十八年年底止 | 10 | 8 | 1 | 1 | | |
| 其他工业 | 二十九年年底止 | 10 | 10 | | | | |

续表

| 类别 | 迁往省区<br>日期 | 共计 | 四川省 | 湖南省 | 广西省 | 陕西省 | 其他省区 |
|---|---|---|---|---|---|---|---|
| 矿业 | 二十七年年底止 | 1 | 1 | | | | |
| | 二十八年年底止 | 2 | 1 | | | 1 | |
| | 二十九年年底止 | 2 | 1 | | | 1 | |

注：（一）二十九年底之迁移数字，小于二十八年底之迁移数字，系因工厂再度迁移之故。

（二）电器制造业二十九年底复工数少于二十八年底复工数系因谭泮电池厂原迁香港复工嗣改名永华贸易公司迁渝后自行解散故予剔除。

### 内迁工厂复工后产品价值分类统计

| | | 至二十七年年底止 | 至二十八年六月底止 | 至二十八年年底止 | 至二十九年六月底止 | 至二十九年年底止 |
|---|---|---|---|---|---|---|
| 有报告之工厂数 | | 143 | 186 | 219 | 283 | 295 |
| 每厂平均复工月数 | | $3\frac{10}{30}$ | $6\frac{21}{30}$ | $8\frac{25}{30}$ | $9\frac{26}{30}$ | $12\frac{13}{30}$ |
| 复工后产品价值累计（元） | （1）兵工器材类 | 1,405,407 | 3,101,640 | 5,509,317 | 7,494,890 | 8,111,855 |
| | （2）机械工具类 | 863,643 | 3,333,478 | 6,523,115 | 12,206,097 | 15,155,580 |
| | （3）交通用品类 | 926,005 | 1,725,107 | 2,413,768 | 5,258,894 | 6,865,345 |
| | （4）消防用品类 | 71,720 | 166,820 | 243,482 | 425,522 | 645,748 |
| | （5）电器电池类 | 73,388 | 625,639 | 701,297 | 2,117,444 | 4,587,261 |
| | （6）医药器材类 | 145,660 | 393,888 | 1,201,203 | 2,081,225 | 2,311,344 |
| | （7）防毒面具类 | 180,000 | 183,600 | 183,600 | 183,600 | 183,600 |
| | （8）军装零件类 | 151,746 | 393,591 | 481,223 | 520,791 | 645,923 |
| | （9）服用物品类 | 62,148 | 2,611,102 | 9,160,044 | 37,224,050 | 65,811,667 |
| 复工后产品价值累计（元） | （10）食品类 | 540,418 | 1,683,471 | 3,406,243 | 11,360,365 | 23,102,310 |
| | （11）仪器类 | 14,574 | 60,706 | 164,330 | 279,100 | 304,835 |
| | （12）教育文具类 | 297,429 | 783,480 | 1,766,471 | 3,257,800 | 3,667,590 |
| | （13）油漆颜料类 | | 112,193 | 414,935 | 699,436 | 699,436 |
| | （14）玻璃器皿类 | 14,540 | 58,592 | 68,327 | 1,277,203 | 1,965,391 |
| | （15）陶瓷砖瓦类 | 11,312 | 231,914 | 612,358 | 4,005,339 | 5,641,906 |
| | （16）其他用器类 | 56,551 | 625,589 | 1,418,510 | 4,291,015 | 6,159,213 |
| | 总计 | 5,512,541 | 16,079,810 | 34,268,223 | 92,904,786 | 145,859,005 |
| 平均每厂每月生产价值（元） | | 11,682 | 14,749 | 17,721 | 33,379 | 39,759 |

注：本表材料系根据各厂之生产动态报告，凡拆卸安装或纯粹修理工作，并未附有装配零件者，其价值均未计入。

## 内迁工厂复工后产品价值统计（第五次修正）

### 经济部工矿调整处编

说明：

一、本表材料系根据各内迁工厂寄送本处之生产报告计包括本处协助内迁及已复工之工厂308家，其因报告欠全及尚未填报到处者，容后补充修正之。

二、本表材料期间因种种原因，各工厂再度迁移尚未复工，或最近报告尚未寄到等，故各厂截止期不一，最近者截至二十九年十二月底止，按有产品报告之实际月份计算，则此308厂之平均工作期每厂为八个月零一天。

三、凡内迁工厂在迁移前制造之工作，无论关系军需或民生概不列入。

四、凡拆卸安装或纯粹修理工作，并未附有装配另件者，不能视为制造工作，概未统计入内。

五、凡产品数量价值未定，或不明者，不计入产量、产值及统计栏内。

六、计入本表之产品，其总值为145,859,005元，平均每厂内迁后产品价值累计为473,568元。

### 内迁工厂复工后产品价值分类累计

（单位：元）

| 产品种类 | 价值累计（至二十八年六月底止） | 价值累计（至二十八年十二月底止） | 价值累计（至二十九年六月底止） | 价值累计（至二十九年十二月底止） |
|---|---|---|---|---|
| （1）兵工器材类 | 3,101,640 | 5,509,317 | 7,494,890 | 8,111,855 |
| （2）机械工具类 | 333,478 | 6,523,115 | 12,206,097 | 15,155,580 |
| （3）交通用品类 | 1,325,107 | 2,413,768 | 5,258,894 | 6,865,346 |
| （4）消防用品类 | 156,820 | 243,482 | 425,522 | 645,748 |
| （5）电器电池类 | 625,639 | 701,797 | 2,117,449 | 4,587,261 |
| （6）医药器材类 | 392,888 | 1,201,203 | 2,081,225 | 2,311,344 |
| （7）防毒面具类 | 183,600 | 183,600 | 183,600 | 183,600 |
| （8）军装零件类 | 393,591 | 481,223 | 520,797 | 645,923 |
| （9）服用物品类 | 2,611,102 | 9,160,044 | 37,224,050 | 65,811,667 |
| （10）食品类 | 1,683,471 | 3,406,243 | 11,360,365 | 23,102,310 |

续表

| 产品种类 | 价值累计<br>（至二十八年<br>六月底止） | 价值累计<br>（至二十八年<br>十二月底止） | 价值累计<br>（至二十九年<br>六月底止） | 价值累计<br>（至二十九年<br>十二月底止） |
|---|---|---|---|---|
| (11)仪器类 | 60,706 | 164,330 | 279,100 | 304,835 |
| (12)教育文具类 | 783,480 | 1,766,471 | 3,257,800 | 3,667,590 |
| (13)油漆颜料类 | 112,193 | 414,935 | 699,436 | 699,436 |
| (14)玻璃器皿类 | 58,592 | 68,327 | 1,299,203 | 1,965,391 |
| (15)陶瓷砖瓦类 | 231,914 | 612,358 | 4,005,339 | 5,641,906 |
| (16)其他用品类 | 625,589 | 1,418,510 | 4,291,015 | 6,159,213 |
| 总　　计 | 16,079,810 | 34,268,223 | 92,904,786 | 145,859,005 |

## 内迁工厂复工后产品累计

| 类别 | 品名 | 数量累计<br>至二十九年<br>六月底止 | 价值累计(元)<br>至二十九年<br>六月底止 | 数量累计<br>至二十九年<br>十二月底止 | 价值累计(元)<br>至二十九年<br>十二月底止 |
|---|---|---|---|---|---|
| 兵工器材类 | 各种引信 | 776,458只 | 601,820 | 776,458只 | 607,820 |
| | 地雷 | 78,400只 | 294,710 | 78,400只 | 294,710 |
| | 水雷 | 10,500只 | 41,980 | 10,500只 | 41,980 |
| | 水雷零件 | 227,810件 | 427,404 | 227,810只 | 427,404 |
| | 手榴弹 | 2,142,300只 | 837,396 | 2,142,300只 | 837,396 |
| | 手榴弹零件 | 265,000只 | 71,502 | 277,500只 | 77,940 |
| | 手榴弹木柄 | 1,895,871框 | 129,413 | 1,895,871框 | 129,413 |
| | 手榴弹硬模 | 53付 | 795 | 53付 | 795 |
| | 黄磷弹接头 | 316,286只 | 94,191 | 361,186只 | 141,791 |
| | 掷榴弹 | 1,387,892只 | 1,090,612 | 1,650,922只 | 1,104,612 |
| | 掷榴弹零件 | 295,088件 | 410,339 | 1,320,058件 | 476,861 |
| | 迫击炮弹 | 296,407支 | 134,814 | 296,407只 | 134,814 |
| | 迫击炮弹零件 | 1,678,642件 | 184,945 | 1,678,642件 | 184,945 |
| | 炸弹零件 | 457,870件 | 121,174 | 457,870件 | 121,174 |
| | 燃烧弹壳 | 5,000支 | 70,000 | 5,000支 | 70,000 |
| | 机枪零件 | 110,905件 | 143,598 | 110,905件 | 143,598 |
| | 炮零件 | 414件 | 16,147 | 414件 | 16,147 |
| | 步枪零件 | 609件 | 917 | 609件 | 917 |

续表

| 类别 | 品名 | 数量累计至二十九年六月底止 | 价值累计(元)至二十九年六月底止 | 数量累计至二十九年十二月底止 | 价值累计(元)至二十九年十二月底止 |
|---|---|---|---|---|---|
| 兵工器材类 | 高射机枪零件 | 2,361件 | 46,517 | 2,361件 | 46,517 |
| | 信号枪零件 | 5 | 66 | | 66 |
| | 炮弹盖 | 5,000支 | 1,600 | 5,000支 | 1,600 |
| | 飞机零件 | 150件 | 7,000 | 150件 | 700 |
| | 飞机用灯泡 | 100只 | 100 | 100只 | 100 |
| | 飞机进油邦浦 | 80部 | 5,600 | 80部 | 5,600 |
| | 飞机定位圈 | 10,000部 | 36,000 | 10,000部 | 3,600 |
| | 兵舰零件 | 5,040只 | 8,045 | 6,880只 | 23,406 |
| | 枪筒盒 | 2,000个 | 1,600 | 2,000个 | 1,600 |
| | 爆发管 | 11,850只 | 34,550 | 11,850只 | 34,550 |
| | 烟幕罐 | 12,600个 | 12,600 | 12,600个 | 12,600 |
| | 刺刀 | 61,000把 | 246,650 | 61,000把 | 246,650 |
| | 佩剑 | 440把 | 2,288 | 440把 | 2,288 |
| | 铜棒 | 23吨 | 30,912 | 23吨 | 30,912 |
| | 大刀 | 28,000把 | 84,400 | 28,000把 | 84,400 |
| | 圆锹 | 622,500把 | 259,260 | 622,500把 | 259,260 |
| | 圆锹木柄 | 105,000根 | 11,000 | 105,000根 | 11,000 |
| | 十字镐 | 343,750把 | 206,180 | 343,750把 | 206,180 |
| | 军用锅灶 | 131,030只 | 1,828,762 | 131,030只 | 1,828,762 |
| | 共计 | | 7,494,890 | | 8,111,855 |
| 机器工具类 | 工作母机 | 1,918部 | 2,450,590 | 2,088部 | 3,211,116 |
| | 发动机 | 130部 | 690,257 | 130部 | 690,257 |
| | 煤气发生炉 | 42部 | 143,376 | 42部 | 143,376 |
| | 造纸机 | 8部 | 139,526 | 5部 | 139,520 |
| | 造纸蒸球 | 5部 | 42,972 | 5部 | 42,972 |

续表

| 类别 | 品名 | 数量累计至二十九年六月底止 | 价值累计(元)至二十九年六月底止 | 数量累计至二十九年十二月底止 | 价值累计(元)至二十九年十二月底止 |
|---|---|---|---|---|---|
| 机器工具类 | 造纸机零件 |  | 167,957 |  | 167,957 |
|  | 打纸机 | 10部 | 43,545 | 11部 | 54,895 |
|  | 磨纸机 | 1部 | 728 | 1部 | 728 |
|  | 造纸烘缸 | 2部 | 3,000 | 2部 | 3,000 |
|  | 弹棉机 | 730部 | 299,131 | 730部又709部 | 479,606 |
|  | 轧花机 | 53部 | 4,675 | 58部 | 6,675 |
|  | 纺纱机 | 466套 | 29,450 | 476套 | 39,450 |
|  | 织布机 | 934部 | 58,540 | 934部 | 58,540 |
|  | 针织机 | 123部 | 6,445 | 123部 | 6,445 |
|  | 线机 | 6部 | 9,600 | 6 | 9,600 |
|  | 毛线机 | 1部 | 400 | 1部 | 400 |
|  | 拉毛机 | 3部 | 1,400 | 3部 | 1,400 |
|  | 纺织机零件 |  | 73,218 |  | 595,126 |
|  | 切铅机 | 1部 | 450 | 1部 | 450 |
|  | 铅板机 | 4部 | 1,580 | 4部 | 1,580 |
|  | 浇铅机 | 1部 | 102 | 1部 | 102 |
|  | 切纸机 | 2部 | 3,800 | 2部 | 3,800 |
|  | 油墨机 | 2部 | 7,800 | 2部 | 7,800 |
|  | 轧墨机 | 2部 | 6,000 | 2部 | 6,000 |
|  | 印刷机零件 |  | 51,176 |  | 53,513 |
|  | 砖瓦车 | 12部 | 20,406 | 12部 | 20,406 |
|  | 泥坯机 | 6部 | 6,521 | 59部 | 28,071 |
|  | 香烟机 | 2部 | 6,200 | 9部 | 48,071 |
|  | 切面机 | 486部 | 31,290 | 542部 | 45,385 |
|  | 制糖机 | 1部 | 4,145 | 1部 | 4,145 |
|  | 榨油机 | 17部 | 5,100 | 17部 | 5,100 |
|  | 面粉机 | 9部 | 300,500 | 14部 | 569,612 |
|  | 辗米机 | 135部 | 47,204 | 138部 | 51,610 |

续表

| 类别 | 品名 | 数量累计至二十九年六月底止 | 价值累计(元)至二十九年六月底止 | 数量累计至二十九年十二月底止 | 价值累计(元)至二十九年十二月底止 |
| --- | --- | --- | --- | --- | --- |
| 机器工具类 | 砻谷机 | 71部 | 6,650 | 71部 | 6,650 |
| | 轧煤球机 | 2部 | 20,000 | 2部 | 20,000 |
| | 肥皂机 | 8部 | 3,110 | 8部 | 3,110 |
| | 夹丝机 | 3部 | 1,500 | 3部 | 1,500 |
| | 压盐机 | 2部 | 40,000 | 2部 | 40,000 |
| | 发动机零件 | | 2,524 | | 2,524 |
| | 煤气机零件 | | 9,588 | | 9,588 |
| | 辘磨机 | 3部 | 14,892 | 4部 | 19,856 |
| | 燃条机 | 71部 | 4,400 | 71部 | 4,400 |
| | 摇纱机 | 18部 | 7,530 | 18部 | 7,530 |
| | 漂白机 | 14部 | 9,880 | 14部 | 9,880 |
| | 缝衣机 | 380部 | 10,260 | 380部 | 10,260 |
| | 人力丝机 | 9部 | 9,000 | 10部 | 10,200 |
| | 磨版机 | 19部 | 10,528 | 19部 | 10,528 |
| | 石刷机 | 2部 | 30 | 2部 | 30 |
| | 印刷机 | 60部 | 231,040 | 180部 | 346,414 |
| | 磨药机 | 10部 | 5,260 | 10部 | 5,260 |
| | 锯骨机 | 1部 | 100 | 1部 | 100 |
| | 制牙刷机 | 3部 | 1,050 | 3部 | 1,050 |
| | 滑润油机 | 1部 | 46 | 1部 | 46 |
| | 炼油机及零件 | | 19,175 | | 19,175 |
| | 印花机模型 | 2套 | 600 | 2套 | 600 |
| | 制革机 | 48部 | 360,635 | 48部 | 360,635 |
| | 油漆机 | 3部 | 3,632 | 3部 | 3,632 |
| | 轧钢机 | 2部 | 67,620 | 2部 | 67,620 |
| | 轧铜机 | 1部 | 820 | 1部 | 820 |
| | 制钉机 | 20部 | 78,270 | 20部 | 78,270 |
| | 拉铁线机 | 11组 | 76,000 | 11组 | 76,000 |
| | 轧头机 | 2部 | 1,120 | 4部 | 32,180 |

续表

| 类别 | 品名 | 数量累计至二十九年六月底止 | 价值累计(元)至二十九年六月底止 | 数量累计至二十九年十二月底止 | 价值累计(元)至二十九年十二月底止 |
|---|---|---|---|---|---|
| 机器工具类 | 磨亮机 | 5部 | 6,800 | 5部 | 6,800 |
| | 拉壳机 | 1部 | 800 | 1部 | 800 |
| | 紧口机 | 8部 | 180 | 8部 | 180 |
| | 圆锯机 | 2部 | 1,160 | 2部 | 1,160 |
| | 锯木机 | 2部 | 2,000 | 2部 | 2,000 |
| | 拔钉机 | 12部 | 108 | 12部 | 108 |
| | 火石车 | 11部 | 2,100 | 11部 | 2,100 |
| | 磨刀机 | 1部 | 450 | 2部 | 700 |
| | 鼓风机 | 118部 | 322,539 | 134部 | 392,869 |
| | 压耙机 | 12部 | 10,308 | 13部 | 11,346 |
| | 冷压机 | 2部 | 224 | 2部 | 224 |
| | 油压机 | 3部 | 26,000 | 3部 | 2,600 |
| | 各种邦浦 | 1,597 | 757,939 | 2,019部 | 849,251 |
| | 染机另件 | | 3,500 | | 3,500 |
| | 制毒气机 | 1套 | 1,016 | 1套 | 1,016 |
| | 制防毒面具机 | 7部 | 1,698 | 7部 | 1,698 |
| | 军用装药机 | 6部 | 6,400 | 6部 | 6,400 |
| | 伸轴机 | 3部 | 3,185 | 3部 | 3,185 |
| | 牙搬石机 | 25部 | 140,200 | 25部 | 140,200 |
| | 滑车机 | 35套 | 4,224 | 35套 | 4,224 |
| | 大转镟 | 1具 | 369 | 1具 | 369 |
| | 绞盘 | 109具 | 35,257 | 109具 | 35,257 |
| | 老虎钳 | 15,724只 | 103,257 | 1,653只 | 123,627 |
| | 砂轮架 | 1部 | 120 | 1部 | 120 |
| | 面粉机零件 | | 7,364 | | 7,364 |
| | 锉皮机 | 2部 | 4,920 | 2部 | 4,920 |
| | 制衣包机 | 34部 | 24,660 | 34部 | 24,660 |
| | 压扣机 | 2部 | 160 | 2部 | 160 |
| | 去锈机 | 1台 | 600 | 1台 | 600 |

续表

| 类别 | 品名 | 数量累计至二十九年六月底止 | 价值累计(元)至二十九年六月底止 | 数量累计至二十九年十二月底止 | 价值累计(元)至二十九年十二月底止 |
|---|---|---|---|---|---|
| 机器工具类 | 滚钉机 | 2台 | 800 | 2台 | 800 |
| | 轧线丝机 | 1台 | 500 | 6,001只 | 31,400 |
| | 调和机 | 3部 | 8,700 | 5部 | 25,300 |
| | 离心通风机 | 32部 | 56,685 | 32部 | 56,685 |
| | 真空机 | 1部 | 2,900 | 1部 | 2,900 |
| | 袜机 | | | 44部 | 6,234 |
| | 砂磨机 | 5部 | 650 | 5部 | 650 |
| | 磨石机 | 1部 | 185 | 1部 | 185 |
| | 传动装置 | | 902 | | 902 |
| | 皮带盘及地轴等 | | 4,931 | | 4,931 |
| | 机器零件 | | 913,007 | | 9,108,859 |
| | 水塔 | 2座 | 13,830 | 2座 | 13,830 |
| | 压水机 | 2具 | 2,200 | 28具 | 57,670 |
| | 水车 | 3具 | 570 | 3具 | 570 |
| | 水闸零件 | | 46,900 | | 46,900 |
| | 烟囱 | 5座 | 14,810 | 5座 | 14,810 |
| | 锅炉及其零件 | | 107,399 | | 107,399 |
| | 化铁炉及其零件 | | 141,600 | | 141,600 |
| | 喷炉 | 1座 | 15,000 | 1座 | 15,000 |
| | 坩埚 | | 662 | | 662 |
| | 过滤器 | 7具 | 2,169 | 7具 | 2,169 |
| | 蒸汽机 | 1具 | 24,000 | 1具 | 24,000 |
| | 空气加热器 | 1套 | 3,500 | 1套 | 3,500 |
| | 冷气桶 | 4具 | 2,000 | 4具 | 2,000 |
| | 硫酸桶 | 100支 | 6,333 | 100支 | 6,333 |
| | 军用火管 | 200付 | 1,800 | 200付 | 1,800 |
| | 油管 | 1付 | 15,300 | 1付 | 15,300 |
| | 各种铁管 | | 589,181 | | 621,321 |
| | 绞螺丝钢板 | 2付 | 1,880 | 2付又200只 | 2,480 |

续表

| 类别 | 品名 | 数量累计至二十九年六月底止 | 价值累计(元)至二十九年六月底止 | 数量累计至二十九年十二月底止 | 价值累计(元)至二十九年十二月底止 |
|---|---|---|---|---|---|
| 机器工具类 | 铆钉机 | 2付 | 不明 | 2付 | 不明 |
| | 螺丝 | 326,155只 | 96,380 | 329,195只 | 124,749 |
| | 铆钉 | 28,300斤 | 16,763 | 28,300斤 | 16,763 |
| | 铅钉 | 7,476桶 | 224,327 | 7,476桶 | 224,327 |
| | 铁钻 | 59只 | 7,197 | 59只 | 7,197 |
| | 平板 | 38张 | 883 | 38张 | 883 |
| | 切烟刀 | 120把 | 300 | 120把 | 300 |
| | 锯□ | 71,000把 | 1,400 | 71,000把 | 1,400 |
| | 起重机 | 2部 | 212,717 | 3部 | 214,317 |
| | 起货机 | 4部 | 17,750 | 4部 | 17,750 |
| | 军用升降机 | 31部 | 19,100 | 31部 | 19,100 |
| | 钢轨 | 3,200公尺 | 100,000 | 3,200公尺 | 100,000 |
| | 起重顶 | 8部 | 728 | 8部 | 728 |
| | 铁液桶 | 1支 | 1,700 | 1支 | 1,700 |
| | 铁液车 | 1辆 | 610 | 1辆 | 610 |
| | 蒸发器 | 2具 | 4,000 | 20部 | 28,960 |
| | 浇煤机 | 6部 | 21,600 | 7部 | 35,600 |
| | 压力机 | 2部 | 2,500 | 4部 | 5,300 |
| | 装弹机 | 1,043部 | 7,372 | 1,043部 | 7,372 |
| | 装弹机零件 | | 100 | | 100 |
| | 枪弹打口机 | 4部 | 不明 | 4部 | 不明 |
| | 碎石机 | 4部 | 33,829 | 4部 | 33,829 |
| | 转鼓 | 3部 | 4,800 | 3部 | 4,800 |
| | 水力机及其他 | | 18,200 | | 18,200 |
| | 电炉 | 80个 | 1,600 | 80个 | 1,600 |
| | 烘泥心炉 | 1座 | 600 | 1座 | 600 |
| | 钢凿 | 200P | 500 | 200磅又115把 | 500(内115把价不明) |
| | 剪刀机 | 3部 | 不详 | 3部 | 不详 |
| | 手摇干燥机 | 2部 | 89 | 2部 | 89 |

续表

| 类　别 | 品　名 | 数量累计至二十九年六月底止 | 价值累计(元)至二十九年六月底止 | 数量累计至二十九年十二月底止 | 价值累计(元)至二十九年十二月底止 |
|---|---|---|---|---|---|
| 机器工具类 | 锉刀机 | 3部 | 3,570 | 3部 | 3,570 |
| | 锉刀 | 4,100把 | 2,356 | 5,010把 | 6,376 |
| | 绞滩机 | 1部 | 166 | 1部 | 166 |
| | 模型零件 | | 600 | | 600 |
| | 各种品类不详之铸铁 | | 1,711,253 | | 1,711,253 |
| | 各种品类不详之铸钢 | | 410,470 | | 410,470 |
| | 冷作工具 | | 10,247 | | 10,247 |
| | 矿用工具 | | 142,982 | | 142,982 |
| | 烘沙模炉 | 1座 | 4,800 | 1座 | 48,00 |
| | 各种铜铁模 | 143付 | 7,916 | 143付 | 7,916 |
| | 共　计 | | 12,206,097 | | 15,155,580 |
| 交通用器类 | 各式无线电发电机 | 1,823部 | 954,383 | 1,823部 | 954,383 |
| | 发电机零件 | | 9,620 | | 9,620 |
| | 各式收发报机 | 1,769部 | 1,171,153 | 1,933部 | 1,653,453 |
| | 收发报电零件 | | 6,917 | | 6,917 |
| | 电话机 | 67部 | 67,364 | 89部 | 104,564 |
| | 军用电话零件 | | 11,665 | | 11,665 |
| | 无线电零件 | | 33,572 | | 33,572 |
| | 军用橡皮船 | 192支 | 277,248 | 192支 | 277,248 |
| | 火车用平车 | 92支 | 17,360 | 92支 | 17,360 |
| | 煤气浅水轮 | 2支 | 154,435 | 2支 | 154,435 |
| | 汽车渡轮 | 4支 | 132,682 | 6支 | 240,482 |
| | 汽船零件 | | 1,176,063 | | 1,430,806 |
| | 钢轨及零件 | | 149,599 | | 149,599 |
| | 汽车 | 7部 | 68,300 | 7部 | 68,300 |
| | 木炭汽车代油炉 | 51套 | 40,800 | 271套 | 206,400 |
| | 汽缸 | 4支 | 1,000 | 6支 | 1,835 |
| | 汽车零件 | | 277,626 | | 319,805 |

续表

| 类别 | 品名 | 数量累计至二十九年六月底止 | 价值累计(元)至二十九年六月底止 | 数量累计至二十九年十二月底止 | 价值累计(元)至二十九年十二月底止 |
|---|---|---|---|---|---|
| 交通用器类 | 铁锚铁链等 | 1,500公尺又2,040件 | 173,869 | 1,500公尺又2,040件 | 173,869 |
| | 运输车 | 2,006部 | 183,251 | 2,006部 | 183,251 |
| | 手摇车 | 3部 | 5,166 | 3部 | 5,166 |
| | 杀人架 | 4部 | 10,000 | 4部 | 10,000 |
| | 手曲柄 | 170付 | 12,000 | 170付 | 12,000 |
| | 马鞍 | 4,740付 | 33,861 | 4,940付 | 35,361 |
| | 桥梁 | | 93,500 | | |
| | 引擎 | | 197,462 | 42部 | 386,757 |
| | 柴油机 | | | 8部 | 73,000 |
| | 柴油机零件 | | | | 252,000 |
| | 共计 | | 5,258,894 | | 6,865,346 |
| 消防用品类 | 警报器 | 193部 | 42,808 | 243部 | 53,256 |
| | 警报器零件 | | 1,520 | | 1,520 |
| | 防空洞通风机 | 32部 | 17,900 | 32部 | 17,900 |
| | 水龙接头 | 1,225付 | 11,624 | 1,225付 | 11,624 |
| | 救火汽车 | 9部 | 67,100 | 11部 | 129,700 |
| | 轻便救火车 | 3部 | 3,960 | 3部 | 3,960 |
| | 药沫救火机 | 341只 | 10,150 | 704只 | 78,230 |
| | 人力振龙 | 148部 | 183,940 | 178部 | 263,040 |
| | 救火汽船 | 6支 | 67,500 | 6支 | 67,500 |
| | 救火梯 | 4支 | 8,300 | 7支 | 8,300 |
| | 救火邦浦 | 14只 | 7,580 | 14只 | 7,580 |
| | 救火钢斧 | 280把 | 2,740 | 289把 | 2,740 |
| | 救火钩 | 53把 | 400 | 53把 | 400 |
| | 共计 | | 425,532 | | 645,748 |
| 电器电池类 | 小型发电机 | 614部 | 478,100 | 837部 | 654,400 |
| | 电动机 | 1,164部 | 276,486 | 1,829部 | 1,291,899 |
| | 马达零件 | | 1,834 | 1 | 8,695 |
| | 方棚 | 131部 | 80,524 | 202部 | 164,324 |

续表

| 类别 | 品名 | 数量累计至二十九年六月底止 | 价值累计(元)至二十九年六月底止 | 数量累计至二十九年十二月底止 | 价值累计(元)至二十九年十二月底止 |
|---|---|---|---|---|---|
| 电器电池类 | 小型变压器 | 645部 | 90,104 | 684部 | 96,633 |
| | 各种起动机 | 256部 | 44,306 | 321部 | 63,107 |
| | 配电盘 | 3付 | 8,281 | 3付 | 8,281 |
| | 电机零件 | | 252,512 | | 268,367 |
| | 电器零件 | | 121,388 | | 137,028 |
| | 阴极板 | 40块 | 5,120 | 40块 | 5,120 |
| | 收音机零件 | | 82,751 | 11部 | 104,751 |
| | 电池 | 245,747支 | 139,237 | 308,283支 | 718,586 |
| | 电料 | | 33,076 | | 35,296 |
| | 电灯泡 | 251,501只 | 350,102 | 424,901只 | 818,662 |
| | 充电器 | 5只 | 7,925 | 22部 | 41,725 |
| | 各种开关 | 901支 | 145,678 | 1,050支 | 166,597 |
| | 电池模型 | | | 6付 | 3,590 |
| | 共计 | | 2,117,449 | | 4,587,261 |
| 医药器材类 | 手术台 | 31座 | 878 | 31座 | 878 |
| | 铁副木 | 1,000付 | 2,740 | 1,000付 | 2,740 |
| | 卷绷带器 | 400部 | 300 | 400部 | 300 |
| | 蒸馏器 | 486部 | 149,900 | 487部 | 150,040 |
| | 消毒器 | 202部 | 22,700 | 202部 | 22,700 |
| | 滤药缸 | 1部 | 600 | 1部 | 600 |
| | 体重计 | 2,000部 | 108,000 | 2,000部 | 108,000 |
| | 注射剂 | 21,154盒 | 42,175 | 21,154盒 | 42,175 |
| | 药膏 | 55,527打 | 58,042 | 55,527打 | 58,042 |
| | 人丹 | 10,012,470包 | 359,303 | 10,012,470包 | 359,303 |
| | 补药 | 23,569瓶 | 28,863 | 23,569瓶 | 28,863 |
| | 行军救急包 | 1,840,000包 | 494,400 | 1,840,000包 | 494,400 |
| | 时疫水 | 3,910,000瓶 | 170,000 | 3,910,000瓶 | 170,000 |
| | 行军十滴水 | 2,055,000瓶 | 8,890 | 2,055,000瓶 | 8,890 |
| | 白兰地 | 54打 | 5,184 | 54打 | 5,184 |

续表

| 类别 | 品名 | 数量累计<br>至二十九年<br>六月底止 | 价值累计(元)<br>至二十九年<br>六月底止 | 数量累计<br>至二十九年<br>十二月底止 | 价值累计(元)<br>至二十九年<br>十二月底止 |
|---|---|---|---|---|---|
| 医药器材类 | 葡萄酒 | 43打 | 1,548 | 43打 | 1,548 |
| | 烧碱水及氨水 | | 3,517 | | 3,517 |
| | 氧气 | 2,632公升 | 26,320 | 2,632公升 | 26,320 |
| | 未列名药品 | | 137,507 | | 149,680 |
| | 纱布 | 100,539P | 245,720 | 114,135P | 311,295 |
| | 药棉 | 105,104P | 196,823 | 141,243P | 287,016 |
| | 绷带布 | 792匹 | 3,941 | 792匹 | 3,941 |
| | 医用工具 | | 12,274 | | 88,812 |
| | 药罐 | 20,000个 | 600 | 20,000个 | 600 |
| | 共计 | | 2,081,225 | | 2,311,344 |
| 防毒面具类 | 防毒面具橡皮部分 | 10,000套 | 150,000 | 10,000套 | 150,000 |
| | 防毒面具五金零件 | 63,600套 | 18,600 | 63,600套 | 18,600 |
| | 防毒面具皮件 | | 15,000 | | 15,000 |
| | 共计 | | 183,600 | | 183,600 |
| 军装零件类 | 军盔 | 9,000顶 | 2,160 | 9,000顶 | 2,160 |
| | 干粮袋 | 280,000个 | 23,972 | 280,000个 | 23,972 |
| | 背囊铜件 | 60,000付 | 27,400 | 60,000付 | 27,400 |
| | 军用壶零件 | 29,000付 | 2,834 | 29,000付 | 2,834 |
| | 军帽花 | 1,891,200粒 | 50,352 | 1,891,200粒 | 50,352 |
| | 军衣纽扣 | 36,799,390粒 | 408,473 | 44,823,915粒 | 533,605 |
| | 军鞋铁掌 | 70,000付 | 5,600 | 70,000付 | 5,600 |
| | 共计 | | 520,791 | | 645,723 |
| 服用物品类 | 棉纱 | 16,859件 | 28,624,444 | 24,280件 | 53,685,361 |
| | 军服布 | 123,725匹 | 4,934,810 | 123,725匹 | 4,934,810 |
| | 普通布 | 21,180匹 | 650,934 | 43,674匹 | 4,027,579 |
| | 花色布 | 8,709匹 | 486,474 | 8,820匹 | 488,729 |
| | 毛巾 | 11,382打 | 45,042 | 11,382打 | 45,042 |
| | 其他纺织物 | | 163,140 | | 310,940 |

续表

| 类别 | 品名 | 数量累计至二十九年六月底止 | 价值累计(元)至二十九年六月底止 | 数量累计至二十九年十二月底止 | 价值累计(元)至二十九年十二月底止 |
|---|---|---|---|---|---|
| 服用物品类 | 各种绸缎 | 13,801匹 | 1,281,482 | 13,801匹 | 1,281,482 |
| | 行军蚊帐 | 1,000顶 | 2,200 | 1,000顶 | 2,200 |
| | 呢帽 | 3,316打 | 159,168 | 3,316打 | 159,168 |
| | 制革皮 | 46,180张 | 821,759 | 46,180张 | 821,759 |
| | 革底鞋 | 27,067双 | 47,145 | 27,067双 | 47,145 |
| | 袜子 | 1,326打 | 7,156 | 1,326打 | 7,156 |
| | 毯子 | 37床 | 296 | 37床 | 296 |
| | 共计 | | 37,224,050 | | 65,811,667 |
| 食品类 | 面粉 | 734,742袋 | 6,727,125 | 955,129袋 | 11,050,294 |
| | 食盐 | 180,502斤 | 772,900 | | 2,755,505 |
| | 罐头 | 2,550,000听 | 600,000 | 2,550,000听 | 600,000 |
| | 糖果饼干 | | 377,982 | | 580,402 |
| | 果子露 | 978 | 578 | 978 | 578 |
| | 精糖 | 53,500斤 | 57,780 | 53,500斤 | 57,780 |
| | 果子酱 | 3,000斤 | 5,300 | 5,139担 | 220,351 |
| | 香烟 | 1,975箱 | 2,618,700 | 4,982箱 | 7,837,400 |
| | 共计 | | 11,360,365 | | 23,102,310 |
| 仪器类 | 测量仪器 | 26套 | 2,146 | 29套 | 2,571 |
| | 测斜仪 | 2,500付 | 37,500 | 2,500付 | 37,500 |
| | 平板仪 | 39套 | 1,267 | 40套 | 1,967 |
| | 试验仪器 | 1套 | 899 | 1套 | 899 |
| | 标尺及标杆 | 1,218支 | 37,506 | 1,218支 | 37,506 |
| | 绘图仪器 | 600付 | 3,000 | 908付 | 8,300 |
| | 飞机测风器 | 90具 | 6,510 | 90具 | 6,510 |
| | 炮军角限仪 | 200个 | 3,600 | 200个 | 3,600 |
| | 军用指南针 | 30,000支 | 8,000 | 30,000支 | 8,000 |
| | 特种仪器 | | 86,096 | | 86,096 |
| | 天秤 | 14架 | 8,810 | 14架 | 8,810 |
| | 秤 | 4,172支 | 55,266 | 4,192支 | 69,966 |

续表

| 类别 | 品名 | 数量累计至二十九年六月底止 | 价值累计(元)至二十九年六月底止 | 数量累计至二十九年十二月底止 | 价值累计(元)至二十九年十二月底止 |
|---|---|---|---|---|---|
| 仪器类 | 水平仪 | 1,551支 | 28,080 | 2,551支 | 33,080 |
| | 三节镶尺 | 7套 | 430 | 7套 | 430 |
| | 拉力试验品 | 1套 | 不详 | 1套 | 不详 |
| | 共计 | | 279,110 | | 304,835 |
| 教育文具类 | 华文打字机 | 28部 | 11,469 | 28部 | 11,467 |
| | 铁笔心 | 87,500支 | 3,600 | 87,500支 | 3,600 |
| | 铅笔用木板 | 456,000把 | 7,574 | 456,000把 | 7,574 |
| | 墨水 | 805打 | 2,079 | 805打 | 2,079 |
| | 文具 | 92打 | 360 | 92打 | 360 |
| | 铅笔 | 106,872罗 | 1,004,945 | 112,422罗 | 1,170,645 |
| | 铅字 | 207,217只 | 282,630 | 2,396,17只 | 396,890 |
| | 书籍 | 233,900本 | 372,428 | | 397,928 |
| | 刊物 | | 98,838 | | 107,238 |
| | 方报 | | 495,735 | | 558,735 |
| | 其他印刷品 | | 850,479 | | 877,309 |
| | 墨水瓶盖 | 139,500只 | 55,960 | 171,500只 | 62,360 |
| | 油墨 | 25,750P | 68,115 | 25,750P | 68,115 |
| | 铅笔盒 | 47,000个 | 3,290 | 47,000个 | 3,290 |
| | 共计 | | 3,257,800 | | 3,667,590 |
| 油漆颜料类 | 渔油 | 11,546加仑 | 120,343 | 11,546加仑 | 120,343 |
| | 漆 | 264,105加仑 | 470,364 | 264,105加仑 | 470,364 |
| | 颜料 | 1,600桶 | 69,594 | 1,600桶 | 69,574 |
| | 喷漆香水 | 250加仑 | 8,250 | 250加仑 | 8,250 |
| | 凡立水 | 1,190加仑 | 30,905 | 1,190加仑 | 30,905 |
| | 共计 | | 699,436 | | 699,436 |
| 玻璃器皿类 | 瓶 | 10,934,296只 | 131,898 | 10,934,326只 | 132,198 |
| | 杯 | 671,119只 | 1,006,710 | 671,119只 | 1,006,710 |
| | 管 | 434,246只 | 12,274 | 434,276只 | 12,274 |
| | 漏斗 | 5,620件 | 40,552 | 5,629件 | 40,624 |

续表

| 类 别 | 品 名 | 数量累计至二十九年六月底止 | 价值累计(元)至二十九年六月底止 | 数量累计至二十九年十二月底止 | 价值累计(元)至二十九年十二月底止 |
|---|---|---|---|---|---|
| 玻璃器皿类 | 仪器 | | | | 312,850 |
| | 眼镜 | 2,420付 | 2,560 | 2,420付 | 2,560 |
| | 其他玻璃制品 | | 52,290 | | 420,449 |
| | 种类不明玻璃器皿 | | 53,000 | | 78,000 |
| | 共计 | | 1,299,203 | | 1,965,391 |
| 陶瓷砖瓦类 | 搪瓷牌 | 127,970块 | 117,185 | 127,970块 | 117,185 |
| | 搪瓷盘 | 5,986个 | 11,870 | 5,980个 | 11,870 |
| | 搪瓷杯 | 7,340打 | 56,365 | 7,340打 | 56,365 |
| | 搪瓷锅盖等 | 1,689套 | 6,535 | 1,754套 | 8,235 |
| | 军用碗 | 225,000个 | 15,840 | 225,000个 | 15,870 |
| | 军用口盅 | 150,000个 | 3,750 | 150,000个 | 3,750 |
| | 瓷制电料 | | 17,605 | | 17,605 |
| | 火垅 | 1,226吨 | 9,597 | 2,035吨 | 18,818 |
| | 火砖 | 651,495块 | 381,683 | 894,845块 | 605,643 |
| | 青瓦 | 38,348匹 | 2,029 | | 2,087 |
| | 青砖 | 1,025,580块 | 31,049 | 2,222,049块 | 168,147 |
| | 水泥 | 195,621桶 | 3,538,780 | 267,754桶 | 4,583,803 |
| | 耐酸砖 | 10,000块 | 5,000 | 10,000块 | 5,000 |
| | 耐酸陶器皿 | 2,045件 | 8,051 | 13,593件 | 27,528 |
| | 共计 | | 4,205,339 | | 5,641,906 |
| 其他用品类 | 植物油灯 | 189,993盏 | 308,606 | 206,193盏 | 317,306 |
| | 油灯模型 | 41件 | 1,237 | 41件 | 1,237 |
| | 油灯零件 | 1,001,203件 | 17,052 | 1,001,203件 | 17,052 |
| | 路灯 | 4,200克 | 7,140 | 4,650克 | 9,840 |
| | 风扇 | 3,260把 | 204,500 | 3,260把 | 204,500 |
| | 银箱 | 441只 | 132,930 | 471只 | 147,730 |
| | 锁 | | 131,720 | | 139,150 |
| | 烙铁 | 42只 | 3,345 | 42只 | 3,345 |
| | 库门铁门等 | 28付 | 50,470 | 31件 | 64,970 |

续表

| 类　别 | 品　名 | 数量累计至二十九年六月底止 | 价值累计(元)至二十九年六月底止 | 数量累计至二十九年十二月底止 | 价值累计(元)至二十九年十二月底止 |
|---|---|---|---|---|---|
| 其他用品类 | 铁锅 | 200支 | 600 | 200支 | 3,370 |
| | 五加仑热水炉 | 6支 | 12,220 | 6支 | 12,220 |
| | 火炉 | 16只 | 218 | 16只 | 218 |
| | 水桶 | 825只 | 4,280 | 825只 | 4,280 |
| | 汽油罐 | 8套 | 38,000 | 8套 | 38,000 |
| | 经济油炉 | 100套 | 1,600 | 100套 | 1,600 |
| | 理发椅 | 24套 | 2,160 | 24套 | 2,160 |
| | 小刀 | 3,139打 | 7,031 | 3,354打 | 7,675 |
| | 菜刀 | 25把 | 13 | 25把 | 13 |
| | 铁瓶盖 | 557,203只 | 46,275 | 557,203只 | 46,275 |
| | 五金什件 | | 299,938 | | 299,938 |
| | 钉 | 297桶 | 16,226 | 297桶 | 16,226 |
| | 漆筒 | | | 1,300只 | 5,400 |
| | 铁罐 | 4,800件 | 3,200 | 4,810件 | 37,400 |
| | 各项锯木 | | 971,071 | | 971,071 |
| | 火柴 | 17,673箱 | 930,809 | 22,093箱 | 1,239,979 |
| | 牙粉及化妆品 | | 298,921 | | 359,907 |
| | 酒精 | 19,791加仑 | 61,529 | 24,791加仑 | 141,529 |
| | 纸张 | | | 240令 | 45,000 |
| | 各种化学原料 | | 739,924 | | 2,021,621 |
| | 共计 | | 4,291,015 | | 6,159,213 |
| 总计 | | | 92,704,786 | | 145,859,005 |

［经济部所属单位档案］

## 二、迁川工厂与四川开发

### 1. 四川省政府主席刘湘为予迁川厂以便利事致四川省政府电（1937年10月）

成都　省政府邓秘书长：沪汉工厂，鉴于战争威胁，为保存国防实力计，多数均将迁川来，由军事委员会组设工厂迁移委员会，专司协助各厂，办理一切。事关地方建设要政，本府应予以特殊便利。如各厂需用厂地，应由本府先为征收，并准先行征用，补办收买手续，不许地主刁难。对于金融周转，亦希晓告省内金融及工业界，予以尽量协助，以收互相之效。凡其他本府能力内所及之事，均应尽量协助，以期各厂早日开工，至为切要。刘湘。印。

[《四川省政府公报》第95期]

### 2. 四川省政府建设厅长何北衡关于津贴迁川运输保险提案（1938年3月）

委员兼财政厅长刘航琛、建设厅长何北衡提议，拟请津贴各厂由宜运输木船保险费洋9.57万元，撤销委托兴华保险公司事件。

决议：照原案通过，款由财厅支拨。

**附原提案**

为提案事：查外厂移川，在抗战与建设两点皆有重大意义，本府曾一再去电欢迎。决定来川之厂，据厂矿迁移监督委员会函称，共有53家，机械及原料已有部分抵运宜昌，余则堆积汉口，其所以迟迟未运入川者，因江水枯落轮船行驶困难,势非用木船上运不可。关于木船保险,现由中央信托局承保,其保率(水险及兵险)为每千元20元,兹假定总保额为600万元,则应付保费12万元。若照轮船保率每千元4.05之价相较,其昂贵何啻倍蓰,故各厂商一闻此说,群以损失之余不克胜任,面请照轮船保率付给保费2.43万元其余之9.57万元恳本府予以津贴。查本府对各厂机件上运前,曾委托渝市兴华保险公司代负事务责任,其损益则由本府任之,现据各厂商请求,是本府付出少数津贴即变无限责任为有限责任,简单明确,情理兼通,所津贴各厂商由宜运输之木船保险津贴9.57万元,及撤销委托兴华保险公司事件。附呈述理由如上,敬请公决。

建设厅长　何北衡
财政厅长　刘航琛
[《四川省政府公报》第110期]

## 3. 军委会工矿调整委员会附送与川省商定之迁移工厂合作办法及决定入川工厂表的公函稿(1938年1月15日)

公函

案查关于援助下游工厂迁入四川发展内地工业一案,前经贵府派何建设厅长北衡来汉面洽办法在案。兹各工厂经本会监督援助,业经陆续迁移西上,特派厂矿迁移监督委员会委员林继庸即日前往,面洽一切,务希查照前议,迅速进行,并转知各关系机关对于林委员办理厂矿迁移各事,予以切实协助。相应附抄前次面商合作办法,函达查照办理见复为荷。此致四川省政府

　　附办法一份

中华民国二十七年一月十五日

**工矿调整委员会与四川省政府迁移工厂合作办法**

一、四川省政府设法调拨民船约200艘,开至宜昌,并用军队押护。各民船于下放时,先尽量装运煤斤,至宜昌后,尽先供迁移工厂入川之用。

二、民船下放之费用由船户自理,或由四川省政府代为筹划,上运时由工

矿调整委员会援助各工厂付给运费,并由四川省政府与船户商定,以每吨不逾40元为标准。

三、工矿调整委员会会同联合运输处负责派员前往宜昌准备机器卸运堆存之场所,及工人临时寄宿地方与上下起卸之人夫设备,其费用由工矿调整委员会担任之。

四、四川省政府在重庆装卸便利之地准备卸运及堆存场所,及工人临时寄宿地方,其费用由四川省政府担任之。

五、工矿调整委员会即行派员入川组织厂矿迁移监督委员会办事处,由四川省政府派员参加协助筹划,及办理征地建筑等事宜,并对于经工矿调整委员会核准迁移而经过四川之工厂亦给予方便。

六、四川省政府按公平价格从速办理征收地亩事宜,并为便利迅速复工起见,许在征收手续未完了以前,先行动工兴筑。

七、关于征收地亩经费及建筑厂房借款,工矿调整委员会拟尽量援助,四川省政府愿行协助时,可协商分任办法。

八、关于迁移工厂之原料问题,由工矿调整委员会约同厂家代表及关系机关人员,并由四川省政府指派熟悉川省物资之人员,共同研究原料之收购补充办法与其金融及运输问题,设定具体方案,从速进行。

九、已决定迁移入川之工厂,另表开列。此后如有续请迁移之厂家,由工矿调整委员会核定后再行通知。

### 各厂重迁状态表(二十七年1月12日止)

#### 四川省

| 厂名 | 武汉通讯地址 | 负责人 | 迁移目的地 | 总吨数 | 已运吨数 | 主要产品 |
| --- | --- | --- | --- | --- | --- | --- |
| 中新铁工厂 | 汉口宁波里18号 | 吕时新 | 重庆 | 5.00 | 5.00 | 经济油炉 |
| 顺昌铁工厂 | 汉口洞庭街洞庭村3号 | 马雄冠 | 重庆 | 240.00 | 25.85 | 机器、军需 |
| 中华铁工厂 | 汉口宁波里16号 | 陈复昌 | 重庆 | 194.00 | 44.00 | 机器、军需 |
| 大公铁工厂 | 汉口云樵路丽华里5号 | 林美衍 | 重庆 | 35.00 | 35.00 | 机器、军需 |
| 中国建设工程公司 | 汉口吉庆街退思里2号 | 李贻棠 | 重庆 | 9.40 | 8.00 | 机器、军需 |
| 大鑫钢铁厂 | 汉口宁波里17号 | 余铭钰 | 重庆 | 616.00 | 600.00 | 机器、炼钢 |

续表

| 厂名 | 武汉通讯地址 | 负责人 | 迁移目的地 | 总吨数 | 已运吨数 | 主要产品 |
|---|---|---|---|---|---|---|
| 合作五金公司 | 汉口湖南街明巽公司2号 | 胡叔棠 | 重庆 | 23.00 | 23.00 | 锁类、军需 |
| 美艺钢器公司 | 汉口湖北街金城南里街西14号 | 朱文奎 | 重庆 | 40.00 | | 钢铁工程、军需 |
| 康元制罐厂 | 汉口胡林翼路281号 | 王恺庭 | 重庆 | 35.00 | 28.99 | 制罐、军需 |
| 华光电化厂 | 武昌张江陵路488号 | 李鸿寿 | 重庆 | 2.50 | | 电焊条 |
| 中国无线电公司 | 汉口汉润里14号 | 王端骧 | 重庆 | 42.00 | 139.00 | 收发电报机 |
| 中法药房 | 汉口中山路 | 沈洺川 | 重庆 | 9.50 | 9.44 | 片丸西剂 |
| 家庭工业社 | 汉口花布街528号 | 蔡培斐 | 重庆 | 16.00 | 16.00 | 化妆品 |
| 中央化学玻璃厂 | 汉口生成南里8号 | 徐新之 | 重庆 | 30.00 | 29.82 | 玻璃仪器 |
| 南京美丰祥印刷所 | 汉口八大家4号 | 徐守箴 | 重庆 | 116.50 | | 印刷品 |
| 美亚织绸厂 | 汉口湖南街延昌里16号 | 高事恒 | 重庆 | | | 丝织品 |
| 精华机器厂 | 汉口黄陂街138号 | 张月岸 | 重庆 | 13.25 | 11.50 | 针织机 |
| 汉口大成纱厂 | 汉口黄陂街永昇里10号 | 陆绍云 | 北碚 | 232.84 | 232.84 | 棉纱 |
| 中国电池厂 | 汉口坤元里12号 | 胡国光 | 重庆 | 86.75 | 54.75 | 电池 |
| 天利天盛两厂 | 汉口新山路19号 | 吴蕴初 | 重庆 | 40.00 25.00 | | 化学品、陶器 |
| 天原电化厂 | 汉口新山路19号 | 吴蕴初 | 自流井 | 169.00 | 229.51 | 化学品 |
| 亚浦耳电器厂 | 汉口崇正里6号 | 胡西圜 | 重庆 | 20.00 | | 电器 |
| 陆大铁工厂 | 汉口铁路饭店60号 | 陆之顺 | 重庆 | 103.50 | 101.66 | 机器、军需 |
| 中兴赛璐珞厂 | 汉口中山路永康里43号 | 徐仁暨 | 重庆 | 54.00 | | 硝化棉 |
| 时事新报 | 汉口太平洋饭店315号 | 郑希涛 | 重庆 | 60.00 | | 新闻纸 |
| 永利錏厂 | 汉口洞庭街46号 | 侯德榜 | 重庆 | 200.50 | 200.50 | 化学品 |
| 上海机器厂 | 武昌炉坊口20号 | 颜耀秋 | 重庆 | 65.00 | 65.00 | 机器、军需 |
| 中国科学仪器公司 | 汉口江汉一路27号 | 宋乃公 | 重庆 | 280.00 | | 科学仪器 |
| 振华电器制造厂 | 汉口花楼街282号 | 陈康年 | 重庆 | 25.50 | | 手电筒 |

续表

| 厂名 | 武汉通讯地址 | 负责人 | 迁移目的地 | 总吨数 | 已运吨数 | 主要产品 |
|---|---|---|---|---|---|---|
| 龙章造纸厂 | 汉口一德街五号二楼 | 庞元浩 | 北碚 | 373.00 | | 道林纸 |
| 公益铁工厂 | 汉口福新申新办事处转 | 荣一心 | 重庆 | 60.00 | | 纺织机 |
| 周恒顺工厂 | 汉阳 | 周茂柏 | 重庆 | | | 机器、军需 |
| 震寰纱厂 | 武昌 | 杨锡五 | 重庆 | 700.00 | | 棉纱 |
| 裕华纱厂 | 武昌 | 苏汰余 | 重庆 | 1,400.00 | | 棉纱 |
| 申新纱厂 | 汉口硚口 | 张械泉 | 重庆 | 1,400.00 | | 棉纱 |
| 武汉大学 | 武昌珞珈山 | 王星拱 | 重庆 | 69.00 | | 机器 |
| 生活书店 | 汉口交通路 | 甘蓬园 | 重庆 | 20.42 | 20.42 | 书籍 |
| 汇明电池厂 | 汉口华商街5号 | 章润霖 | 重庆 | 18.15 | 18.15 | 电池 |
| 益丰搪瓷厂 | 汉口戴家巷14号 | 张德闳 | 重庆 | 25.66 | 25.66 | 搪瓷器 |
| 希孟氏历钟厂 | 汉口府南一路233号 | 丁希孟 | 重庆 | 15.00 | | 历钟 |
| 陈信记翻砂厂 | 汉口日租界清骥里20号 | 陈德泉 | 重庆 | 9.00 | | 翻砂 |
| 民康药棉纱布厂 | 汉口硚口 | 刘洪源 | 重庆 | | | 药棉、纱布 |
| 精一科学器械制造厂 | 武昌张江陵路平湖二巷9号口 | 胡元甫 | 重庆 | 6.60 | | 仪器、军需 |

[经济部工矿调整处档案]

## 4. 林继庸呈报厂矿迁移监督委员会驻渝办事处办理工厂迁移工作一至十二号报告(1938年1月24日—3月5日)

(1)第一号报告(1月24日)

**厂矿迁移监督委员会驻渝办事处报告**

第一号　民国二十七年元月廿四日于重庆

职于廿二日抵渝,即开始工作。兹将两日来所办关于厂矿迁移事项报告如下:

一、测量地亩:已约基泰工程司代办,查其所开费用尚称合宜。所有测量费均归厂方负担,其未确定厂址之地段测量费用则拟暂由本会垫付,俟将来由购地者归还。在重庆附近平地甚少,其可作建厂用者尤少,故着手测量之地段,当不致无主也。其测量手续费用如下:①百方以下者,廿元。②百方以上500方以下者,每增加百方以17元计算(500方为88元均英方算)。③五百方以上千方以下者,每增加百方以14元计算(千方为158元)。④千方以上五千方以下,每增加百方以7元计算(五千方为508元)。⑤五千方以上万方以下者,每增加百方以35元计算(万方为683元)。⑥万方以上,每增加百方以15元计算。⑦超过1.2万方者另议。

二、建厂地段:据半月以来前往各地寻觅厂址者言,此间厂地至难寻觅,一则山多,二则水位高低差逾百尺,故临江之地亦须岸边高度勿过陡峻方合。在重庆只鹅公岩有稍平之地约万方,然临岸陡峻;在江北有朱家花园千余方,沙湾约万方,人头山后洋火厂千余方,猫儿石约万方;在南岸大佛寺有二万方(已为兵工署圈用),窍角沱约万方,南城坪约千余方;此外所余均在千方以下,且散处各方,不能实现工厂区之计划也。昨晨曾往窍角沱地段视察,费时半日,该处尚称合宜于建厂,然地主方面欲抬价居奇,尚须斡旋劝导也。

三、机器临时堆栈:由航务处何处长筹备盖搭棚厂,以备工人临时寄宿及堆放机器。

四、北碚厂地:查北碚有稍平之地约千亩,其半数已为嘉陵纺织公司购去,又闻军政部将设被服数厂于该地,故有无余地以供商家设厂恐成问题,日间当前往勘察并加以调查,再呈报。

五、木船运输问题:本会与川省何厅长约派木广船二百艘,下驶宜昌接运工厂机件至渝,此事经与水道运输管理处重庆办事处童主任办生及民生公司负责人切实商妥,允派船三百艘分批下驶,每批约派船三四十艘,每艘可载重三四十吨,每吨定妥运费37元。拟明日再往督促,务必早日实行(闻宜昌今日已受敌机轰炸,但闻厂家物资未受损失,然久置宜昌实非办法也)。

六、购煤运宜问题:查此间有烟煤数千吨,每吨价9.50元。如煤业管理处需煤,请朱处长伯涛即派员飞渝办理,或电告办法,以便交民船运宜,否则由民生公司购运。

七、到渝厂家:各厂负责人已到重庆者有:1.龙章纸厂庞赞臣,2.天利淡气厂吴蕴初,3.上海机器厂颜耀秋,4.中国无线电公司胡光庶,5.顺昌铁工厂马雄冠,6.裕华纱厂仵舜五,7.大成纱厂刘国钧,8.中法药厂沈济川,9.家庭工业社陈蘧,10.申新第四纱厂瞿冠英,11.亚浦耳电器厂胡西园,12.大公铁工厂林美衍,13.丽明染织厂柯干臣(此厂机件未迁出)等。拟明晚召集组织迁川工厂联合会。

八、龙章发电机:有完整之发电机及需要零件,可发电1,250kVA,电压2,300Volt,方棚可变至380Volt以供马达之用,有汽锅炉三个,每个可发1,000至1,200匹马力,汽压每方寸100至200磅,60cycle拟放置自流井(天原厂目下可需750kW)或北碚。

九、电化厂问题:吴蕴初先生云:广东之硫酸厂及梳打厂因被炸,决意出售,已与吴先生电洽。吴拟购运来川。

十、其余发电机:查成渝铁路有1,100kW之柴油发电机一副(全新),及500kVA之旧火车头式发电机一副,均在重庆,可以借用。重庆电厂可以迁移一个或两个1,000kW之发电机至北碚,此事容从细斟酌。因重庆电厂旧电价昂,商家均愿政府主持之。

十一、自流井电厂:杨公庶先生已往自流井,容再约晤谈。

十二、复查北碚设厂地段:北碚之上游处有上坝、下坝。上坝之上段有地三百余亩,已为嘉陵纺织公司购买(嘉陵之纱锭未到)。下段有地四百余亩,为省府之蚕桑改良场。军政部之被服厂在下坝附近下游。下坝有地六百余亩,已数十年未有水患。再下三里名茅背沱,有地二千亩。各地虽不算平,略有土丘,但亦无碍。故北碚尚有设立工业区之余地。重庆湿气。[缺6页]。

(3)第三号报告(1月27日)

**厂矿迁移监督委员会驻渝办事处报告**

第三号　民国二十七年元月二十七日于重庆

月之二十六日呈第二号报告,陈述木船、购煤、组织迁川工厂联合会等情形,及请聘李奎安(全国商会常务委员,前历任渝商会会长)、胡光庶二员为厂矿迁移监督委员会顾问,不支薪津,以资佽助等事,谅尘钧鉴。兹再将日来所办各事陈报如下：

一、工矿调整委员会租屋问题：经已租定新街口曹家巷五十四号房屋半所，电话四百六十二号，楼下有厅房共九间，楼上有房八间，可敷二十余人办公及住宿之用。房租每月一百二十元，按月交付，不用押租，其间欠□均可随意。该处与经济部所租之川盐银行，仅隔二三家。现拟先将楼下稍作打扫装整，以作居住及办公之用，他日如有需用，再将楼上装修。在工矿会未迁入以前，暂将该处借与厂矿迁监委会办事处及迁川工厂联合会办事之用。屋内家具亦略具。其他半间，留为川盐某公司自用。房屋颇陈旧，光线亦不甚充足，如觉不妥，徐俟另觅。

二、重庆电力公司情况：经向各处访查之后，于今晨前往电厂参观。兹将所闻见之各种情形陈述如下：

1.售电价昂之原因：查该公司售电，灯光每单位二角八分，马力最低约四分（四川水泥公司与该公司具有特殊关系，且具有七百千瓦之能力，而每度电力费亦须四分，其他用电较少之厂家，则每度在八分或一角以上）。重庆居民偷电者甚少。据程总工程师言，所有不给电费之数，每月约计仅四五千元云。该公司自开办以来，未有亏拆，前年分红利一分六厘，去年分红利一分二厘云。其售价昂贵之原因，大约有下述数端：

（甲）该公司前置发电机三个，共三千千瓦，资本为川币二百五十万，约合国币一百七十余万元。川省改用国币后，公司即将川币改为国币，数目仍为二百五十万元。因此，公司之股本利息骤为增加。后来增加大发电机两个，每个四千五百千瓦，增加资本二百五十万元，合共须担负四百五十万元之股本利息。现在发电能力有七千五百千瓦，三星期后，新装之第二个四千五百千瓦发电机亦可供电，共有一万二千瓦之能力，而现在仅有三千七百千瓦之销售。每月约共售电一百二十万度。

（乙）川省地方税及各种苛税抽至百分之九至百分之十五，自去年十月一日起各种捐税取消后，公司方面仍未将售价减低。

（丙）川省运输困难，机件及物料之价值较昂，故资本亦较增多，利息因亦增多。

（丁）资本利息太重。

（戊）发电用煤，每千瓦时需煤三磅至四磅。厂方对于用煤之品质，未能加以掺杂调剂。

（己）煤价每吨，年前八九元，近已涨至十元五角。

（庚）公司对煤之运输，未能设法改良。

2. 公司之发电及透平设备

（甲）有一千千瓦之发电机三个（内有两个是自给式），Speed＝3,000、Amp＝137、Voltage＝5,250（按：此种电压太不合标准，普通之变压器不能适用），透平之蒸汽压为一百五十磅（按：此汽压殊觉过低）。

（乙）有四千五百千瓦之发电机两个（均为英国metropolitan vicks）公司制造，其一已供电，其一则须三星期后方能装竣。该公司初本拟未装之发电机一个装置于山洞内，近因费用太巨乃放弃原定计划，Speed＝1,000、Amp＝618、cycle＝50、Phase＝3、kVA＝5,620，锅炉两只，蒸汽压均为二百五十五磅。

三、川省政府已指派建设厅驻渝办事处主任范英士及航务处处长何静源，参加厂矿迁移监督委员会重庆办事处工作。

四、关于万县情形：1.电力：现有180kW设备，剩余约30kW，电压380～220Volts、三相、50cycle，高压3,150Volt，电灯每度售四角，电力每度售约一角。所计划之新电厂有1,000kW但须六个月后方可由外国运出。现在汉口有柴油机一副，可发电340kW，惟因铁壳重九吨，现尚无法运出。2.地段：万县沿江边新电厂侧钟鼓楼，有平地二三百亩，可供数厂之用，且有马路直达，水陆交通均便。该地段查是县政府所有。

五、单专门委员忆瞻到时，当与接洽供电问题。杨贻祥君晤面时，当与谈购煤问题。

右报告已呈工矿调整委员会。谨录呈

秘书长 翁 钧鉴
　　　　钱

职林继庸

### (4)第四号报告(1月30日)

#### 厂矿迁移委员会驻渝办事处报告

第四号　民国二十七年一月卅日于重庆

本月廿七日曾奉上第三号报告陈述：一、工矿调整委员会已租定新街口曹家巷五十四号房屋为办公及寄宿处所，二、重庆电力公司情况调查，三、川省政府已派范英十、何静源两员参加本处工作，四、万县情况调查等，谅呈钧阅。兹谨将两日来办理情形呈报如下：

一、已与天府煤矿公司经理黄云龙君口头订约，限二十日内交烟煤一万吨，每吨价十元零四角，并与水道运输管理处商酌即派木船陆续装运下驶，祈嘱朱伯涛兄早日派员赴宜昌点收。又据该公司黄经理称该公司存有土制焦煤二千吨，其品质次于中兴，不亚于井陉，可以冶铁，每吨价十一元四角，如合用，请示知俾便接洽。朱伯涛兄来电已收到，杨怡祥君已晤面。

二、旧历年关已近，此间进行工作，颇受影响，职定今晨前赴北碚视察厂址，约于下月二日晨可返渝。

三、已与航务处何处长静源妥洽在扬子江边及嘉陵江边码头附近，各搭棚厂一所，备堆存机件及工人寄宿之用，即日兴工盖造，地址已经勘验，尚适用。

四、此间对付各方人事，颇不容易，拟请加聘郑乐敷君为本处顾问，不给薪津，以资协助。郑君曾历充京汉、粤汉两路军事运输委员会主席委员，萍矿整理委员会常务委员，京汉铁路管理局主任秘书，现供职于立法院，对于非常时期处理事变甚为干练，且于此间情形甚为熟悉，堪资倚助。所请聘为本处顾问之处，是否有当，敬祈鉴核。

右报告已呈工矿调整委员会。谨呈

秘书长　翁　钧鉴
　　　　钱

职林继庸

(5)第五号报告(2月3日)

### 厂矿迁移监督委员会重庆办事处报告

第五号　民国二十七年二月三日于重庆

北碚

职于去年三十日离渝前往北碚,本月二日午返抵渝,计共历时三日。北碚离重庆陆行约百五十里,舟行约百里,在嘉陵江滨,处观音峡与温塘峡之间。两峡均崇山峻岭,惟北碚附近及其对河之上坝、下坝地方稍为平坦。嘉陵江汇合涪江、渠河,聚于合川。合川在北碚上游约五六十里。全川产棉最盛之区曰遂宁、射洪、三台,均在涪江,顺流而下至北碚,故北碚可成为纺织工业区。卢作孚先生所办之嘉陵纺织公司及三峡染织厂,均在北碚。附近有天府煤矿、宝源煤矿、甲子洞煤矿;义瑞桐林公司,植桐五十万株;广益化学工业厂,制硫酸。故该地已略具工业区之雏形,惟未展发耳。兹将在北碚及其附近视察,所得之各种情状报告如下:

(1)平地:如地图所注,约有六区地亩可供建厂之用。

①区为上坝后山,有比较平坦之地约千亩,拟将纱厂分散建筑于此地,并留回空地,一以备将来展发,一则稍为分散以避空袭危险。

②区名曰上坝,有极平之地约七八百亩,蚕丝改良场之桑苗圃及嘉陵公司之预定厂地均在此。职详细考虑之后,觉得此片地段应改作商埠或市场,以备建筑银行、仓库、公共场所、商店等之用,不宜建工厂,因市场与工厂并设可相得益彰。此地既辟市场,则将来贸易接洽可不必至重庆,反之则重庆商人反趋北碚,因工业兴则商业自盛也。桑苗圃拟迁至对河之毛背沱或天生桥。嘉陵工厂(尚无建筑物)拟迁至上坝后山。

③区为下坝,此地有平地约三四百亩,若连帅家场则可得约七百亩,深合建筑各种重工业工厂或纸厂之用。码头拟建于上坝与下坝之间,因北碚镇与大沱口之间有礁石伸出江面,当枯水时期不易行舟,若下坝无此困难也。下坝有两小镇,户口约共三百余,镇名曰东阳,曰黄桷,以其音谐不雅,拟易之。

④区在温塘峡外有平地数百亩,可作将来发展。

⑤区曰毛背沱有平地约六百亩,闻乡人云该处间有水淹之患,不合用。

⑥区曰天生桥附近有略平之地二三千亩,惜距河流颇远(约五里),现时拟不用之,留为将来发展。

天生桥南在歇马场附近有地名坑崖,该处有小瀑布二条,大瀑布一条,现虽当枯水时期,水量亦甚巨,高达百尺,民生公司曾加以测量设计,闻可发五百匹马力云。职往观其地,觉附近出产只有甘蔗、芋薯,且离嘉陵江二十余里,不合现在之用。

(2)电力:已刘航琛先生商酌,在必要时,可由重庆水电厂将三个一千启罗瓦特之发电机迁往北碚,连合龙章纸厂之发电机可得四千瓦特之动力。惟关于电力问题,须恽荫棠主持解决之。

(3)市场及工业区设计:拟聘请建筑顾问一名,及雇用土木工程技士一名,帮助设计,并审查迁川各厂建筑借款及图样。其余关于测量及建筑事项,则拟与省政府商洽,派员襄助办理。工业区及市场之设计及分配管理等办法,亦须与省政府详细商洽。

(4)环境:在北碚附近,除有煤矿三处、制酸场一所、染织厂一所、桐林公司等外,尚有土法炼钢坊一所、西部科学研究院、蚕系改良场、北碚建设实验区等。最近中央工业研究所、中央研究院等亦拟设于此间。但北碚地方颇多,其南岸风景佳胜(有温泉数处,寺庙多所),足资文化事业发展。其北岸上坝、下坝等地方,则为设厂最佳之地矣。今日有某大学校长来云,以职所定之工业区地方,为彼所拟定之风景区,彼欲置农学院于此(需地三千亩),已电呈教育部行文地方政府征收,劝职放弃工业区计划,俾为国家多留一片风景区云。职答以鼙鼓声声,惟思将帅,未暇谈风雅,并劝彼放弃风景区计划,多注意国防工业。职拟即日赴成都,先解决此事,免为捷足者先得。

职林继庸

(6)第六号报告(2月4日)

**厂矿迁移监督委员会驻渝办事处报告**

第六号　民国二十七年二月四日于重庆

1.奉江日钧电,以卢作孚先生电告渝电力恐成问题,嘱详查等因。查重庆电力公司新近装置第二个4,500kW之发电机行将完工，卢先生尚未得悉，故重庆之动力问题决不致不能解决，卢先生谓动力恐成问题者乃指四川而言，其志欲得中奥之4,000kW发电机迁入四川，故发此电耳。

2.购煤问题已由朱伯涛兄电派杨贻祥君及电请程觉民民[衍]兄主持，职因明晨赴成都，有要事急待解决，故托程、杨两位全权办理。何厂长北衡无暇来渝，且最近将须赴滇出席川滇铁路理事会，职若迟往，恐不及晤商也（约一星期可返渝）。

3.自贡盐井区电力厂事，已与杨公庶先生商洽，并由杨先生电商恽荫棠兄。杨先生以为：彼在英所购之两个2,500kW发电机，可让与资源委员会，只须将第一次付款退还与彼，及将中奥之一个4,000kW发电机让与自贡盐井，其价值照中奥所购者加上运汉费用、拆卸费用，由自贡付回该款与中奥。如中奥愿以该款入股，更为欢迎云。杨先生亟欲取阅中奥发电机之附件说明等情形，请恽荫棠兄直接答复杨先生。

右报告已呈工矿调整委员会。谨呈

秘书长 翁
　　　　钱

职林继庸

(7)第七号报告(2月13日)
**厂矿迁移监督委员会重庆办事处报告**
第七号　民国二十七年二月十三日于成都

职于二月五日离渝，当颜耀秋君（迁川工厂联合会主席）同乘汽车赴成都，六日下午平安到步，七日（星期一）即开始工作。兹谨将所办各事报告如下：

一、往会晤邓代主席汉祥（鸣阶），洽商工厂迁川协助事宜。邓代主席允极力协助一切。

二、与刘财厅长航琛洽商工厂物资保水险事宜，刘厅长即与建厅何厅长北衡用省府名义，致函兴华保险公司（重庆行）知照，所有工厂物资由宜昌用木船运川，如欲保险，均须代为担保，所收保险费，与轮船所保者同。该函已即发去。

三、前勘定北碚对河之东阳镇上坝、下坝等地段为工业区,复旦大学吴校长南轩坚欲圈下坝为校地,特由渝飞蓉办理此事。职遇之于何厅长宴会席上,与辩论达两小时之久,吴校长始放弃其主张。于是当建厅何厅长、财厅刘厅长及卢作孚先生等面前,确定北碚对河一带为工业区,并指定辟上坝一带平地为商埠。

四、与建厅何厅长及彭主任秘书勋武商定下列各事:

1.建厅委托基泰工程司派员测绘工业区详细地图。

2.工矿调整委员会及建厅各派工程师,会同基泰工程司,设计工业区计划。

3.由省政府征收工业区地亩,除上坝为商埠外,将地亩售与厂家建厂,每市亩价值约在一百元至一百五十元之间。

4.由建厅命令现有之蚕丝改良场迁移至对岸之毛背沱。

5.由省政府命令合川县政府峡区北碚建设实验区等机关,随时确实协助各工厂进行各事。

五、建厅派员查勘川北广元县煤田及铁矿,其估计该处蕴藏铁矿达一万万吨以上(日人估计则达三万万吨),其成分含铁在五成以上。据说较大冶象鼻山铁矿为佳。该处又产烟煤及白煤,足供炼铁之用。现建厅意急欲设置一个2000kW之发电机以从事开发矿产及炼铁之用。关于广元铁矿之蕴藏量,外间知者甚少,建厅一向讳莫如深云。

六、在成都时曾与重庆办事处汪处员泰经通电话,关于重庆所办各事,均由职负责指导办理。

七、职于九日在成都办理各事已告一段落,因省府友人多盛誉乐山,谓为足以设立工业区,职乃于十日下午雇汽车,与颜耀秋、张洪沅(南开大学工学院教授,现为四川大学借教)两君同往乐山视察,即晚抵步。十一日参观乐山之嘉乐机器造纸厂、嘉裕碱厂及染织厂、织绸厂等数家。十二日往牛华溪、五通桥等处参观盐井、盐灶数处。十三日晨乘车返成都,拟往自流井、贡井参观,再返重庆。此次在乐山参观所得,颇可供设厂者参考,容俟暇日详报。

右报告已呈工矿调整委员会。谨呈
资源委员会秘书长钧鉴

职林继庸

**(8)第八号报告(2月19日)**

### 厂矿迁移监督委员会重庆办事处报告

第八号　民国二十七年二月十九日于重庆

二月十三日于成都奉上第七号报告，想邀钧阅。职于二月十五日与颜耀秋君由成都乘汽车赴自流井、贡井视察工业情况，再赴邓井关视察□道运输情形，于十七日返抵重庆。兹将办理各事情形报告如左：

(一)木船下驶问题：查木船下驶宜昌一事，前经职与水道运输管理委员会重庆办事处主任童少生接洽，并由童君与江巴璧合民船同业公会签订合约(一月二十五日)。又由水道运输办事处于一月二十八日函达本会，通知将于日间先遣第一批民船五十艘下驶等由在案，乃至今迄未履行。职在成都闻讯，即于十四日赴川省府交涉，当由省府函电交促水道运输办事处赶速照办。职返渝后，即于十八日约水道运输办事处负责人及各方有关人等，来处商酌。查此事延滞原因有二：一因水道运输办事处主任童少生被调往宜昌，另派李邦簧代理，李君曾服务官场多年，习气颇深，任事未肯努力负责，且对于此间航务亦未能指挥裕如。二则因程局长志颐提出煤质化验及渗水舞弊等问题，须水道运输管理处负监督船户之责，船户以不识化学为辞，水道运输办事处遂有所藉口，以致一再延搁。职一方面向水道运输办事处严重交涉，一方面商程局长稍为让步，现双方已甚接近。今日下午四时由水道运输办事处召集船邦及有关方面订约，定木船三十艘，先赴白庙子运煤，再往宜昌运机件。该合约经由程局长及职代表签订。

(二)北碚工业区厂地问题：自职勘定北碚之上下坝一带为建厂及市场地区后，复旦大学吴校长南轩亦拟建校于该地。吴校长飞蓉以保存文化风景区为名，欲工业区让地，继以卫挺生先生及陈立夫部长先后致电于卢作孚先生陈说，北碚工业区划地建厂之改几被推翻，幸职及期抵蓉，据理与辩，川省政府诸厅长均赞成北碚之上下坝一带为工业区,吴校长乃放弃主张。现在川省政府已下令当地官厅指定上坝、下坝一带为工业区,并令原在该地之北碚蚕种制造场准备让迁,复旦大学亦已另觅他地建校,故该地区已确定为建厂之用,各厂家咸为安慰,现正催促建厅及基泰工程司早日派员测量及设计。

(三)自流井电厂问题:杨公庶先生谓,自贡电厂所定西门子之Babcock Welcon电机锅炉,请资源委员会速派员赴沪与西门子接洽接收付款条件。闻该行要求将全部价款汇存香港银行,由银行出具保证书,则可于四星期内将机中兴之发电机已确定放置于北碚,则自贡之电机让渡问题尚须费一番手续也。

(四)木船保险问题:川省政府已将委托书交由重庆兴华保险公司代办,惟兴华公司以兹事体大,尚须于廿二日开董事会议讨论。职今日曾往兴华解释,彼等始了然,大约一经手续办妥,当可实行,惟最速须在本月底乃能将手续办妥也。

右报告已呈报工矿调整委员会。谨呈

秘书长 翁
钱

职林继庸

(9)第九号报告(2月23日)

**厂矿迁移监督委员会重庆报告**

第九号　民国二十七年二月二十三日于重庆

月之十九日奉上第八号报告,谅尘钧阅。兹谨将日来所办各事陈报如下:

(一)木船三十艘下驶合约,经已于十九日签订,附呈合约副本一份,敬请察收,通知各厂家查照。职又催觅木船五十艘,照前约办法,水道运输管理处办事处已允设法,惟关于上载货物须由职负责,经已允许之。预计旧历三月初旬,须将木船尽行下驶,过此则虽有木船亦不适用,因旧历四月底洪水骤发,危险过甚也。

(二)资源委员会嘱代租房屋,经已觅得万寿宫巷六十号赣江中学房屋,月租一百五十元,押租一千五百元(可以收回)。该处房屋甚大,其教室可作办公用,其寝室可作寄宿舍,实可供资源委员会及本会人员合同办公及寄宿之用而有余裕。且有防空壕二,大广场二,空气清新,建筑坚固,远较本会现租之曹家巷房子为佳。重庆自受敌机肆虐,找屋较为容易矣。

(三)厂矿迁移监督委员会重庆办事处经已于月之十六日成立,兼主任汪泰经亦已熟悉此间情形,故此间工作已渐上轨道。一俟第二次五十艘木船交涉妥当及厂地划妥,职即可返汉供职。若在汉有事需职办理,则职现时亦可束装就道也。

(四)关于自贡电厂事,杨公庶先生与盐务局缪局长秋杰发表其意见如下:

甲、自贡电厂愿意以相当价值购买重庆电厂之两个MV式的1,000kW发电机,以为该厂发电之用。(按:重庆电厂肯出让此项发电机与否,颇成问题。最好是趁此时该厂代表到汉磋商借款,即由资源委员会与商购买之,因自贡方面与该厂意见颇不接近也。)

乙、如购买重庆电厂发电机进行完全无望,则自贡方面拟放弃电厂计划。若万不得已时,该处电厂由重庆方面办理,则其售电价值,必须得自贡方面同意乃可。此举太过勉强,杨、缪两君保守至无可奈何时,乃进行讨论。

丙、自流井煤价颇昂,现时每吨售一十四元五角。煤购自附近之威远,矿在山上离水道约三十里,水道至自流井高硐电厂七十里,每吨运费在夏季需一元六角。若欲煤价减低,必须将威远煤矿用新法开采,但该矿矿层颇薄,有无用新法开采之必要,须祝专家勘验结果乃可决定。自贡方面亟欲得资源会胡祎同君勘验之报告,俾作参考。自贡方面深欲得由中央主办该矿,盐务局愿加入合作。(按:闻威远县属臭水湖地方有未开发之天然火井,其容量远过于贡井之火井,该处资源殊可注意。)

丁、龙章之发电机只答应立两年之租借约,但自贡则欲购之。龙章庞赞臣君须征询股东意见,方可决定出售与否。

上述诸端,杨、缪两位深盼本会早日复答,俾得决定进行。查自贡区域现时仅需电力1,000kW(吴蕴初君需700kW,其余可供抽液机之用),如各盐井之设备完成,则共需2,000kW(若交通方便,战事停止,则需一年云),将来则需加增至3,000kW。吴蕴初先生已在高硐电厂附近觅得建厂地,但万一电厂不能成为事实,则亦只好放弃计划云。

(五)木船保险事,昨日兴华保险公司董事会议议决,将保险原则接受。今日该公司再开会讨论保障问题,再与川省政府换文,即可开始办理,其保险费用与轮船载货所受保者同价云。

右报告已呈报工矿调整委员会。谨呈

秘书长 翁
　　　　钱

职林继庸

## (10)第十号报告(3月1日)

### 厂矿迁移监督委员会重庆报告

第十号　民国二十七年三月一日于重庆

兹谨将日来所办各事陈报如左:

(一)自贡电厂问题业已解决。由自贡方面向龙章纸厂租借1,250kW发电机一座及蒸汽锅炉三座,其草约经已由双方代表杨公庶、庞赞臣签订,以职及吴蕴初为公证人。因恽荫棠先生之代表单岊瞻已多日未晤,闻已赴万县,而吴蕴初先生将于月之三日飞港,杨公庶先生亦将往自流井,故由职为之调整。吴蕴初先生因自贡电厂已有办法,亦愿将天利、天原、天盛等三厂设于自流井,兹将该合同草约副本[略]呈阅。此事得庞赞臣先生见义勇为,故得进行顺利。

(二)木船下驶问题,亦可得相当结果,现托川江航务管理处何处长静源负责,于两日内召集川江各船邦如大合邦等商议。据何处长云:水道运输管理处重庆办事处因只听信民生公司航务总经理郑璧成之言,专靠力量微薄之小合邦(即江巴璧合船业公会),而不思利用其他船邦,以致拖延时日,实则川江之木船甚多,彼可负责代雇云云。时水道运输办事处李主任邦簧在侧,闻此亦俯首无言,可知此中实有许多阻隔也。今既将此障碍打破,则此后进行,自较顺利矣。

(三)木船保险事件,省府委托之兴华保险公司,本已接收原则,惟因该公司董事杨粲三聚兴诚银行之最大股东作梗,坚持须省府存储现金一百万元及由川省银行作保乃允代办,多方排解,以致拖延时日。杨粲三在会议席上公然宣称以兴华不做此事,最多亦不过负不顾公益之名云云。此事遂弄成僵局。兹由省府征得中央信托局同意,允代保险,但取保险(水险、兵险)费百分之二,未免过昂。现在正进行请该信托局酌减保费并请川省府津贴代付若干,俾轻厂家负担。

(四)川建厅长何北衡氏将于月之三日到渝。大约何厅长到渝后,此间各事均可容易解决也。

右报告已呈报工矿调整委员会。谨呈

秘书长钧鉴

职林继庸

(11)第十一号报告(3月4日)

### 厂矿迁移监督委员会重庆报告

第十一号 民国二十七年三月四日于重庆

兹谨将日来在渝办理厂矿迁移事项报告如下:

一、关于厂址收买地价评议事宜经由四川省政府组织评价委员会,委托李宏锟(重庆市市长)、林继庸、罗国钧(巴县县长)、夏国斌(江北县县长)、王资军(重庆公安局长)、温少鹤(重庆市商会主席)、胡叔潜(后方建设咨询委员会委员)、范英士(建设厅驻渝办事处主任)、基泰工程师一人,共九人为委员,月之五日即可开成立会议。

二、关于木船下驶事宜,查已有木船五十三艘下驶,内有十艘经已抵宜。昨日由川江航务管理总处何处长静源(因水道运输管理处重庆办事处李主任邦簧已表示能力不足)召集大河帮,如成都帮、嘉阳帮、金堂帮、再盐帮、綦江帮、下游再盐帮、合州帮、保河帮、合纳帮、叙渝帮等,各邦董开会。当由各帮公会主席向瀛洲负责将川江木船一百四十艘改装(因宜渝间船只式样稍有不同)下驶,订明于月之十日以前先放五十艘至重庆,在重庆运载煤炭二千五百吨下驶宜昌(约于三月廿七八可抵宜),再于月之十七日以前放五十艘至北碚运煤,由北碚直驶宜昌(约于四月十日左右可抵宜),其余四十艘则于月之廿四日开往北碚,约于四月十七日可抵宜。过此后则洪水发动,木船上驶危险,只好采用轮船运输。此合约于明晨可以签订。

三、木船保险问题亦已完全解决。今日与何厅长北衡、中央信托局、兴华保险公司各方面讨论,其结果如下:

1.中央信托局委托兴华保险公司办理木船保险事宜,而由宜昌聚兴诚银行代表兴华保险公司负责。重庆聚兴诚银行即于月之五日,派员飞宜办理,开始受保。

2.中央信托局受保木船兵险,取费千分之五,受保平安险(即水险),取费千分之一十五,两程保险须同时付保,共取费千分之二十,工厂方面付千分之四.〇五(即轮船受保费),余数概由四川省政府津贴之。木船每艘保险额不得超过三万元。

3.凡持有军事委员会特种货运护照,护照上盖有厂矿迁移监督委员会戳记,其保单上得厂矿迁移监督委员会办事处之证明者,均得享受四川省政府保险费之津贴。

4.请工矿调整委员会致电中央信托局(总行在广州)将由宜至渝木船保险费减低,庶可减轻四川省政府之负担。

按:根据贸易调整委员会国货运输处与中央信托局所订保险办法,由汉口至重庆,民船保险特价,兵险取□元(轮船险收□元),平安险取□,每百元共取兵险、平安险为□元。由汉口至宜昌保兵险较重。新规定由宜昌至重庆木船保兵险为□,由汉口至重庆平安险为□,故每百元兵险平安险总共不应超过一元三角,因其中尚可减去由汉口至宜昌一段之平安险也。今中央信托局每百元取至二元,故有减轻之理由。

四、北碚工业区已由省政府委托大公职业学校代为测量,由省政府工程师、本会工程师及基泰工程司会同设计。本会现由职略拟计划,将由办事处汪主任泰经暂代出席会同设计。北碚工业区地段,由川省政府尽力收购而分售于厂家。此举可避免厂家直接与地主交涉之烦。

五、何厅长表示如能迁移他省之省营工厂至川省,川省愿以地皮建筑、增加设备等资金加入为股本。尤其是糖厂,川省愿出资购买机器,但如能办到合股

(如机器作为资本一部分,运费作为一部分,其余作为一部分)经营则尤佳云。

六、顷间奉到支日部座钧电,促职返汉。职在此间所办各事已算告一段落,拟明后日略参观附近工厂,即可成行。惟待资源委员会汇款二千五百元以交还程局长志颐代垫租屋之款,则手续更可清楚。

右报告已呈报工矿调整委员会。谨呈

秘书长 翁
　　　　钱

职林继庸

## (12)第十二号报告(3月5日)

### 厂矿迁移监督委员会重庆报告

第十二号　民国二十七年三月五日于重庆

四日奉上第十一号报告有未及详述处,兹再补述如下:

一、木船保险问题:1.兴华保险公司本定于今晨派员飞宜办理,因购飞机票不得,改期八日飞宜,但兴华方面已于昨日电宜昌聚兴诚即日按照所订原则开始接受保险。查兴华保险公司即中央信托局代理人,兴华与聚兴诚均有关系。2.中央信托局所定由宜至渝保险日期为三十五日;查此期限途中无若何延阻,则仅可到达;故为预防延阻起见,应请该信托局延长至五十日;此事恳请部座致电中央信托局(总行在广州)商量宽限。

二、木船运货价目:第二批之木船一百四十艘,因须改装舵橹及其他装置,又因是大河船不在重庆附近,故由宜运渝每吨取价三十八元三角(第一批五十艘,每吨取三十七元。在宜昌各厂自雇木船每吨取价自四十四元至五十五元不等)。订明在宜昌交付六.五成,在万县交付二.五成,在目的地交付其余一成。其往磁器口或北碚等处者,亦已另定加费办法。

三、木船下驶时由行营派员兵护送。每十艘为一组,每组派官长一人及兵士四人。到宜后该官兵随原船保护回川销差。由宜至渝之伙食由厂家付给,官长每人每日四角,兵士每人每日二角。

四、迁川工厂用地评价委员会今日开成立会,并推举职及基泰工程司代表起草征收地段施行办法,定于月之七日再开会通过,请川省府公布之。

五、现在此间事项均可循轨前进,职定于月之九日或十日启行返汉。

右报告已呈报工矿调整委员会。谨呈

秘书长　翁
　　　　钱

职林继庸

[资源委员会档案]

## 5. 迁川工厂联合会临时委员会会议纪录(1938年1月)

迁川工厂联合会临时委员会

推举执行委员7人

吴蕴初　余铭钰　庞赞臣　刘国钧　林美衍　柯干臣　颜耀秋

候补委员4人

马雄冠　庄茂如　瞿冠英　陈复昌

推举临时主席及副主席委员各1人

主席委员　颜耀秋

副主席委员　庞赞臣

决议

(一)俟有30家厂家到川时,再行招集成立正式委员会。

(二)大成纱厂刘国钧先生缺席时,即请申新四厂瞿冠英先生出席。

(三)大公铁工厂林美衍先生缺席时,即请中华铁工厂陈复昌先生出席。

(四)凡开会时候补委员亦均须列席。

(五)经费由本日到会各厂自行承认,并预付会费三个月。

(六)会费分为两种:(甲)每月10元;(乙)每月5元。

兹将列席各厂开列于后:

| 厂　名 | 负责人 | 每月承认会费 | 地　址 |
|---|---|---|---|
| 上海机器厂 | 颜耀秋 | 10元 | 陕西路滨江第一楼5015号 |
| 顺昌公司铁工厂 | 马雄冠 | 10元 | 机房街育婴堂巷8号 |
| 中华铁工厂<br>中华职业学校 | 陈复昌 | 10元 | 通远门外张家花园 |

续表

| 厂　名 | 负责人 | 每月承认会费 | 地　址 |
|---|---|---|---|
| 苏纶纺织厂 | 戴文伯 | 5元 | 九尺坎33号 |
| 家庭工业社 | 庄茂如 | 10元 | 丰花街川盐一里 |
| 上海龙章造纸公司 | 庞赞臣 | 10元 | 五福街华盐商巷6号 |
| 中华无线电业公司 | 曹昌 | 10元 | 道门口华西公司转 |
| 中法制药厂 | 沈济川 | 5元 | 小梁子11号,电话898号 |
| 申新纱厂 | 瞿冠英 | 10元 | 小梁子蓝家巷79号 |
| 裕华纱厂 | 李奎安 | 10元 | 棉花街,电话294号 |
| 大成纱厂 | 刘国钧 | 10元 | 五福街水市巷4号 |
| 大公铁工厂 | 林美衍 | 10元 | 绣壁街74号 |
| 丽明印染厂 | 柯干臣 | 10元 | 杨柳街至诚巷25号 |
| 天原电化厂 | 吴蕴初 | 10元 | 状元桥1号 |

以上共计14家厂家。

二十七年一月二十五日

[经济部工矿调整处档案]

## 6. 迁川工厂联合会史料(1938年1月—1945年3月)

(1)迁川工厂联合会临时委员会第一次会议纪录暨附章程草案(1938年1月26日)

民国二十七年元月二十六日上午十时

迁川工厂联合会临时委员会第一次会议

地址　重庆沙利文七号

出席　庞赞臣　吴蕴初　柯干臣　颜耀秋　刘国钧(刘汉堃代)　庄茂如　林美衍

列席　马雄冠　陈复昌　瞿冠英(殷文彪代)

主席　颜耀秋

记录　林美衍

讨论：

(一)本会章程如何修正案。

决议:修正通过(附修正原稿)。

(二)推举财务委员案。

决议:推马雄冠先生担任。

(三)决定本会会所案。

决议:设于陕西街曹家巷。

(四)确定本会职员人数案。

决议:总干事1人、文书兼会计1人、事务1人。

(五)确定本会职员薪金案。

决议:总干事薪金每月60元,文书兼会计35元,事务35元(不供膳宿)。

(六)规定会议日期案。

决议:每星期三下午3时。

## 迁川工厂联合会章程草案

第一章　总则

第一条　本会定名为迁川工厂联合会。

第二条　本会会址设于重庆。

第三条　本会以协助各厂恢复生产,并贡献政府为宗旨。

第四条　本会受厂矿迁移监督委员会之监督及指导。

第二章　组织

第五条　本会以曾奉厂矿迁移监督委员会之命令,由上海及各地迁移来川之工厂组织之。

第六条　凡合本章程第五条之工厂均得加入本会为会员,得派代表1人为代表。

第七条　本会会员大会每三个月开大会1次,必要时得召开临时大会。

第八条　本会设执行委员7人,候补执行委员4人,由会员大会选举之。

第九条　执行委员会每星期开会1次,遇必要时得由主席召集临时会议。其办法细则另订之。

第十条　执行委员互选主席委员、副主席委员各1人,主席委员对外代表本会,主席委员缺席时,由副主席委员代理之。

第十一条　执行委员会于必要时得设左列各专门委员会,除执行委员会推派1人为当然委员外,并延请会员或专家担任之。

(甲)评价委员会　接受政府或其他机关之制造品定价单之评价事宜。

(乙)技术委员会　研究及设计各工厂之技术事宜。

(丙)审定委员会　审定各会员工厂出品之标准事宜。

(丁)购料委员会　购办各会员工厂原料事宜。

第十二条　本会执行委员、专门委员均无给职。

第十三条　本会设总干事1人,干事若干人。

第三章　任务

第十四条　本会之任务如左:

(甲)协助各工厂迁运及筹划征地建厂事宜。

(乙)支配政府核准借款及津贴事宜。

(丙)调整及监督各工厂工作事宜。

(丁)承接政府及其他机关委制各项用品之制造事宜。

(戊)承转上级机关之命令事宜。

(己)购备及检验工业原料之供应事宜。

第十五条　本会为服务国家协助政府抗战起见,对于政府委托制造之军需用品应尽最大之努力,应于委造时依各厂之设备公开支配与各会员工厂承制之。

第十六条　会员工厂应服从本会之支配,倘有异议,须备具理由向本会申诉,由本会组织公断委员会公断之。公断之结果,会员不得再持异议。

第四章　经费

第十七条　本会会费分左列二种,由会员自认之:

(甲)每月10元。

(乙)每月5元。

第十八条　本会经费倘遇不足时,经会员大会之决议,得向会员征募之。

第十九条　本会承接各项制造用品,得酌收检验及审定等费用。

第二十条　本会预算、决算经会员大会通过之。

第五章　附则

第二十一条　本章程经会员大会议决外,呈请厂矿迁移监督委员会备案施行之。修改时亦同。

[经济部工矿调整处档案]

### (2)迁川工厂联合会现状①(1941年2月)

迁抵重庆各厂,为求力量集中,推动一切起见,爰于二十七年四月,成立迁川工厂联合会(下称本会)。自本会成立以来,迄已3载,会员已达170余单位,具有煤矿、铁矿、炼铁、炼钢、轧钢、翻砂、机器、电器、仪器、锯木、纺纱、织布……制钉、制针等,均已先后复工。

各厂出品,无论其直接(军用品)、间接(日用品)莫不努力于后方生产,襄助抗建勋业,举其显著者言之,若龙章造纸厂经2年余之筹备,刻已出品,供应社会。

本会会员工厂所需之原料,虽有一部分可以就地取料,然另一部分,必须仰仗国外输入者,而岗峦起伏,运输困难,因于二十八年春,设立运输处,筹集资金,购办车辆,行驶西南公路,运输必须原料,旋为燃料缺乏,因之停止。

渝地技工,因工厂日多,致感缺乏,而游击区内之失业工友,大有人在,乃于二十九年春,组织招募技工委员会,恳请经济部工矿调整处借以经费,商请战时社会事业人才调剂协会协助办理,派员前往招募。首次应募技工,业于去年年底抵达此间,目下尚在继续招募,政府又拨巨款,指定工厂,加以训练,想一二年后,定能应付裕如。

本会会员各厂之全体员工,综计约共2万余人,日需食米200余石,前曾吁请政府发给平价米,尚未批准,近后商请全国粮食管理局,指划区域为本会购办,刻正派员采购中。

[重庆市工商局档案]

---

① 此件选自1941年2月《工业中心》9卷3、4期。

**(3)迁川工厂联合会1938年1月至1945年3月工作纪要**①

二十七年

一月二十五日　组织迁川工厂临时委员会,推吴蕴初、庞赞臣、刘国钧、林美衍、柯干臣、颜耀秋为委员,出席迁川工厂17家。起草章程。

三月二十三日　决定会所。请求豁免地契税。察勘迁川工厂厂址。

四月十七日　开成立大会,出席迁川工厂37家。通过章程。

五月十八日　请求当局豁免迁川工厂购地税。设法阻止工厂高抬工资以免工友跳厂。

六月一日　请求电力公司减收迁川工厂电费。请求豁免暂时利得税。

六月十五日　请求财政部豁免厂栈间税(即四郊材料出入税)。

八月二十四日　为木船遇险各迁川工厂向中央信托局交涉保险。设法阻止各厂职工无故旷工怠工。

九月七日　筹备运输处。与海关当局妥议材料货品免税办法。有会员工厂57家。

十一月十六日　请求免征营业税。

二十八年

一月一日　颜耀秋、庞赞臣代表工商界向林主席献还金鼎。

一月十二日　本会在经济部工矿调整处及市党部备案。捐义卖献金2万元。聘请吴骐大律师为法律顾问。

三月八日　组织动力研究委员会。

三月二十九日　为社会部介绍华生等10厂进行办理工人俱乐部与工人补习学校。

四月五日　组织招募技工委员会。

四月十五日　滇省批准内迁各厂运输经由滇省时,器械免税,材料照七成征收。公推颜耀秋出席生产会议。

四月十七日　开第二次会员大会。

---

② 此件内容分别节选自迁川工厂联合会编迁川工厂会员出品展览会纪念册(1942年2月)、迁川工厂联合会第七届会员大会特刊(1944年4月17日)、第八届会员大会特刊(1945年4月17日)。

五月四日　通过提出生产会议四案：一、平价购用近郊土地；二、举办工厂战时保险；三、增强西南运输，以便输入各厂原料；四、豁免一切地方捐税、各省过境税、营业税及正副地契税。

六月七日　组织编辑委员会，推胡厥文、崔唯吾、庄茂如为委员，负责进行编撰《迁川工厂会讯》。请交通部及西南公路局增加乌江渡船，使运输处货车不致滞留。

六月二十一日　介绍高工职业学校毕业生于各会员工厂。通知各会员工厂不应收容避役壮丁。

七月十九日　请求政府减低各厂进口材料之价格，政府出售材料时请照市价低20％。

八月二日　向中央信托局接洽工厂团体家属保险办法。派戴美达去港协助招募技工。

八月十六日　讨论会员工厂爆炸而受影响之问题。

八月三十日　通知购地各会员工厂即向财政局纳缴地契税。75厂家申请四联总处申汇。

九月二十九日　请公路局添设沙坪坝—小龙坎公共汽车，以利各厂交通。调解时事新报事件。为明昌电业机厂工友申请缓役。组织征募寒衣委员会。

十一月一日　捐募得款14,655.55元，棉花500斤。

十一月二十九日　四川省政府准予减征各会员工厂1／2地契附加税。请工矿调整处拨1.6万元为在港技工入川之路费。

二十九年

一月十日　函请周锦水负责韶关方面招募技工事。

二月十四日　捐春节劳军3,000元。呈行政院请求减低工厂陆地兵险保率。呈请减低工厂电费。

二月二十八日　办理各会员工厂技工缓役问题。

四月十七日　举行第三届会员大会。通过本会请求政府推选参政员案。划一技工标准工资。呈请政府豁减内迁工厂各种税赋。

五月八日　审查会员委员会制，定会员标准：甲种会员资金10万元以上,乙种会员资金2万元以上,丙种会员资金2万元以下。

五月十八日　推定颜耀秋、潘仰山、庞赞臣、吴蕴初、余铭钰、胡厥文、崔唯吾、胡西园、陶桂林、马雄冠、庄茂如、陈容贵12人为国民大会代表候选人。

六月五日　派林美衍往韶关招募技工。

六月十九日　呈请政府凡本会会员工厂职工一律准予缓役。

七月二十四日　组织迁川工厂粮食供应委员会。

八月十四日　请求卫生当局在小龙坎一带设立时疾医院。请电力公司增加各厂电流时间。

八月二十八日　解决正明泰记面粉厂与福民实业公司机器与房屋租金纠纷。招募技工委员会结束。

十月九日　调查会员工厂受爆炸损失情形。调查各会员工厂情况。

十一月六日　请求豁免被炸工厂营利所得税。

十一月十七日　为粮食高涨呼吁政府发贷各厂食粮或准购平价米。

三十年

一月二十二日　会同国货厂商联合会、西南实业协会赴财政部讨论所得税、利得税计算方法。

二月五日　加强粮食供应委员会,组织委员赴长江上游采购食粮。

三月五日　中央信托局准予减低工厂陆地兵险保率。

四月十七日　举行第四届会员大会。会员工厂增至178家。

四月三十日　组织迁川工厂联合会会员工厂出品展览会。

五月二十八日　当局指定江安为本会购米区。

六月十六日　推周茂伯、吴羹梅、颜耀秋代表出席重庆市社会局仲裁劳资纠纷会议。设立粮食供应委员会江苏采购处。

八月二十七日　调查各会员工厂被炸情形。结束迁川工厂粮食供应委员会,先后购食米6,300石,麦400石。请求政府扩大工贷范围。

三十一年

一月一日至一月十五日　在重庆生生花园举行迁川工厂联合会会员工厂出品展览会15天,参加工厂101家,占全数(203)家的1/2。

三十二年

四月十七日　举行第六届会员大会。

四月二十八日　会同国货厂商联合会摊募三十一年同盟胜利公债1,000万元。

五月二十日　推吴羹梅代表本会担任重庆市物价评价委员会委员。

五月二十九日　为废止迁川工厂按照资本额缴纳营业税案,再度呈请经济部转商财政部收回成命。呈请行政院赐准转嘱主管部提前实施工贷,以苏工困。

六月十九日　发动各会员踊跃参加鞋袜劳军运动。发动各会员慷慨捐献慰劳鄂西将士。

七月二日　特备"发扬精神"锦旗一面,赠送工作竞赛推行委员会。

七月十三日　呈请四川省政府继续核减内迁工厂厂基税、附加税。

七月三十日　为会员工厂技术员工申请缓役。

八月十五日　本会联合中国全国工业协会、国货厂商联合会、西南实业协会、中国生产促进会等工业团体成立五工业团体联席会议。

九月十六日　假都邮街冠生园举行第57次聚餐大会,并请王芸生先生演讲国际形势。

十一月三日　筹募本市冬令救济事业经费100万元。

十一月十二日　本会一德院楼上余屋全部修竣,分别租与本会会员渝鑫钢铁厂等。

十一月三十日　为财政部直接税处征收二十九年内迁工厂利得税进行中之行政诉愿补具理书送呈行政法院。

十二月一日　本会为严格执行预算,切实改良会计起见,特会同中国全国工业协会及中国工业经济研究所,委托立信会计师事务所代本会等三团体管理账目,逐月造具账目报告表送会。自本月份起按月捐助中国工业经济研究所5,000元,并请其于出版物发行人项下附列本会名称,以示联系。

十二月十七日　为各会员厂商存于银行之仓库货物被封事,会同中国全国工业协会,分别呈请国家总动员会议及工矿调整处迅即通知经济检查队,将合法厂商之各种仓库及其他单据予以发还。

三十三年

一月一日至一月三日　会同中国全国工业协会及国货厂商联合会举办工业界慰劳湘鄂将士义卖。

一月四日　潘理事长仰山等代表三会参加陪都各界慰劳湘鄂将士献金大会,当场捐献国币111.396,4万元。

一月二十一日　为检呈精一等13家保证书,附查封货物登记表各13份,呈请国家总动员会议迅予分别启封发还仓单。

一月二十四日　精一等13家被查封货物正式启封,并领回被检去仓单。

四月十七日　举行第七届会员大会。

四月十八日　通电向蒋主席及前方将士致敬,并致电林厅长继庸致敬。

五月九日　会同国货厂商联合会摊募三十二年同盟胜利公债3,000余万元。造具代募冬令救济费清册函送陪都救济事业经费筹募委员会,以清手续。

五月十四日　呈函市政府及财政局,请俟工矿业固定资产增值办法公布施行后,再依据所增倍数重估厂房,增收房捐,藉利工业。分呈社会部、经济部及社会局修改非常时期厂矿工人受雇解雇限制办法第6条及第11条条文。呈请财政部迅饬重庆关,将黄沙溪分长惠予撤销,以便运输,而利工业。

五月十五日　分函花纱布管制局重庆办事处及门市总部,请对于民营工厂之住宿于厂内员工用布,明定供应办法,以资公允。

五月二十日　会同中国全国工业协会、国货厂商联合会、中国西南实业协会、中国生产促进会等四工业团体拟具"解决当前政治经济问题方案"之建议,由潘常务理事仰山、吴理事羹梅送呈十二中全会,以供采择。

五月二十五日　重庆市乡镇公益储蓄推行委员会派定本会及国货厂商联合会摊募储额7,000万元,实收6,000万元。

五月二十七日　会同市商会及国货厂商联合会分函重庆市乡镇公益储蓄推进委员会及第一推行处,请其俯念工商界困难情形,将工业界派储数额惠予核减,提高周息,并对于嗣后类似公益捐款之劝募,一律加以豁免。

六月二日　重庆市乡镇公益储蓄推行委员会及第一推行处为所请核减派储数额碍难照准,至提高周息及豁免一切类似公益捐款,已分别转函四联总处及市政府核办,电复查照。

六月十七日　举行第62次会员聚餐大会,并发起慰劳湘鄂前线捐款运动,当场募得捐款50余万元,为粮价急剧波动影响各厂生产一案发出紧急通告与各会员,务请于文到3日内依照员工及其眷属名册格式据实填报来会,以凭办理食米供应事实。本会会讯第4期出版。

七月九日　潘常务理事仰山等代表本会等参加陪都各界"七七"扩大劳军献金大会,并代表工业界捐献350.587,7万元。

八月八日　为会商结果函请财政局对于各厂房屋之勘估应予以五折优待,其自用房屋如厂房、机器间、工场、办公室等之捐率悉为其现值(按估值五折)2%,而自用住屋如员工宿舍及员工福利事业所用房屋,则悉为其现值(按估值五折)1%。

九月十七日　举行第63次会员聚餐大会,并欢送我国出席国际通商会议代表及顾问陈光甫、卢作孚、范旭东、王志华,及张嘉铸诸先生出国。

十一月十七日　举行第64次会员聚餐大会,并发动会员捐助湘桂内迁厂矿员工救济金,当场募得90余万元。

十一月二十日　由中国银行汇出湘桂内迁厂矿员工救济金100万元,交中国全国工业协会贵州分会转中南区分会分发。

十二月二十日　黔桂前线将士慰劳团出发,本会顾问李烛尘先生代表工业界参加,携带捐4.50万元,毛巾4万条,香烟700万[?],总共慰劳品值1,500万元,前往慰劳。

十二月三十日及三十一日会同其他五工商团体在胜利大厦举行慰劳盟军新年联欢会。

三十四年

一月五日　为抄同厂矿需要技术员工调查表一纸通告各会员填报,以便安置湘桂内迁员工。

二月十日　通告各会员嗣后对于各项税捐应采一致行动以轻负担。

三月一日　造具各会员工厂每月用煤调查清册,函请燃料管理处按月充分供应,以维生产。

三月二十四日　为订于四月十七日举行第八届全体会员代表大会,检同到会通知回单、代表委托书、代表简历表、通告各会员查照办理。

[重庆市档案局档案]

## 7. 林继庸在川工作情形及开发川资源意见签呈(1938年3月15日)

谨签呈者:继庸奉命代表本会参加厂矿迁移监督委员会工作。在汉工作时,于去年十二月四日起,至本年一月十八日止,每星期均有工作报告呈核。自一月二十二日奉派入川,至三月十日返抵汉口期间,亦曾共有报告十一号呈报,想均邀洞鉴。计在川所办工作其较为重要者有:1.划定北碚对岸东阳镇上下坝介于温塘峡、观音峡之间沿嘉陵江一带地段数千亩,为迁川工厂工业区。2.协助永利精益公司、永利碱厂、天元电化厂、天盛耐酸陶器厂、天利淡气厂等,在自流井、上坟堡、高硐地方,辟该地为化学工业区。3.援助自贡电厂租借上海龙章纸厂之1,250kVA,MV式发电机,为化学工业区发电之用,其合约经已签订。4.视察乐山、犍为、富顺、荣县等处之盐井、自来火井,并略拟由自流井至邓井关促进运输计划。5.与四川省政府设定设立迁川工厂用地评价委员会组织,并商订用地评价施行办法。6.雇用木船193艘,由渝运煤下驶,再由宜昌运载迁厂物资至渝及其他目的地。7.与委员长重庆行营商定派遣官兵护送木船办法。8.与中央信托局商定木船上驶保兵险及平安险办法。9.与四川省政府交涉津贴迁川工厂木船运载物资保险费用,计保险额每千元取费20元,内由厂方付四元零五分,川省府津贴15.95元,以木船二百艘,每艘保险三万元,则保险额为六百万元,川省府应津贴9.57万元,此项预算已由川省府三月七日省务会议通过,并在宜昌开始发给矣。10.组织厂矿迁移监督委员会重庆办事处。11.在北碚及重庆江边各搭盖棚厂一座,以为厂家暂时堆放物资及工人暂时寄宿之用,其盖棚费用已交涉得完全由川省府担任,南岸之棚厂经已完工。12.北碚工业区之测量工作由川省府委托建筑公司承办,其测量费用亦留川省府负担,至于工业区之设计则由川省府、工矿调整处、基泰工程司三方会同办理。

以上所办十二项事宜,均已就绪。继庸初拟以三星期之时间完成之,不意对付川中人事问题颇感困难,遂致延滞。继庸返汉后,闻豫丰纱厂由豫迁出纱锭子5.6万只及锅炉发电机等四套，共可发电力三千五百千瓦（内1,500千瓦一套、1,000千瓦一套、500千瓦两套），即进行与该厂负责人商洽迁川，安置于北碚。经由该厂答复，愿将纱锭三万枚及发电设备等迁往，现正详拟办法，不日当可决定也。

北碚工业区之基础殆可奠定，现在亟须确定进行办法者，厥为电动力之设备问题。如能早日成立一约二三百千瓦之小发电厂，以为在北碚各机器铁工厂开工之用，则可促各厂早日复工。数月后大发电厂成立后，再谋将小电厂迁往他处，以为开发他处工业之用。

继庸于办理迁移厂矿工作之外，此次在川耳闻目见关于开发资源之各种情形，亦略有所得，不敢自缄，敬陈愚见于后，以供采择：

一、威远县（在自流井西北方约七十里）臭水湖地方有巨大之火井，尚未经开发。

二、自流井及五通桥之煮盐方法太不经济，煤气弥漫灶外，耗煤至多；黄水（即盐卤之色带黄者）含溴碘镁等质甚多，未能用化学方法提取；自然煤气应研究：1.考查有无氦气，2.提取汽油，3.制造炭黑，4.煤气之他项用途。

三、五通桥之盐井探钻不深，其下层蕴藏尚无确实查勘。现在之深井公司因人事不减致遭失败，应设法援助之。

四、彭山一带芒硝产量甚富，惜因钻井不深，且晒硝之方法笨劣，应加改良以增生产。

五、四川产之生皮品质甚佳，且数量亦巨，其山羊皮一项尤为世界知名，应可成为制革工业区。

六、四川盛产五倍子，可提制鞣草剂，以供制革之用，应设一提制五倍子之工厂。

七、川北广元县储铁矿甚富，据日人所调查及四川建设厅复勘，闻其蕴量在一万万吨以上云。该处所产之煤，堪供炼焦之用。

八、内江、资中一带盛产甘蔗，应促其新法制糖厂及酒精厂早日成立，及多设数厂。

九、自流井所用之煤取自威远，时值每吨十五元，查其运费每吨仅一元五角,其成本昂贵之原因乃是用土法开采。故欲自流井之电力价廉,必须将威远之煤矿改用新法开采。

十、四川现在及将来之工业,均亟需一炼气工厂,以供电焊之用。

以上所举十端,均是荦荦大者,其他如綦江之铁、近之桐油,均经人详述,兹不赘。谨呈

主任委员 翁
钱

林继庸
二七、三、十五
[资源委员会档案]

## 8. 筹设北碚工业区有关材料(1938年3月27日—4月23日)

### (1)汪泰经致林继庸等函(3月27日)

继庸、博矣两兄组长勋鉴:前天因范英士兄之约前往北碚踏看建厂地基,已于今晨竣事回渝。兹将略情述陈如次:

(一)廿四日弟与英士兄及江北县夏县长、单基干、童舒培等乘车同往,当日午后即由峡区区长唐瑞立、主任黄子裳、蚕桑改良场王君等(卢子英先生在蓉,陶英先生当日早来渝)伴同,踏看下坝,并约定次晨踏看上坝。下午召集下坝各地业主谈话。

(二)上坝之地年前已由建设厅购进(据蚕桑改良场王君云,全坝约七八百亩高地,地价及一切开销总共用去6.2万余元)随时可以拨归建筑工厂之用,除已由省府指令蚕桑改良场迁移外,余无手续。

(三)下坝之地不如上坝之多,且其中有数块已为嘉陵丝厂及江北县农场所购得,有价可凭,当亦无甚困难。

(四)昨日午后召集下坝业主到区公所谈话,业主大半均到会,约十余户,由范英士、夏县长、泰经及唐区长先后将省府已决定收买该地拨充建筑工业区之意,详为说明,并告以政府方面将以前年收买上坝,及近来购进下坝数块之地价为比较评价收买,不始[使]业主吃亏,亦绝不容任何人拒绝收买或高

抬地价。照昨天各业主之表示已能明晓大义,只求得到相当代价,应可于甚短期间内将下坝地亩购齐。

(五)购买的方法(甲)调查各业主所有地亩之数目及生产量,俾使谈价。(乙)向各业主个别的解决,一经议妥,随即给予少数之定金,至立契约时付给半价,成交时将全数付清。

(六)负责调查即购买者,已由范英士托峡区区长唐瑞五、卢子英及蚕桑改良场场长陶英就近会同办理,遇有必要时范当派人或自己前来参加。

(七)关于价格问题,下坝完全购进照黄子裳等估计约须6万元左右,范英士允立即由建设厅拨洋5,000元用以付给定金,其余之数,范拟令各厂筹备,先令每家出3,000元,以后多还少补。弟认为现在各厂仍多在观望,即使有愿先交3,000元者,家数必然不多,无论如何恐非先由本处垫拨若干不可,先拨3.5万元如何。

(八)下坝之地势,西南方面较东北边为高,据云坝内较低处去年亦曾淹水,可用之地估计约在四百余亩。

(九)据云上下坝之地全为沙质冲成地,下掘至丈余时,土性发软,恐怕做地脚时有点废[费]事。

(十)将来之市区,弟之愚见认为即用东阳镇改造较为便利,其理由为(1)上坝后山之平地无多,将来建设厂房恐仍须用山前临江边之地。(2)东阳镇界于上坝下坝之间,又正与北碚对岸,交通上当更便利。(3)该镇已具有街市之规模样,若收买改为厂址,恐价格太贵。

(十一)单基干原此次系为资委会找电厂地址而去渠,对于豫丰纱厂之计划尚未有所闻,伊之意见拟将电厂设在上坝极西而颇临江之高地上(即近白敦庸房子之一头),否则黄桷树后边一带亦称相直云。以上为此次附北碚各情之报告也。

此外,闻于公弢兄所须之地,渠出已有详函寄奉兄等察核,弟则劝其采用附近白敦庸房之高地。

张鸣岗先生已于日昨抵渝,弟已与其晤面,相谈甚久,约定星期一先去拜访范英士兄,有所咨询,然后再赴北碚看地。弟或仍须陪其同往,俾便促进其成功也。

  继庸兄二十二、二十三、二十四三函均已拜悉。木船保险费减至每百元取一元二角五分，想川省府可以少出津贴而厂方仍照每千取四元零五分之数缴费也，期限延至五十尺，厂方当可省去延期加保费，弟当转告此期各厂周知。

  钱乙藜先生来渝，接机事已与党民兄约定，余容再及。专此，敬颂勋安。

弟泰经拜启
三月二十七日

### (2)范英士致林继庸函(3月28日)

  继庸吾兄大鉴：廿三日惠书奉悉，已遵嘱一一转陈北衡厅长，毛翼丰、张鸣岗两君到时自当尽力协助。二十四日弟同泰经兄及江北夏国斌县长赴北碚查勘东阳镇厂地。二十六日返渝。该地计长1,112米，进深400米，业主共24户，佃户则约60余家。廿五日曾在乡建实验区署召集各业主谈话，说明川省府之决定收买及不令业主受亏原则，彼等均表示愿卖，惟要求于价值上稍为优待。至于收买办法，则先由实验区区长唐瑞五君先将该地面积绘出，各业主管业亩数若干一一标明，然后分别定价。该地全部价值约六万余元，第一步须准备四万元，计划在三星期内与各业主分别定约，先付半数，随时可以使用。因使用地有先后，某地须使用时则全部付价并解决津贴青苗及其他补偿费办法，不使用者暂时让其耕种生活。地款问题则请转告各厂家预先拨付若干。凑足四万之数，如各厂家一时不能付出，则请由贵处暂时代垫，将款拨交弟处办法，如何之处当望速惠示言。专此。顺颂近祺。

弟范英士再拜
三月二十八日

### (3)何北衡致林继庸电稿(4月1日)

  工矿调整处林专员继庸鉴：移川工厂厂地已勘得东阳镇下坝，整地一方，长1,112米，宽400米，地价约7万元，三周内交付。如各厂一时不能付出，拟请工矿调整处代垫，并盼早日将款拨交敝厅渝办事处办理，并希见复。弟何北衡。卅。

### (4)吴至信致四川建设厅驻渝办事处函(4月2日)

谨查此次迁川工厂机件,业经陆续运往重庆。故厂基问题亟待解决,以便早日建厂复工。前经指定北碚为四川之新工业区,该地东阳镇下坝有平地667亩,亦经指为建厂基地,估计约须地价6万余元。业经四川建设厅驻渝办事处会同本处重庆办事处负责人员召集该地各业主面谈,决定在三星期内与各业主分别订约,先付地价半数,俟某地须动工建筑时,再补付该地地价之其余半数。顷得四川建设厅何厅长来电,拟请本处先垫拨地价汇交该厅驻渝办事处为订约付价之用。

兹查此次迁往四川之工厂约近五十家,厂基须地约六百亩,其中曾经行政院及前工矿调整委员会与关系机关议决拨给地亩有案,及经前工矿调整委员会审核特准补助之迁鄂工厂改迁川者,有20余厂。按各厂实际迁川机件计算,须本处补助地价之总亩数,估计约200亩。按迁鄂工厂购地补助办法第五条,购地补助费之数额定为最高每市亩国币150元,实际购价低于150元者,按其实际价补助之。今据下坝总地亩与地价总值估计推算,迁川厂家所须之购地补助费,约为2万余元,其余各厂基地地价及受补助厂家于补助地亩外自购地之地价,以及青苗、迁屋、迁坟等各种补助费,均应由各该厂自备。惟值此迁移期内,各厂经济大都困难。是以拟由本处于前厂矿迁移监督委员会厂基购地补助费7万元内,先行拨垫四万元,汇交四川建设厅驻渝办事处,备充购地订约先付半价之用,俾便早日计划建设一切,以利进行。除享有补助费待遇之厂地地价外,此项为各厂垫付之地价及青苗等项补助费,应由各该厂负责清偿,其详细办法,另行规定。至于当地之一切必要公共建设,拟饬本处重庆办事处就近与四川建设厅交涉办理。

兹除拟电复四川建设厅何厅长遵照来电即由本处垫拨四万元汇交该厅驻渝办事处备充购地付价外,并函复四川建设厅驻渝办事处查照办理。

职吴至信谨签

四月二日

**(5)李景潞等致翁文灏等签呈(4月5日)**

查北碚对河东阳镇下坝,平地六百余亩,颇合机械化学及其他工业区域建设之用,业经汪主任泰经会同四川省政府建设厅驻渝办事处主任范英士赴该处查勘,并召集该地各业主会议,均表示愿卖。兹将范英士及何厅长北衡函电撮其要点如下:

(一)先由实验区唐瑞五将面积绘出各业主管业亩数,标明若干,然后定价。

(二)全部地价约六万元,计划在三星期内分别订约,订约时先付地价半数,随时可以使用,至使用全部付价,再决定津贴青苗及其他补偿费,不使用者暂令耕种。

(三)地亩请转告各厂预拨若干,凑足四万元之数,如厂家不能付出,请由本处先行垫拨该项价款,交该厅驻渝办事处办理。

查地亩问题,本利于速办,一则便利各厂之早日兴建,二则地主既愿出卖,如早定案,可省以后纠缠。但该处将来由田地辟成市区,所有种种关系之问题,亦须熟加考虑。除市区设计与管理应俟另草方案外,其关于此次购地,则将来开辟马路所占地皮之价款,应由何方担负。又此次建厅商请本处垫款交该厅代办,对于将来订立买契时,买主应为何人。均未商及,谨拟具方案数种如下,敬乞钧裁。

方案一:训令渝处,由汪主任就近向在渝各厂接洽。各厂如愿在北碚设厂者,由该各厂直接承购,所有地价概由该各厂自备。按此办法,则本处可无须垫款,买契可由各厂直接订定。惟各厂有尚未确切决定在北碚复工者,分途接洽,过费时日。况各厂现况,周转均感不灵,汪主任已另有呈报,恐事实上无法速办。

方案二:该项地价,半价约三万五千元,由本处拨交川建厅购地,手续由该厅办理。由该厅与本处交换函件,规定用地办法。似此情形,则将来买契上买主如用建厅名义,日后转滋纠纷。且由建厅主办,万一款拨后,不能积极进行,反致延搁时日,则各厂势不能早日复工,生产前途将感不便。

方案三:该项地价,半数先由本处拨交重庆办事处,会同建厅办理购地手续,但买契上仍用本处名义,请建厅范主任作证。将来各厂除按成案应予酌拨地亩外,其余地亩,可向本处购领应用,或租用均可。似此则手续较为简捷,而管理亦可集中,至将来开辟马路时,所占地皮,如何处理,俟市区设计及管理方案起草时,再行规定。

拟即按第三方案训令汪主任遵办,并电复何厅长请饬范主任英士与汪主任洽办。是否有当,理合签请鉴核示遵。谨呈

处长　翁
　　　张

职李景潞、林继庸谨签

四月五日

批注:可,并拟定应购面积。

文灏

### (6)筹设北碚工业区注意事项(4月12日)

一、筹设市政筹备委员会

甲、组织　与建厅方面磋商筹设新市区,由四川省政府建设厅、合川县长、工厂联合会代表组织之,必要时本处亦可参加。

乙、任务　该筹委会办理北碚工业区内一切有关市政事宜,如征收土地,测量及清丈地亩,市区设计以及市区公共建筑如马路、堤岸、桥梁、码头、水电工程、沟渠等等,并于必要时得设专门委员会商榷办理之。至该项专门委员会中本处可派员加入,尽量协助。

丙、经费　新市区尚未完成前,所需行政经费,应定一极小限度,由川省府指定专款拨给。本处及迁厂联合会人员可以借用其一部分之公共建筑经费。如何筹拨,亦应商定。

二、关于该区现时急待进行之事项

甲、地区范围之圈定　按照林组长前在渝视察北碚时所划定之地区范围,及事实上需要,定之。分期收购办理。

乙、区地地段之收购　除按照圈定范围分期收购外,在此初春时期,应将

有碍建筑之树木及桑苗等设法督促,即行迁移,以免过时不能移植。但如与第一期建筑无碍之屋、树等可准缓拆(已另电何厅长核办)。

丙、垫购工厂基地之规定　已详见整字第583号指令。

丁、马路之规则　该项计划应包括在工业区整个设计内,定一分期完成计划。惟须注意者,即修造马路及马路所占地价,是否应由厂基业主及省政府各摊半数,均应以轻厂家负担,商定方案。此种费用属市政建设,新市区既隶属地方,将来必有收入,自应由省政府酌为负担。

戊、水电之装置　该区电力机件之装置,现已由资源委员会电业处设法装置柴油发电机,先行应用,其永久之发电设备,刻已分由资委会及天府煤矿与中福煤矿合作暨中国银行等方面分别进行,一俟最后决定办法,即可进行办理。至关于水之供给,除拟与电厂合办外,如有愿投资者,亦所欢迎。但在未筹办以前,拟交由某一最大工厂负责办理抽水工作,以资供应。

己、码头及仓库之筹划　一、确定建筑经费,二、拟订工程设计,三、关于码头上之十吨起重机与趸船等项。此间迁移工厂中,有愿集资筹办或出借该项设备者,如已将地点勘定,即须赶即进行,以便各厂起卸货料。

### (7)李景潞致张兹闿、翁文灏密电(4月23日)

张副处长转呈部座钧鉴:密。养电已分别抄呈卢、何。收购下坝,北衡已令建厅驻渝范主任积极进行。俟豫丰勘定在下坝设厂,即拟请由该厂派员会同办理,以促速成。查各厂不愿往北碚设厂,原因(1)该地距渝较远,交通不便,成本提高。(2)仅适合纱厂而平地不多,土工太昂。(3)中途香国寺地方海关设有卡局,进料运货须多纳附层税款。(4)重庆附近电价既已减低,输送便利,现裕华、申新、天原、顺昌等均已在渝附近购地,大鑫用电每度减至二分八厘收架[价],即其先例。中福电机如能设于北碚江岸,则震寰炼轻油火砖窑及与纱厂有关之机器厂等,动力不在问题。龙章电机公司似已无意借用,该厂可独立生存。职等除在渝勘测新厂地址外,并定漾陪同豫丰、中国诸人前往北碚实地察看,俾便定夺。宜昌木船经与有关人员商定每吨加给奖金七角,各厂滞宜重件亦可于最近三星期内先西运一批。均已电施才办理。职李景潞叩。漾。

[经济部工矿调整处档案]

## 9. 工矿调整处重庆办事处办理迁川工厂有关事宜一至十三号报告（1938年4—9月）

### (1)工矿调整处重庆办事处报告　第一号(4月2日)

窃职处自奉令改组成立以来，仍根据前厂矿迁移监督委员会林委员继庸规定之基础，继续进行。兹谨将经旬所办事项，陈报如左。

一、关于北碚上、下坝购地事，四川省政府已电建设厅驻渝办事处范主任英士负责主办，范主任曾于本月廿四日，约职及江北县夏县长等前往北碚，会同当地区所及现在上坝之蚕桑制种场负责人等，往上、下坝详细踏看两次，其情形如下列各项。

甲、上坝之地，因年前已统由建厅购进，为省立蚕桑制种场应用，现该场已得省政府训令，随时可以迁移，拨归建厂之用，可称解决。据云上坝全面购进时，共用去62,000余元，地亩总数为千数百亩，但高地约在七八百亩云。

乙、下坝之地，立即着手进行，当已于廿五日召集各业主到当地区公所谈话，由范主任、夏县长、唐区长及泰经先后将政府已决定收买全坝地亩，拨充建筑工业区之意，详为说明，并晓以政府决不使地主亏损，更不容任何人拒绝出让或高抬地价。照当时地主之表示，已能明了大义，只求得有相当代价，收买可望于最短期完全解决。当时并拟定购买办法如次：

(一)范主任已委托当地唐区长、陶场长负责就近进行；

(二)着手调查各业主所有地亩之实数及其生产量，以资评定价额；

(三)取个别的解决方式与地主接洽，以期打破集团误事；

(四)议妥时先付少数定金，立契时付半价，交地时付清。

丙、款项问题

(一)下坝全盘收买，面积较上坝略小，照当地熟习者估计，约须6万元左右。

(二)范主任已允先措5,000元备作付给定金之用。

(三)其余数目，省府表示无力担负，拟令工厂先付若干，或由调整处垫付。

二、关于木船事,职无日不在催促中,惟水道运输管理处及川江航务处,始终未能协同责成船业公会主席向瀛洲履行条约,按期交船,此延误之第一原因。木船在渝查验合格后,先须开往白庙子、夏溪口等处装煤回渝,然后下驶,其往返以及办理手续所需时日。又往往因驳载迷信择吉,或未能迅速装载,虚费时日,此延误之第二原因。查大河帮木船合同,订明于三月廿四日交足140艘,但截至今日止,除已装煤由渝下驶之48只(破坏2只除外),其余已经查验,陆续即将开白庙子装煤者,现尚有60余只,盼其迅速返渝,转道东下。惟10日后恐须中止放船下去,因该船等由宜回渝时,将届洪水暴发之期也。顷闻成渝路有木船17只,已在宜昌,可以出让,职当往水道运输管理处接洽借用。

三、永利化学公司前拟在重庆附近开设铁工厂一所,刻已勘定沙坪坝地方为厂基,经多方协助交涉,业经开始平地工作。据该厂职员来称,可望于四月底复工。

四、大鑫钢厂勘定龙阴镇地方为厂址,曾由职处商请钧部咨请行营转饬地方长官给予协助,刻已测量完竣,当可于日内布置建厂工作。

五、豫丰纱厂张鸣冈先生来渝,作初步之视察,当已由职陪同前往踏看厂址,并接洽调查植棉等问题。容俟得有结果,再行陈报。

六、查职处所办各事,因与业务组有密切关系者较多,故逐日有函电联络,倘报告有未尽详晰之处,想业务组随时可代面陈。

右报告谨呈
处长翁、副处长张

职汪泰经

**(2)工矿调整处重庆办事处报告　第二号(4月9日)**

窃职七日晚接奉钧处六日英文手谕,关于购买下坝地亩事项,仰承指示,当已准备与范主任英士接洽。兹由职拟具商讨纲要四则,先行报告如次。

(一)主权与契据问题。下坝购地前既声称系由四川省政府购买,为贯彻宣言,免除误会起见,仍以用四川省名义出面购买。但原契纸应由省政府指定之主办机关加盖戳记,交给职处执管,暂免税契,容候各厂分购就绪,再由厂商补行税契。

（二）购买人人选问题。查川省地亩因形势高低不一，土壤肥瘦悬殊，故一般习惯，均以生产数量为售买之标准，而不以丈量定价格，因此估价买者，若非熟习当地情形，尤难免为人愚弄。此次购地，不若仍照范主任英士前所委托之唐区长瑞五、陶场长英全权负责购买。盖范主任既需信托唐、陶两君就地办理，职处远隔在渝，似更无从督察，如仅负协同购买名义，是反与经手者以卸责之余地也。

（三）款项交付问题。前曾闻范主任英士称北碚有农村银行，款到后可转汇该行存放，由唐、陶两君随时向该行支付。窃查北碚农村银行股东虽属殷实，但其资本仅为5万元，如将钧处准垫地款35,000元一笔存入，似有欠妥。拟请准将该款转交四川省建设厅驻渝办事处具领，即由该处负责存入妥实银行，转由唐、陶两君支付应用。惟需责成唐、陶两君于每次支取时，应将支取数目及日期，向范主任报告，转知职处，并于三日或五日内将所购地原契妥寄范主任，转交职处执管。

（四）期限问题。暂规定于款项汇到后三星期内，购买完成。

以上所拟四则，是否有当，理合呈请核示，以便候令颁布到时，正式向范主任协商。

谨再将近日职处其他事项报告如左：

（一）上坝用地问题，近曾闻嘉陵纱厂之地亩是否愿意出让，及蚕桑制种场迁移桑苗，闻需候建厅准备适当地亩，并由丝业公司同意后，始能迁移。等情。前已屡经函致业务组，以备钧处分别向卢次长及何厅长请予协助。现悉钧处已有电致何厅长，惟职处尚未闻其进行至何程序。①

（二）下坝购地定金，范主任前曾允垫拨5,000，后来渠又声明建厅无款可汇，昨又由其送阅。何厅长来电略称，前先请垫基金万元，如工矿调整处款到即可免付。查现知范主任实向建厅请垫万元。

（三）关于木船事。查第二次合同共定140只，现已由燃料管理处驻渝办

---

① 关于此点，李景潞在旁注曰："嘉陵纱厂地亩，前面谒卢作孚先生时，彼声明仍拟留为自用。桑苗建厅已允迁移"。

事处接受者,仅106只,其余之34只,昨已由该处及职处通知水道运输管理处停止接受。但已接受之船内中,尚有二三十只未能按照职处前与林组长商定之四月八日以前东下,虽经职向燃料管理处驻渝办事处商请改装轮船,但该处仍拟尽三数日内使船东下。

前闻成渝铁路有木船17只,早于三月底抵宜,可以出让,当职处于本月五日交涉成功,拨归迁厂器材之用,并已通知宜处矣。

(四)木船出险者,刻已有中国实业机器厂、中央化学玻璃厂、中国无线电公司三家,来职处备案。

(五)大公铁工厂有车床20部,现暂借本埠绣壁街74号内装置就绪,可于本月十五日开工。

(六)上海机器厂亦将本月十五日左右,暂在本埠东水门禹王庙内复工。

右报告谨呈

处长翁、副处长张

职汪泰经

**(3)工矿调整处重庆办事处工作报告　第三次(4月10日—5月20日)**

(一)关于法令事项[略]

(二)关于主管事务之进行事项

甲、稽查到渝工厂物资与工人

查各工厂有物资到渝者,截至五月二十一日止,共29家,其中迁川物资业已全部运到者,计有大鑫、上海、大同、精一、精华、达昌、张瑞生、徐兴昌、老振兴、华光、汇明、京华、常州大成、美亚、六合等15家。到渝物资总吨位,达2,932吨,工人607名,按业别分计如下表:

到渝工厂物资及工人统计(五月二十一日止)

| 业别 | 厂数 | 物资吨位 | 工人数 |
| --- | --- | --- | --- |
| 机器五金业 | 14 | 1,310.7 | 495 |
| 电器及无线电业 | 3 | 175.8 | 28 |
| 化学工业 | 4 | 186.3 | 1 |
| 陶瓷玻璃业 | | | |

续表

| 业别 | 厂数 | 物资吨位 | 工人数 |
|---|---|---|---|
| 文化印刷业 | 3 | 221.1 | 29 |
| 纺织染工业 | 3 | 557.9 | 46 |
| 其他工业 | 1 | 151.4 | 0 |
| 煤矿 | 1 | 328.6 | 8 |
| 共计 | 29 | 2,931.8 | 607 |

以上各厂物资到渝，又经转运北碚而离渝者，计允大106.5吨，常州大成211.0吨，中福煤矿328.6吨。此外大公亦曾将到渝物资运往北碚，因鉴于该地建厂一时未能实现，故复将大部分机件运回重庆矣。（见附表1）

乙、协助各厂运输

鉴于春初水浅，轮运困难，积宜待运物资日见增加，同时汉口方面湘煤不敷使用，仰赖川煤补充，爰会同经济部燃料管理处，先后与江巴璧合民船业及四川省民船业同业公会等订约，由该公会等以木船装煤驶宜，然后由宜运各厂物资返渝。经江巴璧合民船业放宜之木船，除中途损失者外，计有31艘，而四川省民船业放宜者，先后亦达106艘，于是积存宜昌之各厂物资，大部赖以上运来渝。惟因水涨流急，豫丰纱厂机件愿改装轮运，故尚余宜未用之木船69只，除两只自有生意者外，其余67只，以4,330元之津贴，宣告解约，木船运输事，至此遂告结束。

丙、办理木船保险

为使各厂物资不致在宜久滞，不得已而雇用木船装载，然长江上游水急滩多，为免除各工厂意外损失计，不得不未雨绸缪，代为商订保险办法。经商由中央信托局转托兴华保险公司代理承保。由宜至渝木船货运保险，原定以凡持有本处发给之货运特种护照者；其保险费，无论机器原料或其他物资，一律概为兵险，每千元收费5元；平安险每千元收费15元，但两种险须同时受保，即每千元共收费20元。惟念各厂经济困难，不堪是项负担，爰与四川省政府商定此项保费，工厂方面每千元只缴4.05元，其余15.95元，由该省政府津贴。嗣又经经济部交涉，机器保费每千元由20元减为15元，原料及其他物资仍旧,所有以前较此保率多收之保费,概由本办事处证明确系奉令迁川者,均已照数退还。至于保险期原定为35日,经已商展为50日,而每船保费总额最高以3万元为限。以木船在宜装货运渝之厂家,大概均已遵照上项办法保险。不料截至最近止,据报有11只木船出险(详见附表2),今正积极设法打捞,脱有不幸,各该船均保险有据,厂方损失当可减轻不少也。

丁、协助各厂寻觅厂址

查工厂迁川,应有适当建厂地址,俾便早日建厂复工,前曾勘定北碚上、下坝,请四川建设厅负责统筹收买,以便各方购用。嗣以上坝之地一部分已为嘉陵纱厂购进,为该厂预定厂址,其余地皮年前已由川建厅拨归蚕桑制种场应用,省府虽令该场迁让在案,惟因地面所种桑苗,须待收采后方能迁移。下坝方面则由四川省政府令饬建设厅驻渝办事处范主任英士办理收买中。至于地价,除本处核允可垫35,000元外,四川省政府令拨款2万元交范主任购地,而今尚在进行。

为使各厂地基问题从速解决,爰暂取化整为零之方策,各厂自行觅定基地,由本办事处协助购买或借用。截至最近止,已将永久厂址购妥者计4厂,地址择妥购地进行似无困难者3厂,原有厂房在渝者2厂,借用他厂厂房者1厂,租定房屋改装使用者11厂。故迄今厂房已永久或暂时解决者,共计21家(见附表3及附图1)。

此外,为便于厂址未定之厂家择地省时起见,本办事处爰将重庆附近可供建厂用之地基,就其形势面积、交通状况、电力供给及地价等,加以调查(见附表4),以备介绍各厂前往择购。

戊、促进各厂早日复工

工厂内迁,当以从早复工;增进后方生产为首要,故本办事处一面代为解决厂基问题,同时力促其寻觅现有房屋修补,改充临时厂房,先行复工。现已到渝之29家工厂中,除中福机件系运与天府使用,华光、新亚现无负责人在渝,达昌、精一及汇明机器最近方到,允大机件不全,未能装配生产,生活书店只有成品原料到渝及中华铁工厂暗将机件出售(报告另详),一时均无复工可能外,有16厂已经复工,另有4厂亦在积极准备中(见附表5)。此外,复工铁工厂虽其机器尚未运到,但已另经组织公协铁工厂,租用早经停工之江北励志机器厂、南岸成泰机器厂及重庆精勤机器厂等车床16部开工,而震旦机器厂亦就地购置机器,先行从事生产矣。

己、协助各厂解决电力供给问题

迁川工厂择定之临时或永久厂址所在地,截至现在略可分为四区,一为重庆城内及附近,一为江北,一为自流井,一为北碚。各区电力问题均已有解决办法,兹分述于次:

设厂在重庆城内及其附近者,其用电均仰赖重庆电力公司之供给,其原来价格甚高,几经商洽,该公司已允对用电各厂分别减价,最低者如大鑫炼铜厂,每度价格平均不过3分。然此种个别交涉办法,不仅麻烦,有时亦欠平允,是以正拟再与该公司商洽,在可能范围内划一标准价格,则各厂将更感便利也。

江北方面工厂已择用之地,仅限于香国寺及猫儿石,在香国寺者,现仅美亚及复兴两厂,地址均在前先农面粉厂旧址。该面粉厂原有发电机,现由美亚租用,发电自给,将来复兴开工,亦可供给。至于猫儿石方面,目前只有顺昌铁工厂在彼复工,业由重庆电厂接线供电。自流井方面,本已筹办自贡电厂,由杨公庶负责。该公司原购之新发电机被资源委员会迁往昆明,故为设备大量电力供给迁往该地工厂使用起见,该电厂遂向龙章纸厂租用其1,000千瓦之发电机备供工厂用电,当经双方签订草约。嗣以龙章发电机迟迟未能到渝,同时自贡方面又拟另购新机,并闻杨氏现正在港办理此事,故前与龙章所定草约,今已无形取消。

北碚方面,资源委员会原拟筹设一大电厂,惟在此大电厂成立以前,该会遂先将340千瓦柴油发电机1座,运渝转北碚供给急需,今已有一部分机件运到重庆。同时中福公司亦有发电机运川,本是供给天府煤矿用电者,惟天府所需电力有限,故商得中福同意,将发电机装置于嘉陵江边,除供天府用电外,余电可供附近各厂使用。前闻该项机件因嘉陵江沙水暴发,在渝遭遇损失,幸备件丰富,或不致失去效用云。

庚、处理各厂临时请求事项

一、协助各厂向海关提货 查迁川各厂所领货运护照,多数只有一张,而其物资则系分批装运,故护照不能随物来渝,按例须缴押税始能提货。为体念各厂缴纳押款不易起见,特于各厂每次物资到渝时,由本办事处备函代为证明,于是厂方遂免缴纳押税之烦矣。

二、协助各厂解决厂地纠纷　各厂在此购地,虽地价业经成交,然用地时,仍不免纠纷百出。过去如大鑫炼钢厂因测量地皮,径受该地驻军阻挠,原有坟墓而坟主亦延不迁葬;又如裕华所购基地上,居民窑户亦每反对迁移,种种纠纷,均足羁迟各厂建筑动工。而厂方感到极大困难者,先后均经本办事处会同地方官警,为之顺利解决矣。

三、代大成交涉减免契税　大成纱厂在猫儿石所购厂地,因闻税契时于缴纳正税之外,尚须缴纳附税,据称所费甚多,不胜负担,拟请酌减正税,豁免附税前来。本办事处鉴于此种事件,关系地方税收,爰已照转江北县府及征收局核夺办理。

四、介绍各工厂招收学徒　迁川各厂随带技工不敷使用,而重庆救济院第三所成年儿童甚多,愿入工厂充当学徒,曾来函请求介绍,当经转迁川工厂联合会,嗣经该会第七次常会议决,先行派员往救济院视察此等儿童之年龄、体格、资质、适宜于某种工习艺等项后,即行分别与各厂商洽收用。

附表1:到渝工厂物资及工人统计(截至五月廿一日止)[略]

附表2:木船运输遇险调查[略]

附表3:迁川工厂已有厂址一览

| 厂名 | 厂址 | 进行状况 | 使用情形 |
| --- | --- | --- | --- |
| 大鑫火砖厂 | 北碚 | 已购妥 | 正建筑永久厂房 |
| 大鑫炼钢厂 | 沙坪坝土湾 | 已购妥 | 正建筑永久厂房 |
| 大成纱厂布机厂 纱机厂 | 北碚 猫儿石 | 与三峡布厂合作 已购妥 | 使装置机器复工 将来或作为与震寰合作厂基 |
| 裕华纱厂 | 窍角沱 | 已购妥 | 正进行平地工作 |
| 天原、天利、天盛三厂 | 猫儿石 | 已评价尚未完全成交 | 拟建永久厂房 |
| 豫丰纱厂 | 沙坪坝土湾 董家溪 | 由军需署分让 正评价中 | 将作为永久厂基 |
| 申新纱厂 | 化龙桥 | 正议价中 | 拟建永久厂房 |

续表

| 厂名 | 厂址 | 进行状况 | 使用情形 |
|---|---|---|---|
| 华西兴业公司 | 大溪桥 | 系该公司机器厂 | 合并使用 |
| 家庭工业社 | 七星岗 | 系该社昔日重庆分厂所在地 | 合并使用 |
| 中国无线电公司 | 黄家垭口 | 借用华西公司汽车部 | 临时厂房 |
| 永利公司铁工部 | 沙坪坝 | 租定 | 已建竣临时厂房 |
| 顺昌铁工厂 | 猫儿石 | 租定 | 将原有房屋修补添造作为临时厂房 |
| 大公铁工厂 | 绣壁街 | 租定 | 改民房作为临时厂房 |
| 上海机器厂 | 禹王庙 | 租定 | 改会馆作临时厂房 |
| 中华铁工厂 | 上清寺 | 租定 | 原是汽车行改作临时厂房 |
| 震旦机器厂 | 上清寺 | 租定 | 改民房作临时厂房 |
| 美亚织绸厂 | 香国寺 | 租定 | 原是先农面粉厂兹经改作临时厂房 |
| 复兴铁工厂 | 香国寺 | 租定 | 与美亚合用厂址充作临时厂房 |
| 老振兴机器厂 | 一牌坊 | 租定 | 改民房作临时厂房 |
| 京华印书馆 | 陕西街 | 租定 | 改民房作厂房 |
| 时事新报馆 | 新街口 | 租定 | 改民房作厂房 |

附表4：重庆附近可供建厂之基地［略］

附表5：到渝各厂复工进行一览［略］

附图1：迁川工厂厂址分布［略］

**(4) 工矿调整处重庆办事处工作报告　第四次(5月21—31日)**

(一)奉令承办之进行事项［略］

(二)主管事务之进行事项

甲、稽查到渝工厂物资与工人

最近旬日到渝物资仅有华西公司原料31吨，综计五月份到渝者，计物资971吨，工人42名。累计至五月底止，到渝物资总吨位计2,963吨，工人608名。前积存宜昌之物资，除龙章、豫丰、震寰及一部分用木船装载者外，所有轮运来渝物资，大抵均已到达（见附表1）。

兹为便利稽查各厂到渝机器，俾介绍工作及津贴地基等均有所根据起见，除根据到运报告表按件点验外，现已印就到川工厂登记表（样张附后），饬各厂将机器原料从详填写，并令呈缴报关单，以便先行核对后再派员前往逐件点验。截至现在止，到渝29家工厂中，已有22厂将是项登记手续办理完竣，即日可派员前往查验矣。

乙、查办中华铁工厂暗售机件案

中华铁工厂前向本处借款，将机料迁运来渝，其机器部分49吨，早在四月九日业已到渝，只以迟迟未见复工，而其驻渝代表人亦每约不至，爰派员密查，果侦知该厂拟迁柳州，与广西省政府合作建厂，故放弃在渝复工计划，暗将已运之机料出售。经查明售与四川兵工厂者，计机器18部，工具4箱，得价洋3万余元；售与重庆甡泰翻砂厂者，有6尺车床毛坯6部，得价洋2,000余元，其余原料、生铁、铁板、洋元等140吨，早在汉口时已售与良记五金号之刘某，假借该厂名誉运渝者。此案经本办事处查明呈处后，以该厂暗售政府借款协迁之机料，殊属不法，理应尽先追还借款本息，然后呈处核办。现该厂驻渝代表人已自认过失，遵即先电沪总厂汇款清偿本处借款本息矣。

丙、协助各厂运输

关于各厂机料运输，过去以宜渝段水浅，交通工具不敷，最感困难，而今轮运畅通，木船解约，故此段运输暂时已无问题。惟各厂物资到渝后运往建厂地点，有时仍须利赖木船，厂方船户，每因运费叠起争执，近旬日内此类争执经本办事处代为解决者，有龙章造纸厂物资100余吨之运往猫儿石，及永利工业公司物资70余吨之运往沙坪坝，经评定之运费，务使厂方船户两得其平，各无异词也。

丁、办理木船保险

过去代各厂雇用之宜渝段木船，经由兴华公司代理中央信托局办理保险事项，其保期原定35日，嗣经延展为50日，惟因水流过激，船行迟缓之故，尚有一部分厂家货物未运到而保期届满，依约应照保费每千元缴纳逾限保费2.50元，经本办事处向兴华商洽酌减，据复凡保期在五月二十一日以前届满者,仍按2.50元征收,其在五月二十一日以后届满者,改为每千元1.25元,故今尚在洽商中。务期一律酌减,以便利各有关工厂也。

戊、协助各厂寻觅厂址

迁川各厂之急于寻觅建厂地址者,大多业经解决。惟申新纱厂拟购化龙桥地皮,因业主本人现不在渝,其代理人未能全权作主,故虽一再议价,终无结果。为求该厂早日解决厂地计,已饬另行觅地,并由本办事处介绍前经觅妥可供建厂之诸基地中,斟择购用。现经该厂进行者,除化龙桥外,尚有李子坝。惟鉴于豫丰纱厂业由军需署让给沙坪坝土湾地亩使用,则其议价中之董家溪地亩,即可转让申新。故若化龙桥及李子坝两地均购进不易时,申新亦同意购董家溪地使用也。

至于陆大铁工厂之厂基,亦经解决。缘该厂与重庆大学素有相当关系,顷据该厂经理陆之顺称,已与重大校长议妥合作条件,将该校多余地皮之一部分,免[税]租借与该厂建筑使用,惟以允可该校学生在该厂实习为条件。现已将地皮测量完竣,其地皮面积除敷目前建厂用外,尚有将来扩充之余地,现该厂正进行建厂之设计制图中。

己、促进各厂复工

迁川工厂之未复工者,屡经督促进行。最近旬日来,复工进行最为积极者,有陆大铁工厂。该厂机器虽有一部分因木船出险略受损失,幸多属零件,不难在渝配置,现大部分已委托顺昌铁工厂依样制造。该厂经理陆之顺因鉴于来川工人均已到齐,而复厂工作亦须预有准备,乃与重庆大学约定,先行租用该校附属工厂机器(车床8部),定于六月十七日先行开工,一方面修配该厂损失之零件,同时亦拟承接兵工工作,以维持工人生计。目前该厂机器已过万县,大约一周内可以到渝,据陆某称,除有零件损失者外,其完善之机器尚多,拟俟到后,即先行在重大附属工厂内装置工作,一俟正式厂房建竣,再行移装。

附表1:到渝各厂物资及工人数统计(五月份)[略]

到川工厂登记表[样张略]

**(5)工矿调整处重庆办事处工作报告　第五次(6月1—10日)**

(一)奉令或委托承办事件之进行[略]

(二)主管事务之进行

(甲)办理工厂机器登记

欲厉行工厂监督,必须有最完善之工厂机料登记,而借款购料津贴地亩等之举办,亦非详细知道迁来各种机器之数量,不易有所根据。本办事处过去所材料,惟凭特起运及到运状况报告表,殊嫌简略,更因此项表格概由厂方填送,若忘填或未送,均有失却稽考之可能。本办事处有见及此,爰印就工厂调查表,嘱各工厂分别填复,必要时并派员催询。如此进行以来,迄今已有34厂正式登记,此中发现:(1)机件早已到渝,惟未办理报到手续者,如开明、正中、中法等3厂;(2)有一部分物资均未在汉、宜、渝办理手续者,有顺昌、永利、美亚等3厂;(3)虽办手续,但所报吨位与实际略有不符者,有大鑫、大公、京华、时事新报、大成等5厂,自经此次详细登记修正后,此间不仅已有各厂机器之详细记录,且亦得比较可靠之物资吨位矣。

(乙)稽查到渝工厂物资及工人

因机件登记之办理,发现机料虽到而未报到之工厂,故到渝工厂总数,现实有36家,截至本月十一日止,物资吨位共3,874吨,工人913名(见附表2)。(此外尚有华丰印刷所物资未报到,亦未登记,故未计入内。)

迁川物资已经全部到渝者计24家,即大鑫、顺昌、上海、大同、大公、精一、精华、达昌、张瑞生、老振兴、徐兴昌、华光、汇明、资委会电机厂电池部、益丰、永利、中法、京华、正中、开明、时事新报、大成、美亚、六合等。

迁川物资尚有一部分在途中者,计有7厂1矿,即华西、中国无线电、天原、龙章、久大、家庭、裕华及中福煤矿。

中华、新亚、生活、华丰等4厂,虽已有一部分物资到渝,但拟迁川物资中尚有一部分在汉,未闻起运消息。

迁川物资全部尚在途中者,计有11厂,即康元、陆大、复兴、中国实业、震旦、天利、天盛、中央玻璃、豫丰、震寰、隆昌等。

其他如美艺、合作、中国制钉、中兴赛璐珞、中国图书及申新等6家,此间尚未得由汉起运讯。

各厂迁川物资中，中国实业、中央化学、康元、龙章、陆大、天原、天利、豫丰8厂，因木船出险，各有损失，除陆大已有损失清单外，余尚在调查中。此外大鑫原料亦因起卸略受损失（约10吨），大公有机器零件到渝后起卸不慎，坠江两吨，尚未捞起；顺昌有一小部分原料运往猫儿石堆置沙滩上，因山洪暴发而淹没，正设法打捞外，其余各厂物资均幸安全。

（丙）查办有违法嫌疑之工厂

前中华铁工厂因暗售机器，经将借款本息全部追还后，近又查悉以下三厂行为亦有可疑。

（1）新亚药厂　该厂迁川物资原定22吨，工人14名，曾向本处借运费及旅费1,700余元，经查得该厂运渝物资仅有12吨，且均属玻璃厂用工具及原料火砖等，原价值不过2,000余元，其余贵重机件仍存汉口法界祥泰洋行，工人亦无一名来渝。几经密查，该厂似无迁川复工意，则与过去请求借款迁川复工之举，殊不相符。曾一再责询其驻渝人员，又各相推诿，不负责任，是以一面将其在渝白理洋行存货提单暂行扣留，同时限该厂在三星期内将存汉机器起运，或声明理由，呈准本处，将所借款项本息还清。若再因循逾期，定将采取进一步之处置，现该厂驻渝人员已遵电请该厂经理许超核夺办理矣。

（2）华丰印刷所　该厂早有一部分物资到渝，但未前来报到，亦未填登记表，经派员查询，在此看守机件者仅有该厂负责人乔雨亭之妻小，而乔本人据称已于本月八日由汉启程来渝，确否不知。本办事处以该厂亦系借款迁移者，故严加监视，拟按乔某到渝日程，再往查询。

（3）汇明电池厂　该厂物资到渝后委托聚光荣电料行照料，厂方并无人来渝，经查悉该厂运渝者，除打电机与喷砂机外，其余均是成品及原料，并已委托聚光荣代为出售，实无意在渝设厂。查该厂由沪迁出既未领得津贴，而迁川时亦未曾向本处借款，惟曾领免税护照，故可否容该厂出售物料，尚待请示核办。

（丁）协助各厂寻觅厂址

急于在川觅地建筑厂房之工厂，除其进行情形无何变异者外，其他各厂近讯如次：

(1)裕华纱厂现已进行平土工程,据闻因地是石层,至少须120日始能平竣建厂,其所购地基上之居民,现有三分之二,均已迁让,其余亦无问题。惟有一窑户烧砖瓦者,因要求地主补偿其损失,迄今尚在交涉中。

(2)申新纱厂化龙桥地,因地主不在渝,交涉中途停顿。李子坝之地,尚在察勘,未曾决定,将来该厂恐仍以采用董家溪地亩之可能性最大。

(3)豫丰纱厂之主要地基,业经军需署允予让给沙坪坝土湾地150亩,但尚有毗连地基二三处,该厂为一劳永逸计,决定直接向各该地业主出价购进。查该处因有军需署圈地之前鉴,以后进行购置似可顺利,大致或无问题。

(4)陆大原定在重庆大学所让地皮上建厂,因该校忽又提出为顾全风景关系,厂房不得过于简陋等条件,陆之顺遂放弃建厂计划,改租弹子石某火柴公司旧房,充为临时厂址。

(5)复兴铁工厂因探明江北香国寺厂房电力不敷应用,故亦变更计划,在重庆菜园坝租用民房,修理使用。

(戊)促进各厂复工

机件到渝者,除第三次报告中所列复工工厂及中华、汇明、新亚、华丰等厂,有特别原因已见上述者外,其余各厂复工进行状况如次:

(1)大公铁工厂  已于六月一日正式开工,承造兵工工作及车床等。现正在呈请本处借给购料流动金1万元。

(2)老振兴机器厂  工作分两部分,一部分是机器厂,现正修理门面,装置机器,另一部分是织袜厂,机器业经装妥,但未开工。经查询原因,据称困于流动资金,故工人、原料两行缺乏,现除在汉招募工人,不日即可到达外,以前曾向本处请求1,500元借款,故今尚在静候本处批复中。

(3)精一科学器械厂  已将厂房租妥,机器亦正装置,本月内可望复工。

(4)陆大机器厂  自改租弹子石房屋后,已向其邻近之兵工厂接洽工作。该兵工厂是由济南迁来,与该厂素识,故允可先行借给机器与该厂,制造炸弹,一切办法正在详商。

(5)复兴铁工厂  该厂机器即日可到,现租厂日夜电均可供应该厂,因系金陵兵工厂协助迁来,故将来承造兵工工作,似不成问题。

(6)其他　大鑫仍继续建筑厂房；天原正在绘制图样，华光因缺乏原料，负责人已回汉采购，须俟购运前来，方能开工；达昌因负责人在汉，此间又无工人，故尚未进行复工；正中书局虽已租妥厂房，但工人尚在宜昌，俟到渝后即可开工。余如生活与开明，均无机器，只有原料成品，根本无复工之可言。

(己)介绍各厂承造兵工工作

迁川各铁工厂之工作，大抵均以承造军用品为主，为求各厂能进一步，使其能力与工作互相配适计，本办事处爰将各厂机器设备详细情形及生产能力等一一编成表式，送交兵工署重庆办事处，并约定若有相当工作分配民厂制造，本办事处可为介绍并代洽一切也。

附表1：重庆市堆栈调查表[略]

附表2：到渝工厂物资及工人统计(截至六月十一日)[略]

**(6)工矿调整处重庆办事处工作报告　第六次　自廿七年六月十一日至六月廿日止**

(一)奉令或委托承办事件之进行[略]

(二)关于主管事务之进行事项

(甲)办理工厂机器登记

工厂机器登记自上旬办理进行以来，迄今已登记完竣，所有因登记而发现手续未全之各厂家，亦经严加督促补办。以后每有一批物资运到，即须先填登记表，本办事处再派员据表前往点验，而后始发到运证。现此项手续，已为到渝各厂家所娴习，今后推进自易矣。

(乙)稽查到渝工厂物资及工人

最近一周到渝物资，约近200吨，工人58名，复兴铁工厂、天盛陶器厂及天利淡气厂之物资工人，均是本周内到达。截至六月十八日止，已有物资到渝之工厂，共达38家，而物资总吨数，计4,170吨，工人总数971名(见附表1)。

除每次物资到渝，均派员根据宜昌起运表证报关清单及机器登记表等前往检验外，为恐各厂发生一经点验后即可自由处置之误会，爰函知迁川工厂联合会分别通函此间各厂负责人，所有到渝机件材料，非经呈报本办事处查明,转呈工矿调整处核准后,不得自由转让或转售,藉以预防弊窦之发生。

(丙)查办有违法嫌疑之工厂

上旬查知华丰、汇明及新亚三厂似有违法嫌疑,除汇明因未借款,亦未领得津贴,其运渝原料可得自由处置,而华丰负责人尚在途中,未能进行追询外,新亚药厂因提单已被本办事处暂予扣留。最近其重庆负责人前来表示,自原再函该厂总经理迅作如下之处理:(1)该厂存汉未迁之机器,或将迁港设厂,既有背本处协助工厂内迁之原则,则上海所领津贴须照数退还。(2)借款迁川原为筹办药厂,今既拟将制药机件移港,则所借款本息,须立刻偿付。(3)已经迁渝之制造玻璃工具原料,积极设法筹备玻璃复工,请求本办事处发还提单。经本办事处允限该厂于半月以内,迅予办理矣。

(丁)交涉木船遇险赔偿事项

迁川工厂,雇用木船运输先后遇险者,计有中国实业、天原电化、天利淡气、龙章造纸、豫丰和记、陆大铁工、康元制罐、中央玻璃等厂,已详第三次工作报告附表2。兹据中央化学玻璃厂来函,该厂木船脱险后,原船上驶,又于本月十四日在万县之明镜滩再度遇险,船身残破,大部物资沉没。据查该船驶至此滩时,适值洪水暴涨,该处石礁后部为水所淹,船至该礁,正值大雨,水花难察,致触礁上。初仅船底碰破一洞,正抢救间,不意水退异常迅速,船遂搁浅破裂矣。该厂押货人除努力捞救物资外,并摄影留迹。现由本办事处协助该厂向兴华保险公司交涉,促使迅予查勘,并依损失实况依约赔偿。

经查各厂所雇木船遇险之事,有早在二月余以前者,均系各厂自行营救,而兴华保险公司委托之益中公证行,每每不能于得报后即出发查勘。本办事处曾一再函请该公司迅予办理,经复称须电咨中央信托局备案,并另函益中公证行进行勘验。查该公司始终以代理人立场应付,似未能尽如各厂所期望,故除由本办事处迳与该公司商促外,并曾呈请本处迳函中央信托局加速办理一应手续,庶使遇险各厂早得保险偿金,以恢复所失机件,庶不影响其复工之能力。

(戊)协助各厂寻觅厂址

(1)大公铁工厂　现在重庆市内绣壁街租用民房暂时开工,其永久厂址亦经勘定在小龙坎,沿成渝公路,靠近嘉陵江,与中央工业学校为邻。据称全面积计327亩,拟以111亩划为厂址,其余为大公职业学校校基。业主方面除有一家略事留难,经呈行营令饬县府协办,谅无问题外,其余各业主均愿平价出让。现该厂已测量完竣,正设计建筑中。

(2)申新纱厂　该厂化龙桥及李子坝两处地基,均进行不便,现拟决定购用董家溪地亩,惟该处前经豫丰纱厂指定,故请本办事处代为转洽,现正在进行洽商转让中。

(3)华生电器厂　该厂决定迁川,派员来渝寻觅适当厂房,迄无合宜场所。现经本处办事处介绍该厂租用东栈,现正进行议价。

(己)促进各厂早日复工

截至现在止,物资到渝已经开工之工厂,计有十八家,即大鑫(铁工部及火砖厂)、永利、顺昌、大公、上海、张瑞生、徐兴昌、精华、益丰、华西、中国无线电、家庭、京华、时事、大成、美亚、大同、六合等厂号,此外震旦在重庆购得机器,先行开工,陆大、公益、精一、老振兴均正积极装置机器,筹备一切。裕华、天原与大鑫炼钢部,亦正积极设计建筑中。

兹为明悉各复工厂家实况起见,爰举行复工调查,近旬日来,经调查完竣者,计有顺昌、大公、震旦、大鑫等四厂。兹简述其复工现状于次:

(1)顺昌铁工厂　租用大成猫儿石厂地上原有房屋,装置迁来之半数机器,于四月十日复工,现有工人70余名,拟增雇车工、钳工各5名。用电力30千瓦,今正向大成商洽转购基地15亩,以备自建厂房。目前所接工作计:(1)炮兵技术研究处四尺车床70部,(2)四川公路局螺栓40吨,(3)商家订购造纸打浆机1部,(4)重庆炼钢厂迫击炮弹铸工10万枚,(5)金陵兵工厂迫击炮弹车工9万枚。以上各种生意,迄今尚无全部交货者,故目前工作甚忙。自开工以来,除嫌厂房狭小外,尚无其他困难。

(2)大公铁工厂　租用绣壁街民房,于六月一日临时开工,装置机器计四尺车床3部,六尺车床12部,八尺及十二尺车床各1部,刨床2部,铣床1部,只及迁川机器之半数,现正将未用房屋装修,拟将其余半数机器全部装置,目前需电仅5匹马力。现有工人仅17名,不敷分配,已在汉招得技工25人,不日即可来渝。自开工以来所承接之工作,计(1)中央造币厂四呎车床11部,其中8部价格尚未议妥;(2)金陵兵工厂直铣床30部,系与华兴机厂合作,大公担任车刨工作;(3)金陵兵工厂迫击炮弹引信5万枚,正洽商中。该厂所感困难,厥惟乏款购料,今既由本处借给一万元,则问题即可解决矣。

(3)震旦机器厂　该厂由汉运川物资,均系半制品,尚在途中。现因在渝购得车床3部,钻床1部,故租用上清寺街民房于四月一日先行开工,现有由汉来渝工人13名,需电3匹马力。目前承接之工作计有:(1)重庆消防联合会80马力救火大帮浦汽车1部,(2)市政府洒水汽车1部,(3)人力撅龙6部,造备市卖。

(4)大鑫钢铁厂　该厂在龙隐镇土湾建筑之厂房,下月即可竣工,现时附属该厂之北碚火砖厂早已建竣,现有窑1座,已经出货,估计每月能出火砖25,000千块,足供该厂自用。其铁工部亦早在二月廿七日在江北青草坝租用民生公司厂房开工,有工人200余名,因开工机器不多,用电现仅20千瓦。其所承造之工作已完竣者,有(1)民生机厂之硬墩,计18.5万磅;(2)各机厂之机件修配工作;(3)修理民生公司之轮船——民宪、民德。其正在承造中者,除(1)修理民亨、民俭两船外,尚有(2)某卷烟公司之香港车2部,(3)某瓦厂之砖瓦车4部。目前该厂所遭遇之困难有二,一为存料不多,一为流动金短少。该厂经理余铭钰现已积极设法矣。

附表一:到渝工厂物资及工人统计(截至六月一八日止)[略]

**(7)工矿调整处重庆办事处工作报告　第七次　自廿七年六月廿一日至六月卅日止**

一、关于法令事项

甲、奉行法令事项[略]

乙、奉令或委托承办事件之进行

(一)寻勘宜作仓厂之场所[略]

(二)大公铁工厂借款抵押品之点验与加贴签条

大公铁工厂复工后因流动资金缺乏,呈准本处借款1万元,本办事处奉令前往该厂点验抵押品,并加贴签条。经点明计龙门刨床1部,八尺车床1

部,六尺车床12部,四尺车床3部,共17部,一一加签志明。[1]惟原合同内龙门刨床之尺寸为12尺,实查该件只系10尺,业由该厂正式来函声明合同内所书出于笔误,特请更正矣。

(三)陆大工厂借款购件情形暨筹备复工近况之调查

陆大工厂近因积极准备复工,请求借款修理厂房及购料等[2],本办事处奉命调查(1)借款用途及分配情形,(2)购买生铁计划及其实现之可能,(3)筹备复工近况等,均经与该厂负责人详细谈询,并在各方面搜集有关资料,业经一并整理具报。

(四)四川原有重要工厂概况调查

接奉本处业务组来函,嘱代发工厂调查表卅份,择交四川原有工厂中规模较大而与国防民生关系较切者迅速填寄,业经择定以下各厂分别发寄,限文到一周内填复,一俟收到后即行转交业务组。

重庆及其附近:华兴机器厂、民生机器厂、天成机器厂、天成工厂机械部、龙飞机器厂、协兴机器厂、安泰机器翻砂厂、重庆电力厂、复利机器厂、重庆自来水厂、重庆水泥厂、广利实业公司、爱国电池厂、裕华布厂、乐山肥皂厂、德渝机器染厂、三峡染织厂、新丰面粉公司、中华制革厂、求新制革厂,以上共20厂。

北碚:三峡布厂,以上计1厂。

自流井:富荣盐业电器厂,以上计1厂。

成都:荣生翻砂机器厂、启明电灯公司、翁华织物工厂,以上计3厂。

乐山:嘉裕碱厂、嘉乐机器造纸厂,以上计2厂。

彭山:同益曹达工厂,以上计1厂。

涪陵:复兴恒冶铁厂,以上计1厂。

泸县:光华玻璃厂,以上计1厂。

二、关于主管事务之进行

甲、到渝工厂物资及工人统计

由汉迁渝之工厂,本月内续到复兴、资委会电池部、天盛、益丰、龙章、天

---

[1] 原文附注为:"请财务组查照合约更正。庸。"
[2] 原件附注为:"该厂借款已函办事处通知,一俟批准即发。庸。"

利、中法、正中、开明、豫丰等10家,连前到渝工厂合计39家;物资吨位本月内到1,701吨,累计至本月底止,共4,712吨;工人本月内到372人,累计数为980人。本月内各项数字较以前各月为大之原因,(一)江水已涨,轮运较畅,滞宜笨重机件已渐能运渝;(二)各厂在宜雇用之木船已陆续到达;(三)工厂机件登记举办后,所有以前未办报到手续之工厂,均已补办登记。

乙、查办有违法嫌疑之工厂

前以华丰及新亚均有违法嫌疑,特加注意。最近查得华丰印刷所机件分两批由汉起运,第一批到渝后,其负责人又返汉起运第二批,因在宜雇木船装载,故迟迟尚未到来。近由该厂来处声明理由,已饬从速办理第一批到渝机件登记矣。

至于新亚药厂,虽其驻渝人员一再来转述该厂总经理意见,惟既不愿将机件迁渝,又不遵还借款本息,只以九龙设厂为词,企图领还提单,藉故拖延。本办事处曾再婉辞劝导,复予宽限,俾该厂可于考虑后自动觉悟也。

丙、交涉木船遇险赔偿事项

顷据华丰印刷铸字厂前来呈报,该厂第二批物资雇用木船二艘由宜上驶,至六月十一日至万县附近时,其一遇险,原因尚待调查,惟知幸水尚浅而破未破,故落水物资除约七八件未曾得救外,其余均已捞获,损失极微。

查各厂木船遇险事,连同该印刷所一船计算,先后已有10余次,关系工厂凡九,除有数家已经呈报备案外,其已将遇险经过、损失情形等详细报告者,只有陆大铁工厂与中央化学玻璃厂。为求协助各厂交涉保险赔偿,将来检验机件有所稽考,以及预筹如何恢复各该工厂生产能力等工作进行方便计,此项详确资料,亟待搜集,现已由本办事处进行调查。而于已有报告之厂家,其续得消息以及交涉赔偿经过等,亦在调查范围以内。

丁、协助各厂解决厂基问题

大公铁工厂 在小龙坎觅得之厂址,因有一业主索价居奇,因而其他业主虽有曾表示愿以公平价格出售者,亦观望不前,该厂乃请求工厂用地评价委员会择日前往查勘,以便评价解决之。

申新纱厂 前请本办事处代向豫丰纱厂函商让出董家溪地亩为该厂地基,豫丰函复须俟征得中行总管理处同意,方能照办。又据申新来称,豫丰负责人曾向该厂表示,一俟豫丰与军政部订立合同,正式取得沙坪坝土湾地权后,则让出董家溪地事,自不成问题。惟经本办事处查悉董家溪地,华西公司进行购买早在豫丰之前,且已呈请政府备案,只因情面关系,始允让与豫丰。今豫丰既可不用,则华西是否亦愿让与申新,尚属疑问。因该地曾经华西测量制图,用去金钱不少,故其优先使用权,理可保留。惟华西自有厂基,此地或非所必需,本办事处已允申新之请求,代向华西商让。同时,申新已自向该地各业主分别议价矣。

华生电器厂 现已租定重庆镇江寺街东栈,全部房屋无须改装,即可供该厂厂房、仓库、办公、宿舍之用而有余。

合作五金公司 现请大鑫介绍,购用或租用沙坪坝土湾该厂附近之地皮,正进行寻勘接洽中。

天原及天利两厂 在猫儿石购用之基地,早经评价在案,惟业主经通知后有一部分仍未前来订合约领地价。近忽表示,评价委员会之评价标准有欠允当处,请求复议。经该两厂具呈前来,请求维持原议,以便早日复工。本办事处查悉评价会于决定该地价之前,曾经斟酌业主意见及市价行情,评价之后,又经呈行营及省府备查,及函请江北县政府执行在案,业主等当时互相观望,无何明白表示,嗣于该两厂将进行放水平土工程时,乃复出面阻挠,殊为不合。故循该两厂之请求,函请江北县政府按照评价会前议,迅予执行。然而该厂等之建筑进行,又因此不得不略为延搁时日矣。

戊、协助各厂复工及其工作近况调查

迁川工厂在此旬日复工者,计有达昌机器厂,连前合计,已经复工之工厂共计19家(若将在渝购置机器之震旦计入,共有20家)。此外复兴与精一机器均已装妥,正进行接电,至迟在下月初可以开工。正中书局工人已均到达,现正筹备铸字工作,约再有半月,即可印刷,全部复工估计在一月以后。老振兴机器厂现分两部,织袜部现与友人合组永润袜厂,积极经营;机器部虽已装置机器,因乏流动资金,故复工期未定。资委会电机分厂已租妥厂房,决于八月一日复工。

其余工厂,除中华、汇明、生活、开明、中福、久大等现无复工可能,及新亚无复工诚意者外,大鑫(炼钢部)、天原电化厂、天利淡气厂、裕华纱厂等,均正进行厂房之建筑,中法药房因未得上海该厂总公司命令,华光电化厂因其负责人在汉购料未归,龙章、豫丰因机器尚未全部运到,故一时均不能复工。

至于早已复工之各厂近况,其经本办事处调查者,除上次报告中已将顺昌、大公、震旦、大鑫等厂情形具报外,兹再将上海机器厂、中国无线电业公司、精华机器厂、京华印书馆、时事新报、六合公司等复工状况分述于次:

上海机器厂　租用重庆东水门外禹王庙,于四月廿五日临时复工,迁川机器,均已全部装置开动。现时用电30千瓦,有工人86名,因工作甚多,故嫌不足,拟添雇车工80名、钳工50名。自开工以来,承接工作之已交货者,计有(1)兵工署第二十工厂之十一号炸弹弹头引信2,000只,(2)兵工署第二十一工厂之迫击炮弹引信本身1,200只。尚在承造中者计:(3)兵工署第二十一工厂之迫击炮弹引信5万只,(4)机枪零件16种,各1,000只,及(5)七尺车床6部,(6)应用化学研究所之手摇警报器3部。该厂自开工以来所感到之困难,即为技工太少与材料缺乏。

中国无线电业公司　向华西兴业公司租得重庆城外黄家垭口汽车房,于五月十六日临时复工,因厂房不敷,现仅将半数机器装置开动,用电须20千瓦,现有工人52名;亦嫌不敷使用,拟增雇钳工20名,车工6名,绕线工3名,无线电工10名。现时承造中之工作有:(1)上海海关之五百瓦特发报电台15部,(2)第七战区军之发报机10部(8部是15W,1部是150W,1部是75W),(3)第三十集团军之发报机18部(4部是50W,14部是15W),(4)木业公司之15W发报机1部。该公司开工后,其感觉之困难,除与上海机器厂略同外,尚觉厂房狭小不易扩展。

精华机器厂　租用重庆大梁子89号民房,于四月十五日临时复工,因工人太少,故制针部迄未开工,只将机器部机器开动。现用电只3匹马力,工人10名,亟须添雇车工、钳工各4名,制针部须增雇20名。开工后之工作计已交货者:(1)成渝铁路之压力机雌雄螺丝10付,在承造中者,(2)代通惠工厂制造炸弹引信中之螺丝400付,(3)其他零星修配工作。

京华印书馆　租用打铜街38号民房,于五月一日开工,现有工人90名,目前用电40匹马力,开车机器占迁川机器全部80%。承接工作除普通管业外,有中央军校与军需学校之军事书籍及地图多种。所感困难,厥惟材料缺乏。

时事新报  租用新街口39号民房,于四月廿九日全部开工出报,现有工人30名,用电22千瓦。

六合公司  在道门口第一模范市场,于四月十二日开业,有工人50名,现承建中央银行大厦。

附表一:到川工厂物资及工人统计[略]

## (8)工矿调整处重庆办事处工作报告  第八次  自廿七年七月一日至七月十日止

一、奉令或委托承办事件之进行[略]

二、主管事务之进行事项

甲、到渝工厂物资及工人统计

近旬以来,到渝之工厂计增3家,即康元制罐厂、中华无线电社及华兴制帽厂。此外物资早已到渝,最近方补办报到手续者,计华丰印刷所1厂,其中康元物资因木船出险,一部分中途沉没,故由宜起运时有29吨,而安全到渝者只有12吨,其沉没机件之名称与数量,尚待清查。

总计之截至本月九日止,到渝工厂共计43家,物资4,962吨,工人共989名。详见附表一。

乙、四川原有重要工厂概况调查

四川原有工厂,其厂址不在重庆及其附近者,前已将业务组寄来之工厂调查表分别转寄,饬于收到后填复。其设厂本地者,因邵组员循怡到渝,自可就近亲任调查,藉资当面联络。现已将调查计划纲领拟定,第一步已自此间主管建设各机关取得各种资料,俾于四川工业情形先有一概念,则调查时询问谈话,更较切实也。

丙、查办有违法嫌疑之工厂

新亚药厂案,本办事处为求该厂能自动觉悟,将存汉机件运渝,故一再展限办理。近奉本处训令,内开已饬该厂从速将存汉机器迁川,若得迁川工厂联合会出保,准将所扣提货单发还等因,业经遵办,现已转函该厂驻渝人员迅即照办。惟据复称,该厂存汉机件恐已运往九龙,故须请示该厂总经理后,再行办理。

丁、交涉木船遇险赔偿事项

自上旬办理遇险木船调查以来,业经有关各厂函复者,截至现在先后计有陆大、龙章、中国实业、豫丰、华丰、康元、天原、天利、天盛等九厂,除陆大对于损失之机件列有详单外,其余均尚待清查。所有遇险打捞以及各厂分别交涉赔偿经过,今后均有详细资料可供查考,容汇齐整理后,再行呈报。

戊、协助各厂解决厂基问题

(一)申新纱厂　董家溪地基,豫丰已愿让与该厂,惟华西则表示须自保留某部分,而此一部分乃全地面中最平坦而为申新所须要者,故此问题又由简单而变为复杂。华西意见亦不无理由,因此地最先系由华西向政府备案承购,再则该公司现有厂房实不敷使用,亦亟欲择地建筑也。今由本办事处协同商洽解决办法,正在进行中。

(二)大公铁工厂　该厂择购小龙坎地亩,因地价争执,呈请迁川工厂用地评价委员会解决之。前日本办事处汪主任会同该会各委员亲往小龙坎视察实际情形,即日开会评价,以便早日解决。

(三)天原及天利两厂　该厂等所购猫儿石地基,业主颜某不服工厂用地评委会之评定一案,近经该会再度开会审查,认为地价标准公允,毋庸更改,若云面积租担测量不甚准确,勿妨重新估计后再行复议。因此,该厂之平地工程,于势不能不暂缓动工矣。

己、协助各厂解决电力问题

重庆电力公司本是营业组织,有时对于迁川工厂之接电问题不无留难。本办事处查明该公司业务与工务方面对外态度并不一致,现经本办事处与其工务方面负责人员洽妥,所有本办事处介绍前来之工厂,迳向工务科接洽,先将电接妥,再与该公司业务方面办理手续。此种办法,经复兴、华生及陆大等厂遵行结果,咸称方便。

庚、协助各厂复工及其复工近况调查

最近旬日内开始复工者,计有复兴铁工厂、精一科学器械厂与达昌机器厂，经派员视察复工情形如次：

  **复兴铁工厂** 在重庆菜园坝租得某油漆厂房，于七月二日复工，只因房屋不敷使用，故装置开工之机器，只占已经到渝机器70%，均是车床，所有翻砂及铣刨工作，均无厂房使用，无法复工。现已在他处寻觅较大房屋，以备迁移或设分厂。现时用电仅30千瓦，工人亦只55名，另有车工30名尚在宜昌候轮。目前工作全系金陵兵工厂订制者，计有(1)迫击炮弹引信正身5万枚，(2)保护螺丝10万枚，(3)迫击炮弹铜螺丝头15,000枚，(4)手搬压机6部，(5)涂药机1部。该厂因工作紧张，分日昼两班，每班工作11小时。

  **精一科学器械厂** 在东水门蔡家湾租用民房，于七月一日复工，亦因厂房及工人均不敷用，故装置机器只占迁川机器70%，现用电力13匹马力，工人18名，亟需增雇车工10名、冲床工4名、钳工6名。目前工作有(1)兵工署第二十一厂迫击炮弹引信零件1万只，(2)上海机器厂交来机关枪零件3,000只，(3)手溜［榴］弹铜螺丝2万枚。现时所感困难有二，一为流动资金缺乏，一为原料供给困难。

  **达昌机器厂** 现于文华街租得民房二间，于七月二日临时复工，现用马力只3匹，工人仅4名，目前工作乃修理机器。

  至于前此复工各厂情形，除顺昌、大鑫、震旦、大公、上海、中国无线电、精华、京华、时事、六合等厂号，已详第六、七次工作报告中，兹续将美亚绸厂近况报告于次：

  **美亚织绸厂** 现在江北香国寺租用前先农面粉厂址，于四月廿九日局部复工，因工人缺乏，故开车机器只占迁来机器之半数，现用电80匹马力，工人只84名，拟增雇熟手工人160名。其产品全系绸类，平均每月可产500匹，所感困难，厥惟运输。

  附表一：到渝工厂物资及工人统计（截至七月九日止）［略］

**(9)工矿调整处重庆办事处工作报告 第九次 自廿七年七月十一日至七月廿日止**

  一、奉命或委托承办事件之进行

（甲）龙章造纸厂运输借款之发付

龙章造纸厂此次由汉迁渝，以过去两次在本处所借运输费8万元，业已支用罄尽，而存宜大机器100余件，尚无款起运，呈请本办事处转呈本处准予再借3万元，愿以保险赔款尽先归还。经本办事处查明该厂用项支付状况及目前困难情形尚属实在，并查得该厂前以木船运输机器曾有两船遇险，一船机器全沉，一船损失半数，应得赔款约计4万元上下。爰据情转请本处核办。经审查后核准，并汇款14,000元交本办事处，训令开户妥存，以备该厂支借。本办事处自应遵办，俟查明该公司在渝起卸费用实需款额，然后分别拨付，同时取具借款收据呈处备查。

二、主管事务之进行

甲、到渝工厂物资及工人统计

近旬日来，到渝工厂计增3家，除合作五金公司之物资系补行登记者外，中国实业机器厂及公信金属制品厂均系最近运动，其中中实厂之物次，在途中因木船遇险损失29吨，故汉口运物资101吨，而安全到渝者只72吨而已。其所损失者计括[?]车床7部及零件多种，虽略影响生产能力，但仍无碍复工制造。

总计截至七月廿日止，到渝工厂计有46家（若将尚未来处办理登记之陆大铁工厂计算在内，共有47家），物资共计5,300余吨，工人近1,000名。详见附表。

乙、四川原有工厂概况调查

自邵组员循怡到渝进行四川工厂调查以来，曾经详细调查者，计有3家。兹摘要报告于次：（1）华联钢铁公司资本60万元，计分设计、滚钢、铸造、机械、磨锻五组，计有电气炼钢炉1座，机器30余部（该厂原有机器100余部，去年十月已将近百部工具机售与兵工署）。现时承造之军需工作，计有金陵兵工厂定购之铣床40部，保护螺丝6万枚，铸钢零件3吨。（2）通惠实业机器厂，机器全系租来，股本昔6,000元，现分机器及钳工两部分，另有铸工部在二月内可望开工，全厂租有工具机28部。其已承接之军需工作极多，计有第一兵工厂之地雷发火器1,650件，导火剪1,650件，炸弹引信420只，金陵兵工厂之铣床20部，高射接杆840支，军政部电信修理厂之车床12部，铁坯400

只,铁尖2,200只。(3)天成机器厂资本10万元,现有机器、搪瓷、炼油3部。机器部有工具机及工作机24部,业已租与川康绥靖公署,改为武器修理分厂,今承造行营机枪1,000支。搪瓷部有炉灶1座,现租与王某改为复华搪瓷厂。炼油部有锅炉5座,现亦拟出卖。

丙、临时仓厂房屋建筑之进行

为建筑临时仓厂,以备后来迁川工厂复工及存料之用,曾由本办事处洽借地皮,以备择用。最近朱君鸿炳携带图样到渝,曾赴猫儿石察勘,得悉(1)天原厂基所在地,地形较高,运输未见方便,其借给本处之基地,约5亩余,足够建筑甲种厂房一幢。惟因该地全系水田,平土及放水工程尚费时日。(2)大成厂基所在地,地形较天原为佳,有一部分已划给顺昌铁工厂与龙章造纸厂应用。现因该厂负责人刘国钧因事赴港,故划借本处之地亩,未能确定。此外沙坪坝大鑫厂基所在地,南岸龙门浩与磁器口等,均有空旷地皮,可资利用,尚在继续进行察勘中。

丁、协助各厂解决厂基问题

(1)迁川工厂用地评价施行办法之修订

迁川工厂用地评价委员会,以过去该会所评价施行办法,略兼简略,爰据该会委员关颂声之建议,加以修正,经本办事处详加研究,认为新订办法尚属可行,故转饬各厂遵办。兹将该办法摘要于次:

(一)购地工厂须聘专门工程人员测量地形,并制图送会。图中应:

1.包括房屋道路、树木及各种不动物件;

2.缩尺以二百分之一至一千分之一为度,等高线以半公尺至二公尺为度;

3.按各地主产业分别算出水田与旱田之实际面积;

4.注明500市尺以内之四至水陆交通情形。

(二)该地有无电力设备,坟墓确数及是否迁移,树木若干及有无生产之植物,均须列表说明。

(三)应将拟购用之担租数目书面到会。

(四)其他或特殊情形。

(2)各厂购地进行情形

（一）大公铁工厂 该厂进行购用之小龙坎地亩，经迁川工厂用地评委会调查后开会，并征求各业主意见后，决议每亩照165元计算，买卖双方均无异议。惟业主方面对于地面上建筑物，要求设法保留准予居住，经该会饬令当事双方径自商洽解决。

（二）申新纱厂 该厂拟购之董家溪基地，因华西公司拟保留一部分自用，商让难有结果，爰另行觅地。现经觅定弹子石下首河嘴韩姓地皮，总面积计40余担租，价约1万余元。进行尚属顺利，据称不日即可成交。

（三）龙章造纸厂 该厂拟购之基地在猫儿石，大部分为天原未圈进沿江颜姓之余地，现颜某因担租数目尚未与天原解决，故龙章拟购之地一时尤难进行。现在龙章搭盖蓬屋堆存机件之地基，系向大成借用，故以后龙章购买颜姓地皮时更恐其居奇耳。

（四）豫丰和记纱厂 该厂前经军需署让给沙坪坝土湾地亩，已由该厂与军需署办妥手续，复以面积过小，不敷使用，并将邻近地皮一并收买，总面积计300亩之谱，地价平均每亩160元，契约业已成立，该厂厂基问题遂告解决。

戊、促进各厂复工及其复工近况调查

（1）积极筹备复工之工厂

（一）陆大铁工厂 已租定窍角沱明明火柴厂旧址，现正动工装修。其用木船迁川机器虽已到渝，拟俟房屋装修完竣开行起卸，以便即可装置开工。该厂因与迁川之济南兵工厂素有往来，故工作不成问题。惟该厂到渝机器全部，非此厂房所能容纳，故经介绍进行租用道门口三层楼房，计可装车床10部，现正进行论租。至于该厂途中损失机件，除曾与顺昌接洽修配一部分外，其翻砂工作已请华兴机厂代做。

（二）中国实业机器厂 已租妥书院街33号房屋，现拟将到渝之机件先行装置，惟因缺乏原料及流动金，故何时开工迄尚未定，现正商请借款中。

（2）各厂复工近况调查

已经复工之工厂，业经调查者，除顺昌、大鑫、震旦、大公、上海、中国无线电、精华、京华、时事、六合、复兴、精一、达昌、美亚等14厂号近况，近分别在第六、七、八等次工作报告中具报外，兹再将徐兴昌、启新、中法及大同等4厂号情形续报于次。

(一)徐兴昌翻铜厂　现与上海铁工厂合作,借用该厂禹王庙厂址,于五月廿五日复工,现有工人7名,需电3匹马力。所有工作均由上海机器厂转包交来,现在承作中者,除各种零件外,有迫击炮弹引信铜坯1万只,正赶翻造中。

(二)启新电焊厂　该厂在汉时未在本处登记,其迁川系以张瑞生电焊厂名义运来。兹经查悉,张厂物资虽亦到渝,但因张瑞生本人留汉,故迄未开工。启新则在下中二路7号租得民房,于七月一日开工,仅有工人3名,尚需增雇电焊工6名方敷工作,需电10匹马力。现尚未接整批电焊工作,惟修理机器零件以维生计。

(三)中法药房　该厂租得小梁子12号楼房,楼下作门市部,楼上因面积不敷用,只先将包装部开工,其迁川机器因尚待寻觅适当厂址,故迄未装置。目前制丸机器,系租用此间华德药房者,且即在华德厂内工作。现有工人50名,因全系手工,故不需电。目前出品,只有人丹一种,每日能产1万包,拟不日添制酊剂浸膏等。

(四)大同五金号　现租房于中陕西街饼子巷4号营业,因该号系商号贸易性质,故无复工之可言。

附表:到渝工厂物资及工人统计(截至七月廿日止)[略]

(10)工矿调整处重庆办事处工作报告　第十次　自廿七年七月廿一日至七月三十一日止

一、奉令或委托承办事件之进行[略]

二、主管事务之进行

甲、到渝工厂物资及工人统计

迁川工厂近旬日内续到者,除矿冶研究所不计外,有震旦机器厂、隆昌织染厂及中央化学玻璃厂,综计至七月底止,有物资到渝登记之工厂,计达49家,物资共达6,332吨,工人计1,028名。在第一批奉令迁川各厂中,除纺织工厂因物资数量众多,运输需时外,其到渝吨位已相等或超过汉口核迁吨位者,已有30厂(计大鑫、顺昌、中国实业、上海、大同、大公、康元、精华、震旦、达昌、张瑞生、老振兴、徐兴昌、华光、汇明、资委会电池部、益丰、永利、天原、久大、天利、家庭、中法、京华、正中、开明、六合、时事、大成、美亚)矣。(见附表2)

乙、查办有违法嫌疑之工厂

(1)精华机器厂出租机器案

查闻精华机器厂将其迁川机器之一部分租与通惠二厂,本办事处以该厂迁川曾向本处借得运输费1,800元,其出租机器未先征得本处同意,殊属不合。经派员密查,并责令该厂迅将出租经过详情及合同内容具报,经审核属实。该厂出租之机器仅车床4部,限于日班,其余机器及夜班工作,仍由该厂自己开工。且租出之机器亦未他迁,仍在该厂厂房内工作,承造兵工器物。租期自七月十二日起至十一月十一日止,计4个月。查其出租机器之原因,因该厂厂主张桂岸身患肺病,卧床吐血,无力照应,实亦情属可原。除已专案呈处标示外,经向该厂声明该项机器对于运输借款之抵押性质,应不因出租而受影响也。

(2)益丰搪瓷厂脱售机料案

查益丰搪瓷厂此次自费迁川物资,除磨粉机一部及搪瓷窑一座外,其余均系原料,故无力在渝复工。曾商准本办事处,拟与福华搪瓷厂合作生产去后,顷据来呈因两厂组织互易,合作殊感困难,爰将该厂运渝全部机料脱售与张德闳氏,复由张氏联合福华改组成立福华益记搪瓷厂,以期迁渝机料早得应用复工。经本办事处察核实情,尚不背迁移后方复工生产之原则,情似可原。除派员前往福华益记搪瓷厂实际视察并饬将改组经过具报外,业已据情呈处备查矣。

丙、临时仓厂建筑之进行

临时仓厂建筑,自朱组员鸿炳到渝进行以来,除天原、大成两厂基地查勘情形,已于第九次工作报告中具报外,现复兴、大鑫炼钢厂负责人洽商,该厂曾允依照本处所定建筑式样,自费建造以备本处租用,经朱组员实地查勘后,认为该厂所划基地可供搭盖篷屋三栋,拟饬该厂先建一栋备用。现已函知该厂即日动工矣。

此外,关于磁器口对岸空地约百余亩,亦经勘察,惟该地交通未甚方便,而现时亦无电力供给,故暂缓进行。

丁、协助各厂解决厂基问题

(一)合作五金公司　该厂在小龙坎租得基地一块,共3亩余,租期五年。因该基地平土工程曾经业主办竣,故该厂可以立刻进行厂房之建筑。现已动工建简易厂房及宿舍共30余间,占地105方,建筑费约1万元,预定九月初即可完工。

(二)大公铁工厂　该厂所购小龙坎基地,自地价问题解决后,地面房屋经进行交涉迁让,仍未有圆满结果。惟所有房屋占地面积有限,故该厂仍得进行平土及筑立房基等工程,现已积极动工。

(三)中华无线电社　该社在重庆上清花园学田路租得空地2亩,租期暂定两年,现正进行建筑设计,一俟完竣即可动工兴筑。

戊、促进各厂复工及其复工近况调查

(1)积极筹备复工之工厂

(一)豫丰纱厂　该厂既将沙坪坝土湾基地购后,即积极进行平土,并修建临时码头,以便起卸到渝机料。同时计划厂房建筑事宜,一俟平土工程完竣,即可动工兴建。另一方面,该厂以迁川原料有限,一旦开工,不久将感匮乏之虞,故已派员四出收购棉花储存备用矣。

(二)大成纺织公司　该公司迁川布机早已运抵北碚,原定与三峡织布厂合作,即以该厂多余厂屋为临时厂屋。现已将织布机积极进行装置,其因迁运受损之浆纱机,亦已设法修理,再经半月即可完好。而今所感之困难,厂惟电厂。缘三峡布厂发电,仅足自给,并无充分余电可供大成使用。而大成迁川之发电机只有一百余匹马力,而事实上非有300匹马力之电力,不能全部复工开车。目前该厂一面自行筹购发电机,一面与中福公司商洽,由该公司供给电力,两者均同时在进行中。

(三)陆大铁工厂　该厂原来租定之窍角沱厂房,因线路太长,电力公司缺乏电料,以致接线发生问题。幸动工装修未久,故决另行觅地设厂。现在菜园坝正街租得花园一所,计有可作厂房之大屋两间,面积约30万,另有空地1亩余,该厂拟即自搭篷屋,备作翻砂储料之用。

(2)各厂复工近况调查

现已复工之工厂,其复工后之情形,如顺昌、大鑫、震旦、大公、上海、中国无线电、精华、京华、时事、六合、复兴、精一、达昌、美亚、徐兴昌、启新、中法、大同等18厂,已在第六次至第九次工作报告中具报。兹续将永利工业公司及家庭工业社复工后情形呈报于次:

(一)永利工业公司　该公司原系碱厂,因其运渝者只有铁工部,故现定名永利工业公司四川铁工厂,先行复工。在沙坪坝购得基地约十五亩,将原有房屋装修增补后得30余间改作厂房宿舍,于六月一日开车工作。现有工人162名,其中由汉迁来者仅29名,余均在本地招募,大都技艺欠佳,现仍不敷使用,而今该厂机器、翻砂、电焊、煅工、冷作各部均同时复工,仍亟须增雇技艺优良之翻砂工10名,铁工20名,电工5名。现因开工机器只占迁川机器全部80%,且亦未达最高之生产效率,故需电力仅80千瓦。复工后之工作,大抵系赶制以前之订货。自复工迄今已交货者计有第二十三兵工厂之(一)烟幕罐1万只,及(二)压药机1架;其尚在承造中者计(三)兵工署购料委员会之硫酸桶100个,(四)第二十一兵工厂之机关枪另件200套,(五)第二十一兵工厂之炸弹盖2万个,(六)济南火[兵]工厂之手溜[榴]弹及(七)第二十一兵工厂之烟幕罐,最后两种数量无限,尽量制造。目前该厂所感之困难无他,惟觉优良工匠不易招雇耳。

(二)家庭工业社　该社永久厂房拟设昆明,其迁川机料在重庆租得中一路民房,于二月十日临时复工。现有工人10名,因制造全赖手工,故不需电力。自开工以来,产品计有:(一)擦面牙粉19万包,(二)花露水321打,(三)蝶霜588打,(四)铁筒牙粉142打,(五)蓝墨水444打。自开工后每因原料来源中断,无法维持一定之产率。

己、四川原有工厂调查

自进行调查四川原有工厂概况以来,即择与国防军需有关之铁工业先行调查。除华联、通惠、天成三厂情形已具见上次报告外,现复经调查民生、三星、复昌等7厂,其中惟民生规模较大,而甡泰、复昌曾承造兵工器物。其余设备简陋,大抵承接修理工作。除饬邵组员循怡编制报告另呈外,兹将各该厂概况编成附表3,以备参考。

附表1:迁川工厂运渝纸张吨位统计(廿七年七月)[略]

附表2:到川工厂物资及工人统计(截至七月卅一日止)[略]

附表3:重庆市原有民营铁工业概况一览(廿七年七月调查)

| 厂名 | 厂址 | 负责人 | 组织 | 资本(元) | 开办期 | 机器 | 生产情形 |
|---|---|---|---|---|---|---|---|
| 华联钢铁厂机器部① | 大溪沟 | 萧万成 唐之肃 | 公司 | 550,000 | | 车床16、刨床4、钻床4、铣床3 | 车、铣等床及其他工作母机(如面粉机等)、兵工零件 |
| 民生机器厂 | 江北青草坝 | 陶建中 | 公司 | 100,000 | 民十七年 | 车床44、刨床7、钻床7、铣床3、1/5吨汽锤1 | 修理补充公司轮船机件,建造轮船汽船 |
| 天成机器厂② | 牛角沱 | 何肇中 | | 100,000 | 民十一年 | 车床11、铣床6、刨床3、钻床3 | 车床及其他、机枪零件、步枪马枪、飞机弹壳 |
| 通惠实业工厂 | 大溪沟94号仁里 | 刘桂卿 | 合 | 5,000 | 民廿六年十月 | 车床21、铣床3、钻床3、刨床1 | 兵工工作 |
| 励志机器厂③ | 江北觐阳门顺成街 | 赵桐君 | 合 | 7,000 | 民十八年 | 车床5、铣床1、钻床1、刨车1、虎钳12 | 修理轮船汽船及添配机器零件 |
| 复昌铁工厂 | 黄家垭口中一支路63号 | 李耀峰 | 合 | 5,000 | 民廿六年十月 | 车床4、刨床1、钻床2 | 修理轮船(民生公司、邮局)兵工署定货 |
| 安泰机器翻砂厂 | 南岸下龙门浩 | 孙生贤 | 独 | 4,500 | 民八年 | 车床5、钻床1、刨床1 | 修理汽船及自来水公司营业 |
| 牲泰翻砂厂 | 重庆黄家垭口纯阳洞 | 周兰生 | 独 | 4,000 | 民廿三年 | 车床4、钻床2、红炉3档 | 机器零件、兵工工作 |
| 龙飞机器厂 | 黄家垭口 | 张葆三 | 独 | 2,000 | 民十九年 | 车床4、刨床1、钻床1 | 制造保险柜铁床 |
| 三星机器厂 | 黄家垭口 | 杨葆泉 | 独 | 2,000 | 民十八年 | 车床3、刨床1、电焊机1 | 装配修理教育仪器,兵工工作曾参加投标未成 |

备注:①即原"华兴机厂修理部",廿七年三月合并于华联钢铁厂。

②廿七年一月租与川康绥署武器修理所制造兵工工作。

③已停工，机器转卖与成都某职业学校。

**（11）工矿调整处重庆办事处工作报告　第十一次　自二十七年八月一日至八月十日止**

一、奉行法令事项［略］

二、主管事务之进行

甲、到渝工厂物资及工人统计

近旬日内，各厂续有物资到渝者，计震旦、中华无线电、植物油厂、华丰印刷所、豫丰纱厂及中福公司等6家，物资146吨，工人9名。综计截至八月十日止，到渝工厂计达50家，物资共达6,478吨，工人计1,037人。其中启新电焊厂在汉时未曾向本处登记，其迁川系以张瑞生名义运来，所有物资1.9吨，亦包括于张瑞生所登记之5吨以内。故到渝工厂虽多添一家，而物资吨位实未增加。详细数量，见附表1。

乙、查办有违法嫌疑之工厂

（1）精华机器厂出租机器案

精华机器厂出租机器事件，曾经本办事处密查，并将合同内容呈报。本处指令准予备案，至于该项车床，应不因出租失其对本处借款抵押之性质一节，亦已函知通惠及精华两厂遵办矣。

（2）益丰搪瓷厂脱售机料案

查益丰搪瓷厂将全部机件售与张德闳氏，以备联合福华改组成立福华益记搪瓷厂一案，曾经本处指令转饬迅速改组，早日复工，等因。本办事处除函知该厂遵照外，并派张祖赐君前往实地调查。据报业已复工，惟设备甚为简单，除益丰原有磨粉机一部已装置就绪外，福华方涉情形见附表二。

丙、临时仓厂建筑之进行

临时仓厂建筑，除已通知大鑫钢铁厂先建仓库一栋即可兴工外，其余天原、大成两厂基地，暂时尚不便利用。此外小龙坎汽车站附近，亦有空地200亩，业经朱组员实地察勘。据报地形殊为平坦，电力供给亦便，地价平均每亩约百元左右。惟沿公路一带已为中央电台购定，将来出入，较为不便，且距离嘉陵江颇远，笨重货物运输亦感困难，故暂缓进行。

丁、协助各厂解决厂基问题

（1）美艺钢器厂　该厂在菜园坝租得厂房一所，总面积约160方左右，其中有栈房一所，约占84方，稍加修理，即可作厂房之用。其余空地，亦可搭盖棚屋，分作宿舍、堆栈等。每月租金100元。

（2）中国实业机器厂　该厂临时厂房，已租妥书院街33号房屋，将到渝机器先行装置，并拟向本处借款于两路口金陵兵工厂附近购地10亩，建筑永久厂屋。现据业主索价，每亩900元，该厂已允每亩600元，正在进行商洽中。其建筑计划、借款数目，以及各种表册，现正呈处审核。

（3）新兴实业公司　查该公司并非迁川工厂，近以购买江北龙溪乡周家湾窦姓基地五亩半，与华联钢铁公司发生纠纷，呈请维护。本办事处以新兴、华联，虽非迁川工厂，但均属新创实业，诚恐因此纠纷，而影响开工。经分别向当事双方商洽，以期早日和平解决，新兴表示若得环境面积相类似之地，亦可考虑转让窦姓地与华联，而华联亦愿介绍其他地基与新兴，故原则上双方已接近。惟为速事功计，本处乃与大公铁工厂商洽，于该厂所购小龙坎基地内，划让五六亩与新兴应用。顷已得大公同意，业经通知新兴径与大公商洽矣。

戊、迁川工厂复工近况

现已复工之工厂，其复工后之情形，如顺昌、大鑫、震旦、大公、上海、中国无线电、精华、京华、时事新报、六合、复兴、精一、达昌、美亚、徐兴昌、启新、中法、大同、永利、家庭工业社等20家，已在第六次至第十次工作报告中具报，兹续将资源委员会电机厂电池部及华西兴业公司之华联、华兴厂复工情形，呈报于次。

（1）资源委员会中央电工器材厂　该厂重庆分厂现设谦益巷三号，计大小房屋10间，现有工人15名，需用电力约1千瓦，已于八月一日正式复工。产品已交货者，有四极公司及中国无线电公司订购之甲组电池120只，乙组电池95只。正在承造中者，有甲组电池5,000只，乙组电池100只。自开工以来，对于原料供应殊感不敷，前曾呈请汉口总厂采办一批，因运输困难，到渝尚属无期。目前急待补充者，计有锰粉、铅粉、木炭条、铜螺丝、钣盐等原料。

(2)华西兴业公司 该公司原附设华兴机厂,本在重庆,并非迁川工厂。惟以本处曾借给款项使该厂得将存汉材料运渝,于本年三月十五日与华联钢铁厂合并工作,厂设大溪沟渝简马路。现有工人190名,产品除有金陵兵工厂订制之立式铣床枪筒较直机、保护管、铜螺丝等件外,尚有锅炉蒸汽机铸钢圆球及生铁锅等器件。

己、四川原有之工厂调查

关于四川原有各工厂,除一部分已由邵组员循怡调查完竣编制报告另册呈报外,其余现拟进行调查纺织工业,经请重庆布业公会表送现有开工各厂情形,统计结果,计开工者38家,共有布机1,236架,其中正在运用者,仅699架,毛巾机106架,应用者只82架。其他已停业之织造厂家,已饬该公会继续调查地址,以便进行。(见附表三)

附表一:到渝工厂物资及工人统计(截至八月十日止)[略]

附表二:迁川工厂运货木船遇险一览表

(截至八月十日止)

| 厂名 | 船号 | 遇险地点 | 遇险月日 | 木船遇险后情形 | 损失物料 | 损失吨位 | 保险数额 | 估计损失 | 交涉赔偿经过 | 备考 |
|---|---|---|---|---|---|---|---|---|---|---|
| 中央化学玻璃厂 | 35709 | 秭归 | 四月四日 | 漏洞 | 原料受潮 | 无 | 1万元 | | 已函告兴华保险公司 | |
| | | 万县明镜滩 | 六月十四日 | 破裂 | 报告未详 | 不明 | | | | |
| 中国实业机器厂 | 27789* | 秭归泄滩 | 四月四日 | 破裂 | 车床7部、其他另件 | 29.36 | 3万元 | 21,138.7 | 益中派员查明已估价报中央信托局 | |
| | 24548* | 奉节 | 五月廿四日 | 漏洞 | 机件受湿 | 无 | | | 原船修补来渝,兴华已电益中派员查看 | |
| 中国无线电公司 | 16532 | 巫山 | | 漏洞 | 生铁经打捞无损 | 无 | | | | |
| 陆大铁工厂 | 28624* | 秭归泄滩 | 四月十三日 | 沉没 | 车床零件、剪车一、马达一、水泵一、铣床零件,其他零件工具及材料 | | 3万元 | | 益中已查证 | 与康元同船合保 |

续表

| 厂名 | 船号 | 遇险地点 | 遇险月日 | 木船遇险后情形 | 损失物料 | 损失吨位 | 保险数额 | 估计损失 | 交涉赔偿经过 | 备考 |
|---|---|---|---|---|---|---|---|---|---|---|
| 康元制罐厂 | | | | | 机器25件,原料50件 | | 3万元 | | | 与陆大同船合保 |
| 龙章造纸厂 | 32271 | 奉节夔塔 | 四月十一日 | 沉没 | 造纸机32件,制浆机19件,修理机1件,引擎机4件 | 34.41 | 3万元 | | 已由益中派员查证属实 | |
| | 35710 | 云阳庙矶子滩 | 四月廿八日 | 沉没 | 造纸机、制浆机、修理机 | 约20.00 | 3万元 | | | |
| 天利淡气厂 | 渝5075* | 云阳东洋子滩 | 四月十九日 | 漏洞 | 略受潮 | 无 | 3万元 | | 益中及兴华均派员查验 | |
| 天原电化厂 | 渝2660* | 云阳盘沱 | 五月一日 | 漏洞 | 略受潮 | 无 | 3万元 | | 益中及兴华均派员查验 | |
| | | 万县柳子滩 | 五月十一日 | 破裂 | 受湿 | 无 | | | | |
| 天盛陶器厂 | 渝1326* | 忠县鱼洞子滩 | 五月十九日 | 漏洞 | 受湿 | 无 | 3万元 | | | |
| 华丰印刷铸字所 | 35718* | 万县涪滩 | 六月十日 | 漏洞 | 全部纸张受湿,铅字5箱 | | 6,000元 | | 已换船运渝,兴华已派员查验 | |
| 豫丰和记纱厂 | 22379 | 宜昌黄石板 | 五月一日 | 沉没 | 机器3件 | | 3,500元 | | 已通知兴华保险公司迅予勘赔 | |
| | 32479 | 牛肝马肺峡 | 五月八日 | 沉没 | 火砖33,870块 | | 7,500元 | | | |
| | 27613 | 秭归石门 | 五月九日 | 沉没 | 机器375件 | | 3万元 | | | |
| | 24468 | 秭归泄滩 | 五月十三日 | 沉没 | 机器31件 | 11.50 | 5,750元 | | | |
| | 16866 | 巫山石滩 | 五月十六日 | 沉没 | 机件55件 | 17.00 | 9,000元 | | | |
| | 34348 | 忠县永兴场 | 五月十八日 | 破裂 | 受潮 | 无 | | | | |
| | 2336 | 大溪 | 五月廿九日 | 沉没 | | | 6,212元 | | | 正打捞中损失未详 |
| 豫丰和记纱厂 | 13446 | 夔属黄老虎 | 六月六日 | 破裂 | 火砖5,820块 | | | | 通知兴华保险公司迅予勘赔 | |
| | 26969 | 忠属乌扬 | 六月十六日 | 破裂 | 受湿 | 无 | | | | |
| | 35719 | 万县明镜滩 | 六月十六日 | 沉没 | | | | | | 打捞情形尚未据报 |

续表

| 厂名 | 船号 | 遇险地点 | 遇险月日 | 木船遇险后情形 | 损失物料 | 损失吨位 | 保险数额 | 估计损失 | 交涉赔偿经过 | 备考 |
|---|---|---|---|---|---|---|---|---|---|---|
| 豫丰和记纱厂 | 14865* | 江北野骡子滩 | 六月廿四日 | 破裂 | 受湿 | 无 | | | | |
| | 35749 | 石宝寨卸滩 | 六月廿五日 | 沉没 | 受湿 | 无 | | | | |
| | 24859* | 涪陵剪刀峡 | 六月廿九日 | 漏洞 | 小粉77件 | | | | | |
| | 36151 | 长寿田家滩 | 七月四日 | 漏洞 | 机器99件,小粉11件 | | | | | |
| | 27422 | 长寿瓦罐窑 | 七月十二日 | 沉没 | 机器约40件 | 约10余吨 | | | | |
| | 30955 | 巴县土湾 | 七月廿九日 | 沉没 | | | | | | |

注:凡有*符者,其物料除损失者外,已到渝;无此*者,尚在途中。

### 附表三:四川省重庆市布厂调查表

| 厂名 | 地名 | 负责人 | 布机 | | 毛巾机 | | 备考 |
|---|---|---|---|---|---|---|---|
| | | | 现开数 | 未开数 | 现开数 | 未开数 | |
| 裕华布厂 | 南岸弹子石 | 廖荣光 | 190 | 100 | 80 | 20 | |
| 嘉陵布厂 | 江北龙溪乡 | 刘希圣 | 40 | 30 | 1 | 2 | |
| 崇新布厂 | 江北三硐桥 | 陈叔钦 | 20 | 15 | | | |
| 蜀华布厂 | 江北新登口 | 印荣廷 | 50 | 30 | 1 | 2 | |
| 建业布厂 | 江北大水井 | 刘锡光 | 30 | 20 | | | |
| 义泰布厂 | 江北沙湾 | 李芳诚 | 15 | 15 | | | |
| 爱新布厂 | 江北沙湾 | 熊汉臣 | 10 | 12 | | | |
| 渝新布厂 | 江北塔坪 | 颜锡山 | 16 | 14 | | | |
| 江北染织厂 | 江北三硐桥 | 蓝筱洲 | 13 | 14 | | | |
| 苏州实业社 | 南岸龙门浩 | 徐治 | 50 | 20 | | | |
| 鸿章布厂 | 南岸觉林寺 | 胡锡如 | 30 | 30 | | | |
| 锦新布厂 | 江北沙湾 | 彭亮卿 | 18 | 16 | | | |
| 庆福布厂 | 本市大溪沟 | 刘庆光 | 8 | 14 | | | |
| 福川布厂 | 南岸弹子石 | 文济川 | 8 | 14 | | | |
| 同生祥布厂 | 江北水月庵 | 刘用之 | 4 | 6 | | | |
| 祥云布厂 | 江北簸箕石 | 刘海云 | 8 | 6 | | | |
| 三余布厂 | 江北沙湾 | 印海平 | 10 | 17 | | | |

续表

| 厂名 | 地名 | 负责人 | 布机 现开数 | 布机 未开数 | 毛巾机 现开数 | 毛巾机 未开数 | 备考 |
|---|---|---|---|---|---|---|---|
| 义兴布厂 |  | 黄海清 | 20 | 17 |  |  |  |
| 新生布厂 | 江北簸箕石 | 王炳全 | 7 | 9 |  |  |  |
| 华记布厂 | 江北刘家台 | 尚叙五 | 5 | 4 |  |  |  |
| 民生布厂 | 江北簸箕石 | 董炳生 | 8 | 5 |  |  |  |
| 经纶布厂 | 江北刘家台 | 洪有为 | 4 | 5 |  |  |  |
| 万利布厂 | 江北刘家台 | 刘相尧 | 9 | 6 |  |  |  |
| 吉利生布厂 | 江北沙湾 | 胡声之 | 30 | 35 |  |  |  |
| 龙章布厂 | 江北塔坪 | 印龙章 | 6 | 5 |  |  |  |
| 荣森布厂 | 江北沙湾 | 李珍级 | 10 | 7 |  |  |  |
| 炳记布厂 | 江北大板桥 | 佘炳轩 | 4 | 5 |  |  |  |
| 绍记布厂 | 江北沙湾 | 程绍林 | 6 | 6 |  |  |  |
| 玉记布厂 | 江北沙湾 | 陈玉林 | 6 | 8 |  |  |  |
| 隆华布厂 | 江北塔坪 | 杨树清 | 8 | 7 |  |  |  |
| 昌华布厂 | 本市蔡家石堡 | 左洪兴 | 6 | 5 |  |  |  |
| 福义布厂 | 江北三硐桥 | 郭福义 | 12 | 8 |  |  |  |
| 安记布厂 | 江北上关厢 | 秦安荣 | 6 | 5 |  |  |  |
| 炳记布厂 | 江北三硐桥 | 王炳轩 | 10 | 7 |  |  |  |
| 林记布厂 | 江北三硐桥 | 王炳林 | 6 | 4 |  |  |  |
| 吉厚祥布厂 | 江北川主庙 | 印用钦 | 4 | 6 |  |  |  |
| 惠通布厂 | 江北川主庙 | 印维清 | 4 | 5 |  |  |  |
| 德利生布厂 | 江北刘家台 | 印树森 | 8 | 5 |  |  |  |

**(12)工矿调整处重庆办事处工作报告　第十二次　自二十七年八月十一日至八月卅一日止**

一、奉行法令事项[略]

二、主管事务之进行事项

(甲)到渝物资及工人统计

八月内始有第一批物资到渝之工厂，计有陆大铁工厂、中国植物油厂、洽生工业公司、启文机器厂、鼎丰制造厂、科学仪器馆化学厂、中国工业炼气公司及申新纱厂等9厂。全月到达之物资仅535.7吨,工人135人,而宜昌待运之物资数近万吨,显系因船位不敷支配,故到运数量较以上各月均低。

累计至八月底止,到渝之工厂计共59家,物资6,867吨余,工人1,163名。详见附表一。

查此等到渝工厂中,其物资除途失者外,已全部运到者,计有顺昌铁工厂、陆大铁工厂、中国实业机器厂、大同五金号、大公铁工厂、康元制罐厂、精华机器厂、老振兴机器厂、徐兴昌机器厂、华光电化厂、汇明电池厂、资委会电机厂电池部、益丰搪瓷厂、久大精盐第二厂、天盛陶器厂、天利淡[氮]气厂、启新电焊厂、家庭工业社、中法药房、京华印书馆、华丰印刷所、正中书局、生活书店、开明书店、六合建筑公司、启文机器厂、鼎丰制造厂、科学仪器馆化学药品厂、大成纱厂等29厂,约占有物资到渝工厂之半数。

(乙)查办有违法嫌疑之工厂——中央玻璃厂脱售迁川物资案

查中央化学玻璃厂留宜昌之炉灶材料及原料等,租用第19号赵松林木船装载来渝,讵该船于六月十四日在万县明镜滩触礁沉没,损失不赀。当将所剩物资12箱再雇船于七月廿五日转运到渝,全部售给重庆中国国货公司。本办事处以[已]经查明该项货物全系制成品,业已饬具呈备查矣。

(丙)协助各厂解决厂基问题

(1)申新纱厂  该厂在窍角沱河嘴(与裕华厂基隔溪为邻)购得基地约100亩,其中可用之平地有30余亩,地价10,500元,现已签约成交,惟仍嫌面积不足使用,故仍向华西公司继续接洽转让董家溪地亩。该厂计划若董家溪地亩可以购进,则河嘴即可让与复兴铁工厂为厂址,因复兴原与申新同一厂主,关系极为密切。而该复兴厂现在所租房屋,亦尚不敷应用,亟欲自建厂房,故此项计划,似亦两宜。

(2)大公铁工厂  该厂在小龙坎所购之基地,共分为两种,其一为山地,一为水田,其中除职业学校所用之基地外,该厂现已购妥山地15亩,水田11亩。山地地价每亩为45元,水田地价每亩为150元,此外每亩中人佣金及手续费共约10元。其平土工程业已完竣,建筑工程亦正在进行中,预计于本年九月底即可完工。

(丁)迁川各工厂复工近况

(1)积极筹备复工之工厂

(一)隆昌织染厂　该厂大部分机件已运抵北碚,其中并有80匹马力之发电机1座。原与民生公司三峡布厂及大成纺织公司合组三峡大明纺织染公司,早已成立合约,故该厂厂址动力均不生问题,一俟其余机件运到,即可开工。

(二)华丰铸字印刷所　早在重庆大井巷租得民房八间,暂作临时厂房,尚勉强合用,其迁川机器现已陆续装置完竣,只因缺乏纸张,故除铸字部已局部复工外,其印刷部承接之工作,均系由顾主自备原料,颇感不便。又以该厂工人大部分尚在途中,是以暂时尚无正式全部复工营业之可能。经本办事处允于可能范围内予以协助,并饬该厂亦自积极设法,俾有所困难得以解决。

(三)老振兴机器厂　该厂现分为两部分,一为织袜厂,现与友人合资组织永润电机袜厂,已经开工,已饬来处备案,并填报复工情形。另一部为机器厂,已将全部机器装置,惟乏流动资金,正向本处申请借款中。

(四)新亚药厂　该厂迁川之玻璃厂机件,经本处令饬迅即设法复工,乃于重庆海关附近租得民房六间,先行成立化验室,由该厂派药剂师陈允甫来渝,拟开始试验中药,所有仪器均全。不久该厂总经理许某将亲来渝,即可筹备复工。

(五)允大精盐公司　该公司迁川物资已全部运到自流井,厂地早已购妥,现正建筑厂房,同时装置机器,预计九月内可以开工,估计每日能产精盐100吨。

(2)各厂复工近况调查

查各工厂复工情形,如顺昌、大鑫、震旦、大公、上海、中国无线电、精华、京华、六合、时事新报、复兴、精一、达昌、美亚、徐兴昌、启新、中法、大同、永利、家庭工业社、资源委员会、中央电工器材厂及华西兴业公司等二十三家,业于第六次至第十一次工作报告中具报在案。兹续将其他复工工厂分陈于下:

(一)鼎丰制造厂　该厂在重庆中二路租得民房二大间,于八月十七日临时复工,全部迁川机件均装置开动,现有工人14名,其承造之工作为第二十一兵工厂之迫击炮弹火药盖5万只。该厂自迁川以来,一切进行尚称顺利,亦未遭遇何项困难。

(二)复兴铁工厂翻砂厂　该厂复工情形,已在第八次工作报告中具报在案,因在菜园坝厂址不敷使用,以致翻砂部迄未开工。嗣在南岸野猫溪租得民房十余间,即在八月三日将翻砂部复工,现有工人17名,需电7.5匹马力。现时承翻之工作,(一)迫击炮引信2万枚,(二)保护螺丝10万枚,(三)黄磷弹引信3,000枚。据称所感困难厥惟原料,因本地黄铜未经分析,不知标准,往往铜质不合制品条件,以致产品未尽适用,致虚耗人工,故希望政府能收集各种铜样,加以分类分析公布之,以便有所选择。业经本办事处饬将此意具呈来处,以便核办矣。

(三)福华益记搪瓷厂　益丰搪瓷厂迁川物资,除磨粉机外,余均原料,故乏单独复工之能力。经本办事处饬令与本地搪瓷厂合作生产,以免内迁物资经久旷置。现由张德闳出资改组重庆原有之福华搪瓷厂,并将益丰物资作价合并,组成福华益记搪瓷厂,一切详情业经专案呈报办理在案。兹查悉该厂现利用福华牛角沱原来厂房五间,已于七月一日正式复工,需电7.5匹马力,有工人14名,出产口盅、痰盂、圆盘等,目下产率,以口盅计,每日能产70打。据称开工后常虞材料缺乏,且一般工人技术幼稚,尚待训练也。

(戊)四川原有工厂概况调查

本处前为明了四川原有工厂实况,经由本办事处发寄工厂调查表多份,分交重庆、成都、乐山、彭山、涪陵等市县重要工厂填寄。除重庆少数厂家遵填寄发外,其他工厂概未见复,经于本月十一日再分函各地市县政府代为催询,限期填寄矣。

(己)四川存纱调查

查重庆纱价日涨,布机停工者日众,在此抗战时节,殊非应有之现象。现时存纱究有若干,殊为调整纱价救济布业之先决问题,经转饬重庆布业公会详为调查。据该公会调查结果,报称共有16,000余包,其在途中向重庆运来者,估计亦在2万包上下,惟此次调查未详纱主及纱支。据该公会称,因重庆纱市场投机者多,纱主时时转移,无法确定,同时因该公会进行调查时,主管栈房负责人不易相值,由守栈工人口中只能探知包数,无法得悉支数。此亦事实,均暂从缺。兹将各栈存纱数量列为附表二,以资参考。

附表一:到川工厂物资及工人统计[略]

附表二:四川省重庆市最近棉纱调查表[略]

## 10. 汪泰经检送迁川工厂联合会委员名册会员名单等件致翁文灏呈(1938年5月4日)

案据迁川工厂联合会四月三十日第一八零号呈称:窃耀秋等自奉前军事委员会工矿调整委员会令迁到渝,默察情形,以为事属草创,亟须设立集中枢纽,方可团结精神,商讨进行,维时到渝工厂尚属无多。经各负责代表集议,均以是项机构实为目前要需,爰照临时性质组织迁川工厂联合会,公推耀秋暂行担任主席,赞臣为副,共策进行。惟创始之初,草拟章程尚未尽善,未便率请备案。两月以来,抵渝工厂陆续加增,截至四月中旬,已有42家登记入会,经于四月十七日召开正式成立大会,签到会员计有36家。当荷钧座莅会指导,同时并修改章程,改选执行暨候补委员,为健全实力,集思广益计,选定执行委员九人,候补委员五人,仍推耀秋担任主席,赞臣为副,纪录在卷。耀秋等谨当在层峰指导之下,共同努力,协议进行,以副国家属望。除俟续到工厂加入属会再行汇报外,所有属会正式成立日期,理合缮同委员名册、会员名单,并章程各二份,随文呈送,仰祈鉴核,准予转呈备案指令祗遵。等情。并附章程暨委员名册、会员名单各二份。据此除每件抽存一份备查外,理合检同名册名单暨章程各一份,随文呈送,仰祈鉴核,准予备案指令祗遵。谨呈处长翁、副处长张

  计呈送章程一份(略) 委员名册一份

  会员名单一份

重庆办事处主任汪泰经<br>中华民国二十七年五月四日

### 迁川工厂联合会第一届候补执行委员名册

谨将迁川工厂联合会第一届候补执行委员姓名开列于后,仰祈鉴核。

计开:

执行委员:颜耀秋(主席) 庞赞臣(副主席兼财务委员) 林美衍(文书委员) 吴蕴初 胡西园 余铭钰 马雄冠 李奎安 刘国钧

候补委员:庄茂如 陈复昌 瞿冠英 曹昌 施之铨

### 迁川工厂联合会会员名单

谨将迁川工厂联合会会员姓名及所代表工厂厂名开列于后,仰祈鉴核。

计开:

颜耀秋(上海机器厂) 马雄冠(顺昌公司铁工厂) 陈复昌(中华铁工厂、中华职业学校) 戴文白(苏纶纺织厂) 庄茂如(家庭工业社) 庞赞臣(上海龙章造纸公司) 曹昌、王德骧(中国无线电业公司) 沈济川(中法制药厂) 瞿冠英(申新纱厂) 李奎安、仵舜五(裕华纱厂) 刘国钧(大成纱厂) 林美衍(大公铁工厂) 柯千臣(已故,丽明印染厂) 胥仰南(鸿新布厂) 吴蕴初(天原电化厂、天利淡气厂、天成陶器厂) 朱维勤(合作五金厂) 施之铨(复兴铁工厂) 王毓英(京华印书馆) 余铭钰(大鑫钢铁工厂) 谢庆齐(中央化学玻璃厂) 谢正宽(康元制罐厂) 薛威麟(震旦机器铁工厂) 李济安(生活书店) 辛书元(达昌机器行) 姚祖盈(永和实业公司) 张培祖(六合公司) 傅尔攽、茅仲英(永利化学工业公司) 陆之顺(陆大机器工厂) 李芸轩(青岛华北火柴公司) 虞幼甫(美亚织绸厂) 范洗人(开明书店) 宋明德(中国实验机器厂) 刘梅生、吕少芝(震寰纱厂) 李鸿寿(华光电化厂) 张德鸿(益丰搪瓷厂) 张桂岸(精华机器铁工厂) 聂世琦(时事新报馆) 胡西园(亚浦耳电器厂) 乔雨亭(华丰印刷铸字厂)

[经济部工矿调整处档案]

## 11. 工矿处重庆办事处编制：迁川机器工厂机器设备及生产能力一览表（1938年6月 日）

| 厂名 | 厂址 | 主要机器设备 | 最高生产能力 | 现在开工情形 | 备注 |
|---|---|---|---|---|---|
| 大鑫炼钢厂 | 炼钢部在沙坪坝土湾 铁工部在民生公司机器厂内 | 电炉2、铣床1、车床18、钻床6、高压试验机1、化铁炉2、打泸油机1、变压机2、龙门刨床2、火石车2、牛头刨床6、马达电焊机3、电焊工具2 | 强性铸铁每日1万斤、炭素铸钢每日3万斤、合金钢每日1万斤、圆方铁条扁铁2万斤、锅炉30~50HP、火车汽缸8,000P、汽车汽缸、铜锚20件、工具机等 | 炼钢部正在建筑，铁工部业已开工 | |
| 顺昌铁工厂 | 江北县猫儿石 | 车床17、磨粉机3、刨床5、电焊机1、钻床4、手摇绞车1、铣床1、铁板轧机1、磨床1、熔铁炉2、搪床1、行床1、闸床1 | 碎石机每月15部、磨粉机每月2部、工具机每月30部、起重机40t每月1部、造纸机、化学器械、钢铁建筑等 | 已全部开工 | |
| 陆大铁工厂 | 重庆大学 | 车床21、六角车床1、钻床8、专门作螺丝机1、冲床4、十匹马力电焊机1、铣床2、礳轮机3、刨床2、电焊机2、三联机2、碎火炉1 | | 现借用重大附属工厂即先开工，永久厂房现正建筑设计中 | 该厂因在途中遇险，一部分零件沦没，今已在装配 |
| 上海机器厂 | 东水门芭蕉园禹王庙 | 车床22、六角车床1、钻床6、六角钻床1、铣床2、万能铣床2、刨床2、磨床2 | 引擎每月15部、碾米机每日1部、车床每日1部、农村水邦浦每日4部 | 早已临时复工（全部） | |

续表

| 厂名 | 厂址 | 主要机器设备 | 最高生产能力 | 现在开工情形 | 备注 |
|---|---|---|---|---|---|
| 中华铁工厂 | | 车床10、钻床4、磨刀机1、龙门刨床1、牛头刨床2 | | | 以上机件全部售与四川第一兵工厂 |
| 中华职业学校实习工厂 | 大溪沟渝简文路萱舍对面 | 铣床1、刨床1、钻床1、车床4、锯木机1、磨刀机1、木车床2 | | 已租定厂房,一俟装配完竣即可开工 | |
| 大公铁工厂 | 绣壁街七四号 | 车床36、龙床刨床1、刨床1、铣床1、钻床1、翻砂工具全套 | 六尺车床每月15部、小刨床每日1部、钻床每日1部、小柴油引擎每日1部、离心式邦浦每日5部 | 机器部大部分开工、翻砂部因厂址不敷使用,尚未开工 | |
| 精华机器厂 | 中大梁子八九号 | 车床4、钻床2、锯床6、压扁机2、打关机2、湾脚车2、打眼车2、锯鐥车5、擦亮车1 | 织袜机每月6部、汗衫机每日1部 | 机器部于五月十五日已开工,制袜针部未开工,因工人在沪未来 | 原有重庆分厂是发行所 |
| 精一科学器械厂 | 蔡家湾四五号 | 冲床7、钻床2、车床4、磨床1、刨床1、剪床2、轧床1、电钻1、电镀工具全套 | 科学仪器 | | |
| 达昌机器厂 | 机器存放处志成巷五号 | 车床3、钻床1、冷作工具全套、打铁工具全套 | 织布机每日1部、切面机每日1部、火石车每月1部 | 工人尚未来渝,厂址亦未觅定,故未开工 | |
| 老振兴机器厂 | 一牌坊二十号 | 车床1、钻床1、铣床1、电力袜车6、电力罗纹车1 | 织袜机每日5部、袜子每日100打 | 机器已装配,缺少工人 | |
| 徐兴昌翻铜厂 | 蔡家湾三八号 | 翻砂工具全套 | 翻铜每月2,000磅 | 现已全部复工 | |
| 张瑞生电焊厂 | 禹王庙 | 电焊工具全套、轧床1 | 烧焊工作每日烧100尺 | 现已全部复工 | |

附注:此外尚有机件到渝正在登记中之永利铁工厂及机件尚未运到之工厂共7家,即

中国制钉厂、中国实业机器厂、复兴铁工厂、美艺钢器厂、康元制罐厂、合作五金公司、震旦机器厂等。其中复兴工厂人员租用渝市已停工之机器厂3家,另组公协机器厂业已开工;又震旦机器厂现亦在渝购得机器,先行复工出货,专制救火邦浦等。

[工矿调整处档案]

## 12. 兵工署关于在渝兵工厂勘定厂址问题与重庆办事处的往来文件(1938年6月22日—7月15日)

### (1)兵工署密电函(6月22日)

胡处长:进密。在渝各厂现所觅定地点皆嫌密集,殊欠妥善,可由该处召集各厂长切实商讨疏散办法,除临时厂房及已勘定厂址经呈报到署并着手建筑者外,其余尚未勘定者,应速觅其他适当地带。商讨结果盼复。大维。养。汉。造。丙。

### (2)兵工署重庆办事处呈稿(7月15日)

案奉钧署养汉造丙密电开:……等因。遵于有日在职处召集会议,所有本署移渝各厂处负责人员均经出席参加。查重庆因交通不便,各厂选择厂址皆在江边,利用水运。沿扬子江岸计有第二十工厂(设南岸铜元局旧址)、第五十工厂(勘定郭家沱陕厂行渝筹备处购定王家沱集义堆栈为厂址)、迁建会钢铁厂(择定大渡口),相互距离甚远,并无密集之弊;沿嘉陵江岸计有第二十一工厂(在簸箕石设厂)、炮兵技术研究处(厂址勘定空水沱)、重庆炼钢厂(设在磁器口)、第二十五工厂(勘定张家溪为厂址),前三厂各个距离甚远,尚觉疏散。惟查第二十五工厂与重庆炼钢厂相距较近,不免有密集之嫌。惟是渝市府附近多山,较平之地基极不易觅,为急谋进行复工,如选用山地土石方工程甚大,颇费时日,且各厂大多利用电力公司之电力,若厂址距本市过远,电力供给发生问题。因此种种关系,第二十五工厂之勘定张家溪为厂址亦属适应需要,并经呈报钧署有案,正在积极进行修建工人宿舍及设计全部厂房,如须另勘厂址,不仅多费时日,抑且欲求合乎种种条件之地址,亦殊困难。兹为补救密集之弊计,商请该厂对于各部建筑尽量疏散,妥为布置,用保安全。伏查各厂处奉命迁渝,大都就现有房屋或较平基址,利用电力,因陋就简从事装修及搭建临时厂房,以期早日恢复工作,增强抗战军实。为勘择厂址唯一原则,具临时性质者,计第二十一工厂、第二十五工厂、陕厂及炮兵技术研究处,在会议席上商讨结果,皆以陈请钧署维持,现所勘定厂址,俾速进行,一俟将来另选厂基修建正式厂房时再切实注意,审慎办理。奉电前因,合将遵办情形具报,伏乞鉴赐察核,指令祗遵。谨呈
署长俞

全衔　处长　胡霨

中华民国二十七年七月十五日

[兵工署重庆办事处档案]

## 13. 重庆市政府等筹划武汉迁渝女工处置办法有关函呈(1938年8—10月)

### (1)重庆市政府函(8月16日)

重庆市政府公函　廿七年社字第2238号

案准贵处矿整字第1141号快邮代电,询及本市工厂目前可否收容女工6,000人,暨运输来渝办法,等由过府。查本市因前后来渝难民过多,已经组织战区难民救济支会,设所收容在案。关于女工疏散安置,已由本府拟具疏散办法,呈请核示中。准函前由,相应检取该项办法一份,随函附送,即希查照。至于宜渝运输,请迳呈委员长行营核办为要!此致

经济部工矿调整处

计抄送疏散女工办法一件

市长　李宏锟

中华民国二十七年八月十六日

**安置疏散来川女工办法**

一、工厂方面

甲、猪毛业　过去猪毛为出口大宗,但并未设厂,抗战以来,本市多设厂梳洗,规模大者有华西、川渝等家,慈幼院亦有附设熟毛厂。此项工作,可以

安插女工，可以用甚短期间，训练技术，若政府能出资经营，则可兼收救济与实业之效。目前此业，可容500人。

乙、被服业　本市被服业，几皆为女工。川康绥靖公署被服厂，亦系招请部分女工。现在军政部第一被服厂迁渝，将来军服供给，本市所负责任甚大，预计可容2,500人。

丙、火柴业　本市火柴业，因抗战关系，日益发达，成都亦然。此项业务皆系手工，两处可容500人。

丁、棉纱厂　可容多人，但各厂开工当在明年。

二、办理雇佣

本市人口47万，各项佣工超过5万人，女工亦在1万以上。近来市内中产阶级住户增加，女工需要亦增，计可容纳1,000人。本市过去有佣工待雇所，有房屋可以居住，政府可以派人代为料理。

三、收容教养

本市非常时期战区难民救济支会，办有收容所一，管理所一，两处皆预计收容千人。管理所系暂住性质，女工来必非整万同来，凡在千人以下，皆可交该所暂收，安置以后，再收二批。至于年令[龄]过老过幼，不能工作者，可发交收容所收容，分别教养。


**(2) 吴至信呈（8月19日）**

窃职奉派会同行营交通处赵科长及市政府蔡科长办理武汉沙厂女工迁渝事件，经连日接洽结果，分别报告如次：

甲、处置办法　计分运输、收容与工作三方面计划进行。

（一）运输问题　由重庆行营令饬船舶运输司令部向民生公司租用6只轮船舱面，专运女工，是项命令，于本月十三日下午始以代电发出。十五日经职面请电促，赵科长表示容俟二三日后无复音再行电询。昨（十八日）仍无复信，职又商请赵科长发电，经允先请示后再办。

（二）收容问题　市政府计划合川有大营房1所，可容约3,000人，重庆市内难民管理所尚余700余床位，亦可暂时安插，收容所亦可收纳老弱千人，另有待雇所亦余二三百人之容量。合川营房实际情形未经目睹,其余各处均市政府直接管理,故若武汉女工分批前来,轮流暂住,以待安插工作,当无大问题。

(三)工作问题 市政府所拟安插女工办法中,第一为被服业,有军政部迁往江津之第一被服厂,预计2个月后方可复工,除该厂原有工人外,估计尚可增容1,000名。又有绥靖公署被服厂,若得相当资助,亦可收用1,000名。火柴业之糊纸盒工作,可不入厂,只由厂方发给原料在家制就,论件给资,若居住有所,即可不必考虑厂房之可否容纳。猪鬃业须另计划设厂,问题较多。以上各种安插方法,市府尚未召集有关各厂具体商洽(原因详后)。此外尚有待雇所专收愿作私人雇佣之工人,以待居民招雇;收容所专收老年幼弱,施以教养,两所均市府主办,实现较易。

窃查市府所拟办法,既未经与有关各方事先商洽,除待雇、收容两所外,其余各业安插,是否能如计划之顺利推进,殊未敢必。为防万一计,窃在重庆织布业方面另谋一出路,恐因此而引起各方推诿责任起见,故对外暂守秘密。

(1)手工织布业 据重庆市布业同业公会调查,现时开工之木机织布厂有38家,均系局部开工,其停工之机数,计木机537架。若将全市已停工之小木机布坊计算在内,据布业公会主席陈志刚君(裕华布厂对外负责人)估计,约有2,000架。每架木机及其连带工作,须雇工人3名,故就此38家停工机数计,尚可增雇工人1,600名。其停工之主因有二:一、工人缺乏,因各布厂素用男工,近因征兵拉夫之故,多已离厂。二、纱价有人操纵,而夏季布类又销行不畅,各厂无多量流动金以应付现局。若安插女工,使布机不复停工,须考虑:①女工可否代替男工使用木机。技术方面,短期训练即可,惟木机工作,手足并用,女工体弱者效率较差。此外重庆布厂有一习惯,即织布者须自浆其所织之布,而手工浆布,不适于女工。故若以女工使用木机,须择身体较强者织布,次之者纡纱及经纱,而织与浆必须分工,使男女分别工作之。②纱价问题。查重庆全市存纱,估计有3万包,其适于织布用者至少有2万包。全市布机不过3,000架,每架每年用纱至多6包,故即便全部开工,现时存纱足供一年之用而有余。一年以后,本处主迁之裕华纱厂可望复工,则纱之供给,当不缺少。故今日纱价之高,并非供不应求,实少数奸人居奇操纵所致。此惟利用政府力量可以平抑者。③流动资金问题。本处工作计划中,对于提倡内地手工业,列纺织为第一,似可即从此入手,即一举而两得。惟重庆布厂之具有规模者仅10数家,尚可应用借款方式予以资助,其余多数厂坊,似有藉助于布业公会,组织一纱布交换机关,政府发纱与各厂,织成布后再来换纱,政府即可以布供军需被服之用。如属可行,当再商同有关各方,具体草拟实施办法。

(2)大成纱厂　曾经本处协助迁渝布机230台,已到北碚与三峡布厂合作,目前已在装置机器,预计可容工人600名,惟该厂开车后须用电力300匹马力,现该厂只能自行发电100余匹,故非先将电力问题解决,无法复工。故该厂已自进行在港购发电机,现时交通运输如此困难,向外采购殊嫌迂缓。查中福公司由汉迁渝供天府煤矿用者,有750kW之透平发动机1部,及350kW之汽机发电机1部,天府原自有电,当不需用如许电力。故经饬该厂向中福商洽,或让1部与该厂使用,则大成固可早日复工,而欲迁北碚之其他工厂,其考虑无电可用者,亦可不生问题。但该两当局交涉迄今尚无结果,似非本处从中调整,难免徒延时日,而无裨实际也。

乙、进行迟缓之原因

(一)运输方面　轮船租用事件,既由行营指定船舶运输司令部办理,则重庆方面除请行营电促外,别无他法可以推进。且据赵科长称,渠只奉命"计划",意似止于"计划",至于实行成效如何,当视船舶运输司令部如何进行。

(二)安置工人方面　市府蔡科长表示,市府方面只奉行营令其"计划办法",既经拟具呈复,是否可以如拟办理,并指定何机关执行,经费如何筹措等,迄今未蒙行营批示,故市政府亦不便擅自进行。

由此可见,截至目前止,在重庆方面,是项工作似谨有拟议,尚未批行,何机关与何人负责,尚无明令,是为进行迟缓之主因。

丙、呈请事项　为求打破此种拖延局面迅赴事功起见,拟请:

(一)呈请行营:(1)派定人员负责推进运输事宜,并电令船舶运输司令部会同本处切实进行。盖运输一节为本案之先决关键,但事实上行营与运输司令部公文来往,时日牵延,难免推诿,故似非由行营令知船舶运输司令部主办,而由本处就近共同推动不可。(2)迅速将市府所拟办法予以指示,并指令市政府责成办理,由本处协助之。因市府所拟办法,在其职权之内,较易执行。惟在经济方面,势非本处协助,不足以收速效,同时亦非本处促进不足以免拖延。

(二)由钧座电饬留汉本处人员,就近催促船舶运输司令部租定轮船,以便按照登记工人数随时拨用。

以上所请两点,暨前拟安置来渝工人在重庆织布业一节,是否有当,尚祈示遵。谨呈主任秘书卢转呈

处长　翁

副处长　张

职吴至信谨签

八·十九

### (3)周景白签呈(10月16日)

查疏散武汉女工分赴川陕一案,前经重庆市政府拟定安置及疏散办法,经行营核准,并函达本处有案。据市府所拟办法,渝市约能安置6,000人,现在抵渝者两批共194人(其实际女工84人,男工95人,余为老幼妇孺),皆分住南岸觉林寺难民管理所,及江北沙湾难民救济所。顷据民生公司电话,第三批女工约于明日抵此,约有120人左右,经与市政府洽商,仍收容于江北救济所。以后陆续前来者,据各方估计,约尚有三四百人。总计来渝者约六七百人,无论如何实际人数不致有6,000之多。

关于此次女工之安置,市府虽曾拟有办法,但实际行之不无困难。盖女工与难民性质不同,如佣工、火柴业等安置,用之于救济难民则可,对于女工,是否为彼等所乐于接受,不无疑问(妇女协会方面对于佣工之安置甚不赞同,女工本身因佣工及火柴业待遇过低,亦无乐就)。至于猪毛业之安置,经查现在华西厂有将停办之说,川渝厂已感人多,不能再事收容,同时该厂亦无扩充之意。现新运会方面向军政部被服厂代为进行(即市府所拟办法中安置于被服业一项),该厂约能安置四五百人,惟需待2个月后方可实现。至本处迁

来各纱厂,除豫丰在最近期内约能收容五六十人,业经林组长与该厂潘经理口头洽商,并邀允许外,其余各厂复工日期尚远,自难为力。兹查本案直接、间接与闻机关颇多,意见间有不同,本处虽处于协助地位,但为保护技工,自当尽力设法,期于短期间使有适当工作。

现奉令核议市府救济经费一节,所谓"救济经费"当系指在未得工作前生活伙食经费而言(据市府蔡科长表示,救济所经费异常困难,促足维持至月半)。此种经费之筹措,事属救济性质,不在本处应行协助范围之内。但基于保护技工之目的,似亦应予考虑。惟工人人数、救济期限、救济范围及每人每日伙食之估计等,皆应详细拟定。就事而言,无论市府需款性质如何,市府似应:(一)先就事实决定具体安置办法,迅予推进,俾女工工作问题根本解决。(二)拟定详细经费预算。

拟呈复经济部转知行营及市府,请予补送详细预算,以凭核办。

此外,本处将来协助方式亦应考虑。按市府奉令安置女工,据情向行营请款,故在市府立场,恐不允担负债务。再疏散汉、武女工,除来川者外,赴陕者亦有相当人数,财部曾非正式允拨30万元,专为救济之用,惟当时系指疏散2万人作估计,果人数过少,财部是否拨款,殆属疑问。本处将来此项协助是否以市府为对向,确商借款,抑在基金项下专户垫付,转请财部拨还之处,拟一并请示经济部。

以上所拟,是否有当?敬请鉴核示遵。谨呈

处长　翁

副处长　张

职周景白谨签

十月六日

[经济部工档调整处档案]

## 14. 工矿调整处陈报迁川工厂概况及协助川省原有厂矿情形呈稿 (1938年8月20日)

呈

案查国防经济建设,遵照抗战建国纲领,以西南各省为主,而四川一省资源丰富,劳力众多,尤为经济建设之中心区域。本处自组织成立,即着重于此,对于四川工矿之调整,要分两途:一为对于该省原有厂矿之协助发展;一为将战区厂矿迁入该省复工生产。

就迁移厂矿言,截至八月十八日止,经本处核准迁移入川者,计共125家。其中机器五金业54家、电器及无线电业9家、陶瓷玻璃业4家、化学工业20家、印刷文具业18家、纺织工业10家、煤矿3家、其他7家。物资计约218,764万吨,连同迁建委员会主持迁移之物资,共约12万余吨。技术及熟练工人2,000余名,普通工人则就地招雇。本处为协助各厂迁移复工计,并有迁移借款、建筑借款、复工购料借款等之规定,计已经本处核准借款及拨付迁移补助费134.9万余元。此125家中,于第一、二期抗战区域内迁者已到达54家,已复工生产者24家,承造物品以兵工器材为主,而兼及民生日用之品。其自第三期抗战区域内迁各厂,则正在加紧物资运输、厂地购置与厂房兴建,一俟诸端告竣,即可全部复工。

就协助四川原有厂矿之发展言,当以动力之配备,交通之发展,水泥之供应,为开发四川全省之基础,特就重庆电力公司、水泥公司、民生实业公司及天府煤矿等,加以协助,俾扩充其设备,增加其产量。由本处代向四行商洽予以协助借款,计重庆电力公司200万元、水泥公司70万元、民生实业公司100万元、天府煤矿由本处径借50万元,而重庆为政府所在地,饮食卫生关系至巨,复由本处代向四行商借重庆自来水公司70万元。又在川新创办之华联钢铁公司,由本处核借建筑及添购设备借款45万元。截至现在正〔止〕,由本处代借及径借四川原有厂矿之协助借款,计共535万元。

今后更当本此两途继续推进。凡战区厂矿其已迁移入川者,促其复工生产,其尚未迁移者助其迁移入川。凡四川原有厂矿其性质有关国防民生而经营合理者,必当积极协助,资其发展,而于全省之土法制造及手工业更拟为有计划之提倡与辅导。暂以木机纺织、土法制炼铁铜硫汞、土法翻砂、土法造纸、土法磨粉、土法漂染、土法制革、土法制碱等为对象,予以业务之指导及资本之协助,期得补充战时生产,安定平民生计。理合检呈迁川工厂概况表、迁川工厂及四川原有厂矿协助借款统计表,呈报钧部鉴核,并请转送重庆行营

查照。谨呈

经济部

中华民国廿七年八月二十日

### 迁川工厂概况表(截至八月十八日止)

| 业 别 | 厂 数 | | 物 资 | | 工 人 | | 备 考 |
|---|---|---|---|---|---|---|---|
| | 迁来数 | 复工数 | 登记数 | 到达数 | 登记数 | 到达数 | |
| 机器五金业 | 54 | 12 | 3,852.65 | 1,602.6 | 1,218 | 641 | |
| 电器及无线电业 | 9 | 2 | 2,325.94 | 330.8 | 253 | 83 | |
| 陶瓷玻璃业 | 4 | 1 | 177.6 | 91.4 | 62 | 2 | |
| 化学工业 | 20 | 3 | 2,799.27 | 1,129.2 | 142 | 130 | |
| 印刷文具业 | 18 | 2 | 1,634.52 | 490.9 | 192 | 123 | |
| 纺织工业 | 10 | 2 | 12,540.41 | 2,118.0 | 81 | 81 | |
| 其他 | 7 | 1 | 319.5 | 153.6 | 70 | 50 | |
| 煤矿 | 3 | 1 | 5,114.8 | 837.8 | 15 | 15 | |
| 总计 | 125 | 24 | 28,764.69 | 6,754.3 | 2,033 | 1,125 | |

附注：

1. 迁川厂数及复工厂数系截至廿七年八月十八日止。

2. 已到物资吨数及已到工人数系截至廿七年八月十八日止。

3. 物资吨位及工人登记数系根据在汉口登记数字,以后续有增加尚待补充修正。

### 迁川厂矿及四川原有厂矿协助借款统计表(廿七年八月十八日)

| | | | |
|---|---|---|---|
| 迁移厂矿 | 迁移借款 | $635,198.20 | 此为迁川工厂63家借款之数额 |
| | 复工购料及添购设备借款 | $214,225.00 | 此为6工厂请借之数额 |
| | 由本处垫拨款项 | $400,000.00 | 本款系由本处代财政部垫付 |
| | 迁移补助费 | $100,000.00 | 本款由前上海工厂迁移监督委员会根据行政院议决案照数拨给 |
| | 共计 | $1,349,423.20 | |
| 原有厂矿 | 重庆电力公司 | $2,000,000.00 | 此款经本处之协助,由四行径自借出 |
| | 重庆自来水公司 | $700,000.00 | 此款经本处之协助,由四行径自借出 |
| | 四川水泥公司 | $700,000.00 | 此款经本处之协助,由四行径自借出 |

续表

|  |  |  |
|---|---|---|
| 民生实业公司 | $1,000,000.00 | 此款经本处之协助,由四行径自借出 |
| 华联钢铁公司 | $450,000.00 | 此款由处径借 |
| 天府矿业股份公司 | $500,000.00 | 此款由本处以营运资金借款方式借出 |
| 共计 | $5,350,000.00 | |
| 总计 | $6,669,423.20 | |

[经济部工矿调整处档案]

## 15. 工矿调整处附送到川工厂一览表呈稿(1938年9月7日)

呈

案奉钧部川工字第7910号训令,以准重庆行营函复请补送迁川工厂名称、设厂地点及出品种类等由,令仰迅即造报,以凭转送等因。奉此。自应遵办。理合检同该表一份,呈复鉴核,并请转送重庆行营查照。谨呈

经济部

附到川工厂一览表1份

中华民国廿七年九月七日

### 到川工厂一览表

| 厂名 | 设厂地点 | 出品种类 | 备注 |
|---|---|---|---|
| 大鑫钢铁厂 | 重庆龙隐镇土湾 | 1.各种钢铁;2.各式机器;3.兵工器材;4.修理船只 | |
| 永利铁工厂 | 重庆沙坪坝 | 1.翻砂制造品;2.兵工器材;3.各种小型机器 | |
| 顺昌铁工厂 | 重庆猫儿石 | 1.各式车床;2.迫击炮弹;3.化学用机器 | |
| 上海机器厂 | 重庆禹王庙 | 承造第二十一兵工厂各种器材 | |
| 大公铁工厂 | 重庆绣壁街 | 承造金陵兵工厂及造币厂小型机器 | |
| 复兴机器厂 | 重庆菜园坝 | 承造金陵兵工厂各种机件 | |
| 大同五金号 | 陕西街 | | 系商号,已开业 |

续表

| 厂名 | 设厂地点 | 出品种类 | 备注 |
|---|---|---|---|
| 精一机器厂 | 蔡家湾 | 承造第二十一兵工厂各种器材 | |
| 精华机器厂 | 中大梁子 | 针织机器,炸弹引信 | |
| 震旦机器厂 | 上清寺 | 各种消防机器 | |
| 达昌机器厂 | 文华街 | 专修各种机器 | |
| 徐兴昌机器厂 | 禹王庙 | 承造第二十一兵工厂各种器材 | |
| 鼎丰制造厂 | 中二路 | 承造第二十一兵工厂各种器材 | |
| 启新电焊厂 | 下中二路 | 专修汽车及各种机器电焊工程 | |
| 中华铁工厂 | 通远门外 | 尚未复工 | |
| 陆大工厂 | 菜园坝 | 尚未复工 | |
| 中国实业机器厂 | 书院街 | 尚未复工 | |
| 美艺钢器厂 | 菜园坝 | | |
| 康元制罐厂 | 未定 | 尚未复工 | 办事处设白象街 |
| 合作五金公司 | 已决定小龙坎 | 尚未复工 | |
| 张瑞生电焊厂 | 禹王庙 | 尚未复工 | |
| 公信金属品厂 | 未定 | 尚未复工 | 办事处设上新丰街 |
| 启文机器厂 | 一牌坊20号 | 尚未复工 | |
| 老振兴机器厂 | 二牌坊13号 | 尚未复工 | |
| 中国无线电公司 | 黄家垭口 | 各军政机关无线电发报机 | |
| 资委会电池厂 | 永龄巷 | 各种电池 | |
| 华西兴业公司 | 大溪沟 | | 原设重庆,即华兴机厂 |
| 汇明电池厂 | 未定 | 尚未复工 | 无机器 |
| 中华无线电社 | 上清寺 | 尚未复工 | |
| 福华益记搪瓷厂 | 牛角沱 | 痰盂、漱口杯、盘子、水桶及各种搪瓷器皿 | |
| 大鑫火砖厂 | 北碚 | 专造各厂所需烟窗及炉灶火砖 | |
| 天盛陶器厂 | 猫儿石 | 尚未复工 | 办事处设状元桥 |
| 中央化学玻璃厂 | 未定 | 尚未复工 | 办事处设中大街 |
| 家庭工业社 | 七星岗 | 乐粉、花露水、雪花膏及各种化妆品 | |
| 中法药房 | 小梁子 | 人丹及其他药丸、膏剂 | |
| 龙章造纸厂 | | 尚未复工 | 办事处设五福街 |

续表

| 厂名 | 设厂地点 | 出品种类 | 备注 |
|---|---|---|---|
| 永利铔厂 | 自流井 | 尚未复工 | 办事处设武库街 |
| 天原电化厂 | 猫儿石 | 尚未复工 | 办事处设状元桥 |
| 久大精盐第二厂 | 自流井 | 定本月中旬开工 | 办事处设武库街 |
| 天利淡气厂 | 猫儿石 | 尚未复工 | 办事处设状元桥 |
| 新亚药厂 | 未定 | 尚未复工 | 办事处设新丰街 |
| 华光电化厂 | 罗家湾 | 尚未复工 | |
| 中国植物油厂 | 紫云宫 | 尚未复工 | |
| 科学仪器馆药品厂 | 米花街 | 尚未复工 | |
| 京华印书馆 | 打铜街 | 承印各机关、书局、银行书籍文件 | |
| 时事新报 | 新街口 | 报纸 | |
| 正中书局 | 石门坎 | 出售各种书籍 | |
| 生活书店 | 武库街 | 出售各种书籍 | |
| 开明书店 | 商业场 | 出售各种书籍 | |
| 华丰印刷所 | 大井巷 | 尚未复工 | |
| 中国科学图书公司 | | 尚未复工 | |
| 美亚织绸厂 | 香国寺 | 各种绸类 | |
| 豫丰纱厂 | 沙坪坝 | 尚未复工 | 办事处设新丰街 |
| 申新纱厂 | 弹子石 | 尚未复工 | 厂办事处设小梁子 |
| 裕华纱厂 | □角沱 | 尚未复工 | 办事处设棉花街 |
| 震寰纱厂 | 猫儿石 | 尚未复工 | 办事处设五福街 |
| 大成纱厂 | 北碚 | 尚未复工 | 办事处设五福街 |
| 隆昌染织公司 | 北碚 | 尚未复工 | 办事处设五福街 |
| 六合建筑公司 | 道门口中央大厦 | 承办各种建筑工程 | |
| 华兴制帽厂 | 陕西街 | 各种呢帽 | |
| 中福煤矿公司 | 与天府煤矿合作 | 烟煤 | 办事处设小梁子 |

附注：

1. 本表材料截至九月五日止。

2. 迁川工厂其物资尚未运到重庆者，暂不列入。

[经济部工矿调整处档案]

## 16. 工矿调整处重庆办事处工作报告(1938年9月15日)

(结束总报告)自廿七年二月二六日至廿七年九月十五日止

(甲)迁川工厂之登记与稽核

一、到运机料之登记　查经本处在汉核准内迁之工厂，为数众多，且多数均经本处借款资助。为求明了各厂运输情形，以便调整舱位，同时亦为稽核所运机件是否与核准者相符时有所根据起见，爰办理到运机料登记，由本办事处印就到川工厂物资登记表，无论何厂，每有一批机料运达，即须将该项机料之详细名称、数量、到达日期、存放地点等详为填报。此项登记数字，不仅为编制统计之资料，且为估量各厂生产能力所不可或缺者，所有本处经办各厂建筑购料及营运各项借款之审核，均以此项到运登记数字为重要根据之一。

二、到运机料之点验　惟仅凭各厂填表呈报，难免无虚填伪报之弊，是以每次到运机料起卸以后，即由本办事处派员携同登记表前往一一点验，以资确证。殆及开箱之后，又复随时派员前往视察，一则可知各厂所运机料之有否损失，及其损坏程度如何，以便助其修配，再则可以便中查考有无脱售等情弊，以严稽核。

三、有违法嫌疑工厂之查办　自经此种不定时之严格稽考办理以来，关于各厂运川机件之动态，靡不一一查悉，故涉有违法嫌疑之工厂，莫不经详细调查后予以适当之处理。迄于本办事处结束日止，曾经查办者计有中华铁工厂之脱售机器案，新亚药厂之延不迁渝案，精华机器厂之出租机器案，中央化学玻璃厂之出售物资案，益丰搪瓷厂之转让机料案，汇明电池厂之出售物料案。其中情形严重者，均予以相当之惩处，如中华铁工厂经本处提前追还迁移借款本息，新亚药厂存货提单曾被扣留，经该厂请迁川工厂联合会具保方得领还，其余情尚可原者，亦经予以警告，并饬经具呈来处备查矣。

(乙)机料运输之协助与保险

一、木船之雇用　当今春水浅而轮运又复拥挤之际，迁川工厂物资积存宜昌，颇受敌机威胁，且有误迁移后方复工之期限。爰由本办事处会同燃料管理处雇用木船,由渝运煤赴宜,以济武汉煤荒,同时即由宜装运机料返川,应称两便。办理以来,先后由渝放宜之木船,共达131艘,积宜机料方得赖以疏散。

二、木船保险之举办 然长江上游滩多水急,虽值估[枯]水时季,较之轮运木船,仍多危险。为免除各厂意外损失计,爰由本处向中央信托局商订承保平安险及兵险办法,手续务求简单,而保费尤为轻微,两种险同时投保,只收保费,机器每千元15元,其他物资20元。且为减少工厂负担起见,复经商由四川省政府津贴3/4尤强,故工厂实际所付保费,实不可谓不微。

三、遇险物资赔偿之交涉 自各厂雇用此批木船运输以来,不幸有11工厂物资遭遇水险,除有13只木船沉没外,其余均只因触礁漏洞或局部破裂损失轻微。惟每次木船遇险报告到达,即由本办事处具函催请受中央信托局委托代理之兴华保险公司迅速派员查勘,以便估定损失,依约赔偿。并由本办事处将各厂实际损失情形详为调查,一并汇呈本处转函中央信托局火速依约办理,早日清付赔偿,使有关厂家得以从早恢复其原有之生产者具。现业经该局复称遵照办理矣。

(丙)复工生产之协助与督促

一、厂基之勘择与介绍 迁川工厂原拟于北碚建设一工业区,嗣以值此战时工厂不宜过于集中,且因此项计划宏大,实现需时,爰由本办事处就重庆附近四五十里电力可及之范围内,择其平坦而交通方便者,加以查勘,介绍各厂择购,以为建筑永久厂房之用。截至现在止,沿嘉陵江有香国寺、猫儿石及沙坪坝,沿长江有窍角沱,均为内迁工厂比较集中之区。如此既不过于分散而失有关工厂之联络,亦不过于密集,而受敌机空袭之威胁。在此五十余家迁川工厂中,其必须购地自建厂房者,大抵均已购妥或租定(详见附表),多数且已开工建筑矣。

当进行购地时,为求避免收购地基受地主居奇钳制起见,爰由本处商请四川省政府组织迁川工厂用地评价委员会,本处林组长亦为委员之一,林组长返汉以后,即由本办事处主任代表出席,工厂将地基择定后,即可呈会评价,经该会调查地面情形及市价后,规定公平价格,饬双方遵照。如此不仅减少若干无谓之争执，且使厂地买卖之进行得以较速，固不仅使工厂不负担不合理之高额地价而已。

二、厂房之租用　惟多数工厂本身无自建厂房之必要，或恐建厂需时不能不先谋复工者，除饬各该厂自于重庆及其附近租民房庙宇修补使用外，并由本办事处派员四出登记较为宽大之房屋，包括学校、庙宇、会馆、祠堂、栈房以及民房等，又因栈房不仅较适设厂，且可作本处储存材料之用，故更加切实调查，分别介绍与各工厂租用。自经如此办理以来，虽在房少人多，欲觅一二居室不易之重庆，而迁川工厂之有临时复工能力者，幸尚无一感受寻不着临时厂房之苦。惟就适宜程度而言，自不免有少数厂家稍有面积窄狭之叹耳。（见附表七）

三、电力供给之洽办　重庆电价素昂，平常工厂电力每度达0.12元之巨，此实发展工业之一大障碍，尤非迁川工厂所力能负担。本办事处有鉴及此，爰与电力公司交涉，接引前建设委员会之规定，电价应照所用电量反比减低，而于迁川工厂尤应予以优待。经再三商洽之后，迁川工厂用电，如大鑫钢铁厂已减至每度3分，普通均在6~8分之间，虽仍嫌略高，但较原价相差已远。

且因一二工厂设厂地点原无电路可达者，如顺昌铁工厂之在猫儿石，亦经洽商专树电杆，并可避作敌机目标计，已经饬作伪装。且本办事处探悉该电力公司业务、工务两科，对工厂用电观点不同，故与工务科特加联络，是以若干工厂之接电工程，每能从速装竣，避免业务科之周析[折]，于各厂提前复工，有助良多。

四、原料供给之措筹　迁川工厂感觉最大困难之一，厥惟原料，其中尤以铁工厂为甚。本处订有购料办法，经由本办事处饬各厂将一年内所须五金材料、工具种类、规格与数量等，开具转呈本处委托中央信托局采购运川，以资供给。

五、各项借款之协助　各迁川工厂向本处呈借各种借款者，多由本办事处查明实情，据情转请总处核借，其已成功者，计有龙章运输增加借款3万元，大公购料复工借款1万元，陆大修理机器借款6,000元；其已转呈本处尚在审核中者，计有中国实业机器厂之购地建筑及增加设备借款10万案。

六、工作之介绍　迁川工厂大多原设上海,移来四川,人地生疏,营业颇难活动,且多数具有充实军需之生产能力,亦不应使其坐旷无工,爰由本办事处代问[向]各兵工厂广为介绍,并将各厂之机器及生产能力,开具列表送交兵工署驻渝办事处转致各兵工厂,以资选择定制各种军需品。是以目前复工之各工厂,大都以承造兵工器物为主要工作,详见附表五。并为体念各厂艰难计,多数工作之原料,均由兵工厂供给,无须自购,且在价格方面,亦略加优厚,除示奖励外,实亦体念各厂生计,俾易维持耳。

七、复工筹备之督促　本办事处随时根据到运物资登记表加以查看,其迁到机器已有局部复工能力之工厂,即函约该厂负责人前来,询其复工筹备之详细情形。若有困难,立刻设法为之解决,在可能范围之内,莫不尽量襄助其成,始以劝慰,继以鼓励,终以警告,是以迄止现在,除有特别原因者外,各工厂均尚体政府之至意,努力于复工之实现(见附表三)。

(丁)豁免各项税捐之接洽

一、无照提货之证明　各厂所领免税护照,大抵只有一张,而其物资由宜运渝,每系分批到达,该项护照普通均存宜昌,以起运其余物料,故到渝后,无护照可向海关呈验,例须完税或押税,此于各厂实感不便。经本办事处与该海关接洽结果,凡由本办事处具有证明函件,概可先行提货,护照从缓呈验。如此办事之后,各厂不仅不须完税,且无押税之烦矣。

二、厂栈间转口税之豁免　迁川工厂因受房屋及地基限制,每有将厂房及栈房分设市内外者,但厂栈之间,不无关卡,原料、成品往返运输,若均完税,必致增高成本,各厂于迁移损失之余殊难发展。本办事处爰遁迁川工厂联合会之请求,转呈本处函商财政部豁免。项据该部复允照办,经转饬各厂知照,此项免税成为事实,于各厂生产前途便利实多。

三、豁免地契税之洽办经过　重庆、巴县、江北等县市之地契税,有正附税之分,而附税超过正税数倍。此在一般市民田产买卖,为充实地方税收计,尚无大关系,而迁川工厂于重重损失之余,筹款购地已感困难,此项契税自难负担,亦属实情。本办事处爰循迁川工厂联合会之呈请,已转请四川省建设厅提交省务会议核办。惟时值川省府改组,故迄今尚未得复。

(戊)严密迁川工厂之联合组织

为各厂多有互助合作协进生产之机会,而政府功令亦易推行起见,经饬迁川工厂共同组一联合会。惟鉴于过去多数工厂之联合组织每易流于涣散,徒具虚名而无俾实际,故本处特加指导,严予监督,每周该会开常务会议时,本办事处亦派员列席,除听取其工作计划外,且有机会监督其会务之推动。该会每月会员聚餐一次,本办事处亦每每派员参加,以表示政府对于工厂集会之关切,藉可听取各工厂之意见。同时为使各厂重视团结力量起见,如各厂请求出具海关提货证明书等,均规定必须该厂[会]代为证明,另有若干保证事件,亦常指定由该会具呈方为有效。是以迁川各厂莫不视该会为一有力之联合组织,所有经费各会员工厂均乐意负担,勿须仰给于政府之津贴,而政府对于各工厂推行功令,实亦多所利赖之。

(己)调查与统计事件之举办[略]

(庚)本办事处经费收支概况

自本办事处成立以迄结束日止,经费之实际领收共为2,911.08元,因力事撙节,故实际支出只1,840.46元,存留数计有1,070.62元。兹将各项实际收支情形表列于次:[表略]

一、到川工厂一览表(廿七年九月十五日止)

| 厂　　名 | 负责人 | 通讯地址 | 到运物资吨位 | 到达工人数 |
|---|---|---|---|---|
| 大鑫钢铁厂 | 余名钰 | 小梁子37号 | 707.9 | 313 |
| 顺昌铁工厂 | 马雄冠 | 机房街育婴堂巷8号 | 262.1 | 47 |
| 中华铁工厂 | 陈复昌 | 通远门外张家花园巴蜀学校 | 189.0 | 12 |
| 陆大铁工厂 | 陆之顺 | 青年会宿舍内347号 | 7.0 | 63 |
| 永利铔厂铁工部 | 傅尔攸 | 武库街12号 | 310.6 | 86 |
| 中国实业机器部 | 宋明德 | 书院街33号 | 72.0 | 25 |
| 复兴机器厂 | 施之铨 | 苍坪街63号 | 57.8 | 22 |
| 上海机器厂 | 颜耀秋 | 县庙街新药公会内 | 65.0 | 70 |
| 大同五金号 | 俞兆麟 | 饼子巷4号 | 57.0 | 10 |
| 大公铁工厂 | 林美衍 | 绣壁街74号 | 59.7 | 31 |
| 康元制罐厂 | 谢正宽 | 白众街9号 | 12.1 | 5 |

续表

| 厂　　名 | 负责人 | 通讯地址 | 到运物资吨位 | 到达工人数 |
|---|---|---|---|---|
| 合作五金公司 | 朱维勤 | 鸡街43号 | 5.5 | |
| 冶生工业公司 | 李守中(代) | 镇江寺街32号 | 3.0 | 16 |
| 精一科学器械厂 | 胡精纯 | 蔡家谱45号 | 17.2 | 19 |
| 精华机器厂 | 李妙生(代) | 中大梁子89号 | 13.2 | 10 |
| 震旦机器厂 | 薛威麟 | 县庙街23号 | 15.0 | 5 |
| 达昌机器厂 | 任之泉 | 上大梁子56号 | 6.5 | |
| 华西兴业公司 | 胡叔潜 | 道门口 | 82.6 | 30 |
| 鼎丰制造厂 | 罗沃臣 | 罗家湾54号 | 2.4 | 14 |
| 启文机器厂 | 李翊生 | 二牌坊20号 | 3.5 | 3 |
| 老振兴机器厂 | 欧阳润 | 二牌坊13号 | 4.0 | 2 |
| 徐兴昌机器厂 | 颜耀秋(代) | 县庙街新药公会内 | 3.5 | |
| 公信金属制品厂 | 刘鹤卿(代) | 新丰街31号良记号转 | 12.0 | |
| 中奥珠轴公司 | 黄铁民 | 下陕西街60号 | 2.8 | |
| 张瑞生电焊厂 | 张瑞生 | 芭蕉园禹王庙内 | 3.1 | 7 |
| 启新电焊厂 | 任伯贤 | 罗家湾下中二路7号 | 1.9 | |
| 中国无线电公司 | 王端骧 | 新市中一路249号 | 126.6 | 40 |
| 汇明电池厂 | 章润霖 | 大梁子9号聚光荣 | 18.2 | |
| 中华无线电社 | 邹雅言 | 神仙洞后街27号 | 92.1 | |
| 资委会电机厂电池部 | 苏宝康 | 商业场永龄巷8号 | 17.0 | 3 |
| 华生电器厂 | 李守中 | 镇江寺街32号 | 39.4 | 10 |
| 天盛陶器厂 | 黄锡恩 | 状元桥1号 | 57.8 | |
| 中央化学玻璃厂 | 谢庆斋 | 中大街15号 | 7.9 | |
| 益丰搪瓷厂 | 张德闳 | 荫庐3号 | 25.7 | 2 |
| 天原电化厂 | 黄锡恩 | 状元桥1号 | 166.0 | 10 |
| 久大精盐第二厂 | 李烛尘 | 武库街12号 | 132.5 | 12 |
| 天利淡气厂 | 黄锡恩 | 状元桥1号 | 52.9 | |
| 家庭工业社 | 庄茂如 | 中一路26号 | 29.0 | 10 |
| 新亚药厂 | 施泽先 | 新丰街20号 | 12.5 | |
| 中法药厂 | 林鸿藻 | 小梁子12号 | 9.9 | 4 |
| 华光电化厂 | 李鸿寿 | 罗家湾3号 | 2.5 | 8 |

续表

| 厂　名 | 负责人 | 通讯地址 | 到运物资吨位 | 到达工人数 |
|---|---|---|---|---|
| 中国植物油厂 | 刘瑚 | 江北紫云宫街21号 | 12.5 | |
| 资委会提炼轻油厂 | 金开英 | 复兴观巷 | 50.0 | 9 |
| 科学仪器馆化学药品厂 | 张德民 | 米花街川盐里口 | 6.1 | 5 |
| 中国工业炼气公司 | 沈佐卿(代) | 上陕西街39号 | 8.5 | |
| 龙章造纸厂 | 庞赞臣 | 五福街华盐商巷6号 | 413.3 | |
| 京华印书馆 | 王毓英 | 打铜街38号 | 201.7 | 62 |
| 华丰印刷所 | 乔雨亭 | 大井巷9号 | 55.3 | 9 |
| 正中书局 | 吴秉常 | 石门坎18号 | 72.5 | 30 |
| 生活书店 | 李济安 | 武库街21号 | 37.4 | |
| 时事新报 | 崔唯吾 | 新街口39号 | 154.0 | 22 |
| 开明书店 | 范洗人 | 西三街9号 | 28.0 | |
| 豫丰和记纱厂 | 潘仰山 | 厘金局巷1号 | 1,365.0 | 10 |
| 申新纱厂 | 殷文彪 | 小梁子蓝家巷79号 | 89.5 | |
| 裕华纱厂 | 许舜五 | 棉花街89号 | 266.5 | 2 |
| 大成纱厂 | 刘国钧 | 五福街水市巷4号 | 211.0 | 4 |
| 美亚织绸厂 | 虞幼甫 | 第一模范市场锡福里 | 110.5 | 60 |
| 隆昌织染公司 | 刘汉方(代) | 下陕西街82号 | 78.5 | 5 |
| 华兴制帽厂 | 余国柱 | 陕西街18号 | 2.2 | |
| 六合建筑公司 | 张培祖 | 第一模范市场 | 151.4 | 50 |
| 中福公司 | 孙越崎 | 小梁子78号 | 837.8 | 15 |

## 二、重庆到运厂数物资及工人统计（廿七年九月十五日止）

| 业　别 | 厂　数 | 物资吨位 | 工人数 |
|---|---|---|---|
| 机器五金铁工业 | 26 | 2,039.4 | 790 |
| 电器及无线电业 | 5 | 293.3 | 53 |
| 陶瓷玻璃业 | 3 | 91.4 | 2 |
| 化学工业 | 11 | 482.4 | 58 |
| 印刷文化业 | 7 | 962.2 | 123 |
| 纺织染工业 | 6 | 1,121.0 | 81 |

续表

| 业 别 | 厂 数 | 物资吨位 | 工人数 |
|---|---|---|---|
| 其他工业 | 2 | 153.6 | 50 |
| 矿业 | 1 | 837.8 | 15 |
| 共计 | 61 | 6,978.3 | 1,172 |

### 三、迁川工厂复工生产一览表（截至廿七年九月十五日止）

| 厂 名 | 厂址 | 开工日期 | 工作部门 | 开工机器占迁川机器之百分比 | 生产工作 已出货者 | 生产工作 承造中者 | 复工后感觉之困难 | 备注 |
|---|---|---|---|---|---|---|---|---|
| 大鑫炼钢厂 | 重庆城外 | 9月 | 炼钢机器 | 100 | 修理船只制造硬墩 | 一月内可以炼钢出货 | | |
| | 北碚 | 6月 | 火砖 | 100 | 火砖 | 火砖 | | |
| 永利铁工部 | 沙坪坝 | 6月1日 | 翻砂机器电焊锻工冷作 | 80 | 烟幕罐2万只压药机1架 | 烟幕罐、手溜[榴]弹数量不定，机枪零件200套，硫酸桶100个，炸弹盖2万个 | 缺乏技工 | |
| 复兴铁工厂 | 重庆城外及南岸野猫溪 | 7月2日 | 翻砂机器锻工 | 70 | | 迫击炸弹引信正身5万个，保护螺丝10万个，迫击炮弹铜螺丝头15,000只，手板压机6部，涂药机一部 | | 因厂地太小，翻砂部不能开工，现另进行租屋 |
| 顺昌铁工厂 | 猫儿石 | 4月10日 | 机器翻砂 | 50 | | 车床70部，螺栓40项，造纸浆机1部，迫击炮弹10万只 | | |

续表

| 厂名 | 厂址 | 开工日期 | 工作部门 | 开工机器占迁川机器之百分比 | 生产工作 已出货者 | 生产工作 承造中者 | 复工后感觉之困难 | 备注 |
|---|---|---|---|---|---|---|---|---|
| 大公铁工厂 | 重庆城内 | 6月1日 | 机器 | 50 | | 车床11部,铣床30部,迫击炮弹引信5万枚 | | 因厂房限制翻砂部不能开工,现已进行购地建厂 |
| 精一科学器械厂 | 重庆城内 | 7月1日 | 机器电镀 | 70 | | 迫击炮弹引信零件1万只,机枪零件30只,手溜[榴]弹螺丝2万只 | 缺乏原料及流重[动]资金 | |
| 上海机器厂 | 重庆城内 | 4月25日 | 机器 | 100 | 炸弹引信2,000只,迫击炮弹引信正身1,200只 | 迫击炸弹引信3万只,机枪零件16,000只,车床6部,手摇警报器2部 | 缺乏技工及原料 | |
| 震旦机器厂 | 重庆城外 | 4月1日 | 机器 | 100 | | 救火汽车1部,洒水汽车1部,人力揿龙6部 | | |
| 精华机器厂 | 重庆城内 | 4月15日 | 机器 | 50 | 压力雌雄螺丝10付 | 炸弹引信400只 | | 有4部车床租与通惠工厂,其制针部因无工人未开工 |
| 达昌机器厂 | 重庆城内 | 7月2日 | 机器 | 100 | | 修理机器 | 缺乏原料 | |
| 鼎丰制造厂 | 重庆城外 | 8月17日 | 机器 | 100 | 迫击炮弹火药盖3万只 | | | |

续表

| 厂 名 | 厂址 | 开工日期 | 工作部门 | 开工机器占迁川机器之百分比 | 生产工作 | | 复工后感觉之困难 | 备注 |
|---|---|---|---|---|---|---|---|---|
| | | | | | 已出货者 | 承造中者 | | |
| 老振兴机器厂 | 重庆城内 | 9月1日 | 机器 | 100 | 织袜机器50部 | 银箱3只 | 缺乏洋板 | |
| 启新电焊厂 | 重庆城内 | 7月1日 | 电焊 | 100 | 修理汽车及机器另件 | | 缺乏材料 | |
| 华西兴业公司 | 重庆城外 | 3月15日（合并华联） | 机器翻砂 | 100 | | 铣床、枪筒较直机、保护螺丝等 | | 其属厂华兴机厂原设重庆 |
| 大同五金号 | 重庆城内 | | 出售五金材料 | | | | | |
| 中国无线电公司 | 重庆城外 | 5月16日 | 机器木工 | 50 | | 电台15部,收发报机29部 | 缺乏技工,厂址太小 | |
| 资委会电池厂分厂 | 重庆城内 | 8月1日 | 电池 | 80 | 组电池210只 | 电池 | 缺乏材料 | |
| 中奥珠轴公司 | 重庆城内 | 4月 | 门市出售珠轴 | | | | | |
| 益丰搪瓷厂 | 重庆城外 | 7月1日 | 搪瓷 | 100 | 口盅、痰盂等 | | | 与福华厂合组福华益记搪瓷厂 |
| 家庭工业社 | 重庆城外 | 2月10日 | | 100 | 牙粉19万包,蝶霜588打,花露水321打,蓝墨水444打 | | 缺乏原料 | |

续表

| 厂名 | 厂址 | 开工日期 | 工作部门 | 开工机器占迁川机器之百分比 | 生产工作 已出货者 | 生产工作 承造中者 | 复工后感觉之困难 | 备注 |
|---|---|---|---|---|---|---|---|---|
| 中法药房 | 重庆城内 | 5月 | 包装 | | 人丹50万包 | | 缺乏原料 | 因厂地太小，迁渝机器未能装置，现已觅妥新厂房 |
| 时事新报 | 重庆城内 | 4月27日 | 印刷 | 100 | | 报纸 | | |
| 京华印书馆 | 重庆城内 | 5月1日 | 印刷 | 80 | 军事地图5,000张，其他册籍 | 军事书籍1,000本，其他册籍 | 缺乏材料 | |
| 正中书局 | 重庆城内 | 6月1日 | 印刷 | 100 | 书籍零件 | 军事书籍1,000本，其他册籍 | 缺乏纸张 | |
| 美亚织绸厂 | 江北 | 4月29日 | 织绸 | 50 | | 绸每日500匹 | 运输困难 | |
| 永润电机袜厂 | 重庆城内 | 8月18日 | 织袜 | 100 | 各种袜300打 | 继续织袜 | 缺乏细纱 | 为老振兴之分厂，与他人合资开办 |
| 大成纱厂 | 北碚 | | 织布 | | | | | 与民生公司合组大明纺织公司，因电力不足未正式开工 |
| 六合建筑公司 | 重庆城内 | 4月12日 | 建筑 | 100 | | 承建中央银行大厦 | | |
| 中福公司 | 白庙子 | | 煤矿 | | | | | 所有机件迁交天府煤矿使用 |

续表

| 厂名 | 厂址 | 开工日期 | 工作部门 | 开工机器占迁川机器之百分比 | 生产工作 已出货者 | 生产工作 承造中者 | 复工后感觉之困难 | 备注 |
|---|---|---|---|---|---|---|---|---|
| 徐兴昌翻砂厂 | 重庆城外 | 5月25日 | 翻砂 | 100 | 各种零件 | 迫击炮弹引信铜坯 | | |

注：其他到渝工厂尚未复工之原因

（一）复工筹备短期内可竣者——陆大工厂、中国实业机器厂、久大精盐公司、华兴制帽厂、华丰印刷所、中国植物油厂。

（二）待定厂房者——天盛陶器厂、天原电化厂、天利淡气厂、裕华纱厂、合作五金公司、提炼轻油厂、豫丰纱厂。

（三）主要机器尚未到渝者——龙章造纸厂、中华无线电社、华生电器厂、中央玻璃厂、申新纱厂、新亚药厂、隆昌织染厂。

（四）原料尚未运到者——华光电化厂。

（五）无负责人在渝者——张瑞生电焊厂。

（六）物资最近方到者——启文机器厂、科学仪器馆化学药品厂、洽生公司、中国工业炼气公司。

（七）主要工作机已损失者——康元制罐厂。

（八）未迁机器无复工能力者——汇明电池厂、生活书店、开明书店、公信金属品厂。

（九）已将机器出售者——中华铁工厂。

## 四、迁川工厂复工统计

| | 业别 | 机器五金铁工厂 | 电器及无线电业 | 陶瓷玻璃业 | 化学工业 | 文化印刷业 | 纺织染工业 | 其他工业 | 矿业 | 共计 |
|---|---|---|---|---|---|---|---|---|---|---|
| | 共计 | 17 | 2 | 1 | 2 | 3 | 2 | 1 | 1 | 29 |
| 已复工之厂数 | 全部或局部曾造军需品之工厂 | 10 | 1 | | | 1 | | | | 12 |
| | 概未承造军需品之工厂 | 7 | 1 | 1 | 2 | 2 | 2 | 1 | 1 | 17 |

续表

| 业别 | | 机器五金铁工厂 | 电器及无线电业 | 陶瓷玻璃业 | 化学工业 | 文化印刷业 | 纺织染工业 | 其他工业 | 矿业 | 共计 |
|---|---|---|---|---|---|---|---|---|---|---|
| 共计 | | 9 | 3 | 1 | 10 | 4 | 4 | 1 | | 32 |
| 未复工之厂数 | 短期内可复工者 | 2 | | | 2 | 1 | | 1 | | 6 |
| | 物资最近方到者 | 2 | | | 2 | | | | | 4 |
| | 待建厂房者 | 1 | | | 4 | | 2 | | | 7 |
| | 主要机件尚未到渝者 | | 2 | 1 | 1 | 1 | 2 | | | 7 |
| | 因其他原因无法复工者 | 4 | 1 | | 1 | 2 | | | | 8 |

注：永润电机袜厂系老振兴在重庆新创之分厂，亦已复工。惟其迁移时属于老振兴之一部分，为求与到运厂数统计一致起见，在本表中并未作为一单位厂计入。

## 五、重庆各民厂承造军用品一览表（截至本年8月底）

| 厂名 | 承造物 | 承造量 | 单位（元） | 总值（元） | 订购机关 | 备考 |
|---|---|---|---|---|---|---|
| 永利工业公司铁工部 | 烟幕罐 | 10,000个 | | | 第23兵工厂 | 所有价格概未议定 |
| | 压药机 | 1架 | | | 第23兵工厂 | |
| | 手溜[榴]弹 | 尽量承造 | | | 济南大公厂 | |
| | 硫酸桶 | 100个 | | | 兵工署 | |
| | 机枪零件 | 200套 | | | 第21兵工厂 | |
| | 炸弹盖 | 20,000件 | | | 第21兵工厂 | |
| 华西机器厂及华联钢铁厂* | 铸钢零件 | 3吨 | | | 金陵兵工厂 | 该厂另有工具机约100部，现售与兵工署 |
| | 铣床 | 40部 | | | 金陵兵工厂 | |
| | 保护螺丝 | 600只 | | | 金陵兵工厂 | |
| 顺昌铁工厂 | 四尺车床 | 7部 | | 34,090.00 | 炮兵技术研究处 | |
| | 迫击炮弹铸工 | 10,000只 | 0.212 | 21,200.00 | 由重庆炼口厂转包而来 | |
| | 叉车工 | 90,000只 | 0.350 | 22,500.00 | 金陵兵工厂 | |

续表

| 厂名 | 承造物 | 承造量 | 单位(元) | 总值(元) | 订购机关 | 备考 |
|---|---|---|---|---|---|---|
| 复兴铁工厂 | 迫击炮弹引信正身 | 50,000 只 | 0.450 | 22,500.00 | 金陵兵工厂 | |
| | 保护螺丝 | 100,000 只 | 0.080 | 8,000.00 | 金陵兵工厂 | |
| | 迫击炮弹铜螺丝头 | 15,000 只 | 0.430 | 6,450.00 | 金陵兵工厂 | |
| | 手板压机 | 6 部 | 160.000 | 960.00 | 金陵兵工厂 | |
| | 压药机 | 1 部 | 180.000 | 180.00 | 金陵兵工厂 | |
| 通惠机器厂* | 地雷发火机 | 1,650 件 | 2.900 | 4,785.00 | 第一兵工厂 | |
| | 导火剪 | 1,650 件 | 0.900 | 1,485.00 | 第一兵工厂 | |
| | 炸弹引信 | 420 个 | 2.180 | 915.60 | 第一兵工厂 | |
| | 平铁床 | 20 部 | 320.000 | 10,400.00 | 金陵兵工厂 | |
| | 飞机炸药 | 840 只 | 16.000 | 13,440.00 | 金陵兵工厂 | |
| | 四尺车床 | 12 部 | 620.000 | 7,440.00 | 军政部南岸修理厂 | |
| | 铁坯 | 400 只 | 0.19 | 78.00 | 军政部南岸修理厂 | |
| | 铁尖 | 2,200 只 | 0.050 | | 军政部南岸修理厂 | |
| 上海机器厂 | 炸弹弹头引信 | 2,000 只 | 1.350 | 2,700.00 | 兵工署第22厂 | |
| | 迫击炮弹正身引信 | 1,200 只 | 0.450 | 540.00 | 兵工署第23厂 | |
| | 迫击炮弹引信 | 50,000 只 | 0.450 | 22,500.00 | 兵工署第23厂 | |
| | 机枪零件16种 | 各1,000 只 | 每套19.20 | 32,000.00 | 兵工署第23厂 | |
| | 七尺车床 | 6 部 | 800.000 | 4,800.00 | 兵工署第23厂 | |
| | 警报器 | 3 部 | 250.000 | 750.00 | 应用化学研究所 | |
| 精一科学器械制造厂 | 迫击炮弹引信零件 | 10,000 只 | | | 兵工署第23厂 | 价未讲定 |
| | 94机枪零件 | 1,000 只 | | | 由上海机器厂转包而来 | |
| | 755 机枪零件 | 1,000 只 | | | 由上海机器厂转包而来 | |

续表

| 厂名 | 承造物 | 承造量 | 单位(元) | 总值(元) | 订购机关 | 备考 |
|---|---|---|---|---|---|---|
| | 751机枪零件 | 1,000只 | | | 由上海机器厂转包而来 | |
| | 手溜[榴]弹铜螺丝 | 20,000只 | 0.100 | 2,000.00 | 由上海机器厂转包而来 | |
| 大公铁工厂 | 直铣床 | 30部 | | | 金陵兵工厂 | 价未讲定 |
| | 迫击炮引信 | 50,000只 | 0.450 | | 金陵兵工厂 | |
| 天成机器厂* | 机枪零件 | 2,000套 | | | 武器修理所 | 该厂全部机器租与川康绥署武器修理所 |
| 鼎丰制造厂 | 迫击炮火药盖 | 30,000□ | 0.070 | 2,100.00 | 第21兵工厂 | |
| 茂昌机器厂* | 军器零件 | | | 约2,500.00 | 兵工署 | |
| 精华机器厂 | 飞机炸弹引信 | 400付 | 0.400 | 160.00 | 由通惠工厂转包而来 | |
| 生泰翻砂厂* | 军器铜制零件 | 约1,000只 | 0.350 | 350.00 | 金陵兵工厂 | |
| | 钢条翻砂 | 1吨 | 1,000.000 | 2,000.00 | 第一兵工厂 | |
| 徐兴昌翻砂厂 | 迫击炮引信钢板 | 10,000只 | | | 由上海机器厂转包而来 | 价未讲定 |
| 中国无线电业公司 | 500瓦特发报电台 | 15部 | | 150,000.00 | 上海海关 | |
| | 15瓦特发电机 | 8部 | | 20,000.00 | 第七战区 | |
| | 75瓦特又 | 1部 | | 20,000.00 | 第七战区 | |
| | 150瓦特又 | 1部 | | 20,000.00 | 第七战区 | |
| | 50瓦特发电机 | 4部 | | 40,000.00 | 第卅集团军 | |
| | 15瓦特又 | 14部 | | 40,000.00 | 第卅集团军 | |
| 京华印书馆 | 石印军事图 | | | | 中央军校 | |
| | 军事书籍 | | | | 中央军校军需学校 | |

*原设重庆之工厂,无此*者系迁川复【工工】厂。

## 六、迁川复工工厂工人情形一览表

| 厂名 | 现有工人数 | 其中由汉口迁来工人数 | 拟增雇之技工人数 | | | | | | | | | | 备注 |
|---|---|---|---|---|---|---|---|---|---|---|---|---|---|
| | | | 车工 | 冲床工 | 钳工 | 铣床工 | 翻砂工 | 铁工 | 电焊工 | 无线电工 | 制时工 | 织工 | |
| 大鑫炼钢厂 | 250 | 230 | | | | 23 | | | | | | | |
| 顺昌铁工厂 | 75 | 41 | 5 | | | | | | | | | | |
| 复兴铁工厂 | 55 | 55 | 30 | | | | | | | | | | 此30名增雇之车工,7月底在宜候轮 |
| 永利公司铁工部 | 161 | 29 | | | | | 10 | 20 | 5 | | | | |
| 上海机器厂 | 86 | 70 | 80 | | 50 | | | | | | | | |
| 大公铁公[工]厂 | 17 | 6 | 25 | | | | | | | | | | 增雇工人20名已在汉决定,7月底在汉候轮 |
| 精一科学器械厂 | 18 | 18 | 10 | 4 | 6 | | | | | | | | |
| 精华机器厂 | 10 | 4 | 4 | | 4 | | | | | 20 | | | |
| 震旦机器厂 | 13 | 13 | | | | | | | | | | | |
| 达昌机器厂 | 4 | 4 | | | | | | | | | | | |
| 鼎丰制造厂 | 14 | 12 | | | | | | | | | | | |
| 老振兴机器厂 | 5 | 1 | | | | | | | | | | | |
| 华兴机厂 | 190 | 0 | | | | | | | | | | | |
| 徐兴昌 | 7 | 4 | | | | | | | | | | | |
| 启新电焊厂 | 3 | 3 | | | | | | 6 | | | | | |

续表

| 厂名 | 现有工人数 | 其中由汉口迁来工人数 | 拟增雇之技工人数 ||||||||| 备注 |
| --- | --- | --- | --- | --- | --- | --- | --- | --- | --- | --- | --- | --- |
| | | | 车工 | 冲床工 | 钳工 | 铣床工 | 翻砂工 | 铁工 | 电焊工 | 无线电工 | 制时工 | 织工 | |
| 中国无线电公司 | 52 | 41 | 6 | 20 | | | | | | 13 | | | |
| 资委会电池厂 | 15 | 3 | | | | | | | | | 15 | | |
| 福华益记搪瓷厂 | 14 | 0 | | | | | | | | | | | |
| 大鑫火砖厂 | 50 | 4 | | | | | | | | | | | |
| 中法药房 | 50 | 4 | | | | | | | | | | | |
| 家庭工业社 | 10 | 2 | | | | | | | | | | | |
| 京华印书馆 | 90 | 62 | | | | | | | | | | | |
| 时事新报馆 | 30 | 22 | | | | | | | | | | | |
| 正中书局 | 82 | 40 | | | | | | | | | | | |
| 美亚织绸厂 | 84 | 68 | | | | | | | | | | 160 | |
| 永润电机袜厂 | 15 | 0 | | | | | | | | | | | |
| 六合建筑公司 | 50 | 50 | | | | | | | | | | | |

注：本表"汉口迁来工人数"与按登记表统计之"到渝工人数"未尽符合之原因：（一）到渝各厂工人常有解雇情事，（二）各厂工人未必随各该厂物资同来，登记常不安全。

## 七、迁川工厂厂屋情形一览表

| 厂名 | 临时厂屋 ||||| 永久厂屋 |||| 备注 |
| --- | --- | --- | --- | --- | --- | --- | --- | --- | --- | --- |
| | 地名 | 建筑种类 | 间数 | 面积 | 适用程度 | 地名 | 面积 | 平均每亩地价 | 进行经过 | |
| 大鑫炼钢厂 | 江北青草坝 | 民生公司机器厂房之一部 | 43 | 9亩 | 合用 | 龙隐镇土湾 | 100 | | 现已建筑竣工 | |

续表

| 厂名 | 临时厂屋 | | | | | 永久厂屋 | | | | 备注 |
|---|---|---|---|---|---|---|---|---|---|---|
| | 地名 | 建筑种类 | 间数 | 面积 | 适用程度 | 地名 | 面积 | 平均每亩地价 | 进行经过 | |
| 顺昌铁工厂 | 猫儿石 | 民房 | 17 | 200方 | 狭小 | 猫儿石 | | | 由震寰转让一部分 | |
| 陆大铁工厂 | 菜园坝 | 原系傅家花园 | 2 | 30方 | 另有空地100方搭棚使用仍嫌狭小 | 龙门浩 | | | 正洽商中 | |
| 中国实业机器厂 | 书院街 | 民房 | 3 | 1亩 | 略嫌狭小 | 两路口 | 10亩 | | 现正进行说价 | |
| 复兴铁工厂 | 菜园坝 | 原系某油漆厂房 | 10 | 25方 | 狭小 | 窍角沱 | 100亩 | 120元 | 由申新代购 | |
| 上海机器厂 | 禹王庙 | 唐宇 | 15 | 2亩 | 勉强合用 | 北碚 | | | | |
| 大公铁工厂 | 绣壁街 | 民房 | 5 | 30方 | 狭小 | 小龙坎 | 300亩 | 161元 | 已购妥一部分正在建筑 | |
| 合作五金公司 | | | | | | 小龙坎 | 3.5亩 | | 现已进行建筑，月中可以竣工 | |
| 康元制罐厂 | 白象街 | 民房 | 2 | 40方 | 狭小 | | | | | 现尚无建厂意 |
| 精一科学器械厂 | 蔡家湾 | 楼房 | 2 | 1亩 | 勉够使用 | | | | | 现尚无建厂意 |
| 震旦机器厂 | 上清寺 | 民房 | 7 | 20方 | 合用 | 上清寺 | 150方 | | 租用六年，业已租定，即得建筑 | |
| 精华机器厂 | 中大梁子 | 民房 | 5 | 20方 | 狭小 | | | | | 不须建厂 |

续表

| 厂名 | 临时厂屋 | | | | | 永久厂屋 | | | | 备注 |
|---|---|---|---|---|---|---|---|---|---|---|
| | 地名 | 建筑种类 | 间数 | 面积 | 适用程度 | 地名 | 面积 | 平均每亩地价 | 进行经过 | |
| 达昌机器厂 | 文华街 | 民房 | 2 | 30方 | 狭小 | | | | | 不须建厂 |
| 永利铁工部 | 沙坪坝 | 自盖房屋 | 5 | 15亩 | 狭小 | 自流井 | | | | 原为永利铔厂之一部 |
| 鼎丰制造厂 | 中二路 | 民房 | 2 | | 狭小 | | | | | 不须建厂 |
| 老振兴机器厂 | 二牌坊 | 楼房 | 6 | 80方 | 合用 | | | | | 不须建厂 |
| 华西兴业公司 | | | | | | 大溪沟 | | | 已开工 | 即华兴机厂，原设重庆 |
| 美艺钢器公司 | 菜园坝野猫溪 | 民房 | 20 | 160方 | 狭小 | | | | | 建房地基在寻觅中 |
| 徐兴昌翻铜厂 | 禹王庙 | 庙宇 | 2 | 3方 | 狭小 | | | | | 附属上海铁工厂 |
| 启新电焊厂 | 下中二路 | 民房 | 1 | 8方 | 略嫌狭小 | | | | | 不须建厂 |
| 张瑞生电焊厂 | 禹王庙 | 庙宇 | | | | | | | | 附属上海铁工厂 |
| 中华职业学校实习工厂 | 上清寺 | 原系一汽车间 | 1 | 50方 | 合用 | | | | | 不须建厂 |
| 中奥珠轴公司 | 下陕西街 | 民房 | | | 合用 | | | | | 不须建厂 |
| 大同五金号 | 中陕西街 | 民房 | 10 | 20方 | 够用 | | | | | 不须建厂 |
| 华生电器厂 | 镇江寺街 | 栈房 | 30 | 150方 | 合用 | | | | | 现尚无建厂意 |

续表

| 厂　名 | 临时厂屋 | | | | | 永久厂屋 | | | 备注 |
|---|---|---|---|---|---|---|---|---|---|
| | 地名 | 建筑种类 | 间数 | 面积 | 适用程度 | 地名 | 面积 | 平均每亩地价 | 进行经过 | |
| 中国无线电公司 | 黄家垭口 | 原系汽车修理厂房 | 1 | 6方 | 狭小 | | | | 拟于华西公司圈购各地中择用 |
| 中华无线电社 | | | | | | 上清寺 | 2亩 | | 已租妥自建厂房 | |
| 资委会电池部 | 谦益巷 | 民房 | | | 合用 | | | | | 不须建厂 |
| 益丰搪瓷厂 | | | | | | | | | | 该厂物资经售与张德闳，联合福华改组福华益记搪瓷厂 |
| 天盛陶器厂 | | | | | | 猫儿石 | 约200亩 | | 已购妥 | |
| 天原电化厂 | | | | | | 猫儿石 | 约200亩 | | 已购妥 | |
| 天利淡气厂 | | | | | | 猫儿石 | 约200亩 | | 已购妥 | |
| 中法药房 | 小梁子 | 楼房 | 1 | 50方 | 不能装置机器 | 南岸龙门浩 | 约3亩30余间 | | 七月初正议妥租金，须待一个月后始能装修使用 | |
| 新亚药厂 | 海关 | 民房 | 6 | | 先成立化验室尚合用 | | | | | |
| 植物油提炼轻油厂 | | | | | | 沙坪坝 | | | 正建筑厂房 | |

续表

| 厂 名 | 临时厂屋 | | | | | 永久厂屋 | | | | 备注 |
|---|---|---|---|---|---|---|---|---|---|---|
| | 地名 | 建筑种类 | 间数 | 面积 | 适用程度 | 地名 | 面积 | 平均每亩地价 | 进行经过 | |
| 中国植物油厂 | | | | | | 江北紫云宫 | | | 原有房屋现在装置机器 | |
| 家庭工业社 | 中一路 | 民房 | 32 | 80方 | 合用 | | | | | 拟设在昆明 |
| 久大精盐公司 | | | | | | 自流井 | | | 已购妥进行建筑 | |
| 华光电化厂 | 罗家湾 | 某汽车修理厂之一部 | 1 | 6方 | 狭小 | | | | | 不须建厂 |
| 龙章造纸厂 | | | | | | 猫儿石 | 80亩 | | 已经购妥 | |
| 京华印书馆 | 中陕西街 | 楼房 | 28 | 80方 | 合用 | | | | | 现尚无建厂意 |
| 华丰印刷所 | 太平巷 | 民房 | 8 | 1.5亩 | 勉强合用 | | | | | 现尚无建厂意 |
| 正中书局 | 石门坎 | 民房 | 2栋 | 2亩 | 够用 | | | | | 现尚无建厂意 |
| 时事新报馆 | 新街口 | 楼房 | 15 | | 合用 | | | | | 不须建厂 |
| 豫丰纱厂 | | | | | | 土湾 | 300亩 | 160元 | 最近已签约购妥，进行平土工程 | |
| 申新纱厂 | | | | | | 窍角沱 | 约80亩 | | 已经购妥 | |
| 裕华纱厂 | | | | | | 窍角沱 | 250亩 | | 现已进行平土工程 | |
| 震寰纱厂 | | | | | | 猫儿石 | 百余亩 | | 已经购妥 | |
| 大成纱厂 | | | | | | 北碚 | | | 已与三峡布厂合作 | |

续表

| 厂名 | 临时厂屋 | | | | | 永久厂屋 | | | | 备注 |
|---|---|---|---|---|---|---|---|---|---|---|
| | 地名 | 建筑种类 | 间数 | 面积 | 适用程度 | 地名 | 面积 | 平均每亩地价 | 进行经过 | |
| 美亚织绸厂 | 江北香国寺 | 原系某面粉厂屋 | 5 | 31亩 | 勉强合用 | 北碚 | | | | |
| 永润袜厂 | 二牌坊 | 民房 | 6 | | 合用 | | | | | 不须建厂 |
| 隆昌织染厂 | | | | | | 北碚 | | | | 已与三峡布厂合作 |
| 华兴制帽厂 | 苍坝子 | 民房 | 2 | 20方 | 狭小 | | | | | 不须建厂 |
| 六合建筑公司 | 道门口 | 楼房 | | | 合用 | | | | | 不须建厂 |
| 中福公司 | | | | | | 日庙子 | | | | 与天府煤矿合作 |

注：现无厂房之工厂，计：

（一）因最近始到一部分机器在寻觅厂房者——中华无线电社、公信金属品厂、启文机器厂、科学仪器馆化学药品厂、洽生工业公司、中国工业炼气公司。

（二）不需要厂房者——开明书店、生活书店、汇明电池厂、中央化学玻璃厂，以上因无机器；中华铁工厂，因迁渝机器业已出售。

八、重庆办事处历次工作报告内容索引［略］

## 17. 颜耀秋等陈述迁川工厂联合会第二届会员大会情形检送修订章程等件呈（1939年4月28日）

窃属会于本年四月十八日召开第二届全体会员大会，业经分呈各主管机关派员指导监选，荷蒙钧处派组长林继庸莅会指导，并蒙各主管机关派员莅会指导监选在卷。复查属会会员工厂，截至开会日止计共123家，是日签到出席者计80家，即经开会如仪。报告工作暨财务状况，经荷各长官致训后，修改章程，逐条通过。决定改选执行委员十一人，候补五人，监察委员五人，候补三人，业经投票选定。复于本月二十一日召开第一次执监委员联席会议席次,会选耀秋为主席委员,赞臣为副,并推执行委员崔唯吾兼财务委员,执行委员胡厥文兼文书委员,记录在卷。耀秋等自当在政府提挈迁厂之苦,协力发展,即副国家生产建国之大计。再查属会于本年一月间呈准重庆市市党部给证许可,所有大会经过情形,除检同许可证左联暨应送附件呈请重庆市政府备案,并分呈外,理合检同章程暨委员名册、会员名单各一份,备文呈请鉴核,仰祈准予备案,指令祇遵。谨呈

经济部工矿调整处

计呈送章程一份、委员名册一份、会员名单一份[略]

主席委员颜耀秋<br>副主席委员庞赞臣

## 迁川工厂联合会章程

(二十八年四月十八日第二届会员大会修订)

第一章　总则

第一条　本会定名为迁川工厂联合会。

第二条　本会以适应抗战建国之需要,协助各厂迁川恢复生产,增强国力为宗旨。

第三条　本会会址设于重庆市。

第二章　任务

第四条　本会之任务规定如下:

一、关于会员工厂迁运入川之协助事宜。

二、关于会员建厂之征地及设计事宜。

三、关于会员工厂业务之调整及指导事宜。

四、关于会员工厂状况之调整及统计事宜。

五、关于会员工厂技术之研究事宜。

六、关于会员工厂物品之审定事宜。

七、关于会员工厂纠纷之公断事宜。

八、关于协助会员工厂请求借款及津贴事宜。

九、关于政府委制各项物品及令办事宜。

十、关于购办及检验工业原料之供应事宜。

十一、关于其他一切有关第二条宗旨之事宜。

第三章  会员及会员代表

第五条  凡在各省之工厂迁移入川者,由本会会员工厂两家以上之介绍,经执行委员会审查合格后,均得加入本会为会员。

工厂加入本会为会员时,应填选会员工厂详细状况表,以备查考。

第六条  本会会员出席代表,以工厂之经理人、主体人或职员充任之。前项出席代表以每工厂推派一人为限。

第七条  本会会员代表以有中华民国国籍,年在二十岁以上者为限。

第八条  有下列情事之一者不得为会员代表。

一、背叛国民政府经判决确定或在通缉中者。

二、曾服公务而有贪污行为经判决确定或在通缉中者。

三、褫夺公权者。

四、受破产之宣告尚未复权者。

五、无行为能力者。

六、吸食鸦片或其他代用品者。

第九条  会员代表丧失国籍或发现前条各项情事之一时原派之会员工厂应撤换之。

第十条  会员代表有不正当行为致妨碍本会名誉信用者,得以会员大会之议决通知原推派之会员工厂撤换之。

第十一条  会员推派代表时,应给以委托书,并填具履历,以书面通知本会,经审查合格后方得出席会议,改派时亦同。

第十二条  会员应交会费,如逾三月经两次书面催缴而不缴者,即作退会论。

第四章  组织及职权

第十三条  本会设执行委员十一人组织执行委员会,监察委员五人组织监察委员会,均由会员大会就代表中选任之。

选举前项执行委员监察委员时,应另选候补执行委员五人候补监察委员三人,遇有缺额时依次递补。

第十四条　当选委员及候补委员之名次,依得票多寡为序,票数相同时,以抽签法定之。

第十五条　执行委员会设主席委员副主席委员各一人,由执行委员中互选之,以得票最多数者为当选。

主席委员、副主席委员有缺额时,由执行委员会补选之。

第十六条　执行委员会之职权如下：

一、执行会员大会议决案。

二、召集会员大会。

三、执行本章程所规定之任务。

第十七条　主席委员之职权如下：

一、对外代表本会。

二、执行执行委员会议决案。

三、处理日常事务。

四、召集执行委员会议。

五、担任执行委员会议及会员大会主席委员有故缺席时,由副主席委员代理之。

第十八条　监察委员会之职权如下：

一、监察执行委员会执行会员大会之决议。

二、审查执行委员会处理之会务。

三、稽核执行委员会之财政出入。

第十九条　执行委员及监察委员之任期均为一年,连选得连任之。

第二十条　委员有下列情事之一者应即解任。

一、会员代表资格丧失者。

二、因不得已事故经会员大会议决准其离职者。

三、发生第十二条之情事者。

第二十一条　本会委员均为名誉职。

第二十二条　本会设总干事一人,干事若干人,办理会务,其任免及薪金由执行委员会决定之。

第二十三条　本会于必要时得由执行委员会之议决,组织特种委员会。

第五章　会议

第二十四条　本会会员大会分定期会议及临时会议两种,均由执行委员会召集之。定期会议每年开会一次,临时会议于执行委员会认为必要,或经会员代表十分之一之请求,或监察委员会函请召集时,召集之。

第二十五条　本会执行委员会每月开会二次,监察委员会每月开会一次,遇有重要事件得临时召集之。

第二十六条　执行委员会开会时须有委员过半数之出席,出席委员过半数之同意,方能决议可否,同数取决于主席。

第二十七条　监察委员会开会时,须有监察委员过半数之出席,临时互推一人为主席,以出席过半数之同意决议一切事项。

第二十八条　执行委员会举行会议时通知监察委员列席。

第六章　经费及会计

第二十九条　本会会费分甲乙两种,甲种每月10元,乙种每月5元,由执行委员会审定之。

第三十条　本会如需举办事业时,其事业费得由会员自由认股,或由会员中募集,所有认股及募集办法由执行委员会决议之。

第三十一条　本会之预算于每年年度终了一个月以内编制报告书,提出会员大会通过,刊布并呈报市政府备案。

第三十二条　本会会计年度以每年一月一日始至同年十二月三十一日止。

第七章　附则

第三十三条　本章程经会员大会议决,呈请经济部重庆市党部及市政府备案,施行修改时亦同。

### 迁川工厂联合会第二届执行、监察委员名册

计开执行委员十一名

| 厂　　名 | 代表姓名 | 年龄 | 籍贯 | 住址 | 补注 |
|---|---|---|---|---|---|
| 上海机器厂 | 颜耀秋 | 43 | 浙江桐乡 | 县庙街新药公会 | 得票73票 主席委员 |
| 上海龙章造纸厂 | 庞赞臣 | 54 | 浙江吴兴 | 五福街华盐商巷6号 | 得票69票 副主席委员 |
| 大鑫钢铁厂 | 余名钰 | 43 | 浙江镇海 | 小梁子37号 | 得票48票 |
| 天原电化厂 | 吴蕴初 | 48 | 江苏嘉定 | 状元桥1号 | 得票47票 |
| 豫丰和记纱厂 | 潘仰山 | 44 | 浙江杭县 | 新丰街厘金胡同1号 | 得票40票 |
| 裕丰纱厂 | 苏太余 | 54 | 四川巴县 | 棉花街89号 | 得票39票 |
| 亚浦耳电器厂 | 胡西园 | 40 | 浙江镇海 | 白象街60号 | 得票39票 |
| 大公铁工厂 | 许恒 | 33 | 浙江天台 | 绣壁街7号 | 得票36票 |
| 新民机器厂 | 胡厥文 | 44 | 江苏嘉定 | 难街43号 | 得票36票 文书委员 |
| 时事新报馆 | 崔唯吾 | 42 | 山东文登 | 新街口39号 | 得票28票 财务委员 |
| 顺昌公司 | 高功懋 | 35 | 浙江新昌 | 中营街69号 | 得票25票 |

### 计开候补执行委员　5名

| 厂　　名 | 代表姓名 | 年龄 | 籍贯 | 住址 | 补注 |
|---|---|---|---|---|---|
| 中国工业炼气公司 | 李允成 | 39 | 浙江奉化 | 打铁街73号 | 得票22票 |
| 陆大铁工厂 | 陆之顺 | 46 | 山东安邱 | 菜园坝正街106号 | 得票18票 |
| 恒顺机器厂 | 周仲宣 | 59 | 湖北武昌 | 二府衙五金公司楼上 | 得票14票 |
| 永利化学工业公司 | 范旭东 | 54 | 湖南湘阴 | 武库街12号 | 得票13票 |

### 计开监察委员会

| 厂　　名 | 代表姓名 | 年龄 | 籍贯 | 住址 | 补注 |
|---|---|---|---|---|---|
| 家庭工业社 | 庄茂如 | 35 | 南京 | 通远门外中一路26号 | 得票25票 |
| 南洋烟草公司 | 陈容贵 | 64 | 广东番禺 | 状元桥8号 | 得票17票 |
| 冠生园食品公司 | 徐佩镕 | 46 | 江苏 | 都邮街25号 | 得票14票 |
| 中国无电业公司 | 周诵先 | 41 | 浙江 | 黄家垭口华西兴业公司汽车部 | 得票13票 |
| 大成沙厂 | 朱希武 | 47 | 江苏 | 下陕西街登龙巷82号 | 得票13票 |

### 计开候补监察委员三名

| 厂　　名 | 代表姓名 | 年龄 | 籍贯 | 住址 | 补注 |
|---|---|---|---|---|---|
| 复兴铁工厂 | 施之铨 | 35 | 江苏无锡 | 苍坪街63号 | 得票11票 |
| 庆新纱厂 | 章剑慧 | 34 | 江苏无锡 | 小梁子蓝家巷9号 | 得票10票 |
| 天府矿业公司 | 孙越崎 | 44 | 绍兴 | 上陕西街23号国货银行楼上 | 得票7票 |

迁川工厂联合会第二届全体会员名单[略]

[经济部工矿调整处档案]

## 18. 工矿调整处为工厂迁渝疏散用地统筹圈购李家沱土地有关文件(1939年8—9月)

(1)工矿处代电稿(8月24日)

代电

重庆疏建委员会

重庆卫戍总司令部

巴县县政府　公鉴：查市内工厂自奉令疏散以来，每因厂地问题多所延宕，如陆大铁工厂等迄今尚无相当厂基，复查湘西方面最近迁渝有小机器厂廿余家，亦待觅地建厂。本处职司工矿调整，为谋统筹办理，俾各工厂得以迅速复工，以增后方生产起见，爰觅定南岸李家沱土桥附近临江基地一幅，约计300市亩，决由本处备价购进，再行分配各厂使用。除已派员分向有关各业主公平议价外，应请贵会部府援照新民机器厂圈购小龙坎基地前例，颁发布告一张，晓谕各业主特许各厂先行动工使用土地，公平报价，以凭核办，不得居奇或聚众阻挠，所有军民人等不得阻挠工程进行，并饬当地联保主任负责协助，公平议价，以凭发给，各业主不得故意居奇或聚众阻挠，以重生产，实纫公谊。兹检附李家沱本处圈购地图一幅，及业主姓名住址表一张，请粘贴布告上，俾众周知为荷。经济部工矿调整处。敬。印。

附李家沱地图及业主姓名住址表各1份[均略]

(2)工矿处代电稿(9月13日)

代电

重庆疏建委员会公鉴：案准贵会经字第202号代电，嘱派员前往贵会经济组查对李家沱本处所圈地基，与营建委员会所圈者有无重复情事，并嘱将所有工厂名称用地多寡列表见送等由。准此。经派员于十三日晨前往贵会经济组按图核对，本处用地与营委会用地并不重复。查本处此次圈购是项地基，专备奉令疏散之20余家工厂使用，此等工厂均是承造兵工署及海军部之兵工器物，以及各种军用通讯器材，关系国防，殊非浅鲜，目前不能在市内开工，而所接各方订货需用急迫，势不能再候时日。本处以李家沱地临长江，交通方便，而地点复远离市区，建厂最宜，故早经派员测量，拟具计划，于各厂建筑多留空地，以防空袭危险，又设计自行发电，俾能形成一新式工业区。当此紧急疏散时期，而复工又不容缓之际，故除由本处已派员径与业主议价外，曾以矿整字第5223号代电请贵会颁发布告，准予各厂先行动工用地，以期迅赴事功而重国防生产。兹准前由，相应检送本处直辖迁往李家沱工厂名称用地表，尚希查照前电，迅将布告颁发，实为公便。经济部工矿调整处。○印。

密 经济部工矿调整处直辖迁往李家沱

**工厂名称用地表**

| 厂　名 | 制造品种类 | 用地面积（包括厂房办公房及工人宿舍） |
|---|---|---|
| 陆大铁工厂 | 地雷、手溜[榴]弹、工作机等 | 50亩 |
| 中国无线电公司 | 军用收发报机、无线电机、动力机等 | 30亩 |
| 湘西联合工厂计19家 | | |
| 方兴发机器厂 | 海军部水雷及兵工零件 | 30亩 |
| 姚顺兴机器厂 | 海军部水雷及兵工零件 | 20亩 |
| 周义兴机器厂 | 海军部水雷及兵工零件 | 15亩 |
| 秦鸿记机器厂 | 海军部水雷及兵工零件 | 15亩 |
| 上海振华机器厂 | 海军部水雷及兵工零件 | 15亩 |
| 汉口振华电器厂 | 各种电器 | 15亩 |
| 田顺兴铁工厂 | 海军部及兵工零件 | 10亩 |
| 洪昌机器厂 | 海军部及兵工零件 | 5亩 |
| 新华机器厂 | 海军部及兵工零件 | 5亩 |
| 顺昌铁工厂 | 海军部及兵工零件 | 5亩 |
| 周复泰机器厂 | 海军部及兵工零件 | 5亩 |
| 徐顺兴机器厂 | 海军部及兵工零件 | 5亩 |
| 杨正泰铁工厂 | 海军部及兵工零件 | 5亩 |
| 联益机器厂 | 海军部及兵工零件 | 5亩 |
| 杜顺兴翻砂厂 | 海军部及兵工零件 | 5亩 |

续表

| 厂　　名 | 制造品种类 | 用地面积（包括厂房办公房及工人宿舍） |
|---|---|---|
| 邓兴发翻砂厂 | 海军部及兵工零件 | 5亩 |
| 顺丰翻砂厂 | 海军部及兵工零件 | 5亩 |
| 周锦昌翻砂厂 | 海军部及兵工零件 | 5亩 |
| 王鸿昌翻砂厂 | 海军部及兵工零件 | 5亩 |
| 周恒顺机器厂 | 煤气机、修造轮船 | 20亩 该厂请求购备扩建工人宿舍之用 |
| 发电厂（本处自办） | | 20亩 |

以上共计300亩。

**(3)工矿处巴县政府用地协订方案(9月29日)**

经济部工矿调整处<br>巴县县政府　　李家沱用地协订方案

(一)经济部工矿调整处自蓝图中长石门房屋西端向东北伸至江边,向西南通过石路,以有天然地形者为界,成一直线,循此直线沿江向西推展,用地面积至多以300市亩为限,划为巴县工业区之一。

(二)自恒顺机器厂现在码头起,应沿最高江岸等高线留出公路线一条,直达工业区所在地,该地宽度最多以20公尺为限。工整处得先行使用,以为运输交通及电力方便,如工整处认为有从速建筑之必要时,得自备费用,商同巴县迁治委员会先行购地建筑,但建成后仍为巴县所有。

(三)上项地亩概系购充发展工业区之用,若工厂方面有非工业区所需要而建房转租或分段转让,以营利为目的情事,得由当地人民检举,经主管机关饬准原地主照原价购回。

(四)此次工矿调整处将已圈用范围交易,应由巴县县政府负责向业主解释,以免误会而利推行购地手续。

当事方　经济部工矿调整处代表　林继庸
　　　　巴县县政府代表　　　　刘公竺
调解证人　疏建委员会经济组组长　刁培然

中华民国二十八年九月二十九日
[经济部工矿调整处档案]

### 19. 美亚织绸厂华西管理处陈报迁川后设备及产量函(1939年10月27日)

径复者：顷奉台函，以敝厂迁川后之设备情况及其生产能力等嘱为补报等由，祗悉。兹奉答如左：

一、织机共60台，其他辅助机计拈丝车10台，络丝车6台，摇纡车4台，上浆车、翻丝车、牵经车、并丝车、踏花机各3台，烘丝车、花线车、轧光机、脱水机各1台。二、现时开织绸机40余台，每月产绸800匹，全部开齐后月产约1,500匹。

相应函复，即请查照为荷。此致

经济部工矿调整处

        美亚织绸厂华西管理处主任
          赵秉仁启
          廿八年十月廿七日
         [工矿调整处档案]

### 20. 经济部工矿调整处关于李家沱工业区建设的有关文件(1940年1月23日—2月23日)

#### (1)林继庸致翁文灏等签呈(1月23日)

谨查本处前为谋内迁及新创工厂厂基问题得以统筹解决起见，曾经呈准圈购南岸李家沱田地建一新工业区在案。兹以此项地基决定以大部分分配(1)沙市纱厂、(2)中国毛织厂、(3)庆华颜料厂、(4)上川实业公司等使用，所有公共建设及公共需要为谋共同解决起见，复由职定一月廿二日上午十时召集有关厂家代表来处，计到沙市纱厂经理萧伦豫、中国毛织厂代表徐谟君、翁仲枚、庆华颜料厂经理乐作霖、蒯毅伯及上川实业公司代表章乃器、恒顺机器厂经理周茂柏、本处工业由高专员泽厚、吴组员至信、詹助理员仰曾列席，复

请本部工业司张科长觉人参加讨论电力问题,共作如下之决议:

(一)电力及电灯问题。前经高专员及张科长与重庆电力公司接洽,所有李家沱用电,由该公司供给,并盼在本年四月底以前接电工程能得完竣。电力公司要求①设法供给铜线,②厂方负担一部分杆头费用。关于前者张科长业允有办法帮忙,即利用华西公司在港所存之铜线,至于后者,拟俟电力公司详细估定后,再开会讨论。是以李家沱电力问题决议:

(1)请张科长觉人、高专员泽厚继续与电力公司交涉。

(2)各厂所需电力及电灯用电量分为三期估定,以本年五月为第一期,本年底为第二期,明年六月底为第三期。各期需用电量限下周开会前提交本处。

(3)各厂应设法自备发电机,除请恒顺机器厂尽量增制煤气机,以应各厂需要外,亦可尽量利用火车引擎或汽车引擎。

(二)公共码头。本问题须先实际视察后再论,是以决议:

由沙市纱厂、恒顺机器厂及中国毛织厂三厂负责就地择定地点建筑码头一个或二个,费用由公共负担,若有争执,由本处仲裁解决之。

(三)起重设备。恒顺现拟即在其原有码头装一五吨起重杆,是以决议:

由沙市纱厂及中国毛织厂前往视察,恒顺拟装之起重杆,可否暂先借用,否则即请恒顺机器厂赶制另一吊杆,装置问题连同码头问题一并解决。

(四)用水问题。就李家沱情形言,各厂用水可先以铁管伸入江中抽水至一高处,再用竹管分配与各厂使用,决议:

(1)请庆华、纱市、中国三厂决定装置汲水设备、装置地点。

(2)各厂所需水量亦分为三期,估报限下周会议以前交处。

(3)各厂应自探究可否在厂地内进行掘井。

(五)马路。决议:

(1)临江不许建筑房屋,应建马路,应可维持风景与卫生,其余马路修在各厂交界处,另有一路应通过中国毛织厂厂内横截,以便联络。

(2)马路工程及费用问题,交由詹仰曾、翁仲枚、萧伦豫三君设计估定,分别先后建筑,拟定计划,限下次会议提请公决。

(六)防空洞。各厂自择地掘建,不予讨论。

(七)与重庆联络交通问题。决议:

由各厂投资合组一公司,分人的交通与货的运输两者,由萧伦豫、章乃器、周茂柏、翁仲枚四君负责计划筹备。

(八)下次开会地点与时间。决议仍在本处,订下星期二上午十时,不另通知。

此外并约定在本星期五各负责人应于上午十时三十分齐集李家沱共同察勘,至于动力用地问题,交由本处派员向巴县政府交涉。

以上会议情形,是否有当,理合签请鉴核示遵。谨呈

处长、副处长

职林继庸谨签

一月二十三日

### (2)李家沱建厂会议第二次纪录(1月30日)

日期:一月三十日上午十时

地点:经济部会议室

出席人:恒顺机器厂周茂柏、高功懋　庆华颜料厂乐作霖、蒯毅伯　沙市纱厂萧伦豫　中国毛纺织厂徐谟君、翁仲枚　上川实业公司章乃器　重庆染整厂傅铭九　工矿调整处林继庸、吴至信、詹仰曾

主席:林继庸

纪录:吴至信

主席宣布开会,提请将上次会议限期进行事项请各负责人提出报告,以便分项进行讨论。

(一)用水问题

主席林继庸报告:李家沱各厂每月需水总量除恒顺系自备外,中国为20万加仑、庆华14万加仑、沙市1.5万加仑、重染4万加仑、上川2.6万加仑,故须准备45万加仑,方足使用。

中国毛纺织厂报告:在上周星期五前往察勘李家沱,择定最适宜之建筑

总蓄水池地点为上川实业公司之最高地段,如何进行筹备,请提公决。

决议:(1)总蓄水池建筑地点在上川实业公司最高地点,然后以水管式挖沟分配各厂,除总水管式水沟是公建外,各厂厂内所接水管及自建之小蓄水池概系自筹。(2)关于李家沱用水问题之一切工程设计、经费预算、推进计划以及将来维持方法、各厂用水如何摊付费用,由中国、庆华、重整三厂合组一委员会,并以中国为召集人,负责拟具草案,限下次会议中提付讨论。

(二)马路问题

詹仰曾报告:一周来,经详细察勘,为须让出总水池建筑地点,故马路干线略有修正,详见附图,请提公决。

决议:(1)路线照图通过,仍由詹仰曾君拟具详细工程设计、经费预算、施工计划等提前进行。(2)建筑费用以受益各厂厂基用地面积比例计算。(3)各路路名(见图)须打桩志明,由詹仰曾君即办。

(三)码头问题

中国毛纺织厂报告:上星期五择定可择码头地点有二(见前图),如何进行,请提公决。

决议:两处码头均须建筑临中国之一码头,由上川与中国合用,共策进行。另一码头由其余之厂及本处合用。详细建筑设计及施工计划协商办理,请沙市厂为召集人。

(四)电力问题

主席林继庸报告:

| 根据各厂报告分期用电量(kVA)如次: | 第一期 | 第二期 | 第三期 |
|---|---|---|---|
| 上川实业公司 | 44 | 44 | 44 |
| 庆华颜料厂 | 75 | 75 | 75 |
| 恒顺机器厂 | 100 | 100 | 150 |
| 中国毛织厂 | 250 | 250 | 350 |
| 沙市纱厂 | 370 | 646 | 1,056 |
| 重庆整染厂 | □□ | □□ | □□ |
| 共计 |  | □□ |  |

本日因高专员泽厚正赴电力公司交涉未归,本问题可否留俟下次会议讨论。

决议:通过。

(五)与重庆交通联络问题

主席林继庸:目前李家沱人货交通现无问题,按照上次决议,筹备尚须时日,本日拟暂从缓议。

决议:通过。

(六)临时动议

(1)林继庸提:各厂厂房建筑计划及图样应速呈处审查,设计时请注意出水道、烟囱、水池、工人住宅等排置,以勿影响邻厂为原则。

决议:各厂照办。

(2)林继庸提:李家沱工程即将开始,所有劳工问题及其生活方面之改进,应预有合作办法如何,提请公决。

决议:(甲)由各厂派一代表,工矿处派吴至信君及詹仰曾君合组一劳工委员会,并请吴至信君为召集人,进行设计与推进。(乙)本日下午三时半开第一次劳工委员会会议,地点仍在经济部会议室。

(3)中国毛纺织厂提:李家沱治安问题如何合作,提请讨论。

决议:交劳工委员会核办。

(4)林继庸提:各厂关系密切,所有将来公共事业均须永谋合作,可否设一公所案。

决议:请工矿调整处划地六亩为工业区商场,以充将来建筑公共场所及其他一切公共生活及消场所之用,由中国、沙市、上川三厂负责计划,上川为召集人。

(5)上川实业公司提:李家沱各厂应办之公共事业甚多,目前进行,即需费用,如何支付,请公议。

决议:(甲)由各厂按照厂基用地面积,每亩缴三百元充公用基金,目前先缴法币一百元,存入上海银行,开一李家沱工业区公用准备金用户存款簿及支票簿,暂交上川实业公司保管,下次会议再讨论公用基金保管委员会组织办法。(乙)此项公用准备金办法,请工矿调整处规定于租地章程内列入,以资遵守。

(6)林继庸提:下次会议日期请决定。

决议:下星期二上午十时仍在工矿调整处不另通知。

散会。

### (3)李家沱工业区劳工委员会筹备会议纪录(1月30日)

日期:一月三十日下午三时

地点:经济部会议室

出席人:庆华颜料化学厂蒯毅伯　沙市纱厂萧伦豫　恒顺机器厂高功懋　上川实业公司章乃器　中国毛纺织厂徐谟君　工矿调整处吴至信、詹仰曾

主席:吴至信

纪录:詹仰曾

主席吴至信根据本日上午李家沱工业区第二次会议议决案,提请决定本会组织办法及讨论应行推进事项之各项办理原则。

(一)劳工委员会如何组织案

决议:各厂自派代表一人,工矿调整处派代表二人合组之。各厂代表名单及通讯地址限一周内交吴至信君。至于详细组织章程俟代表派定后开会拟订。

(二)李家沱工程开始所有雇工办法如何划一进行案

恒顺机器厂报告:该厂在李家沱所用小工,多数系由外地募来,工资每日六角五分。第一月存工三日,夜工每三小时半作半工计,若日间延长工作时间,照夜工给资标准加给,厂方供给宿处,并代办伙食、津贴、煤水,每月每人由工资内扣伙食费八元正。

决议:(1)雇工由各厂自办,惟须密切联络,不相妨碍为原则,由劳工委员会派代表一人驻沱总管之。(2)雇工条件及待遇一律以恒顺机器厂现行标准为标准,由本会拟具详细章程,油印交各厂转饬募工人员遵办。(3)工人食宿由各厂自筹,并须注意工人之营养与卫生。(4)全体工人均须先由各厂登记后

转请本会驻沱代表总登记,所有登记式样俟各厂本会代表派出后会订之。

(5)各厂得互相调借工人,须先互相妥洽后调拨,工资由借用工厂交与原厂转发,借用时之工资,最少按半工计算。

(三)工人福利事业如何办理案

决议:先筹办医疗所及消费合作社两项,俟各厂本会代表派定后详细会商进行,兹仅决定原则如次:

(1)诊疗所

甲、诊疗所之设立应参考天原、顺昌、龙章三厂联合诊疗所办法,拟具计划,目前先请工矿调整处函该所,索取各项章程、经费预算等,以资借鉴。

乙、诊疗所之建筑请詹仰曾君负责设计进行。

丙、诊疗所建筑及开办费用由公用准备金中拨发,经常费用之来源按照每月各厂就医人数之多寡比例摊派。

丁、各厂自雇之工人因公受伤,免收医药费,惟生疾病者及包工工人酌收费用,为方便轻伤计,各厂自设简单之医药室于厂内,至于就诊详细办法,俟各厂本会代表派定后商拟之。

(2)消费合作社

甲、消费合作社举办事项暂定为日用品之购销、食堂之开办、理发室及浴室之设立。

乙、建筑设计及费用仍请詹仰曾君负责拟具草案,预算等提请公决。

丙、建筑费用开办费及营运资本,概先由公共准备金内垫拨,将来各厂开工后招股拨还。

(四)李家沱治安问题如何办理案

决议:(1)治安由警察维持。在厂内者自设厂警,待遇划一,码头及马路等公共警察请地方机关派遣自愿警,加派长官一人统率之。自愿警之费用,由公共准备金内拨支。(2)厂警之待遇及自愿警人数与服务岗位,俟各厂本会代表派定后,会商决定之。(3)恒顺厂原有警察且地段不联,暂不参加。

决议:定下星期二上午十时李家沱工业区第三次会议后继续召开,各厂派充劳工委员会之代表须一律出席。

散会。

**(4)林继庸致翁文灏等签呈(2月6日)**

谨查李家沱建厂各项原则及各方面负责人员均经于上两次会议决定。厂基之购买今大半完成,未签约者亦可商得业主同意,先行用地,均先后分别签请鉴核在案。兹为使一切事宜之推进更可具体化起见,爰于今晨召开第三次会议,出席者计有中国毛纺织厂、沙市纱厂、上川公司、庆华颜料厂等代表暨本部张科学家祉。本处除职外,尚有吴专员至信、詹组员仰曾,经职遵批示将公共准备金及伤兵雇用问题,提请各厂详细拟具预算,妥定准备金数目,与摊派办法,再呈核定。而伤兵之雇用,希各厂慎重处理,以不雇伤兵直接参加生产工作为原则。并促各厂早日动工以迅进行外,各厂提议一致议决组——李家沱工业区公共事业筹备处,设主任一人,主持一切,下分总务公所,码头、马路、用水、用电等六组,目前由各厂负责人及聘专员分别担任各组事业之推进。公推职为筹备处主任,主持推动一切。一俟公所本身组织成立,即行移由李家沱公所接管之。该筹备处章则,公推中国毛纺织厂起草。兹谨抄同本日会议纪录详情,随签呈请鉴核。所议当否,尚祈裁示。谨呈

处长、副处长

职林继庸

二月六日

附李家沱工业区第三次会议纪录一份

**李家沱工业区第三次会议纪录**

日期:二月六日

地点:经济部会议室

出席人:沙市纱厂萧伦豫,恒顺机器厂周茂柏,上川实业公司章乃器,庆华颜料厂乐作霖、蒯毅伯,经济部张家祉科长,本处林继庸、高泽厚、吴至信、詹仰曾

主席:林继庸

纪录:吴至信

主席报告上次会议议决各案,经签处请示,奉批后,应请各厂注意之事项有二:

(一)公用准备金按每亩先摊三百元,总数不过九万元,似不足用。应先对于各项公共事业有一预算,然后决定各厂应摊派之数。若有不足,亦须事先妥商具体办法,请各厂先行会商后再提出会议。

(二)伤兵之雇用,应使其在厂担任轻工作。至于直接参加生产之工作,以不用伤兵为宜。

决议:各厂遵办。

主席报告:李家沱土地除有一小块面积尚待续商外,余均可先行使用,请各厂积极动工。

讨论事项:

(一)电力问题

张科长家祉、高专员泽厚报告:电力公司对于李家沱接电问题,表示铜线与变压器缺乏,此须政府帮忙解决者。同时,因现金不足,接电各费须厂方贴补一部分,关于变压器,后方工作可以制造,问题并不严重,至于铜线之来源,业经电资委会电工器材厂询其可能供给之数量,尚未得复。同时,工矿处亦曾电港查询铜线存港待运情形,为恐由港内运不易,并闻贵阳方面有铜线,现尚在设法查询中。关于后一问题,应请各厂注意者是李家沱非电力公司营业区,若经济部将此地划入该公司营业范围,则各厂补助安装之电料,一切均应归该公司所有。

决议:请高专员泽厚再与电力公司具体接洽,以本年五月内能通电为原则。

(二)关于各种公共建筑如何推进案

詹仰曾君报告:李家沱第一期建筑费略估计如次:

一、马路1,500km,宽10m,1.4万元。

二、公共事业:(1)诊疗所1.3万元,(2)理发室(容20人)及浴室(容40人)1.5万元,(3)合作社1.5万元,(4)食堂0.8万元,(5)公所(包括学校)2.6万元。

以上共计7.7万元。

沙市纱厂萧伦豫临时动议：一切公共事业之推进，现可否先设一筹备处，请林组长继庸主持，俟大体就绪后再移交各厂管理。当否，请公决案。

决议：通过请林组长继庸任李家沱工业区公共事业筹备处主任。

（三）林继庸提：李家沱工业区公共事业筹备处可以依以下系统组织，兼职者不支薪，专任者酌支津贴。当否，请公决案。

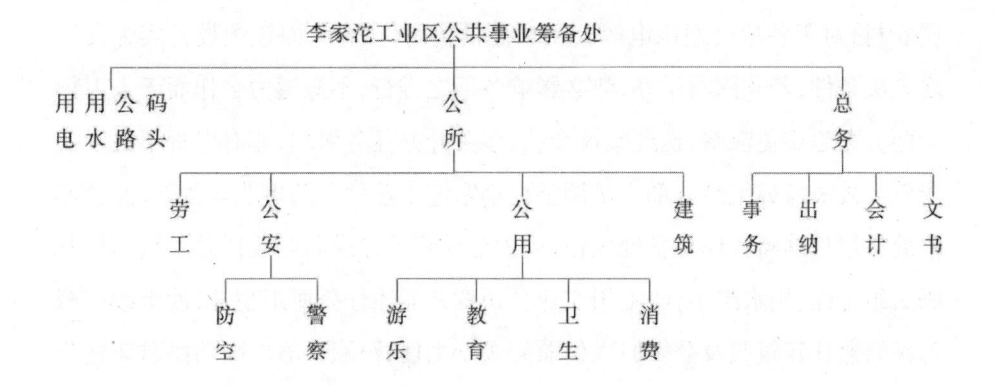

```
                    李家沱工业区公共事业筹备处
        ┌────┬────┬────┬────┐        ┌──────┐                      ┌──────┐
       用   用   公   码              公                            总
       电   水   路   头              所                            务
                            ┌───┬───┬──────┬───┐            ┌───┬───┬───┬───┐
                           劳  公    公    建           事  出  会  文
                           工  安    用    筑           务  纳  计  书
                              ┌─┬─┐  ┌─┬─┬─┬─┐
                              防 警  游 教 卫 消
                              空 察  乐 育 生 费
```

决议：通过。

（四）林继庸提：请推举筹备处各部负责人以利推进案。

决议：筹备处各组负责人请：

(1)总务：中国毛纺织厂徐谟君君。

(2)公所：上川章乃器君。

a.建筑：沙市萧伦豫君。

b.公用：另聘专员办理。

c.公安：沙市萧伦豫君。

d.劳工：恒顺高功懋君。

(3)码头：a.中国（该厂独用之码头），b.沙市萧伦豫（其他工厂公用之码头）。

(4)公路及用水：詹仰曾君。

(5)用电：高泽厚君。

（五）筹备处章则及预算交徐谟君先生草案，俟下次会议提出通过。

(六)下次会议日期及地点请公决案

决议:下星期二上午十时本处。

**(5)李家沱工业区公共事业筹备处致工矿调整处呈(2月23日)**

为成立李家沱公共事业筹备处附呈组织简章请予核准备案由。窃属处各厂自经钧处指定巴县李家沱地方设厂后,筹备进行,不遗余力。查该处原属农村,对于各项交通水电等公用项之设备尚付阙如,而该项设备实为设厂之先决条件,若非同时举办,势必影响各厂之进行,不筹通力合作而于人力物力两方尤恐难免浪费,迭经集议佥认,事关开办任务繁琐,非有专责不足以收宏效。爰决议另组经济部工矿调整处李家沱工业区公共事业筹备处,并公推钧处林组长继庸暂任筹备处主任,中国毛纺织厂徐谟君兼任总务组主任兼码头组主任、用水组主任,上川实业公司章乃器兼任公所组主任,沙市纱厂萧伦豫君兼任建筑股及公安股主任兼码头副主任,恒顺机器厂高功懋君兼任劳工股主任。钧处詹仰曾君任公路组主任,高泽厚君任用电组主任,蒯毅伯君任用水组副主任,以资促进。谨将成立经过以及所订简章呈请钧处准予备案,以利进行,实为德使。谨呈

经济部工矿调整处

　　附呈简章一份

　　　　　经济部工矿调整处李家沱公共事业筹备处　谨呈

**经济部工矿调整处李家沱工业区公共事业筹备处章程**

第一条　本处受经济部工矿调整处之协助与指导,由李家沱各工厂派定负责代表,并请工矿调整处派员共同组织之。

第二条　本处负责促进并完成李家沱工业区公共事业之发展。

第三条　本处暂设于川盐银行四楼。

第四条　本处设主任一人,由各代表互推之,综理本处一切进行事宜。

第五条　本处之组织系统如下:

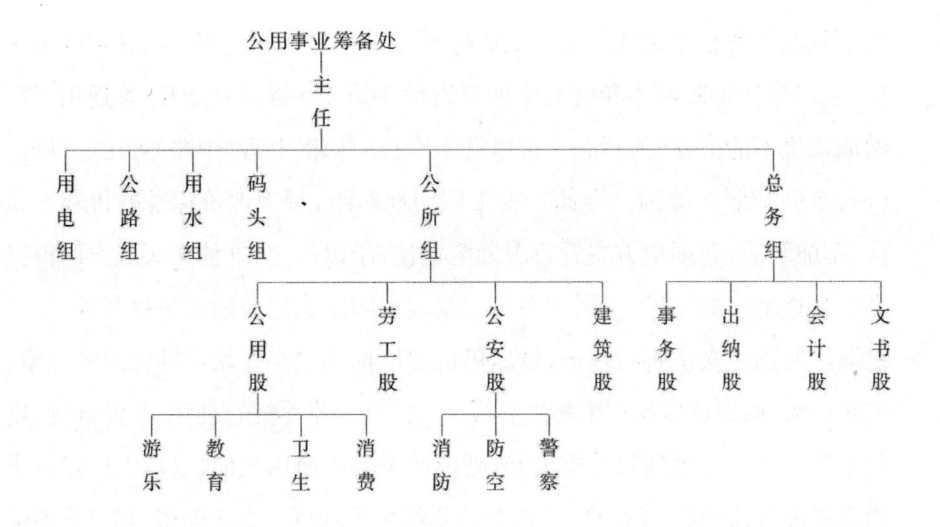

```
                    公用事业筹备处
                         主任
    ┌────┬────┬────┬──────────────┬──────────────┐
    用    公    用    码              公                总
    电    路    水    头              所                务
    组    组    组    组              组                组
                          ┌───┬───┬───┬───┐  ┌───┬───┬───┬───┐
                          公   劳   公   建   事   出   会   文
                          用   工   安   筑   务   纳   计   书
                          股   股   股   股   股   股   股   股
                       ┌─┬─┬─┐   ┌─┬─┬─┐
                       游 教 卫 消  消 防 警
                       乐 育 生 费  防 空 察
```

第六条　本处各项事务由各代表互推分任之，如认为必要时，得由主任另聘专任人员充任之。

第七条　本处职员俱属义务性质，不支薪金，但另聘之专任人员不在此限。

第八条　本处每月举行常会一次，如有必要时，得临时由主任召集之。

第九条　本处会议纪录按期分发，各代表另备一份，呈请经济部工矿调整处备核。

第十条　本处各项办事细则另订之。

第十一条　本章程如有未尽事宜，随时提出会议修正之。

第十二条　本章程呈请经济部工矿调整处核准施行。

经济部工矿调整处李家沱公共事业筹备处

[经济部工矿调整处档案]

## 21. 工矿调整处抄送李子坝等地厂基议价经过节略请定期召集有关方面共同评价公函稿（1940年1月10日）

公函

案据经济部廿八年十二月廿八日工字第34831号训令内开：前据该处呈，以工厂疏建用地至为迫切，请咨四川省政府转令各县，并函重庆市政府，对于凡经该处核准之工厂基地，准先动工，并负责评价一案，经分别咨函去后，兹准重庆市政府本年九月十四日财地字第325号函复尾开：查迁川工厂购地议价不能成立时，所有评价事宜本府自应协助办理（中略）等由。准此，合行令仰知照。等因。奉此。查工厂用地纠纷，每因地价标准购售双方争执，不能解决，势须地方主管官署勘酌实情，予以评定，庶使卖买双方两得其平。兹查精一器械厂、中国实业机器及冠生园罐头厂合购之华村基地，启文机器厂使用之义济善堂基地，暨新民机器厂拟购之小龙坎罗姓田地等三案，旷时已久，而地价争执迄未解决。或因工厂业已奉令先行使用，长此迁延，则业主蒙受久未领到地价之损失，或则因业主坚拒使用土地，以致工厂建筑工程不能进行，影响复工生产至巨，势均不能再予迁延。奉令前因，相应将各该案办理经过节略编表附送，至请查照，定期召集有关各方共同评价，速为解决，并希见复，实纫公谊。

此致

重庆市政府

附李子坝黄沙溪小龙坎厂基议价进行经过

### 李子坝黄沙溪小龙坎厂基议价进行经过节略

一、李子坝案

(1)地点　在化龙桥附近之李子坝，临嘉陵江。

(2)面积　约20亩。

(3)业主　张华封（已故），代理人何慎之，是李子坝华村办事处经理。

(4)买方

(一)精一科学器械厂经理胡允甫，住陕西街蔡家湾45号。

(二)中国实业机器厂经理宋明德，住书院街32号。

(三)冠生园罐头厂经理徐佩镕，住都邮街冠生园。

(5)接洽经过　此地原是上海机器厂请求圈购，经重庆市政府以财地字41号代电，本处附发布告一张，准予该厂先行动工使用土地，复由本处函请迁川工厂用地评价委员会予以评价，嗣准该会财地字161字函复称，业主方面负责无人，评价无法进行各在案。旋上海机器厂另将中渡口基地购妥，此地乃由本处分配与精一、中实、冠生园三厂使用,并于六月廿六日以4647号函重庆市政府备案。同时精一等厂因奉令疏建迫切,即根据市府布告前往动工,乃得与业主代表人何慎之面洽,迄今几近半年,迄无成议。

二、黄沙溪案

(1)地点　黄沙溪榨坊沟上坡地方。

(2)面积　60英方丈。

(3)业主　义济善堂,在绣壁街。

(4)买方　启文机器厂经理李翊生,现住黄沙溪榨坊沟启文厂内。

(5)接洽经过　该厂将此地看妥以后,数度赴善堂与业主接洽,不得要领,乃呈由本处函准重庆疏建委员会,以经字第113号公函附送布告一张,准予先行动工,并由本处函准迁川工厂用地评价委员会财地字238号函复;本案移重庆市政府办理等由。经令饬该厂去后,即进行建厂,并约同业主评价。据称因业主方面坚不允出售,而租价又绝不合理,以致洽议未能顺利进行,本案因此停顿。

三、小龙坎案

(1)地点　小龙坎成渝公路旁。

(2)面积　约20余亩。

(3)业主　罗震川,住小龙坎。

(4)买方　新民机器厂经理胡厥文,住小龙坎新民厂内。

(5)接洽经过　该厂亦系奉令疏建,经呈准卫戍总司令部及巴县县政府,均颁发布告,准该厂先行动工用地在案。关于地价一节,亦经迁川工厂用地评价委员会厂地字128号函复称,移交重庆财政局办理。该厂为尊重业主意见,迄未前往动工,然业主方面据闻坚不允售,而租价又甚高,是以本案亦迄未解决。

[经济部工矿调整处档案]

## 22. 工矿调整处编制内迁四川厂矿一览表（1940年3月）

内迁厂矿一览表　廿九年三月修编

### 四川省

| 业别 | 厂名 | 负责人 | 厂址 | 通讯处 | 电话 | 备注 |
|---|---|---|---|---|---|---|
| 钢铁业 | 渝鑫钢铁厂 | 余名钰 | 重庆土湾 | 小龙坎第7号信箱 | | 原名大鑫钢铁厂 |
| 机械工业 | 永利公司铁工部 | 侯德榜 | 犍为新塘沽 | 塞路桥31号 | | |
| | 恒顺机器厂 | 周茂柏 | 重庆南岸李家沱 | 工府树五金公会二楼 | 135 | |
| | 顺昌铁工厂 | 马雄冠 | 重庆江北猫儿石 | 工府树五金公会二楼 | | |
| | 美艺钢铁厂 | 朱大金 | 重庆化龙桥仙岩嘴 | 蒋庙街73号 | | |
| | 合作五金公司 | 胡叔常 | 重庆小龙坎 | 大梁子95号元益公司转 | | |
| | 中孚职校实习工厂 | 贾观仁 | 重庆张家花园 | 大梁子95号元益公司转 | | |
| | 中国实业机器厂 | 宋明德 | 重庆李子坝 | 湾院街33号 | | |
| | 上海机器厂 | 颜耀秋 | 重庆沙坪坝中渡口 | 第212信箱 | | |
| | 陆大铁工厂 | 陆之顺 | 重庆菜园坝正街 | 第148信箱 | 2052 | |
| | 三北造船厂 | 叶竹 | 重庆江北头塘思馆3号 | 上陕西街32号 | | |
| | 复兴铁工厂 | 薛明剑 | 重庆下南区马路94号 | 上陕西街32号 | 781 | 原名公益铁工厂 |
| 机械工业 | 新民机器厂 | 胡厥文 | 重庆小龙坎正街 | 大梁子95号元益公司转 | | |
| | 大公铁工厂 | 林美衍 | 重庆小龙坎土湾 | 绣壁街74号 | 766 | |
| | 震旦机器厂 | 薛威麟 | 重庆上清寺 | 县庙街23号 | 1288 | |
| | 达昌机器厂 | 任之泉 | 重庆大溪沟三元桥 | 上大梁子56号 | | |
| | 康元制罐厂 | 项康元 | 重庆白象街9号 | 上大梁子56号 | | |
| | 洪发利机器厂 | 高云集 | 重庆上牌坊15号 | 打铜街39号 | 683 | |

续表

| 业别 | 厂名 | 负责人 | 厂址 | 通讯处 | 电话 | 备注 |
|---|---|---|---|---|---|---|
| 机械工业 | 新昌机器厂 | 温栋臣 | 重庆望龙门 | 打铜街39号 | | |
| | 精一科学器械厂 | 胡允浦 | 重庆李子坝 | 蔡家湾45号 | | |
| | 洽生工业公司 | 焦世昌 | 重庆南岸猫背沱大湾 | 状元桥17号 | | |
| | 毓蒙联华公司 | 林忠城 | 重庆大溪沟老街 | 状元桥17号 | | |
| | 姜孚制造厂 | 李本立 | 重庆南纪门国珍街 | 状元桥17号 | | |
| | 协昌机器厂 | 毛子富 | 重庆神仙洞街 | 状元街17号 | | |
| | 精华机器厂 | 张邵梅卿 | 重庆菜园坝 | 中大梁子89号 | | |
| | 福泰翻砂厂 | 薛凤翔 | 重庆中四路 | 中大梁子89号 | | |
| | 永丰翻砂厂 | 樊子珍 | 重庆大溪沟老街 | 中大梁子89号 | | |
| | 广利机器厂 | 尹宏道 | 重庆骡马店街 | 中大梁子89号 | | |
| | 东升机器厂 | 赵秀山 | 重庆大溪沟老街 | 中大梁子89号 | | |
| | 中新工厂 | 李朝榴 | 重庆江北董家溪 | 县庙街良记五金号转 | | 与安道公司合组安达电厂 |
| | 耀泰五金厂 | 严光耀 | 重庆小龙坎正街 | 县庙街良记五金号转 | | |
| | 启文机器厂 | 李翊生 | 重庆黄沙溪榨房沟 | 县庙街良记五金号转 | | |
| | 老振兴机器厂 | 欧阳润 | 重庆工牌坊 | 县庙街良记五金号转 | | |
| | 徐兴昌翻铜厂 | 徐惠良 | 重庆东水门禹王庙 | 县庙街良记五金号转 | | |
| | 张瑞生电杆厂 | 张瑞生 | 重庆东水门禹王庙 | 县庙街良记五金号转 | | |
| | 合成制造厂 | 王锡富 | 重庆下南区马路 | 县庙街良记五金号转 | | |
| | 萧万兴机器厂 | 萧良文 | 重庆小龙坎成渝公路 | 县庙街良记五金号转 | | |

续表

| 业别 | 厂名 | 负责人 | 厂址 | 通讯处 | 电话 | 备注 |
|---|---|---|---|---|---|---|
| 机械工业 | 华新电杆厂 | 蔡友畊 | 重庆中工路 | 县庙街良记五金号转 | | 暂停工 |
| | 毛福定铁工厂 | 毛清 | 重庆神仙洞街100号 | 县庙街良记五金号转 | | |
| | 鼎丰制造厂 | 沃鼎臣 | 重庆小龙坎成渝公路 | 县庙街良记五金号转 | | |
| | 兴明机器厂 | 董志广 | 重庆 | | | 与新昌机器厂合作 |
| | 大来机器厂 | 温渭川 | 重庆保节院85号 | 县庙街良记五金号转 | | |
| | 启新电焊厂 | 任伯贤 | 重庆中二路 | 县庙街良记五金号转 | | |
| | 万声记机器厂 | 万式忠 | 重庆江北溉澜溪 | 县庙街良记五金号转 | | |
| | 大中制针厂 | 尹致中 | 重庆黄沙溪榨房沟上坎 | 陕西街宝元渝转 | | |
| | 上海振兴机器厂 | 陈欱馥 | 重庆江北董家溪 | 陕西街宝元渝转 | | |
| | 江南翻砂厂 | 姜逸凡 | 重庆中一路163号 | 陕西街宝元渝转 | 1060 | 暂停工 |
| | 胡尊记机器厂 | 胡仲芳 | 重庆 | | | |
| | 姚顺兴机器厂 | 姚瑞生 | 重庆小龙坎成渝公路天星桥 | 陕西街宝元渝转 | | |
| | 华丰机器厂 | 王瑞荣 | 重庆小龙坎成渝公路 | 陕西街宝元渝转 | | |
| | 泰鸿记机器厂 | 泰鸿奎 | 重庆南岸弹子石杨枣树街39号 | 陕西街宝元渝转 | | |
| | 周复泰机器厂 | 周春山 | 重庆江北简家台 | 陕西街宝元渝转 | | |
| | 汉口振华机器厂 | 高观春 | 重庆南岸野猫溪石溪路江南馆侧 | 陕西街宝元渝转 | | |
| | 徐顺兴铁工厂 | 徐士泉 | 重庆小龙坎成渝公路天星桥 | 陕西街宝元渝转 | | |

续表

| 业别 | 厂名 | 负责人 | 厂址 | 通讯处 | 电话 | 备注 |
|---|---|---|---|---|---|---|
| 机械工业 | 顺丰翻砂厂 | 谭金桃 | 重庆南岸弹子石杨枣树街 | 陕西街宝元渝转 | | |
| | 黄运兴五金厂 | 黄运连 | 万县南岸沱口王家庙 | 陕西街宝元渝转 | | |
| | 周义兴机器厂 | 周义臣 | 重庆南岸弹子石杨枣树街 | 陕西街宝元渝转 | | |
| | 方兴发机器厂 | 方家国 | 重庆南岸弹子石杨枣树街 | 陕西街宝元渝转 | | |
| | 永兴铁工厂 | 朱永兴 | 重庆黄家垭口9号 | 陕西街宝元渝转 | | |
| | 杨正泰冷作厂 | 杨世林 | 重庆国府路169号 | 陕西街宝元渝转 | | |
| | 周锦昌翻砂厂 | 周锦昌 | 重庆小龙坎成渝公路天星桥 | 陕西街宝元渝转 | | |
| | 联益机器厂 | 姜沅生 | 重庆南岸弹子石杨枣树正街 | 陕西街宝元渝转 | | |
| | 杜顺兴翻砂厂 | 杜伯臣 | 重庆南岸野猫溪石溪路 | 陕西街宝元渝转 | | |
| | 胡洪泰铁工厂 | 胡树林 | 重庆 | 陕西街宝元渝转 | | |
| | 邓兴发翻砂厂 | 邓忠堂 | 重庆南岸弹子石杨枣树街 | 陕西街宝元渝转 | | |
| | 汤洪发铁工厂 | 汤建银 | 重庆南岸半边街12号 | 陕西街宝元渝转 | | |
| | 王洪昌翻砂厂 | 王金元 | 重庆南岸野猫溪石溪路江南馆侧 | 陕西街宝元渝转 | | |
| | 田顺兴铁工厂 | 田玉卿 | 重庆南岸杨枣树街 | 陕西街宝元渝转 | | |
| | 汉口机器厂 | 周嘉清 | 重庆 | | | 已并入方兴发厂复工 |

续表

| 业别 | 厂名 | 负责人 | 厂址 | 通讯处 | 电话 | 备注 |
|---|---|---|---|---|---|---|
| 机械工业 | 汉口顺昌铁工厂 | 祝金元 | 重庆 | | | 全部机器售预裕华纱厂 |
| | 胜昌机器厂 | 刘华清 | 重庆大溪沟三元桥 | 陕西街宝元渝转 | | |
| | 福裕钢铁厂 | 陈子山 | 重庆江北沙湾陈家馆 | 三牌坊43号 | | |
| | 利生机器厂 | 孙有光 | 重庆小龙坎成渝公路 | 三牌坊43号 | | 原名利兴 |
| | 四方企业公司 | 穆藕初 | 重庆南岸石溪路 | 观音岩张家花园 | | |
| | 汉华机器厂 | 胡鼎三 | 重庆南岸石溪路 | 观音岩张家花园 | | 陈永泰、陶复记、李万泰三厂合并而成 |
| | 华强机器厂 | 王云浦 | 重庆南岸大沙溪 | 观音岩张家花园 | | 由新华及洪昌二厂合作改组 |
| | 复顺渝机器厂 | 范国安 | 重庆江北静场观 | 观音岩张家花园 | | |
| | 仁记上海兴益五金厂 | 张仁高 | 重庆中二路飞来寺 | 中一路271号 | | 上海五金翻砂厂改组 |
| | 益成翻砂厂 | 黄勤甫 | 重庆南岸石溪路 | 中一路271号 | | 现改组同益 |
| | 建华造船厂 | 陶耕历 | 重庆南岸弹子石、雷打石 | 中一路271号 | | 由复鑫祥及永和两厂合作组成 |
| | 湖北机器厂 | 苏海卿 | 重庆南岸五桂石 | 中一路271号 | | 由苏裕泰、正昌及谢元泰三厂改组 |
| | 义兴昌机器厂 | 黄云南 | 重庆南岸海棠溪6公里 | 中一路271号 | | |
| 电器制造工业 | 中建电机制造厂 | 陈祖光 | 重庆小龙坎成渝公路 | 中一路271号 | | 原名中国建设工程公司 |
| | 华生电器厂 | 曹竹铭 | 重庆南岸大湾 | 状元桥17号 | | |
| | 中国无线电公司 | 胡光鹿 | 重庆江北香国寺 | 中一路259号 | 2608 | 并入中国兴业公司 |
| | 中华无线电社 | 陶钧 | 重庆上清寺学田湾 | 中一路259号 | 2892 | |

续表

| 业别 | 厂名 | 负责人 | 厂址 | 通讯处 | 电话 | 备注 |
|---|---|---|---|---|---|---|
| 电器制造工业 | 永川电器厂 | 乐颂云 | 重庆南岸弹子石 | 美丰银行工楼23号 | | |
| | 电声电器厂 | 李玉清 | 重庆黄沙溪榨房沟 | 一牌坊35号 | | |
| | 益丰电池厂 | 贺师能 | 重庆南岸马鞍山 | 一牌坊33号 | | |
| | 义华电器厂 | 刘锦章 | 重庆南岸上龙门浩前马区路 | 一牌坊33号 | | |
| | 大陆无线电社 | 吕鸿生 | 重庆劝工局街 | 一牌坊33号 | | |
| | 馥亚电机公司 | 廖馥亚 | 重庆 | 中央西街28号 | | |
| 化学工业 | 中元造纸厂 | 钱子宁 | 宜宾马鞍山岷江电厂附近 | 渝四牌坊31号 | | |
| | 龙章造纸厂 | 庞赞臣 | 重庆江北猫儿石 | 华盐商巷6号 | 857 | |
| | 天原电化厂 | 吴蕴初 | 重庆江北猫儿石 | 状元桥1号 | | |
| | 汉昌肥皂厂 | 余叔瞻 | 重庆南岸海棠溪朱家河沟 | 状元桥1号 | | |
| | 中国工业炼气公司 | 李允成 | 泸州朝天嘴 | 南岸玄坛庙八角巷1号 | | |
| | 大中华火柴厂 | 周太初 | 重庆南岸弹子石 | 上陕西街39号 | | 与华业火柴厂合作复工 |
| | 建华制漆厂 | 唐性初 | 重庆南岸瓦厂湾 | 上陕西街39号 | 3040 | |
| | 汉中制革厂 | 魏雅平 | 重庆江北香国寺瓦窑嘴 | 上陕西街39号 | | |
| | 家庭工业社 | 庄茂如 | 重庆井口 | 中一路56号 | | |
| | 中兴赛璐珞厂 | 周芗畔 | 泸州 | 白象街捷运通振关内 | | |
| | 民康实业公司 | 刘洪源 | 重庆南岸猫背沱 | 小梁子蓝家巷79号转 | 1323 | |
| | 新亚药厂 | 施泽光 | 重庆沙坪坝中渡口中国药厂内 | 太平门四方街5号 | 55 | |

续表

| 业别 | 厂名 | 负责人 | 厂址 | 通讯处 | 电话 | 备注 |
|---|---|---|---|---|---|---|
| 化学工业 | 中法制药厂 | 林鸿藻 | 重庆南岸鹅公堡隶华农场内 | 小梁子中法药房 | | |
| | 中国铅丹厂 | 吴纪春 | | | | 机料并入建华油漆厂 |
| | 科学仪器馆化学厂 | 张德明 | 重庆国立药专厂内 | 米花街39号 | | 与国立药专合作 |
| | 海普制药厂 | 李德馨 | | 胡阳街54号 | | 廿八年五月被敌机炸毁 |
| | 华光电化厂 | 李鸿寿 | 重庆小龙坎成渝公路生产新村 | 朝阳街54号 | | |
| | 天盛陶器厂 | 吴蕴初 | 重庆江北猫儿石 | 状元桥1号 | | |
| | 益丰搪瓷厂 | 王自辛 | 重庆菜园坝大水井53号 | 状元桥1号 | | 改组为福华益记搪瓷厂 |
| | 瑞华玻璃厂 | 蒋相臣 | 重庆化龙桥 | 第一模范市场41号 | 387 | |
| | 大鑫火砖厂 | 余名钰 | 重庆江北黄桷树 | 第一模范市场41号 | | |
| | 勉记砖瓦厂 | 年鸿徇 | 重庆沙坪坝中渡口 | 南纪门麦子市37号 | | |
| | 振西搪瓷厂 | 李开云 | 重庆江北董家溪 | 上大梁子27号 | | 原名沪汉玻璃厂 |
| | 永新化学公司 | 谢杰 | 重庆磁器口对岸桂花园 | 陕西街宝元渝号转 | | |
| | 国民化学酒精厂 | 田诚忠 | 重庆巴县鱼鳅壕 | 南纪门麦子市37号 | | |
| 纺织工业 | 豫丰和记纱厂 | 潘仰山 | 重庆土湾 | 厘金局巷1号 | 274 | |
| | 裕华纱厂 | 苏汰馀 | 重庆南岸窍角沱 | 棉花街89号 | 294 | 震寰纱厂机器暂并入复工 |
| | 沙市纱厂 | 萧伦豫 | 重庆南岸李家沱 | | | |
| | 申新第四纺织厂 | 章剑慧 | 重庆南岸猫背沱 | 小梁子蓝家巷79号 | 1323 | 即庆新纱厂 |

续表

| 业别 | 厂名 | 负责人 | 厂址 | 通讯处 | 电话 | 备注 |
| --- | --- | --- | --- | --- | --- | --- |
| 纺织工业 | 美亚织绸厂 | 赵秉仁 | 重庆江北香国寺 | 第一模范市场锡福星 | 1027 | |
| | 大明染织厂 | 查济民 | 北碚 | 中一路343号 | | 与大成及隆昌两厂合作复工 |
| | 迪安针织厂 | 魏卜孚 | 重庆江北陈家馆富山坡 | 中一路343号 | | |
| | 苏州实业社 | 徐治 | 重庆南岸野猫溪石溪路 | 南岸葡萄院街 | 747 | |
| | 亚东布厂 | 杨云樵 | 重庆南岸桂花园36号 | 南岸葡萄院街 | | |
| | 五和织造厂 | 周福泰 | | 陕西街万寿宫 | | |
| | 维昌纺织厂 | 陆绍云 | 重庆江北猫儿石 | 陕西街万寿宫 | | 国华精棉厂改组 |
| | 和兴染织厂 | 邓庭珠 | 重庆南岸前驰路225号 | 陕西街万寿宫 | 3118 | |
| 饮食品工业 | 南洋烟草公司 | 陈容贵 | 重庆南岸弹子石 | 状元桥8号 | | |
| | 久大盐业公司 | 李烛尘 | 自流井张家坝 | 渝中工路78号附3号 | | |
| | 福新第五面粉厂 | 章剑慧 | 重庆南岸猫背沱 | 小梁子蓝家巷79号 | 1323 | 即庆新面粉厂 |
| | 冠生园罐头厂 | 冼冠生 | 重庆李家沱 | 都邮街 | | |
| | 振兴糖果饼干厂 | 李炳炎 | 重庆油市街144号 | 小梁子 | | |
| | 全华食品化学工业社 | 钟履坚 | 乐山嘉乐门外徐家口 | 龙王庙街81号 | | |
| | 正明面粉厂 | 佘克明 | 重庆江北人和镇江沙碛 | 南岸玄坛庙八角巷6号 | | |
| | 五丰面粉厂 | 施昌祉 | 重庆 | | | |
| 教育用具工业 | 京华印书馆 | 王毓英 | 北碚天生桥 | 打铜街38号 | 1335 | |
| | 时事新报馆 | 张万里 | 重庆新街口39号 | 打铜街38号 | 987 | |
| | 华丰印刷铸字所 | 乔雨亭 | 重庆临江门大井巷 | 打铜街38号 | | |
| | 正中书局印刷厂 | 王旭东 | 重庆南岸觉林寺 | 东水门石门坎18号 | | |

续表

| 业别 | 厂名 | 负责人 | 厂址 | 通讯处 | 电话 | 备注 |
|---|---|---|---|---|---|---|
| 教育用具工业 | 武汉印书馆 | 王序坤 | 北碚 | 打铜街38号 | 1335 | |
| | 新华日报馆 | 熊瑾汀 | 重庆西三街 | 打铜街38号 | 1074 | |
| | 大公报馆 | 曹谷冰 | 重庆中一路 | 打铜街38号 | 2036 | |
| | 商务印书馆 | 涂傅杰 | 重庆东水门禹王庙 | 白象街19号 | 669 | |
| | 大东书局印刷厂 | 杨锡荪 | 重庆南岸弹子石陆家冲 | 售珠市 | 37 | |
| | 白鹤印书馆 | 蔡怀民 | 重庆行街姚家巷40号 | 售珠市 | | |
| | 汉光印书馆 | 陈庆生 | 重庆兜子背榨房沟13号 | 售珠市 | | |
| | 劳益印刷所 | 葛少文 | 重庆小龙坎西首 | 售珠市 | | |
| | 时代日报印刷所 | 胡秋原 | 重庆江北新村上鹅石堡 | 字水街64号 | | |
| | 申江印刷所 | 周文斌 | 重庆临江门正街70号 | 字水街64号 | | |
| | 正文印书局 | 谢正宇 | 重庆南岸野猫溪 | 字水街64号 | | 即汉口正报馆 |
| | 七七印刷厂 | 程远 | 重庆化龙桥玉森农场 | 字水街64号 | | |
| | 振明印务局 | 周振明 | 重庆小龙坎 | 川盐银行中国航空公司 | 745 | |
| | 汉口新快报印刷所 | 万克哉 | 重庆江北新村 | 李子坝47号 | | |
| | 中国铅笔厂 | 吴羹梅 | 重庆菜园坝正街 | 李子坝47号 | | |
| | 上海印刷公司 | 白志芳 | 重庆售珠市34号 | 李子坝47号 | | |
| | 华成印书馆 | 张权良 | 重庆 | | | |
| | 丽华制版所 | 王高诠 | 重庆中一路协合里7号 | 李子坝47号 | | |
| 其他工业 | 六合建筑公司 | 李祖贤 | 重庆道门口 | 李子坝47号 | | |
| | 馥记营造厂 | 陶桂林 | 重庆化龙桥正街 | 新街口美丰大楼 | | |
| | 建筑营造厂 | 周敬熙 | 重庆 | | | |
| | 扬子建筑公司 | 陈星垣 | 重庆 | | | |

续表

| 业别 | 厂名 | 负责人 | 厂址 | 通讯处 | 电话 | 备注 |
|---|---|---|---|---|---|---|
| 其他工业 | 寿康祥锯木厂 | 王佑霖 | 重庆菜园坝正街 | 新街口美丰大楼 | | |
| | 梁新记牙刷厂 | 梁守德 | 重庆江北下正街 | 小梁子66号 | | |
| | 华新制帽厂 | 余国柱 | 合川 | 合川文明街62号浦明生转 | | |
| | 精益眼镜公司 | 王翔欣 | 重庆化龙桥正街 | 合川文明街62号浦明生转 | | |
| | 联益眼镜公司 | 应顺祺 | 重庆会仙桥正街 | 合川文明街62号浦明生转 | | |
| | 金刚机制鞋厂 | 蒋铭之 | 重庆 | | | |
| 矿业 | 中福煤矿 | 孙越崎 | 江北石峰岩 | 北碚第7号信箱 | | 与天府合作 |
| | 利华煤矿 | 黄师让 | 重庆 | 棉花街89号 | | |
| | 湘潭煤矿 | 孙越崎 | 犍为 | 北碚第7号信箱 | | 与资委会合作组织嘉阳煤矿 |
| | 湘江煤矿 | 陆苍吾 | 重庆 | 上海机器厂转 | | |

[经济部所属单位档案]

## 23. 渝市纱厂近况①(1941年1月)

本年度开始后渝市各纱厂增开纱锭及筹设分厂,进行颇有进展。申新纱厂已在陶家石坝设立分厂,沙市纱厂之机件及棉花均已陆续到齐,即可装设开工,裕华纱厂亦增开锭数,豫丰在合川筹设分厂,厂房在建筑中,总计渝市各纱厂共开纱锭已达6.5万枚,较之去年十一月增加1万余锭,每日平均约可产纱125件。

[经济部物资局档案]

---

① 此件系节录自1941年经济部工矿调整处编《厂矿动态简报》第一期。

## 24. 迁川工厂联合会第四届全体会员大会纪录(1941年4月17日)

(一)日期:三十年四月十七日

(二)地点:重庆新生活运动总会服务所

(三)出席会员厂

时事新报张万里　鼎丰制造厂沃鼎臣　科学仪器馆沃鼎臣代　馥记营造厂吴名炷　达昌铁工厂任之泉　洽生工业公司沈佩异　美亚绸厂叶银甫　全华化工社陈汉清　永川电器厂马鸣魁　姜孚第一厂李本立　合成机器厂王锡富　中央玻璃厂周文锦　中元造纸厂李和钧　江南皂烛厂赵槃铭　大川实业公司刘雨三　溥泉造纸厂李梦庚　亚洲制皂厂谢辅文　大来机器厂温渭川　新昌机器厂汪雨农　西南化学制造厂关玉林　华兴铁工厂胡鸣皋　顺泰铁工厂姚忠常　永兴铁工厂朱南山　同济机器工厂乐凤山　冠生园徐佩镕　合作五金公司胡叔常　协丰机器厂贺骥程　正明面粉公司余克明　丽华制版所潘进　家庭工业社庄茂如　振华制造厂刘锡树　裕华纱厂李奎安　老振兴工厂欧阳振福　华光电化厂李鸿寿　德泰电镀厂张胜高　亚浦耳电器厂胡西园　新昌实业公司李鸿桢　三北机器厂成凌云　渝鑫钢铁厂刘润生　陪都机器锯木厂徐辉南　顺昌公司毛士松　上海冠成织造厂王毅　长泰翻砂厂贺叔宇　复兴铁工厂郑翔德　毛有定铁工厂毛清　康元制罐厂谢正宽　义华化学工业社熊伯炯　大公铁工厂林美衍　新上海厂石闰中　中兴工厂林子敬　兴泰翻砂机器厂陶端格　精华工厂张邵梅卿　严富财翻砂厂严富财　广利机器厂尹宏道　协昌机器厂毛子富　振兴饼干厂彭子安　华丰印刷铸字所陶汝良　开远松香厂、开泰化工厂胡西园　心生牙刷厂常必诚　华胜制革厂潘明安　申新纱厂厉无咎　瑞华玻璃厂冯子源　馥记铁工厂潘志浩　苏州实业社徐治　大陆电业公司张伯行　中国火柴原料厂、华业和记火柴厂周太初　洪泰火柴公司曹楚材　济民绷带厂褚品三　西南麻织厂黄永京　刘祥顺机器厂刘玉虎　时代日报社胡业永　福泰翻砂厂吴祥麟　豫丰纱厂潘仰山　友联皮带厂李友廷　和兴染织厂邓廷诛　亚东布厂杨云樵　蜀益烟草公司邓起人　电声制造厂邬镇炳

柏林肥皂厂俞志衡　中兴工厂吕时新　移民面粉厂刘洪源　上川实业公司郑晴川　启文海机器厂李翔生　洪发利营造厂高云集　中国标准铅笔厂吴羹梅　上海机器厂颜耀秋　大华铁工厂郝保恒　庆丰皮带厂胡元佐　定星染织厂郑星恒　建国机器厂沙重远　建业营造厂罗昌友　华生电器厂王佐才　南洋烟草公司陈容贵　永安电磁厂乐颂云　庆华颜料厂乐作霖　精一制造厂胡允甫　新民机器厂胡叔常　振西搪瓷厂李开云　同德铁工厂彭用仪　美艺钢铁厂朱文奎　久大盐业公司萧钦光　永利化学工业公司黄国民　龙章造纸厂唐瀚章　建华制漆厂庞来青　福裕钢铁厂陈子山　振明印书馆周振明　中国实业机器厂宋明德　中国工业炼气公司李允成　中华无线电社龚凤石　天原电化厂叶世强　曹盛泰翻砂厂曹祥富　张瑞生工厂张少甫　华新公司唐谟宗

（四）列席各机关及各团体

卫戍总司令部巢乡农　社会部谢澄宇　市政府刘时阴　社会局刘时阴　经济部欧阳仑　工矿调整处林继庸　重庆市商会欧阳介光　中国战时生产促进会张国琛　战时社会事业人才调济协会张天白　中华职业教育社许享诩　鄂联中职业学校沙华凯　西南实业协会张润若　重庆市党部吴人初　国货厂商联合会许世万　选东社许起、黄友仁　中央社徐文耀　益世报徐世勋　国民公报丁懋德　中央日报张西净　中央通讯社韩鸣、魏守先　大公报徐盈、彭子刚、高梁　新民报周重光　扫荡报谢爽如　国民公报朱维治　商务日报邱汉平　新蜀报张竣　时事新报张步云

（五）主席颜耀秋、记录叶荫千，司仪庄茂如，开会如仪

（六）主席致开词：本会成立已三年，今天开第四届大会，承各长官莅临指导，无任荣幸。会员178人中，大多数出席参加，尤感兴奋。我们领袖说：今后完成抗建大业，军事占三分，经济占七分。我们身负经济建设的重任，自今以后，应格外艰苦奋斗。今天我们讨论的中心题目是：如何增加生产力量。兹将本题应检讨各点，分别报告于后：(1)劳力，如员工训练、招募等事，应积极办理。技术与事务人员缓役，应即时促其实现。技工跳厂，应如何设法防止。(2)原动力，已由经济部与电力公司交涉，对会员工厂，充分供给电流，乃

望各大工厂增加动力设备,以求自给。(3)资金问题,吁请政府扩大贷款范围,力求事业之开展。(4)技术改造,设一技术研究委员会,请专门委员共同研究。(5)合营事业,应联合全体会员工厂,举行出品展览会,其余如联合采购原料,亦须筹备进行。(6)会务发展,如新建会所,恢复会讯,职业介绍座谈会,图书室等,均望于本年内筹划进行。以上各项,系目前最重要业务,希望我贤明长官,不断指导,尽力扶助。我全体会员,亦须加倍努力,克服困难,以奠定后方工业之基础,适应抗战之需要。

(七)长官训词及来宾致词

(1)中央社会部代表谢澄宇先生:略谓抗战四年,后方物资并不感觉缺乏,当归功于迁川工厂。谨代表本部表示无限敬意。将才主席报告技术员工训练问题,我认为除技术训练外,还要以三民主义为训练必要课目,使全体员工了解政府抗战国策,并望迁川各工厂必须加入同业公会与商会,庶机工商界能打成一片,得以增厚力量等语。

(2)市党部代表吴人初先生:略谓贵会各厂,从敌人铁蹄下迁入内地。今日为贵会诞生第三周年,谨代表市党部祝贺。本人希望:(一)工业须现代化。(二)政府应扩大工业贷金,扶助第一内迁工厂。(三)川康考察团应从速组织早日出发。(四)各项工业原料须力求自给自足。

(3)市政府及社会局代表刘时荫先生:略谓迁川工厂,在困难环境中艰苦奋斗,有目共睹。本年是抗战将近胜利之年,希望咬紧牙关,努力生产。从今日大会中,基立一个健全的基础。

(4)卫戍总司令部代表巢芗农先生:略谓本席对内迁工厂有四点希望:(一)增加军需生产。(二)增加日用品生产,协助政府平抑物价。(三)注意防空、防毒训练,保全人力、物力,勿使机械与技术员工受丝毫的损失。(四)加紧劝募救国公债运动。

(5)经济部代表欧阳仑司长:略谓回忆八一三事变发生之前二天,本席与工矿调整处林组长在上海会见颜主席,会商工厂内迁事宜,经过多少艰险困难,方始迁入四川。光阴迅速,倏忽三年。□□胜利,已日益接近,而经济建设亦日益重要。希望就本日所提议案中,得一良好之结论等语。

(6)工矿调整处林组长继庸:略谓抗战以前,四川只有工厂数十家,现在全省[后方各省]有民营工厂1365家,仅四川一省有651家,可见工业发展之迅速。本日大会检讨过去,策励将来,极有意义。目前各厂应注意之问题:(一)雾季已过去,市内未疏散之厂家应迅速设法疏散。(二)本市电流供给赶不上工厂的增加,为加强生产力量,各厂须自备动力。(三)工业原料,应尽利用土产,国内缺乏原料,可由本处向英美购置。因为运输上的不便,不买德义货。本处致函各厂调查需要原料时,希迅即答复。(四)关于技术方面,本处在过去两年内,曾训练国内大学工科毕业生640余人,分发各地工厂服务。嗣后仍拟向各厂大量介绍,望各厂尽量接受,体念政府培养技术人员之苦心。(五)关于工贷问题,本处因资金有限,现将全部贷款业务交由四行办理。各厂贷款,须核实声请,经本处核准,即由四行拨发。试办时期,基金暂定为1亿元。(六)关于贵会会务之发展,嗣后各工厂声请入会,不可限制太平。联合展览会须有永久性质,以供社会人士之观摩。并望贵会同人,加倍努力云云。

(7)市商会代表欧阳介光先生:略谓对贵会业务发展,表示钦佩。工业与商业,不能分开,无论形式上与精神上,必须通力合作等语。

(8)人才调剂协会代表张天百先生:略谓去年贵会委托本会代招技工170余名,因交通困难,仅招到40余人,深为抱歉。现正努力继续招募中,嗣后如有委托,自应尽力效劳等语。

(八)主席致答词:顷承各长官各团体代表分别训勉,深为感谢,承指示今后推进工业方针,当竭诚代表全体会员,敬谨接受。

(九)主席报告会务及账务——详会务报告书及账务报告书。

(十)修改章程

(1)社会部代表谢澄宇先生指示:会章第十二条所载会员三月不缴会费,两次书面催促,延不缴纳,即作退会论之规定,有碍会员间精诚团结之精神,并与政府法令抵触,似应将本条条文删去。

(决议)通过。

(2)主席提议:会章第二十二条应改为:本会设总干事一人,副总干事一人,秘书一人,干事若干人,办理会务。其任免及薪金,由执行委员会决定之。

(决议)通过。

(3)主席副主席提议:会章第二十九条改为:本会入会费,每会员国币100元,于入会时一次缴纳。

会章第三十条改为:本会会费分甲乙丙三种,甲种每月30元,乙种每月20元,丙种每月10元,由执行委员会定审定之。

(十一)摄影

(十二)讨论提案

(1)亚浦耳电器厂胡西园先生提议:本会章程第五条所载,会员入会资格之审查标准,应予从宽规定案:

(决议)凡七七事变后,由外省来川人士,在川省创办工厂,得以迁川工厂论,准予入会。

(2)中国标准国货铅笔厂吴羹梅、顺昌公司重庆铁工厂马雄冠提案:非常时期,政府对内迁工厂及因战事受有重大损失之营业,准暂免征过分利得税。兹以直接税处修正之处理标准,乃应课税。应呈请财政部依照原条例暂免课程,以恤商艰,而维工业一案:

(决议)向行政院暨财政部请愿,交下届执行委员会与原提案人协同办理。

(3)上海机器厂颜耀秋、豫丰纱厂潘仰山提案:举行迁川工厂联合会会员工厂出品展览会,俾使社会人士,明了内迁工厂最近状况,藉供批评,并使会员间互相观摩一案:

(决议)原则通过,交下届执行委员会办理。

(4)裕华纱厂李奎安、豫丰纱厂潘仰山提案:请与国货厂商联合会向经济部请愿,对本年四月十四日公布之非常时期工商业提存特别准备办法第五款之规定,所提特别准备金百分之十到百分之三十,不得免税一节,似欠公允,应请修改条文,准予免税。所提标准备金,并不限定储存银行,准其自由运用一案:

(决议)通过。

(十三)聚餐

(十四)选举:推庄茂如为收票员,推胡允甫、张乐古为唱票员,推宋明德、吴羹梅为记票员,并由社会部、市党部、市政府、社会局等代表监选、指导,选举结果列后:

上海机器厂89票　豫丰和记纱厂81票　龙章造纸厂61票　顺昌公司铁工厂57票　天原电化厂53票　渝鑫钢铁厂51票　新民机器厂46票　大公铁工厂44票　亚浦耳电器厂40票　上川实业公司35票　时事新报29票

以上各厂当选为执行委员

中国铅笔厂21票　裕华纱厂20票　恒顺机器厂19票　华业和记火柴厂17票　中国实业机器厂17票

以上各厂当选为候补执行委员

冠生园食品公司43票　家庭工业社41票　精华机器厂14票(与复兴铁工厂票数相同经抽签决定)

以上各厂当选为监察委员

复兴铁工厂14票(与精华机器厂票数相同经抽签决定)　康元制罐厂13票　申新纱厂13票

以上各厂当选为候补监察委员

(十五)散会

[经济部工矿调整处档案]

## 25. 商务日报关于七家内迁及新设民营工厂正式开工讯(1941年10月23日)

(中央社)经济部工矿调整处所属内迁及新设之民营工厂,最近开工者计有:

(一)庆华颜料厂:该厂硫化氢染料及硫化碱助染料生产部分均已开工,其产品经重庆染整厂试用,确可媲美德国产品,为后方唯一之硫化青染料制造厂。

(二)铜梁造纸厂:铜梁向产□□销售各地,驰名国内。惟生产方法不知改良,致销路停滞,该厂完全为机器制造,现已试车,即可开工。产品有白报纸、有光纸等,月内并可增产卷筒纸、拷具纸、火柴纸等精良纸张。

(三)大川实业公司制针厂:为熊荫郴、尹致中等主办,由青岛迁出。自迁川后,即积极从事恢复,现已开工,日可产大小缝衣针50万枚,其他各种用针及钮扣等即可出货,为后方唯一制针、制扣工厂。

(四)中国兴业公司钢铁部,该部为胡光熙、肖万成等主持,其自行设计之巴塞玛试炼钢炉,最近已试工完竣,即可陆续生产,其所筹设之30吨炼铁炉,亦将于本月底试工。

(五)李家沱给水公司,该公司董事长为林继庸,经理为徐谟君,已于本月十二日开始供水。

(六)中国化学工业社:该社系由上海迁来,经理为李组谦,化学师为王修荫,于本月上旬开工,出产碳酸镁、碳酸钙、牙膏、蚊香、香皂及化妆品等。

(七)福新面粉厂:该厂由武昌迁陕,历经艰险,近始于本月中旬复工,日可产粉3,000袋,由李国伟主持。

[1941年10月23日重庆商务日报]

## 26. 工矿调整处为转送重庆附近内迁工厂概况致重庆市财政局笺函(1941年12月11日)[①]

笺函

案准贵局本年十一月二十日地字第20962号公函,为查估土地价值,编订地价税册,派估计专员廖仲衡来处,嘱将有关调查材料照表式查复。等由。准此。兹如嘱将各项纪录制成表式,相应检同该项表式三份送请查照,并希密存参考为荷。此致

重庆市财政局

处启

附调查表三份

---

① 该时间为发文时间。

## 重庆市历年开设工厂及资本统计表

| 年份 | 工厂设立数 | 增加百分比 | 资本总额(元) | 增加百分比 | 附注 |
|---|---|---|---|---|---|
| 二十七 | 205 | 100 | 42,067,000 | 100 | |
| 二十八 | 265 | 129 | 97,323,000 | 231 | |
| 二十九 | 338 | 165 | 117,951,000 | 280 | |
| 三十 | 424 | 207 | 155,164,000 | 369 | |
| 共计 | | | | | |

## 重庆市附近迁川工厂概况(30年)

| 工业门别 | 工厂数 | 所在地 | 迁川年月 | 资本(元) | 工人总数 | 附注 |
|---|---|---|---|---|---|---|
| 冶炼 | 1 | 重庆附近 | 二十七年以后 | 2,000,000 | 350 | |
| 机械 | 70 | 重庆附近 | 二十七年以后 | 11,614,000 | 2,485 | |
| 电器 | 8 | 重庆附近 | 二十七年以后 | 1,761,500 | 475 | |
| 化学 | 20 | 重庆附近 | 二十七年以后 | 21,838,000 | 2,035 | |
| 纺织 | 13 | 重庆附近 | 二十七年以后 | 21,090,000 | 5,339 | |
| 饮食品 | 6 | 重庆附近 | 二十七年以后 | 5,600,000 | 451 | |
| 教育用品 | 14 | 重庆附近 | 二十七年以后 | 3,290,000 | 1,163 | |
| 其他 | 3 | 重庆附近 | 二十七年以后 | 80,000 | 61 | |

## 重庆市工厂概况

| 工业门别 | 工厂数 | 所在地 | 开设年月 | 资本(元) | 工人总数 | 附注 |
|---|---|---|---|---|---|---|
| 冶炼工业 | 10 | 重庆附近 | 三十年十月底以前 | 24,450,000 | 1,998 | |
| 机械工业 | 147 | 重庆附近 | 三十年十月底以前 | 20,103,000 | 5,566 | |
| 电器工业 | 22 | 重庆附近 | 三十年十月底以前 | 4,173,000 | 894 | |
| 化学工业 | 137 | 重庆附近 | 三十年十月底以前 | 39,964,000 | 5,352 | |
| 纺织工业 | 40 | 重庆附近 | 三十年十月底以前 | 46,978,000 | 9,200 | |
| 饮食品工业 | 14 | 重庆附近 | 三十年十月底以前 | 9,007,000 | 787 | |
| 教育用品工业 | 34 | 重庆附近 | 三十年十月底以前 | 4,219,000 | 1,904 | |

续表

| 工业门别 | 工厂数 | 所在地 | 开设年月 | 资本(元) | 工人总数 | 附注 |
|---|---|---|---|---|---|---|
| 其他工业 | 20 | 重庆附近 | 三十年十月底以前 | 6,270,000 | 744 | |
| 总计 | 424 | | | 155,164,000 | 26,445 | |

[工矿调整处档案]

## 27. 各界人士给迁川工厂出品展览会的题词(1942年2月)

利用厚生　　　　　　　　　　　　　　——林　森

精益求精　　　　　　　　　　　　　　——蒋中正

实在是非大兴工业不能救国　　　　　　——冯玉祥

相观而善　　　　　　　　　　　　　　——孔祥熙

拔萃出类　　　　　　　　　　　　　　——居　正

奋斗者成功　　　　　　　　　　　　　——于右任

努力生产建设,加强抗战力量　　　　　——孙　科

矫矫百工,机声远接。情感交孚,相期努力。以乐其群,以敬其业。优品纷陈,观摩多益。　　　　　　　——翁文灏

奠定抗战胜利之基础。　　　　　　　　——何应钦

工业救国　　　　　　　　　　　　　　——白崇禧

科学建国　　　　　　　　　　　　　　——徐　堪

工业救国　　　　　　　　　　　　　　——陈立夫

发挥民族抗建之力量　　　　　　　　　——吴铁城

从事抗战建国的基本工作　　　　　　　——郭泰祺

失之东隅,收之桑榆　　　　　　　　　——张公权

建国之基　　　　　　　　　　　　　　——秦　汾

建国之筏　　　　　　　　　　　　　　——刘　峙

建国伟大精神　　　　　　　　　　　　——贺国光

集中人力物力财力,实现民族民权民生　——叶楚伧

漏卮可塞　　　　　　　　　　　　　　——俞鸿钧

取精用宏 ——顾翊群

自力更生 ——徐恩曾

中国要工业化,工业要标准化 ——罗家伦

工业建国 ——欧阳伦

抗建精神 ——李景璐

工业建国 ——吴国桢

生产建设 ——潘公展

战争为科学进步之动力 ——黄铭闳

坚苦卓绝 ——钱昌照

无工业即无国防 ——庄智焕

敬观各种展览成品,大都可以与工业先进国家媲美,具征各位厂家创造力量之雄伟。国家建设,此为始基,无任敬佩。 ——陈访先

建国之基 ——马超俊

富而后教 ——于　斌

联合互助,发扬科学,提倡生产,建设新的中国。 ——邓颖超

集合西南各种工业之大成,表现我国抗战建国力量之雄伟。——董必武

播迁想见艰难甚,辛苦谁争贡献多,宝气精心应不灭,从头收拾旧山河。

——黄炎培

民族的生机在此。我的感想是:一、政府应以主要的人力财力一部支援民族工业;二、人民应以投资民族工业,服务民族工业,使用国货为荣;三、厂方专家应不计困难,专心一志,务期一物一业得底于成;四、民族工业的基础在重工业,而重工业的成果却不能短期得见,故必须以政府与人民的全力助其成。

——周恩来

淬厉呈祥 ——穆藕初

丁丑岁初秋,虾夷寇我国,房骑行内侵,南北飞羽檄。工业国之本,焉能坐资敌。盘庚迁殷民,大王西避狄。衣被之所资,绸缪须早集。厂矿筹内迁,当务尤为急。受命戎马际,待贺匆弗及。星夜鸠厂家,仓黄忘寝食。卸铁声丁丁,曳重呼弋弋。仰首见敌机,处处遭锋镝。虽幸瞻首途,万里路邈逖。水

行风涛恶,陆有山崩坜。缆牵上峡船,车重入秦鞠,倾洞洛阳城,湍急湘水激,桂林山水窟,观赏岂遑息。历陆起未明,奔驰至日昃。如潘岳西征,如转输河北。辛苦虽备尝,困难竟超克。渝厂点近郊,蔚如春笋殖。铁锤声锵锵,电芒看□□。动力齐擎扬,壮若男士肋。压轧乐交响,旋转水腾□。楄杙尽弗遗,大小各识职。十万工业军,为国尽洴澼,出品日累累,发越未可测。是皆众志成,人我自辅翊。胡敢贪天助,漫以为己力。追缅当日情,岂意有今绩。感慨真万端,热泪含欲滴。　　　　　　　　　　——林继庸

厂矿西迁,备历艰辛。群策群力,今观厥成。煌煌出品,万宝具陈。记美冬官[宫],巧夺西瀛。工业楷模,抗战干城。　　　　　——张兹闿

西迁厂矿四经秋,当日车帆几费筹,木马御曹思蜀相,流泉奠镐苦公刘。机旋渐见民生裕,电烁欣征国力优,一卷考工应再续,琳琅满目不胜收。

　　　　　　　　　　　　　　　　　　　　　　——汤鹤逸

[迁川工厂出品展览会纪念册1942年2月]

## 28. 林继庸谈迁川民营厂矿的厂址选择与购地问题①(1942年4月)

　　(1938年1月中旬)至于购地问题,则拟趁川省刘主席留汉就医之便,请他表示意见,以免又蹈武昌购地之覆辙。刘主席慨然于病榻之傍命胡光庶先生草拟电文一通,致省府邓秘书长汉祥,嘱务必协助迁川工厂购地,万勿任令地主刁难。两项难题,于是都有了解决希望。

　　前上海工厂迁移监督委员会委员庞松舟、欧阳仑亦到渝,欢聚之余,幸使命之不辱,复偕同前往川江航务处、川建设厅驻渝办事处等机关,交涉在南岸圈地搭棚,以备各厂物资到达时暂为存贮。余抽着闲暇遍踏渝市附近各地,预勘设厂地址。

　　论及为工厂择地一点,当时我们曾费了一番研究功夫。……在重庆附近竟找不着一片完好的平地。江水的高低线,相差竟达百尺。上述各项条件有些是勉可适用的,其余如天气影响、地势、疾病各点,是无可选择的。我们只能考虑到空袭安全,迅速复工,以及有关各业的联系三点。我们要把山城的

---

① 此件系节录自林继庸《民营厂矿内迁纪略》。

重要建造成一个崭新的工业区,以为抗战时期的军需民用供给的重镇。

为谋安置到渝工人使迅即得到工作起见,我们只得让厂家们先就市区内租些房子,安装机器,暂时先行部分复工,一面再寻觅建厂地点。为谋各厂空袭安全起见,我们不主张各厂疏散太过僻远。我们以为远乡僻壤并不比较附近市区为安全。大工厂的兴建,当然最好是在山谷之间而又交通便利,可以把重要机器藏在山洞内。但是这种现成的好地方究竟不容易找;若是找得也要让给国防事业最关重要的工厂去用。所以我们只找在市区附近三四十里的地方,交通稍为便利,地势稍得隐蔽,有开凿广大防空洞的可能,各厂布置疏而不密,而能互相联系便得。因为若矗立荒僻之区,毋宁杂设于城区附近,还可得到城市防空的力量来保护!从前在卸甲甸的永利铔厂,因为离开南京太远,孤立无防护,目标愈显著,敌人低飞投弹,一而再,再而三,竟把铔厂毁了!至于在南京市区内的金陵兵工厂及首都电厂,反平安无损。这些事实,已经很明白的教训我们了。我们十日来,在城区附近选择了十几处荒地,作为工业区。预备把有关各厂作有计划的分配,使他们各自联系起来。因为购地艰难,各厂所占的地皮不多,厂房只能疏疏的建筑,稍留些将来扩充余地。我的意思以为是:战事完结后,各厂大事扩充,很可以改盖成五六层楼的钢筋水泥房子,向高处发展,因为地皮虽有限制,天空是无限制的。各工业地区环拱着重庆市,预料在不久的将来,稍加发展,使能自然而然地互相关联而建成一座大重庆。

川省府接受刘主席为给予迁川厂家购地方便事由汉口发来的电报,经省务会议议决成立迁川工厂用地评价委员会。以重庆市市长、江北县县长、巴县县长、市公安局局长、市商会会长、建设厅驻渝代表、建筑专家关颂声、工业专家胡光麃及继庸等9人为委员。该会经过一番筹备,于三月五日成立开第一次会议。翌日复开会决征地施行办法。川省府省务会议又议决:"凡迁川工厂厂地印契准免收附加税三成",以示优待。该办法后来陕西省府亦仿照施行。不久,川省府又一度将附加税减收至五成。迁川工厂用地评价委员会成立后,初时确曾给予厂家购地以许多方便。至于减免印契附加税一举,各厂家至今犹蒙其惠。四川复旦中学校长颜伯华先生,慨然将其猫儿石祖田,靠嘉陵江边一段地皮200余亩,以公允价值,让售于龙章、天原、天盛等厂,尤足以示人模范。工厂购地及搭盖堆栈两事进行,至此稍告一段落。

一月卅一日,我曾往重庆附近青木关、歇马场、高坑岩、北碚、北温泉等处,勘察水力及工业环境。初时本拟在北碚对过上坝及下坝地方设一工业区,曾拟具计划进行。三月,复旦大学拟迁该处,后来文化界亦拟留些一片山青水秀之地,作为学术研究区域,为尊重教育界的意见,我们乃放弃北碚工业区的建设计划。俟将来重庆附近的工业地区容纳不下时,我们再计划沿着嘉陵江,分开数段,每段分设工厂,架立电力线,把重庆北碚两处沿江联成一起。江之两岸开辟马路,使电灯照耀着江水,由重庆直至北碚。

二月五日,我与工厂迁移联合会主席颜耀秋同往内江、自流井、邓井关、成都、彭山、夹江、乐山、五通桥一带考察工业资源。觉得内江的糖,自流井的盐,彭山的芒硝,彭县的铜,都江堰的水利,五通桥的盐与煤,物产丰盛,均可利用厚生。乐山、五通桥一带,资源尤为充裕。交通比较便利,四川的化学工业区将在该处荣发!沿途农田漫山遍野的分布着,行经千余里,简直找不到荒芜之地……四川的物产的确是丰富!人力物力均可使四川成为后方工业中心。……

[《民营厂矿内迁纪略》]

## 29. 迁川工厂数量、复工、材料及技工统计①(1945年)

一、迁入及复工家数

| 业 别 | 二十七年底 | | 二十八年底 | | 二十九年底 | | 三十年底 | |
|---|---|---|---|---|---|---|---|---|
| | 迁入 | 复工 | 迁入 | 复工 | 迁入 | 复工 | 迁入 | 复工 |
| 总计 | 134 | 54 | 223 | 118 | 254 | 184 | 254 | 207 |
| 机械工业 | 50 | 24 | 96 | 45 | 108 | 92 | 108 | 94 |
| 化学工业 | 27 | 5 | 34 | 17 | 37 | 25 | 37 | 33 |
| 教育用具工业 | 19 | 10 | 26 | 19 | 32 | 21 | 32 | 27 |
| 纺织工业 | 10 | 3 | 20 | 13 | 25 | 18 | 25 | 21 |

① 节录自1945年四川省政府统计处编:《四川省统计提要》。

续表

| 业别 | 二十七年底 | | 二十八年底 | | 二十九年底 | | 三十年底 | |
|---|---|---|---|---|---|---|---|---|
| | 迁入 | 复工 | 迁入 | 复工 | 迁入 | 复工 | 迁入 | 复工 |
| 电器制造业 | 8 | 3 | 18 | 8 | 20 | 9 | 20 | 10 |
| 饮食品工业 | 7 | 3 | 12 | 6 | 12 | 7 | 12 | 9 |
| 矿业 | 4 | 1 | 4 | 1 | 4 | 1 | 4 | 2 |
| 钢铁工业 | 1 | 1 | 1 | 1 | 1 | 1 | 1 | 1 |
| 其他工业 | 8 | 4 | 12 | 8 | 15 | 10 | 15 | 10 |

二、迁入机械材料吨数

单位：公吨

| 业别 | 二十七年底 | 二十八年底 | 二十九年底 | 三十年底 |
|---|---|---|---|---|
| 总计 | 32,873.3 | 44,388.6 | 45,257.0 | 45,257.0 |
| 纺织工业 | 16,723.9 | 20,414.5 | 20,415.7 | 20,415.7 |
| 机械工业 | 4,199.2 | 9,781.1 | 9,980.5 | 9,980.5 |
| 化学工业 | 3,010.2 | 3,411.6 | 3,689.4 | 3,689.4 |
| 矿业 | 2,989.8 | 3,642.9 | 3,642.9 | 3,642.9 |
| 电器制造业 | 2,224.1 | 2,273.2 | 2,273.2 | 2,273.2 |
| 饮食品工业 | 1,182.0 | 2,021.8 | 2,021.8 | 2,021.8 |
| 教育用具工业 | 1,014.4 | 1,137.3 | 1,428.6 | 1,428.6 |
| 钢铁工业 | 1,151.9 | 1,151.9 | 1,151.9 | 1,151.9 |
| 其他工业 | 277.8 | 554.3 | 653.0 | 653.0 |

三、迁入技术工人数

| 业别 | 二十七年底 | 二十八年底 | 二十九年底 | 三十年底 |
|---|---|---|---|---|
| 总计 | 1,532 | 7,688 | 8,105 | 8,105 |
| 机械工业 | 657 | 3,817 | 3,934 | 3,934 |
| 纺织工业 | 81 | 736 | 797 | 797 |
| 化学工业 | 66 | 642 | 688 | 688 |
| 电器制造业 | 154 | 545 | 595 | 595 |
| 教育用具工业 | 184 | 527 | 536 | 536 |

续表

| 业别 | 二十七年底 | 二十八年底 | 二十九年底 | 三十年底 |
|---|---|---|---|---|
| 饮食品工业 | 12 | 444 | 444 | 444 |
| 矿业 | 15 | 377 | 377 | 377 |
| 钢铁工业 | 313 | 360 | 360 | 360 |
| 其他工业 | 50 | 240 | 374 | 374 |

材料来源：根据经济部工矿调整处函送资料编制。

［国民政府主计处档案］

# 三、迁湘工厂与湖南开发

## 1. 工矿调整委员会请协助迁湘上海工厂致湖南建设厅函稿（1938年3月2日）

径启者：查前自上海奉令内迁各工厂中已迁往贵省长沙、湘潭等地设厂工作者，计有九家。该厂等此次由沪内迁时，冒险起运，损失甚大，热心爱国，深可嘉许。关于该厂等所有购地复工等事项，拟请贵厅给以实力协助，以资鼓励。事关培植后方抗战力量，相应检同迁湘工厂名单乙纸，函请查照办理为荷。此致

湖南建设厅

中华民国二十七年三月二日

### 迁湘工厂名单

| 厂名 | 迁湘地点 | 备考 |
| --- | --- | --- |
| 中国工商谊记橡胶厂 | 长沙 | 到 |
| 民营化学工业社 | 长沙 | 到 |
| 大新荣橡胶厂 | 长沙 | 到 |
| 中国窑业公司 | 长沙 | 到 |
| 公记电池厂 | 长沙 | 到 |
| 金钢电池厂 | 长沙 | 到 |
| 新中机器公司 | 长沙 | 一部分启程 |
| 启文机器厂 | 湘潭 | 未启程 |

续表

| 厂名 | 迁湘地点 | 备考 |
|---|---|---|
| 大中华橡胶厂 | 湘潭 | 已启程 |

[经济部工矿调整处档案]

## 2. 张鹄臣与工矿调整处办理汉口市五金机器业各工厂迁沅陵的往来文书（1938年6月28日—7月7日）

### （1）张鹄臣致翁文灏呈（6月28日）

案奉钧处矿整字第998号批令节开：其他如运输工具之筹划，以及工人住处之设备，应由该公会从速派员前往沅陵、辰溪一带负责办理之。等因。奉此。遵即召集各迁沅工矿负责人开会讨论：当推定周洪发机器厂厂主周云卿、魏源翻砂厂技士俞文榜二君为代表，前往沅陵、辰溪间，负责办理厂房及工人住处设备等事。又有华中制药厂亦拟迁往沅陵，参加本会联合会办理，指派代表刘仲府君一人会同前往觅租该厂房屋。至该厂所有请求书职工表，俟填就即呈送。并仍推陈惠卿、韩岳山、聂和卿三君为在汉负责办理觅雇船只及起运机件等事，均经一致通过，并征得各被推人同意，纪录在卷。除另函通知该各代表等即时前来钧处，请示机宜外，理合备文呈复钧处鉴核，准予备查，实为公便。谨呈

经济部工矿调整处处长翁

汉口五金机器业同业公会主席　张鹄臣<br/>中华民国二十七年六月二十八日

### （2）张鹄臣致翁文灏呈（7月7日）

窃本会兹已将拟迁沅陵和兴工厂等四十家，分别一二三，三次迁往，理合备文连同分次厂名表赍钧处，准予备查，俟第一次各厂机件装箱，即再报请钧处查验，给予护照起行，实为公便。谨呈

经济部工矿调整处处长翁

汉口市五金机器业同业公会主席　张鹄臣

计呈赍各工厂分次起迁厂名表

中华民国二十七年七月七日

### 汉口市五金机器业同业公会会员工厂拟第一次迁往沅陵厂名表

| 厂名 | 吨数 | 备考 | 厂名 | 吨数 | 备考 |
|---|---|---|---|---|---|
| 和兴 | 8 | | 山泰 | 25 | |
| 仁昌 | 14 | | 兴顺 | 3.5 | |
| 闵燮记 | 3 | | 韩云记 | 3 | |
| 百利 | 4 | | 义华 | 2 | |
| 华中 | 20 | | 张鸿兴 | 25 | |
| 仲桐 | 30 | | 美丰 | 15.5 | |

以上共十二家计重153吨。

### 汉口市五金机器同业公会会员工厂第二次迁往沅陵厂名表

| 厂名 | 吨数 | 备考 | 厂名 | 吨数 | 备考 |
|---|---|---|---|---|---|
| 万声记 | 24 | | 胜昌 | 10.5 | |
| 大荣 | 10 | 调查时加7 | 苏裕泰 | 3 | |
| 魏源顺 | 19 | | 义复昌 | 3 | |
| 周复泰 | 15 | | 秦鸿记 | 15.5 | |
| 周义兴 | 3 | | 福顺 | 32.5 | |
| 大生 | 14.5 | | 恒记 | 3 | |
| 正大利 | 3 | | 谢元泰 | 4 | |
| 协兴 | 28 | | 正昌 | 4.5 | |

以上共十六家,计共重189.5吨。

### 汉口市五金机器同业公会会员工厂第三次迁往沅陵厂名表

| 厂名 | 吨数 | 备考 | 厂名 | 吨数 | 备考 |
|---|---|---|---|---|---|
| 周顺兴 | 8吨 | | 彭宝泰 | 3.5吨 | |
| 振华 | 13吨 | | 黄运兴 | 3吨 | |
| 方兴发 | 3吨 | 备考 | 鼎泰 | 6吨 | 备考 |
| 老荣泰 | 4吨 | | 新华 | 3.5吨 | |
| 张兴发 | 3吨 | | 洪昌 | 3吨 | |
| 彭宝盛 | 36吨 | | 邵定兴 | 31吨 | |

续表

| 德大 | 8吨 | | 刘义昌 | 3吨 | |
| 恒记 | 5.5吨 | | 宝泰 | 8吨 | 调查时加6吨 |

以上共十六家，计共重147.5吨。

[经济部工矿调整处档案]

## 3. 迁湘西工厂联合会简章①

### 迁湘西工厂联合会简章

第一章　总则

第一条　本会系根据工商公会法组织之，名为汉口市五金机器业公会，成立三十余年。自七七事变奉经济部工矿调整处明令迁湘复工，负担一部分国防工作及一切军用物品，同时又奉工矿处令改为迁湘西工厂联合会，凡属迁湘各工厂具有生产能力之厂家一律准予加入，以矫正营业，团结精诚，而期增强抗战力量为宗旨。

第二条　本会办公地点因厂家多居辰谿，会址暂设辰谿大路口办理，一切事务如后：

甲、接受党政机关暨经济部工矿调整处委托之事件。

乙、鼓励各厂努力工作及谋公共福利。

丙、调解各厂及工人一切纠纷。

丁、设计、发明、出品介绍一切工作，附设工人学校，教授相当知识。

戊、执行本会公决之决议案。

第二章

第三条　本会最高权力为会员大会，由全体会员代表组织之。

第四条　本会由会员大会选举时，须先呈请当地党政机关派员监选，应选执行委员十一人，监察委员三人，并另选候补执监委员三人。

第五条　本会由执行委员中互选三人为常务委员，并就常务委员中选任

---

① 此简章原无时间，据考证"迁湘西工厂联合会"为1939年1月18日成立，故该"简章"当为1939年1月前后制订。

一人为主席。

第六条　本会委员均为名誉职,但因办理会务得核时支给公费。

第七条　本会各委员有左列各款情事之一者,应即解任。

一、因不得已事,经会员大会决议,准具退职者。

二、在职务上违背法令,营私舞弊,或有其他不正当行为,经会员大会议决令其退职者。

三、受人告发,主管机关令其退职者。

第八条　本会得酌用雇员,其人数、薪金由大会决议之。

第三章　会员

第九条　凡各工厂具有相当生产能力者,均为本会会员。

一、本会会员入会等级,应分特级、甲级、乙级、丙级。

二、本会会员代表每一工厂,得派一人以厂主、经理为限,但推派代表时,得由厂主给予委托书,并通知本会,改派时亦同。

第十条　具有左列条款之一者,不得为本会会员。

一、褫夺公权者。

二、有违反党政指导及一切不正当行为者。

三、受破产之宣告尚未复权者。

四、无行为能力者。

第十一条　本会会员有遵守本会简章决议案之义务。如蛮悍生端,不受调解者,得依工商法,函送当地主管机关征办。

第十二条　本会会员代表有提议权、表决权、选举权、被选举权。

第十三条　本会会员之出会,须陈明出会理由,经本会核准后方能出会,但所缴各费概不退还。

第四章　任期

第十四条　本会委员之任期为一年,每半年改选半数。

第十五条　常务委员有缺额时,由执行委员递补之。执监委员有缺额时,得由候补执监委员分别依次递补,其任期以补足前任之期为限。

第五章　会期

第十六条　本会会员大会分定期会议与临时会议两种,由主席委员召集之。定期会议每年召集二次。

第十七条　会员大会时,由常务委员组织主席团,轮流主席。

第十八条　关于会员大会一切之决议,以会员代表三分之二以上出席,出席代表三分之二以上之同意行之,出席代表逾过半数而不满三分之二者,得以出席代表三分之二以上之同意行假决议,将其结果通告各代表,于一星期二星期内重行召集会员大会,以出席代表三分之二以上之同意,对假决议行其决议。

第十九条　召集会员大会应于十五日以前通知,但遇紧急事项召集临时会议时不在此限。

第二十条　执行委员会每月间会二次,但有特别事故得开临时会议。

第二十一条　执行委员开会时以主席委员为主席,如主席因故请假时得由常务委员代理主席。

第六章　经费

第二十二条　每月照会员工厂营业上百分之一收取,除经费外余款存作会积金,但值此非常时期暂不照百分之一收取。然雇员每月开支,得由各厂按特甲乙丙摊派月捐负担之。

第二十三条　本会经费之预算及事业之成绩,每年须编制报告书一册,分给各会员外并汇呈经济部工矿调整处。

第七章　附则

第二十四条　本会办事细则由执行委员另订之。

第二十五条　本简章悉依工商公会法及工商同业公会施行法细则之规定办理,如有未尽事宜必须修改时,应召集会员大会议决修改之。

第二十六条　本简章呈请经济部核定备案后即日施行。

[经济部工矿调整处档案]

## 4. 工矿调整处驻湘办事处编制一九三九年度湖南各厂推进状况报告书(1939年12月21日)①

（一）钢铁工业

(1)中央钢铁厂　自抗战军兴，奉令将机件迁运辰溪保管。

(2)湘西炼铁厂

一、厂址　沅陵马底驿张家坪。

二、股东及资本　由王慕松、龚康侯、钱贯之等10余人组织创办，暂定资本6,000元，已收3,000元（每股百元）。

三、经理　曹湘鸣

副理　张少卿

监察　钱贯之

四、工作情形　于二十八年十一月开始收买铁砂（每担约二三元），已收约100余吨，由铁砂熔炼毛铁，现有高炉一座，每24小时可炼毛铁约13担，俟铁砂及炭存有相当数量（约二十九年一月），即正式熔炼出货。

五、现有职工约200余人。

（二）机械工业

(1)河南农工器械制造厂　该厂厂长为程炯，原系河南省铜元局暨兵工厂全部财产改组而成，由河南省建设厅供给活动资金10万元开办，已历10余年。内分机器、翻砂、钳工、铆工、锻工及木样6部，共有技工300余人，所有农工矿交通各业所需一切机器工具概行承造。嗣以"七七"抗战军兴，迁移辰豀。本年五月间复工，承制第一兵厂高射炮架60副，现承造手溜[榴]弹壳，每月出产3万只，迫击炮弹壳600只，及其引信盖等。又军用锹镐、锅灶及步枪等零件均可承造。

(2)翻砂工业在常德者有陶国记翻砂厂，在沅陵者有山泰、范新昌、华森、周庆记等4厂，共有熔铁、铜炉各8座，每日可熔铜500公斤，铁5,500余公斤，现专为海军监造处翻制水雷触角零件。山泰翻砂厂曾承制辰溪第一兵工厂铸铁水管2,000余支，计重120吨，七月间该厂一部分并迁入兵工厂内，专以

---

① 此系驻湘办事处附送《报告书》致工矿处秘书室公函日期。

承制手溜[榴]弹壳,每月出品4万枚,不幸于九月二十一日敌机袭辰轰炸,全部焚毁,现仅沅部复工。

(3)精益铁工厂　经理为钱贯之,系集合永泰、恒兴益等铁厂合组而成。该厂自复工以来,营业颇佳,曾制造螺丝帽一万七千数百只,辘铲7只、军用锅灶46只、触角铁座3,000余座、十字镐1,000把、佩剑440把、元[圆]锹1,000余把、华司2,000余只,并修装汽车零件,装置银行库门等。现正承制兵工署购料委员会小十字镐1.2万把、小元[圆]锹6万把,工人已增至240余名。

(4)福顺机器厂　厂长为萧奉廷,资本8,000元,机器有车床2部、牛头刨床及钻床各1部。曾由汉口迁移桃源上茺河,嗣因迭遭敌机窥炸,不能复工,遂于一月间请求本处借款迁移沅陵,设厂于余家桥复工,承制被服厂及同和厂生活甚多。

(5)和兴、仁昌、张鸿兴、李兴发机器厂　租借本处厂房复工,曾制海军监造处水雷触角零件。嗣以材料运输困难,为便与海军监造处接洽起见,应该处请求,于十一月间迁移常德。内有陈东记机器厂在沅并未复工,此次偕同迁常复工。

(6)鸿泰、仲桐机器厂　厂长为葛祺增、王杏凡。于本年六月间到达沅陵,租借本处厂房复工,承制海军监造处水雷触角零件等。

(7)湖北机器厂　系由苏裕泰、谢元泰、周正昌合组改名而成。厂设常德大西门外渔父中学后面,专承制海军监造处水雷触角零件。本年十月间与永和机器厂,汤洪发、胡洪泰两铁厂同迁重庆。

(8)吴善兴机器厂　经理为吴善章。资本6万元。瑞生机器厂属之。有车床14部、钻床4部、刨床1部、马达3部、柴油引擎2部。原厂设于南京汉中路,二十六年十二月迁抵汉口汉正街复工。二十七年十月复迁常德,承制海军监造处铜铁工程。共有技工200余名,为常德各厂之较有规模者。

(9)兴顺机器厂　现改名为麒兴发机器厂,设厂于沅陵中南门河沿复工。八月十八日敌机轰炸沅陵,该厂全部焚毁。

(10)金炳记、韩云记、李胜兴机器厂　租借本处厂房复工,承制被服厂缝衣机架及海军监造处水雷触角零件,并修配汽车零件等。

(11)中国机器厂　经理为吴燕亭。资本1万元。本年三月间迁移沅陵,租借本处厂房,于八月间复工。计有8呎车床3部,10呎、16呎、18呎车床各1部,大、小钻床各1部、刨床1部。以营业不振,曾将刨床1部、8呎车床2部、小钻床1部售于炮兵团,将此款购买材料,改制小型车床,拟专制轧米机等之机器。

(12)周义兴、隆泰义、复昌、民实、德昌永、李锦泰、刘洪盛、张乾泰、建国、杜顺兴、夏洪发、云龙等12机器厂及德泰华、协兴、中华、漆鸿盛4铁工厂,均在常德承制海军监造处水雷触角零件等。

(13)亚洲制刀厂　经理为岳奎壁。厂设辰溪。专制各种刀具,月产400余打,销售于各省镇市。惟以刀柄向用赛璐珞及铜皮,现已用罄,曾指导改用牛角代替,实行施用,尚属合宜。惟制造方面稍费手续。最近所用刀片及弹簧之钢皮、钢砂粉、美白油等所存亦无几,现正派员前往衡阳等处采办。

(三)电器工业

(1)亚浦耳电器厂　该厂于二十七年六月间由汉口迁移辰溪,堆存机料于刘家巷19号民房内。经理为胡西园。共有机料17.12吨,内灯泡原料7.756吨,绕线车20部、喇叭车3部、斯丹姆车3部、封口车4部、邦浦2部、净气机验光机各1部、长排气车12部、大小马达13部,规模宏大。惟缺乏煤气设备,虽经本处一再催促,至今尚无复工准备。

(2)义华工厂　经理为刘锦章。资本1,500元。租借本处厂房复工。共有机料1.59吨,计车床、铣床各1部、钻床3部。主要产品为修理电话机件等。本年八月十八日敌机袭沅,该厂损失2,000余元。嗣以炸沅后市面营业萧条,于十月十二日迁移重庆,将在磁器口设厂复工。

(3)中央电瓷制造厂　厂长为任国常。厂设沅陵白田头。资本23.5万元。专造各种电瓷工具。八月十八日、二十一日两日亦遭敌机轰炸,损失共约5,500元,现已复工。

(4)湖南电灯公司发电厂　经理为萧思震。厂设长沙中六铺街。共有机料1,600余吨,内锅炉五座,7,500、2,000、1,000、600启罗发电机各1部,变压器50只,起重机2部,打水机3部,电线及材料等。因受时局威胁,迁移至永州冷水滩地方储存,以防被炸。

(5)常德鼎新电灯公司　经理为王新民。七月十三日敌机轰炸常德,全市精华均被惨残,营业萧条。曾将蒸汽发电机一部拆移乡间储存,中有一小部分未拆,留供各厂制造海军监造处制造水雷及防御工物发电工作之用。现应地方人士要求,正从事恢复街灯。其柴油发电机则由资委会迁运川省应用。

(四)化学工业

(1)华中制药厂　经理为刘仲府。资本6,000元。设厂于沅陵蓬匠湾。于本年四月间复工,仿制各种西药,销售于各省镇市,为其主要产品,并制棉纱、药棉等。

(2)万利药棉厂　厂长为喻会孝。资本2.09万元,工人50余名。专制军医署之药棉、纱布及救急包等,惟以硫酸、烧碱补充困难,故不能有大量之产品。曾承制军医署药棉1万磅、纱布5,000磅、救急包10万枚。

(3)建国药棉纱布厂　厂长刁蕴巢。资本10万元,工人百余名。专制纱布、药棉及救急包等。各式纺纱、织布等机器共有200余台,最近创制120锭手摇纺纱机著有成效。曾向军医署承制药棉、纱布各2万磅、救急包20万枚,惟以经济周转困难,时虑辍工。

(4)民营化学工业社电木厂　厂长为陈宗熙。资本5万元,工人20余名。本年六月间复工,先后已制成□令5,500只、保险3,000只,暨开关、电池、铜帽、弹簧等甚多。八月十八日被敌机袭炸,稍受损失。现以原料购置困难,最近有迁渝之讯。

(5)华中水泥厂　经理为王松波。设厂于辰溪梨子湾。资本300万元,职工共有500余人。在厂东约半公里处购有石山1座,约2,500公亩,采办石子用制水泥。石膏购自湘潭。本年十一月底开始试车,十二月下旬可正式开磨出灰,每月产量1万桶。九月二十一日敌机袭辰轰炸,该厂办公室、库屋、职工住宅震毁,损失约1.8万余元,职工衣物损失约1.4万元。

(6)永盛隆玻璃厂　经理为王迪生。厂设长沙碧湘街。其主要产品为医疗用具、化学仪器、军用灯片等。现拟计划迁移零陵复工。

(7)宝华玻璃厂　厂长为翁希仲。现在估计资本5.2万元,职工70余名,厂房面积约16亩。主要产品为理化仪器、药瓶、水杯、电灯器具、灯头暨各种瓷器、耐火砖、坩埚等。去岁长沙大火以前,曾试制平板玻璃,亦已成功。该厂于本年三月间由桃源迁移辰溪复工,惟以存货不齐,又无承制大批主顾,以致营业不振,周转困难。该厂现有存料约2万元,制成品4万余元。曾由本处介绍承制军医署药瓶等项,嗣以湖南省银行不拟继续经营,工作中辍,现拟商请本处接办。

(8)中国植物油料厂　该厂汉口工厂曾于二十七年九月间由汉口迁移常德,转运重庆,共有机料660吨,长沙工厂因长沙大火遭受焚毁,残余之机料共有50吨,亦于三月间迁移来沅,在余家桥设厂,估计明春可以复工。并拟在衡阳筹设分厂,与湖南贸易局合作,提炼桐油。

(五)纺织工业

(1)湖南第一纺织工厂　厂长为唐伯球。该厂曾由长沙迁往柳林汊,俟因湘北紧张,本年五月又奉令改迁安江筹备设厂复工,预计明年七月可以开工。

(2)江苏难民纺织厂　该厂经理为许振。资本10万元。主要产品细平布、细斜纹等。曾由汉口迁移桃源漆家河复工,因工作者均系难民,训练一二月方稍具技能,去年十一月间,厂事渐入轨道,出货亦渐旺盛。又因时局骤紧,改迁浦市,又逢沅江运输困难之际,直至本年三月中方得陆续开机。现有技工300余名,织布机80台、土纺机25台,月可产布1,200余匹。现正设法购用印度纺纱机2部,并增设土纺工场,力图发展。

(3)华商军服厂　该厂大部分机器均在祁阳复工,负责人为周韵笙。小部分机器在沅陵,隶属于军政部第一军工厂,负责人为毛钊炳。月产军衣帽15万套。本年八月十八日沅陵部分遭敌机袭炸,损失约40万元。现计划迁并祁阳。

(4)麟笙军服厂　经理为梁友舫。厂设沅陵验匠湾。本年八月十八日遭受敌机轰炸,损失约7,000元。每月可制衣帽2万余套。现已复工。

(5)林裕丰布厂　经理为林协臣。厂设祁阳。主要产品为白帆布、斜纹布、绷带布等，每月产额百余匹。

(6)国华、仁记等23家布厂　厂设祁阳。主要产品为洋布、帆布、八字带、药纱布等，每月产额2,000余匹。

(7)陈鸿泰军扣工厂　专制纽扣，供军工厂之用。

(8)同和证章帽花工厂　经理为熊嗣声。制造证章及帽花。工人20余名，月出帽花5万枚、证章5,000枚，专供军工厂军帽暨各机关证章之用。

(9)汤义兴、谢洪兴机器厂　专为军服厂修理缝衣机等。

(10)金刚机制鞋厂　经理为蒋铭三。资本10万元，工人约百名，在常、沅均设有工场。自复工以来，产额在7万双以上。嗣以常、沅两地先生被敌机袭炸，工人星散，机件损毁，更兼原料缺少，采办困难，奉该厂上海总经理命并常、沅两工场，于十月五日迁移重庆。

(六)饮食品工业

(1)五丰面粉厂　经理为施葛祉。该厂曾于二十七年九月间由汉口起运，十月间到桃源。共有机料250吨，有新购320马力之煤气引擎1部，每一昼夜可出面粉2,000余包。惟以经理在沪，无人负责经营，乃在流石滩建棚储存机料。本年五月间，贵州企业公司曾派员前往视察，拟选购日产500包之机件运贵，嗣以企业公司另由上海购机，致作罢论。现由本处抢令迁渝复工。

(2)福民烟厂　该厂经理为彭瑞涛。厂址长沙西乡望城坡方家巷。有美式香烟机1全套，计卷烟机1部、切丝机2部、方磨机、圆磨机、轧筋机、烘丝机各1部，均购自上海一新机器工厂。每一昼夜可出纸烟40万支，因经济周转困难停工，原拟价售于贵州企业公司，旋作罢论。

(七)矿业

辰溪煤业办事处　利用源华煤矿原有机件，协助辰溪合组煤矿及惠民煤矿解决排水工作，并向华中水泥厂借用轻轨敷设铁道，增强运输力量。连同辰溪煤矿三矿，每日约产120吨。

## 迁湘西各工厂产品统计表

| 类别 | 名称 | 产量 | 承造厂家 |
| --- | --- | --- | --- |
| 兵工类 | 水雷零件 | 24,456件 | 和兴、仁昌、张鸿兴等10余家 |
| | 小十字镐 | 8,500把 | 精益铁工厂 |
| | 小元[圆]锹 | 25,200把 | 精益铁工厂 |
| | 迫击炮架 | 1个 | 义华工厂 |
| | 机枪高射架 | 60付 | 河南农工制造厂 |
| | 手溜[榴]弹 | 16,700个 | 河南农工及山泰翻砂厂 |
| 军需类 | 行军锅灶 | 80套 | 精益铁工厂 |
| | 药棉 | 22,803磅 | 华中制药厂、建国药棉厂、万利药棉厂 |
| | 纱布 | 27,063磅 | 华中制药厂、建国药棉厂、万利药棉厂 |
| | 救急包 | 155,000个 | 建国、万利 |
| | 军鞋 | 13,574双 | 金刚机制鞋厂 |
| | 佩剑 | 4,400把 | 精益铁工厂 |
| 交通器材类 | 绞盘 | 1部 | 金炳记机器厂 |
| | 汽车零件 | 215件 | 金炳记、和兴、韩云记、张鸿兴、李胜兴等各厂 |
| | 修理装配电话机 | 13部 | 义华工厂 |
| | 皮包机 | 4部 | 义华工厂 |
| 机件工具类 | 车床 | 9部 | 仲桐机器厂、和兴机器厂、华森 |
| | 弹花车 | 2部 | 和兴厂 |
| | 切面机 | 5部 | 和兴厂 |
| | 水银蒸溜[馏]炉 | 1个 | 和兴厂 |
| | 水压机 | 1部 | 河南农工制造厂 |
| | 老虎钳 | 188部 | 河南农工制造厂 |
| | 石印机 | 1部 | 华森翻砂厂 |
| | 铁锤 | 322个 | 精益铁工厂 |
| | 生铁水管 | 154吨 | 山泰翻砂厂 |
| | 各种螺丝 | 18,083个 | 精益、仁昌 |
| | 生铁零件 | 1,670件、叉6,000磅 | 韩云记、张鸿兴、河南农工各厂 |
| | 缝衣机 | 100部 | 韩云记厂 |
| | 小钻床 | 3部 | 张鸿兴厂 |

续表

| 类别 | 名　称 | 产　量 | 承造厂家 |
|---|---|---|---|
| 普通工作类 | 小刀 | 23,040打 | 亚洲刀厂 |
| | 电池零件 | 12,000只 | 民营电木厂 |
| | 电木开关 | 5,500只 | 民营电木厂 |
| | 电木保险 | 3,000只 | 民营电木厂 |
| | 库门铁门 | 11个 | 精益铁工厂 |
| | 铜铁砝码 | 12件 | 精益铁工厂 |
| | 熟铁锅 | 200个 | 精益铁工厂 |
| | 风鼓 | 4个 | 仲桐机器厂 |

[经济部工矿调整处档案]

## 5. 工矿调整处驻湘办事处一九四〇年度工作报告（1940年12月）

弁言

民国二十七年秋，武汉局势改变，本处由汉率领各工厂南徙，舟车既缺乏，器材复拥挤，指挥布置，备极艰辛。后奉令移沅成立驻湘办事处，在总处领导之下，于各工厂则促其迁移，助其建筑，济其资财，增其工作，并分类调查考察全湘各种矿产，以备开发，昕夕孜孜，未敢少懈。兹届二十九年度之末，谨将已往工作概要，分别胪列如次，以供检讨。

工业

（甲）工厂情况

（一）工厂分类　湖南现有工厂截至二十九年底止，曾经本处予以调整者计211厂。按其业别可分为机器五金工业、电器工业、陶瓷玻璃工业、化学工业、饮食品工业、文具印刷工业、纺织工业，其他工业等八类，其中63%以上系由外省迁来，23%原设湖南境内，其应环境需要而新创立者仅占13%弱。列如第1、第2两表。

（二）工厂迁移经过　各工厂迁移大半视环境而决定，多数在湖南择地设厂复工，少数迁至湖南后因地点或其他条件未妥，转迁重庆。另一部分原定迁湘，后竟未实行，至今无法调查。上列211家工厂，由外省迁移来湘者134

家，其中由上海迁出者20家，由南京迁出者9家，由汉口迁出者99家，由武昌迁出者2家，由芜湖、大冶、南通、桂林迁出者各1家，原设湖南境内者50家，抗战后新创立者27家。其迁出及现设立地址列如第3表；经过湖南转往重庆者23家，共有工人420名，物资300余吨，列如第4表；规定迁湘目前尚未调查明白之工厂计23家，列如第5表。

（三）物资数量　工厂物资系以机器、工具、材料并计，或仅有机器，或仅有材料，或兼有之，而多寡悬殊，依其数量统计之，列如第6、第8两表。

（四）工人数目　各工厂均有熟练之技工，自二三人以至数百人不等。迁移时多半携带原有工人及其眷属同行，故至内地后易于复工，无人手缺乏之苦。各厂工人数目统计列如第7、第8两表。

（五）各业概况　依第1表所载业别分为八类。机器五金工业包括翻砂、铁工、机器等项，工厂甚多，新中工程公司及湖南省机器厂规模较为宏大，其余皆系小厂。曾承制海军监造处水雷触角，兵工厂铸铁水管，各部队军用锅灶、大小圆锹、十字镐、公路局桥梁螺丝及银行库门、缝衣机架、轧米机、织袜机、小型车床等等。电器工业中有华成电器公司能制发电机、变压器、电动机及各种电器零件；亚浦耳电器厂能制各种灯泡，规模宏大，惟工人缺乏，设备未齐，尚未开工；亚星电池厂所制干电【池】质量相当销行甚广。陶瓷玻璃工业，中国窑业公司出品以耐火砖为主；宝华玻璃厂现由湖南省银行出资经办，能制平玻璃、理化仪器、电灯零件及药瓶、水杯等器皿；永盛隆玻璃厂原设长沙，制造医疗用具、化学仪器、军用灯片等，计划迁移零陵；尚有宝湘、三友2厂亦制玻璃用品。化学工业以华中水泥厂为最，按水泥制造厂不但湖南境内只此1处，自湖南以东，并无其他水泥厂，黔、桂、粤、闽、赣、皖各省需用水泥均仰给于是，现每月产量15,000桶，尚不足应各方需求；华中制药厂自制各种化学药品，颇为医界所推许；火柴厂2家分设零陵、长沙，以原料困难，糊匣工资过高，现仅零陵1家开工。生产饮食品工业最著者为蓝田面粉厂，每日出装45斤面粉60包，销行湖南及广西；麻阳制糖厂用土法制蔗糖，产量不多。文具印刷工业，柳林汉湘西造纸厂为湖南省银行所经办，系用手工造纸；亚新地学社以前专印地图，自迁湘后，兼营一般印刷，并铸造铅字；另有现代社专制墨汁、糨糊等品。纺织工业,湖南第一纱厂已迁移安江,有5,000锭子开工,预计在3个月内增加3,000锭;裕民、江苏、万利、建国四厂,出品有棉纱、纱布、药棉、布匹等等。其他工业包括皮件、毛巾、洗衣皂、军鞋、线袜、银箱、磅秤等项,出品销行市上。综计各业制造品在120种以上,列如第9表。

(乙)协助事项

(一)协助迁移　二十九年夏,宜沙告急,奉令将常德一带工厂内迁,本处派员赴常督促,并协助解决迁移时之困难:(1)借予迁移费;(2)发给护照;(3)代觅船只;(4)照料在途一切。经时两月,即行办竣。计由常德迁辰溪者33家,迁沅陵者4家,迁衡阳者1家,由沅陵迁往辰溪、芷江、衡阳、重庆者各1家,共42家,详列第10表。

(二)供应需要　各厂到辰,择地复工,人口骤增,房屋缺乏,需用原料及动力均感困难。本处派员驻辰办理供应事项:(1)代觅房屋租作厂房、宿舍,并拨借建筑费;(2)代向辰谿发电所接洽供用电力;(3)代为接洽购用食盐;(4)各厂应用材料按其所需种类、数量,除由原购储材料中尽量拨借外,并订定委托购料及借料办法2种,务使毫无缺乏。

(三)介绍工作　各厂初次到辰,人地生疏,本处为介绍于各机关,给予相当工作者计:(1)海军监造处;(2)各兵工厂;(3)各被服厂;(4)西南公路工程处;(5)其他机关。

(四)借贷资金　各厂缺乏营运资金请求贷款者,本处或自行贷予,或介绍于各银行计:(1)由本处贷予者,江苏、裕民、万利、建国四厂,共4万元;(2)向银行介绍者,华中水泥厂向四行透支10万元;裕民农村纺织社向湖南省银行借4万元;楚兴纺织厂向省银行借5,000元;其他尚有多起,均在调查审核中。贷款统计列如第11表。

(丙)调整事项

(一)介绍合作　从前习惯,各工厂分工而不合作,翻砂厂只顾自了其翻砂手续,不考虑铁工厂之利害,铁工厂只顾自了其锻铁工作,不考虑机器厂之困难。一宗制品常需经过数厂,不能合作,工作窒碍甚多,既耗时日,出品复不精良。本处竭力劝导,设法调整、务使一宗制品自始至终经过各厂咸能互相照顾,互为计划,以期出品无粗劣不能适用之弊。

(二)调解纠纷　同行工厂不免互相嫉妒,往往联甲制乙,亲丙排丁,或抬价居奇,或滥价争取工作,时有龃龉,其结果抬价者因价高而工作减少,滥价者因粗制而无人过问,两蒙其害。又因工人缺乏,常有争夺情事,先后发生纠纷多起。本处依据事实,参酌情势,概予以调解,务使合理解决,各得便利。

(三)运销分配　华中水泥厂、蓝田面粉厂等出品,集于一处,因运输困难,远道购取维艰,以致供求不能适应。爰为计划,于外埠设立分销处,并为介绍于当地官厅,设法减少运输上困难,以期分配适宜,货无积滞。

(四)技工缓役　各工厂技术工人有适合兵役年龄者,而其所经手制造工作关系后方生产又极重要,本处遵照兵役署"技术职工暂缓征调办法",严格调查,转请缓役,务使能尽力生产而不妨碍役政。

(丁)倡导事项

(一)军需品之承制　抗战时期,军需用品全赖后方源源供给,各工厂虽有技术,苦于不谙门径,技无所施。本处就各厂技能所及,倡导制造各种军需用品,现有专门制造者11厂,兼造者120厂,其以特殊情形及无暇承造者计80厂,详列第12表,共计出品60余种,详列第13表。

(二)纺纱机之仿造　"七七"以后,内地复工之纱锭为数无几,全数供应军需尚不及1/3。本处有鉴于此,爰与多数纺纱专门人才研究,提倡仿造结构较为简单之印度式纺纱机,业与湖南大学商妥、委托制造,样品一俟试验合用,即可大量仿造。

(三)自制工作母机　母机为制造基本,曾督促各工厂制造,以求自给。就其能力所及,已制出4尺半、6尺车床多部;其余刨床、钻床、铣床、冲床、磨床均在推进中。

(四)手工纺织造纸与机器同时推进　目前纱锭之不足已如前文所述,即使努力增加,仍觉缓不济急。考手工纺纱不如机纱之均匀牢韧,只能用作纬纱,但在机纱缺乏之时,不得不酌量掺用。经与第九战区经济委员会及农本局磋商,设法于乡村间设立收买机关,如合作社等征集手工纱,供织布厂之用,以济一时之急。湖南境内造纸业除湖南造纸厂正在迁移筹备外,余全系手工造纸。湖南原为产纸区域,人民赖此为生者甚多,惟所制之纸质量均差,经派人调查研究改良办法,期品质与产量同时增进,以补机器造纸之不足。

(五)技术人员之征集　举办轻重工业,处处需用技术人员,国内人才散在各地,不相闻知。经与湖南大学商妥,视本处需要,随时介绍,或代为研究一问题,或代为调查某事项,冀收集思广益之效。

(六)技工之训练与养成　抗战以来,工厂集于内地,致技工非常缺乏,各工厂常有争夺工人之事。为补救计,除劝导各工厂尽量收用学徒外,并策动各工厂于沅陵、辰谿两处各设工人子弟学校一所,授以文字,并灌输党义及普通常识,以为日后技术训练实施之基础。

(七)节约储金　节约建国储金,为目前国民经济要图,总裁谆谆提示,三令五申。本处遵此意旨,竭力向各厂及各私人倡导,计认储达6万余元。

(戊)结论

湘省工业处于战时繁荣状态之下,产品需要之过度刺激,据本处就曾经予以协助者调查统计,原有工厂及由外省迁入者为数已达200余家,而新创者截至本年度止,亦已达20余家。此类工业因适应战时需要,及历经本处多方协助,工作大都顺利,生产品不虞滞呆,资金调度亦较灵活,故普遍均获有优厚盈利。然实际盈亏数字,因调查困难,各厂不明调查用意,惟恐泄露其真相等关系,向无确实报告,故乏准确统计,仅能就其一般情形约略述之。

湘省工厂除少数规模较大厂家均有一定生产程序外,其他小型工厂类多以应市场需要为转移。其工作来源,除自行承揽外,本处亦各方设法介绍。惟各厂或因接近战区,辗转迁移,或因管理不良,或因敌机轰炸,原料困难等种种关系,多有损失,其生产成本亦自随之增高,以此均能于承揽销售上获得优越条件,仍有优厚利益。兹谨就其损失原因略予伸述:

(1)迁移停工　各厂接近战区者为数甚多,为策安全起见,须相地迁移,其迁移费用及迁移期间生产停顿,移地后筹备又需时耗费,内迁各厂以是项损失为最大,而亦最普遍。

(2)管理不良　各厂规模较大者为数甚少,各小型工厂主持经营者大都知识有限,在技术上虽能依仗其过去经验,但对于生产程序及管理各方面尚多缺乏学理之研究。对于资金之运用亦多未能合理,会计窳败,尤为最大缺点,甚或至有毫无会计之可言者;所获盈利,任意挥霍,赚钱愈多,无谓消耗愈大,一旦正式需款,则感侷促,因此而致营业上陷于不利,小型工厂几全部有此弊病。

(3)原料不敷　湘省工厂原料之供给,除极少数自行向各地采购转运外,余均因资力、人力缺乏,无法大批购储,仅能当地取给,尤以湘西一带转运困难,故多虽有工作而不敢承揽,或在承接工作后以原料涨价而致亏累。

(4)敌机轰炸　自武汉沦于敌手后,一时敌冠图湘之心愈急,敌机出动频频轰炸,各工厂虽多数疏建乡间,并由本处尽量督促注重消极防空设备,故损失较少。但在警报期间,普遍均受生产停顿之影响,此项损失实无法估计。

(5)其他　如长沙大火时,少数工厂多遭波及。又如技工之被他处挖雇,或兵工厂方面之大批罗致,亦均足以影响其生产等等。

以上各项,虽无法得到确切统计,然其损失情形殆亦非少,不可臆测,惟其间尚有少数小型工厂,其损失程度间有超过其资产总额以上而仍能继续营业者,其原因盖多赖本处之协助,亦以一般工厂设备有限,获利优厚,其所得盈利已超过其全部资产若干倍,惜未能合理运用,致无扩大表现耳。本处对于湘省工矿事业,监督协助虽未能全数免除其损失,但盈利保障似已见成效。以后拟就上述各点加以调整,冀能使各厂对于技术及管理之改良,资金之运用,生产之增加等渐趋于合理,其无谓损失之程度自亦能较为减低,而促成达到为国生产,建立永久工业基础,以增强国防经济建设力量。

矿业[略]

处务[略]

## 湘省工厂分类统计表

第1表　　　　　　　　　　　　　　　　　二十九年十二月

| 业别＼区别（厂数） | 原在湘省者 | 他处迁来者 | 新创者 | 总计 | 备注 |
|---|---|---|---|---|---|
| 机器五金工业 | 17 | 79 | 10 | 106 | |
| 电器工业 | 6 | 3 | | 9 | 有一厂未复工 |
| 陶瓷玻璃工业 | 13 | 1 | | 14 | |

续表

| 区别<br>厂数<br>业别 | 原在湘省者 | 他处迁来者 | 新创者 | 总计 | 备注 |
|---|---|---|---|---|---|
| 化学工业 | 2 | 4 | 4 | 10 | |
| 饮食品工业 | 7 | 1 | 3 | 11 | |
| 文具印刷工业 | 1 | 1 | 3 | 5 | 有一厂未复工 |
| 纺织工业 | 2 | 33 | 3 | 38 | |
| 其他工业 | 2 | 12 | 4 | 18 | |
| 总计 | 50 | 134 | 27 | 211 | |
| 百分比 | 23.70 | 63.50 | 12.80 | 100.00 | |

### 湘省各类工厂分布地区统计表

第2表　　　　　　　　　　　　　　　　　　　　　二十九年十二月

| 业别<br>厂数<br>地区 | 机器五金工业 | 电器工业 | 陶瓷玻璃工业 | 化学工业 | 饮食品工业 | 文具印刷工业 | 纺织工业 | 其他工业 | 总计 |
|---|---|---|---|---|---|---|---|---|---|
| 沅陵 | 41 | 1 | | 7 | 4 | 1 | 3 | 15 | 72 |
| 辰溪 | 39 | 1 | 1 | 1 | | | | 1 | 43 |
| 常德 | 11 | | 1 | | | | | | 12 |
| 长沙 | 1 | | 5 | | 1 | | | | 7 |
| 衡阳 | 7 | 1 | 3 | | | | | 1 | 12 |
| 祁阳 | 2 | 1 | | | 1 | | 28 | | 32 |
| 麻阳 | | | | | 1 | | | | 1 |
| 芷江 | 1 | | | | | | | | 1 |
| 邵阳 | | 1 | | | | | 1 | | 2 |
| 晃县 | 1 | | | | | | | | 1 |
| 泸溪 | 1 | | | | | 1 | 1 | | 3 |
| 安江 | | | | | | | 1 | | 1 |
| 零陵 | 1 | 1 | 2 | 1 | 1 | | | | 6 |
| 浦市 | | | | | | | 2 | | 2 |
| 津市 | 1 | | | | | | | | 1 |

续表

| 地区＼业别 | 机器五金工业 | 电器工业 | 陶瓷玻璃工业 | 化学工业 | 饮食品工业 | 文具印刷工业 | 纺织工业 | 其他工业 | 总计 |
|---|---|---|---|---|---|---|---|---|---|
| 洪江 |  | 1 | 1 |  | 1 | 1 | 1 | 1 | 6 |
| 醴陵 |  | 2 |  |  | 1 |  |  |  | 3 |
| 桃江 |  |  |  | 1 |  |  | 1 |  | 2 |
| 安化 |  |  |  |  | 1 |  |  |  | 1 |
| 湘潭 |  | 1 |  |  |  |  |  |  | 1 |
| 新化 |  |  |  |  |  | 2 |  |  | 2 |
| 总计 | 106 | 9 | 14 | 10 | 11 | 5 | 38 | 18 | 211 |

## 湘省各厂迁移动态表

第3表　　　　　　　　　　　　　　　　　　　　　　　　　　二十九年十二月

| 改迁地＼原在地 | 上海 | 南京 | 芜湖 | 大冶 | 汉口 | 武昌 | 南通 | 桂林 | 长沙 | 常德 | 祁阳 | 衡阳 | 零陵 | 邵阳 | 醴陵 | 洪江 | 安化 | 沅陵 | 湘潭 | 益阳 | 新创 | 总计 |
|---|---|---|---|---|---|---|---|---|---|---|---|---|---|---|---|---|---|---|---|---|---|---|
| 沅陵 | 12 | 5 | 1 |  | 30 |  | 1 |  | 1 | 6 |  |  |  |  |  |  |  | 1 |  |  | 15 | 72 |
| 辰溪 | 3 | 4 |  | 1 | 28 |  |  |  |  | 4 | 1 |  |  |  |  |  |  |  |  |  | 2 | 44 |
| 常德 |  |  |  |  | 7 |  |  |  | 1 | 3 |  |  |  |  |  |  |  |  |  |  |  | 11 |
| 长沙 |  |  |  |  |  |  |  |  | 7 |  |  |  |  |  |  |  |  |  |  |  |  | 7 |
| 衡阳 | 1 |  |  |  | 3 |  |  |  |  |  | 8 |  |  |  |  |  |  |  |  |  |  | 12 |
| 祁阳 | 1 |  |  |  | 28 |  |  |  |  |  | 3 |  |  |  |  |  |  |  |  |  |  | 32 |
| 麻阳 |  |  |  |  |  |  |  |  |  |  |  |  |  |  |  |  |  |  |  |  | 1 | 1 |
| 芷江 | 1 |  |  |  |  |  |  |  |  |  |  |  |  |  |  |  |  |  |  |  |  | 1 |
| 邵阳 |  |  |  |  |  |  |  |  |  |  |  |  |  |  | 1 |  |  |  |  |  | 1 | 2 |
| 晃县 |  |  |  |  |  |  |  |  |  |  |  |  |  |  |  |  |  |  |  |  | 1 | 1 |
| 泸溪 |  |  |  |  | 2 |  |  |  |  |  |  |  |  |  |  |  |  |  |  |  | 1 | 3 |
| 安仁 |  |  |  |  |  |  |  |  | 1 |  |  |  |  |  |  |  |  |  |  |  |  | 1 |
| 零陵 | 1 |  |  |  |  |  |  |  |  |  |  |  |  | 4 |  |  |  |  |  |  | 1 | 6 |
| 浦市 |  |  |  |  | 1 | 1 |  |  |  |  |  |  |  |  |  |  |  |  |  |  |  | 2 |
| 津市 | 1 |  |  |  |  |  |  |  |  |  |  |  |  |  |  |  |  |  |  |  |  | 1 |

续表

| 改迁地＼原在地 | 上海 | 南京 | 芜湖 | 大冶 | 汉口 | 武昌 | 南通 | 桂林 | 长沙 | 常德 | 祁阳 | 衡阳 | 零陵 | 邵阳 | 醴陵 | 洪江 | 安化 | 沅陵 | 湘潭 | 益阳 | 新创 | 总计 |
|---|---|---|---|---|---|---|---|---|---|---|---|---|---|---|---|---|---|---|---|---|---|---|
| 洪江 |  |  |  |  |  |  |  |  | 1 |  |  |  |  |  |  | 3 |  |  |  |  | 2 | 6 |
| 醴陵 |  |  |  |  |  |  |  |  |  |  |  |  |  |  | 3 |  |  |  |  |  |  | 3 |
| 桃江 |  |  |  |  |  |  |  |  |  |  |  |  |  |  |  |  |  |  |  | 1 | 1 | 2 |
| 安化 |  |  |  |  |  |  |  |  |  |  |  |  |  |  |  |  | 1 |  |  |  |  | 1 |
| 湘潭 |  |  |  |  |  |  |  |  |  |  |  |  |  |  |  |  |  |  | 1 |  |  | 1 |
| 新化 |  |  |  |  | 1 |  |  |  |  |  |  |  |  |  |  |  |  |  |  |  | 1 | 2 |
| 总计 | 20 | 9 | 1 | 1 | 99 | 2 | 1 | 1 | 20 | 4 | 3 | 8 | 4 | 1 | 3 | 3 | 1 | 1 | 1 | 1 | 27 | 211 |

## 转湘迁渝工厂统计表

第4表　　　　　　　　　　　　　　　　　　　二十九年十二月

| 厂名 | 工人数目 | 物资吨位 | 备注 |
|---|---|---|---|
| 金刚制鞋厂 | 92 | 6.50 |  |
| 义华工厂 | 8 | 1.00 |  |
| 汉口振华机器厂 | 20 | 25.00 |  |
| 联益机器 | 5 | 5.00 |  |
| 秦鸿记机器厂 | 15 | 21.00 |  |
| 汉口机器厂 | 10 | 3.00 |  |
| 顺丰翻砂厂 | 4 | 10.90 |  |
| 方兴发机器厂 | 33 | 31.60 |  |
| 杨正泰铁工厂 | 14 | 5.50 |  |
| 姚顺兴机器厂 | 37 | 32.60 |  |
| 新华机器厂 | 13 | 9.50 |  |
| 洪昌机器厂 | 14 | 6.50 |  |
| 周复泰机器厂 | 9 | 18.00 |  |
| 田顺兴铁工厂 | 16 | 3.10 |  |
| 顺昌机器厂 | 15 | 63.00 |  |
| 王鸿昌翻砂厂 | 2 | 3.00 |  |

续表

| 厂名 | 工人数目 | 物资吨位 | 备注 |
|---|---|---|---|
| 黄运兴机器厂 | 11 | 3.30 | |
| 华丰机器厂 | 38 | 10.10 | |
| 义复昌机器厂 | 2 | 11.10 | |
| 谢元泰机器厂 | 8 | 10.00 | |
| 苏裕泰机器厂 | 5 | 3.00 | |
| 正昌机器厂 | 12 | 4.03 | |
| 胡洪泰铁工厂 | 16 | 3.10 | |
| 汤洪发铁工厂 | 10 | 5.70 | |
| 邓兴发翻砂厂 | 11 | 6.00 | |
| 总计 | 420 | 301.53 | |

## 规定迁湘尚无法调查各厂一览

第5表　　　　　　　　　　　　　　　　　　　　　　　二十九年十二月

| 业别 | 厂名 | 业别 | 厂名 |
|---|---|---|---|
| 机器五金工业 | 徐顺发机器厂 | 电器工业 | 振华电器厂 |
| | 宝泰机器厂 | | 公记电池厂 |
| | 大荣机器厂 | | 金刚电池厂 |
| | 胡尊记机器厂 | 陶瓷玻璃工业 | 沪汉玻璃厂 |
| | 邴定兴机器厂 | | 光大瓷公司 |
| | 万声记铁船锅炉厂 | 化学工业 | 大新荣橡胶厂 |
| | 大生机器厂 | | 大中华火柴厂 |
| | 胜昌机器厂 | | 大中华橡胶厂 |
| | 德大机器厂 | 饮食品工业 | 冠生园 |
| | 魏源顺机器厂 | | 五丰面粉厂 |
| | 周顺兴机器厂 | | 万盛酱油厂 |
| | 恒记铁工厂 | 印刷文具工业 | 京城印刷所 |
| | 鼎泰机器厂 | | |
| | 老荣泰机器厂 | | |
| | 百利机器厂 | | |
| | 永兴发翻砂厂 | | |
| | 正大利机器厂 | | |
| | 闵锡记机器厂 | | |
| | 刘义昌翻砂厂 | | |
| | 兴顺机器厂 | | |
| | 张怀记翻砂厂 | | |

## 湘省工厂物资统计表

第6表　　　　　　　　　　　　　　　　　　　　　　　　　　二十九年十二月

| 业别＼区别＼吨位 | 属原在湘省工厂者 | 属他处迁来工厂者 | 属新创工厂者 | 总计 | 备注 |
|---|---|---|---|---|---|
| 机器五金工业 | 735.40 | 967.80 | 52.70 | 1,755.9 | |
| 电器工业 | 791.00 | 187.40 | | 978.4 | |
| 陶瓷玻璃工业 | 702.00 | 42.00 | | 744.0 | |
| 化学工业 | 12.00 | 3,010.20 | 18.30 | 3,040.5 | |
| 饮食品工业 | 365.00 | 20.00 | 45.00 | 430.00 | |
| 文具印刷工业 | 350.00 | 14.00 | 42.00 | 406.0 | |
| 纺织工业 | 1,203.00 | 210.00 | 35.00 | 1,448.0 | |
| 其他工业 | 2.00 | 43.50 | 18.50 | 64.0 | |
| 总计 | 4,160.40 | 4,494.90 | 211.50 | 8,866.8 | |
| 百分比 | 47.00 | 50.60 | 2.40 | | |

## 湘省工厂工人统计表

第7表　　　　　　　　　　　　　　　　　　　　　　　　　　二十九年十二月

| 业别＼区别＼人数 | 属原在湘省工厂者 | 属他处迁来工厂者 | 属新创工厂者 | 总计 | 备注 |
|---|---|---|---|---|---|
| 机器五金工业 | 248 | 1,282 | 284 | 1,814 | |
| 电器工业 | 157 | 134 | | 291 | |
| 陶瓷玻璃工业 | 503 | 35 | | 538 | |
| 化学工业 | 170 | 146 | 108 | 424 | |
| 饮食品工业 | 215 | 24 | 93 | 332 | |
| 文具印刷工业 | 20 | 47 | 193 | 260 | |
| 纺织工业 | 247 | 1,782 | 98 | 2,127 | |
| 其他工业 | 27 | 136 | 248 | 411 | |
| 总计 | 1,587 | 3,586 | 1,024 | 6,197 | |
| 百分比 | 25.60 | 57.90 | 16.50 | | |

## 湘省各业工厂厂数物资工人百分比例表

第8表　　　　　　　　　　　　　　　　　　　　　二十九年十二月

| 百分数＼类别＼业别 | 厂数 | 物资 | 工人 | 备注 |
|---|---|---|---|---|
| 机器五金工业 | 50.3% | 19.9% | 29.4% | 机器五金工业厂数占50%以上，物资只占20%弱，盖皆以小厂，厂数虽多，物资甚少 |
| 电器工业 | 4.3% | 11.1% | 4.7% | |
| 陶瓷玻璃工业 | 6.8% | 8.4% | 8.7% | |
| 化学工业 | 11.8% | 34.3% | 6.8% | 化学工业厂数占5%弱，物资占34%强，厂数虽小，物资甚多 |
| 饮食品工业 | 5.4% | 4.8% | 5.3% | |
| 文具印刷工业 | 2.3% | 4.5% | 4.2% | |
| 纺织工业 | 17.5% | 16.3% | 34.3% | 纺织工业厂数与物资百分率约相同，所有工人最多，为各业之冠 |
| 其他工业 | 8.6% | 0.7% | 6.6% | |
| 总计 | 100% | 100% | 100% | |
| | 厂数以文具印刷工业为最少 | 物资以其他工业为最少 | 工人以文具印刷工业为最少 | |

## 各业承制普通用品一览表

第9表　　　　　　　　　　　　　　　　　　　　　二十九年十二月

| 业别 | 品名 | 业别 | 品名 |
|---|---|---|---|
| 机器五金 | 圆铁 | 机器五金 | 煤气引擎 |
| | 方铁 | | 蒸汽引擎 |
| | 六棱八棱钢 | | 车床 |
| | 毛铁 | | 钻床 |
| | 锅炉 | | 冲床 |
| | 烟囱 | | 刨床 |
| | 油池 | | 铣床 |
| | 水塔水箱 | | 铡床 |
| | 抽水机 | | 锯床 |
| | 柴油引擎 | | 磨床 |

续表

| 业　别 | 品　名 | 业　别 | 品　名 |
| --- | --- | --- | --- |
| 机器五金 | 老虎钳 | 机器五金 | 滚布机 |
| | 生熟铁砧 | | 打气机 |
| | 钢铁钟 | | 邦浦救火车 |
| | 煤锹 | | 缝衣机 |
| | 剪、叉、钳 | | 酒精蒸馏器 |
| | 锉刀 | | 火炉 |
| | 磅秤 | | 库门 |
| | 起重机 | | 染锅 |
| | 绞车滑轮 | | 刨烟机 |
| | 轧石机 | | 铜铁水壶 |
| | 辗屑机 | | 各种小刀 |
| | 挖泥机 | | 保险银箱 |
| | 印刷机 | | 汽车钢板 |
| | 轧票机 | | 汽车零件 |
| | 切面机 | | 救火铜帽 |
| | 磨粉机 | | 各种农具 |
| | 碾米机 | 电器 | 发电机 |
| | 耷谷机 | | 变压器 |
| | 榨油机 | | 电动机 |
| | 饼干机 | | 干电池 |
| | 刨冰机 | | 灯泡 |
| | 织袜机 | | 风扇 |
| | 运动衫机 | | 电炉 |
| | 织衫机 | 陶瓷玻璃 | 平板玻璃 |
| | 围巾机 | | 理化玻璃 |
| | 毛线衫机 | | 日用器皿 |
| | 织带机 | | 汽车灯片 |
| | 轧花机 | | 煤油灯器 |
| | 弹花机 | | 火泥 |
| | 纺纱机 | | 火砖 |
| | 织布机 | | 瓷器 |

| 业别 | 品名 | 业别 | 品名 |
|---|---|---|---|
| 化学 | 各种电木物品 | 其他 | 银盾、证章 |
| | 西药 | | 各种量尺、秤、天平 |
| | 火药 | | 鞋 |
| | 酒精 | | 各种皮件 |
| | 火柴 | 印刷文具 | 各种纸线 |
| | 水泥 | | 铅字 |
| | 皮革 | | 铅印品 |
| | 电镀物品 | | 石印品 |
| | 墨水 | 纺织 | 毛巾 |
| | 墨汁 | | 各种针织 |
| | 浆糊 | | 棉纱 |
| | 皮鞋油、牙粉等 | | 精棉 |
| 饮食品 | 糖 | | 各种布匹 |
| | 米 | | |
| | 面粉 | | |
| | 卷烟 | | 各种染布 |

## 二十九年协助迁移各工厂一览表

第10表　　　　　　　　　　　　　　　　　　　　二十九年十二月

| 厂名 | 迁移日期 | 迁移地点 | 备注 | 厂名 | 迁移日期 | 迁移地点 | 备注 |
|---|---|---|---|---|---|---|---|
| 国记翻砂厂 | 29—10 | 常至辰 | | 德泰铁工厂 | 29—7 | 常至辰 | |
| 自强翻砂厂 | 29—7 | 常至辰 | | 德昌永铁工厂 | 29—7 | 常至辰 | |
| 公大翻砂厂 | 29—7 | 常至辰 | | 云龙机器厂 | 29—7 | 常至辰 | |
| 杜顺兴翻砂厂 | 29—7 | 常至辰 | | 建国机器厂 | 29—7 | 常至辰 | |
| 袁义兴铁工厂 | 29—9 | 沅至辰 | 原29—5由 | 张乾泰机器厂 | 29—7 | 常至辰 | |
| 善泰铁工厂 | 29—7 | 常至辰 | | 隆泰机器厂 | 29—7 | 常至辰 | |
| 聂正隆铁工厂 | 29—7 | 常至辰 | | 永和机器厂 | 29—7 | 常至辰 | |
| 周正兴铁工厂 | 29—7 | 常至辰 | | 周义兴机器厂 | 29—7 | 常至辰 | |
| 骆兴昌铁工厂 | 29—7 | 常至辰 | | 吴善兴机器厂 | 29—7 | 常至辰 | |

续表

| 厂名 | 迁移日期 | 迁移地点 | 备注 | 厂名 | 迁移日期 | 迁移地点 | 备注 |
|---|---|---|---|---|---|---|---|
| 吴国康铁工厂 | 29—7 | 常至辰 | | 协兴铁工厂 | 29—7 | 常至辰 | |
| 夏洪发铁工厂 | 29—7 | 常至辰 | | 上海王记机器厂 | 29—7 | 沅至芷 | |
| 源发铁工厂 | 29—7 | 常至沅 | | 周顺兴铁工厂 | 29—7 | 沅至衡 | |
| 瑞生机器厂 | 29—7 | 常至辰 | | 华泰铁工厂 | 29—7 | 常至衡 | |
| 宝丰机器厂 | 29—7 | 常至辰 | | 漆鸿盛铁工厂 | 29—8 | 常至沅 | |
| 民宝机器厂 | 29—8 | 常至辰 | | 陈东记机器厂 | 29—7 | 常至辰 | |
| 中亚机器厂 | 29—7 | 常至辰 | | 陆鸿兴机器厂 | 29—7 | 常至辰 | |
| 周洪发机器厂 | 29—7 | 常至辰 | | 仁昌机器厂 | 29—7 | 常至辰 | |
| 胜泰机器厂 | 29—7 | 常至辰 | | | 29—8 | 常至沅 | |
| 和兴机器厂 | 29—7 | 常至辰 | | | 29—8 | 常至沅 | |
| 李兴发机器厂 | 29—7 | 常至辰 | | | 29—8 | 常至沅 | |
| 刘洪盛机器厂 | 29—7 | 常至辰 | | | 29—10 | 沅至渝 | |

## 迁湘工厂借款统计表

第11表　　　　　　　　　　　　　　　　　　　　　　　　　二十九年十二月

| 厂名 | 迁移借款 | 建筑借款 | 营运借款 | 总计 | 备注 |
|---|---|---|---|---|---|
| 张鸿兴机器厂 | 1,000.00<br>300.00 | 400.00 | | 1,700.00 | |
| 仁昌机器厂 | 600.00<br>700.00 | 180.00 | | 1,480.00 | |
| 和兴机器厂 | 250.00 | 360.00 | | 610.00 | |
| 精益铁工厂 | 1,000.00 | | | 1,000.00 | |
| 韩云记机器厂 | 150.00 | | | 150.00 | |
| 华中制药厂 | 850.00 | | | 850.00 | |
| 中国机器厂 | 900.00 | | | 900.00 | |
| 山泰翻砂厂 | 1,000.00 | | 700.00 | 1,700.00 | |
| 亚洲制刀厂 | 480.00 | | | 480.00 | |
| 苏裕泰机器厂 | 180.00 | | | 180.00 | |
| 周义兴机器厂 | 150.00 | | | 150.00 | |
| 正昌机器厂 | 200.00 | | | 200.00 | |

续表

| 厂　名 | 迁移借款 | 建筑借款 | 营运借款 | 总计 | 备注 |
|---|---|---|---|---|---|
| 徐顺兴铁厂 | 300.00 | | | 300.00 | |
| 周复泰机器厂 | 620.00 | | | 620.00 | |
| 秦鸿记机器厂 | 720.00 | | | 720.00 | |
| 华丰机器造船厂 | 1,000.00 | | | 1,000.00 | |
| 德记铜铁翻砂厂 | 110.00 | | | 110.00 | |
| 国记翻砂厂 | 480.00 | 200.00 | | 680.00 | |
| 自强翻砂厂 | 80.00 | 60.00 | | 140.00 | |
| 同兴硬胎翻砂厂 | 70.00 | | | 70.00 | |
| 漆鸿盛铁工厂 | 220.00 | | | 220.00 | |
| 宝丰机器厂 | 380.00 | 500.00 | | 880.00 | |
| 民宝机器厂 | 320.00 | 500.00 | | 820.00 | |
| 张乾泰机器厂 | 220.00 | 150.00 | | 370.00 | |
| 湖北机器第二工厂 | 590.00 | | | 590.00 | |
| 云龙机器厂 | 70.00 | | | 70.00 | |
| 建国机器厂 | 340.00 | | | 340.00 | |
| 隆泰工厂 | 590.00 | 400.00 | | 990.00 | |
| 周义兴机器厂 | 580.00 | 180.00 | | 760.00 | |
| 李锦泰五金机器厂 | 140.00 | | | 140.00 | |
| 中亚机器厂 | 1,660.00 | | | 1,660.00 | |
| 瑞生机器厂 | 600.00 | | | 600.00 | |
| 协兴铁工厂 | 1,000.00 | | | 1,000.00 | |
| 善泰铁工厂 | 500.00 | | | 500.00 | |
| 福顺机器厂 | | | 1,500.00 | 1,500.00 | |
| 杜顺兴翻砂厂 | | 180.00 | | 180.00 | |
| 德昌永铁工厂 | | 50.00 | | 50.00 | |
| 骆兴昌铁工厂 | | 50.00 | | 50.00 | |
| 聂兴隆锉刀铁工厂 | | 50.00 | | 50.00 | |
| 周正兴铁工厂 | | 50.00 | | 50.00 | |
| 刘洪盛机器厂 | | 100.00 | | 100.00 | |
| 袁义兴铁工厂 | | 40.00 | | 40.00 | |

续表

| 厂　名 | 迁移借款 | 建筑借款 | 营运借款 | 总计 | 备注 |
|---|---|---|---|---|---|
| 吴自康铁工厂 | | 40.00 | | 40.00 | |
| 夏洪发铁工厂 | | 40.00 | | 40.00 | |
| 永和机器厂 | | 180.00 | | 180.00 | |
| 周洪发机器厂 | | 220.00 | | 220.00 | |
| 李兴发机器厂 | | 180.00 | | 180.00 | |
| 陈惠记机器厂 | | 240.00 | | 240.00 | |
| 胜泰机器厂 | | 100.00 | | 100.00 | |
| 裕民农村纺织社 | | | 10,500.00 | 10,500.00 | |
| 江苏难民纺织厂 | | | 10,500.00 | 10,500.00 | |
| 万利精棉织布厂 | | | 10,500.00 | 10,500.00 | |

介绍向银行借款各项，概未列入。

## 承造军需用品工厂统计表

第12表　　　　　　　　　　　　　　　　　　　　二十九年十二月

| 类别＼厂数＼业别 | 制造军需用品者 | 兼造军需用品者 | 不造军需用品者 | 总计 | 备注 |
|---|---|---|---|---|---|
| 机器五金工业 | 9 | 73 | 24 | 106 | |
| 电器工业 | | | 9 | 9 | |
| 陶瓷玻璃工业 | | | 14 | 14 | |
| 化学工业 | | 6 | 4 | 10 | |
| 饮食品工业 | | | 11 | 11 | |
| 文具印刷工业 | | | 5 | 5 | |
| 纺织工业 | | 32 | 6 | 38 | |
| 其他工业 | 2 | 9 | 7 | 18 | |
| 总计 | 11 | 120 | 80 | 211 | |
| 百分比 | 5.2 | 56.8 | 38 | 100 | |

## 各业承制军需用品一览表

第13表 二十九年十二月

| 业别 | 品名 | 业别 | 品名 |
| --- | --- | --- | --- |
| 机器五金 | 飞机炸弹壳 | 化学 | 枪伤药品 |
| | 飞机炸弹引心[信] | | 防毒面具 |
| | 飞机炸弹零件 | | 防毒口罩 |
| | 迫击炮弹壳 | | 防毒衣 |
| | 迫击炮弹引心[信] | | 防毒油 |
| | 迫击炮弹尾翼 | | 胶质炸药 |
| | 迫击炮弹零件 | | 营火炸药 |
| | 迫击炮炮架 | | 雷管 |
| | 迫击炮座板 | 纺织 | 裹腿布 |
| | 手溜[榴]弹壳 | | 药棉 |
| | 手溜[榴]弹引心[信] | | 纱布 |
| | 手溜[榴]弹零件 | | 救急包 |
| | 水雷爆发管 | | 军用衣帽 |
| | 水雷触角 | | 军用布匹 |
| | 水雷零件 | 其他 | 步枪木托 |
| | 机关枪架 | | 手枪木壳 |
| | 机关枪零件 | | 枪壳皮件 |
| | 步枪通条 | | 军装纽扣,帽花,领章,肩章等 |
| | 步枪零件 | | 子弹带 |
| | 信号枪 | | 武装带 |
| | 铁皮弹药箱 | | 马靴 |
| | 警报器 | | 军鞋 |
| | 军用铁锹 | | 干粮袋铜件 |
| | 军用十字镐 | | 背囊 |
| | 军斧 | | 马鞍 |
| | 大刀 | | 刀插 |

续表

| 业别 | 品名 | 业别 | 品名 |
|---|---|---|---|
| 机器五金 | 佩剑 | | 军锅军灶 |
| | 刺刀 | | 军鼓军号 |
| | 指挥刀 | | 军用白铁菜饭盒 |
| | | | 军用水壶 |
| | 钢盔 | | 子弹木箱 |

第14表　收文统计表　二十九年十二月[略]

第15表　发文统计表　二十九年十二月[略]

第16表　经常费支出统计表　二十九年十二月[略]

第17表　保管支付款收支一览表　二十九年十二月[略]

第18表　驻湘办事处职员一览表　二十九年十二月[略]

第19表　让售材料数量金额表　二十九年十二月[略]

第20表　让售硫磺数量金额一览表　二十九年十二月[略]

第21表　代办购让材料一览表　二十九年十二月[略]

[经济部工矿调整处档案]

## 6. 迁湘西工厂联合会筹委会为请驻湘办事处暂免迁衡阳事宜的代电（1942年4月14日）

迁湘西工厂联合会筹备会代电　沅字第六五三号　中华民国三十一年四月十五日发

　　经济部工矿调整处处长翁、副处长张钧鉴：急。顷闻钧处驻湘办事处近将由沅陵迁衡阳，属会各会员工厂聆讯之下，不胜惶恐。缘会员各厂系因拥护国策，不愿资敌，不远千里而内迁。在汉时，钧处指定分迁来湘西，忽已数载，虽经工厂被炸，工人炸死，艰难困苦，仍努力后方生产，绝无尤怨者，赖有驻湘办事处就近随时指导协且。今中途忽然迁移，各厂如遽失保障，似变更当时初衷。查钧处组织规程第五条"……遇必要时在国内各重要地点设立办事处"，系凡国内各重要地点，厂矿较多之地，皆可设办事处，并非规定每省设一办事处。如认衡地有设办事处之必要，拟请增设一处。沅陵为湘西重镇，各业工厂较任何县分为多,且金矿、铁矿、煤矿、锑矿等大半在湘西,沅陵已设之办事处,实无迁移他处必要。且衡阳与桂林交通非常便利,衡阳之工厂有所请求,实际上向由驻桂办事处接洽,以此观之,似衡地仍无设办事处必要。属会各工厂本已成事实与立法精神,经于本月十三日开第36次筹委会议,因此事关系重大,各会员工厂自动列席发表意见者甚多,一致主张电请钧处体念各厂矿拥护国策、不愿资敌、努力后方生产之苦心,请即收回成命,暂免迁衡。如决意迁移,务请在沅设立驻湘办事处湘西分处,以策两全。钧处素以协助内迁矿厂为宗旨,此请必能采纳。除全体委员及列席各会员到处请愿面呈苦衷外,肃电驰陈,不胜迫切待命之至。湘西工厂联合会筹备会全体委员同叩。寒。

[经济部工矿调整处档案]

# 四、迁陕工厂与陕西开发

## 1. 工矿调整处陈报办理申新纱厂暂缓再迁经过及其筹备建厂复工困难情形呈(1938年12月—1939年1月)

(1)工矿调整处呈(1938年12月20日)

呈

　　案奉钧部川工字第14954号训令,以奉军事委员会真代电,以据西安行营蒋主任艳会一电。为申新等纱厂前由汉移设宝鸡,该县适当陇海路终点,距省匪遥,恳饬统筹,再向内地推进,以策安全。经电复照办,饬统筹办理一案,转令遵办具报。等因。奉此。查申新等纱厂移设宝鸡,前奉军事委员会委员长蒋令饬办理。嗣准西安行营蒋主任艳会一电,以各厂有向内地再迁必要,商筹统筹办理。本处当就运输工具及约需运费各点统筹估计,困难颇多,应否再迁,经即具述详情,于十一月养日、十二月冬日,先后电请委座核示,一面先行电复蒋主任商洽。旋奉委座东桂侍参电复缓办,又奉歌桂侍参电复暂缓迁移各等因,亦经转电蒋主任查照均在案。兹奉前因,谨查委座东歌两次复电,均由桂林发出,系对本处养冬两电之指示,而真代电,乃由重庆依据蒋主任艳会一电请示迁厂一案而发,似应仍遵东歌电示暂缓迁移。理合陈明办理经过,并抄同养冬两电及东歌两复电原文,一并呈报,仰祈鉴核示遵,实为公便。谨呈

经济部

　　计抄呈本处养电暨冬电各一件[缺]

委座东桂侍参电暨歌桂侍参电各一件［缺］

**(2) 工矿调整处呈（1939年1月27日）**

呈

案奉钧部工字第20862号训令开：以准陕西省政府蒋主席廿七年十二月世府建一代电开：以申新纱厂迁移川北，事实上既有困难，仍饬依限复工等由，合行录电令仰核办等因，奉此。查该厂存宝机锭已有一部分分租与长安大华纱厂先行复工，渝厂亦已局部复工，至存宝所余机锭自应饬令同时筹备早日建厂，以利生产。惟该处建筑材料及燃料均属困难较多，时间尚难确定，除随时督促外，理合备文呈复，仰祈鉴核。谨呈

经济部

［经济部工矿调整处档案］

## 2. 陕西建设厅厅长雷宝华筹划安排迁陕女工电（1938年8月23日）

经济部部长翁钧鉴：马电谅蒙钧察。安置来陕女工2,000名事，现决定凤翔县容纳1,500名，岐山县500名。除函知战地服务团俞秘书外，该批女工何日动身，盼电示为祷。雷宝华叩。梗（二十三日）。

［经济部工矿调整处档案］

## 3. 经济部与工矿调整处关于震寰迁宝鸡纱锭运西安与大华纱厂合作事宜往来文件（1939年1月7—14日）

**(1) 经济部训令（1月7日）**

经济部训令　工字第20207号　中华民国二十八年一月七日发

令工矿调整处

准军政部卅代电开：据长安大华纺织厂经理石志学呈称：武汉各纱厂前奉政府令饬迁往重庆者，计有裕华、申新、泰安、民生、豫丰等五厂，迁往宝鸡者，计有震寰、申新、民生等三厂。顾该厂等或以建筑厂房问题，或以缺乏动

力问题，在近期内实无开工之望。是以震寰厂特向属厂磋商，拟将该厂之纱锭16,000枚由宝鸡运来属厂，即日安装而与属厂联合办理。且以属厂原预备扩充纱锭，惟以事变突生，新购之纱机均未能运至，故所余之厂房适足容纳该厂16,000枚之用。倘果联合办理，则此项纱机安装之后，每月能产纱1,000包，似此生产增加，其于抗战力量上自多裨益。顾以该厂系奉令迁往宝鸡，兹复自动改迁西安，是否能邀政府之特许，殊不敢知则。关于此层，亦请明文宣示，准予办理，俾便与该厂磋商进行，准备一切。等语。请即核办径复。等由。准此。合行令仰该处核办具报。此令。

部长 翁文灏

（2）工矿调整处呈（1月14日）

呈

奉钧部工字第20207号训令开：以准军政部卅代电开：据长安大华纺织厂经理石志学呈称：……合行令仰该处核办具报。等因。奉此。查所请系属增加后方棉纱生产，自可照办。除训令本处驻宝鸡人员就近转饬该厂迅即洽商进行外，理合备文呈复，仰祈鉴核。谨呈

经济部

中华民国二十八年元月十四日

［经济部工矿调整处档案］

## 4. 工矿调整处驻陕办事处刘益远陈济南成通纱厂迁运机件情形致张兹闿函（1939年10月11日）

工矿调整处副处长张钧鉴：顷奉07·19电开：据报济南成通纱厂厂长苗海南曾将电机、锅炉及万余纱锭［缺字］确否？希速查复。等因。奉此。查济南成通纱厂与西安成丰面粉厂为联号，八月下旬留西安时曾赴成丰调查，该厂初拟兼办纱机2万锭，故粉厂于二十六年新换蒸汽发电机有3,000kW之多（旧锅炉让与大新粉厂，旧引擎将让与中行，以便与湖北纱布局合作成功后之用），在济南自造之纱机1.2万锭尚未完成，七七事变，大部运陕次。在大同失守时，复将一部纱机运回济南，当日所见如粗纱架、钢丝、大小滚筒等铸坯堆

集露天下。另有机箱若干，问之于乐初君（成丰经理），亦不明内容。故当时为之解释，开3,000锭之纱厂所得利益，比开20副磨之粉厂为优，并嘱速函苗君海南来陕设制造厂，将纱机完成，且以苗君之地位久霸伪政权下，于个人前途大有妨碍也。于君极为首肯，业函济南去矣。奉电前因。理合摘陈经过，电请鉴核。职刘益远叩。真。

[经济部工矿调整处档案]

## 5. 工矿调整处驻陕办事处制一九三九年下半年度工作报告（1940年　月　日）

二十八年下半年度工作报告

本处成立以还迄今六月，于兹根据工矿调整法规，承领长官命令，而为环境所许可者，努力进行，兹分已办、进行、计划三项，谨呈于后。

第一，已办之工作

一、迁来工作之复工

查迁陕工人共16家，截至现在止，计全部复工者6家，局部复工者6家，已进行复工者4家。

甲、全部复工者

（一）大新面粉公司——该公司奉命拆迁来宝，损失奇重，本处曾贷与营建费48,000元，于本年5月15日【正】式复工，每日出粉1,300袋。最近扩充纺纱部，拟呈处续借3万元，业蒙核准。

（二）秦昌火柴公司——该公司奉命拆迁来宝，于本年5月1日正式复工，每日最大产量可出100箱（每箱240包）。现因原料所存无多，每日仅出20箱。

（三）和合面粉公司——该公司迁自河南，在西安正式复工，每日出粉500袋。

（四）同兴面粉公司——该公司迁自青岛，在西安复工，每日出粉150袋。拟添购原动，呈请本处借8,000元，业蒙核准。

（五）民康实业药棉公司——该公司迁自汉口，于本年6月正式复工，每月可出药棉1万磅。

（六）德记汉光织布肥皂厂——该厂迁自汉口,织布厂于本年7月在南郑复工,后又扩充肥皂厂,贷与3,000元。

乙、局部复工者

（一）申新纱厂第四厂——该厂迁宝纱锭计2万枚,其中4,000租与大华纱厂,10月被炸毁。在宝已开出6,000锭,其余1万锭,于四个月后原动完成时,即可全部开出。

（二）震寰纱厂——该厂西迁纱锭计16,000枚,与大华合办,曾经开出8,000锭,大华被炸后,现在修理复工者4,000锭。

（三）洪顺机器厂——该厂迁自汉阳,于本年6月在宝复工,现正式厂房建筑将竣,即可全部复工。

（四）全盛隆电机弹花厂——该厂原设郑州,本年9月拆迁西安筹备复工,计有弹花机一组,每日可弹花5,000斤。

（五）吕方记机器厂——该厂迁自汉口,机器原存西安,现迁运宝鸡与洪顺厂合并复工。

（六）利用五金厂——该厂迁往陕北延安,租与十八集团军十八兵站汽车修理所开工。

丙、进行复工者

（一）东华、善昌两染厂——该工厂迁自汉口,在西安合并复工,厂房已建筑完竣,机器正安装,俟电线接通即可复工。

（二）湖北纱布局——该局迁宝纱锭为3万枚,已整理完竣者,有5,000锭,与中国银行合作,在咸阳复工正进行中。

（三）福新面粉厂——该厂与申新四厂同时迁宝,待大原动完成亦可复工。其厂房装入山洞,业已动工开凿。

二、矿厂之拆迁与开采

河南民生煤矿公司经本处协助拆迁矿机120吨,在沔县关山梁开采煤矿,业已见煤。

大生煤矿公司在两当县亮池寺采煤,已出煤80吨,质量俱佳。

三、工业材料之搜集

本处搜集工业材料,计有陕南区工矿业调查、论西北工业建设、天水工业调查、陇县煤矿调查、郿县郿山笔铅矿调查、宝鸡晁花沟煤矿调查、略阳县铁矿调查等。

第二,进行中之工作

一、矿厂之开采

协助秦昌火柴公司于宝鸡西30里晁花沟从事探采测绘,领取矿权,同时着手开采,业见浮煤。

二、工厂之设立

为救济西北纱花,经呈准拨款50万元,选择业精式纺纱机推广二千台,现正准备机器材料,商请陕省免除土纱税捐等事。

三、工厂之拆迁

陕州打包厂原有打包机2套,拟将1套迁陕西永乐镇复工,正进行中。

郑州福豫面粉厂、现代制革厂、豫康制革厂、打蛋打包等厂,仍滞留郑州,经派员调查促迁,其粉厂商由中国银行承受迁兰复工,并托后方勤务部卢副部长向厂方接洽,其余各厂亦将同时拆迁之。

第三,计划中之工作

一、矿产之开采

(一)略阳铁矿——准陕西省六区专员公署函请协助,经派员勘查,据报当地治安堪虞,尚待商洽。

(二)陇县煤矿——大规模开采限于交通不便,运费过高,拟仍促用土法开采。

(三)天水娘娘坝铁矿方铝矿——由孔繁锦、张思孝呈请协助开采,正商洽中。

(四)天水田家山煤矿——由章介眉呈请协助开采,已函复拟具详细计划再待呈核。

二、工厂之设立

(一)西北实业公司人才相率来陕,苦于无事可做,拟举办各工厂,并拟有计划呈请总处核夺中。计有洋灰厂、熔铁厂、炼钢厂、机器厂、纺织厂、造纸厂、干电池、代汽油厂等。

（二）油漆厂——陕省银行拟办油漆厂，商请予以技术之协助，本处已提出颜料之来源及价值等项，函请先行调查后再代为设计。

（三）碾米厂——商民王焕然拟举办碾米厂，本处代为介绍碾米机，现已购妥地址，拟设郿县。

驻陕办事处呈

[工矿调整处档案]

## 6. 工矿调整处驻陕办事处一九四〇年度一至三月工作报告（1940年4月8日）

二十九年度一月至三月工作报告

一、纺织工业

1.申新纱厂——已装就6,000锭，因动力不足，迄未开全，现已租到机关车一辆，正添建厂房，拟开足8,000锭。山洞建筑以40万元包出，原动房待水泥，本处现派员前往协助。

2.湖北纱布局——与中国银行合办5,000锭，已正式签约，后又增加2,000锭，拟同时运往咸阳，现正修配原动，改造厂房，添配机器。又细纱机6,000锭，租与申新纱厂，已签草约。

3.大华纱厂——震寰纱厂前租与大华16,000锭，炸毁后现已开出8,000锭，该厂自有炸毁者，修配开出3,000锭，并拟迁往广元17,000锭，现正修配开始装运中。

4.隆安电机弹花厂——该厂原名全盛隆弹花厂，由郑州迁来西安，每日能弹毛1,000斤，已正式复工。

5.推广手工纺纱

已开工者：受资助者。

民康纺纱部　拟办40台，已开10台。

待资助者：

大新面粉厂　拟办80台,已有50台,开出20台。

利华传习所(湄县)　拟办40台,已开30台。

西北毛织厂(泾阳、梁子期式)　拟办30台。

天水西北机器社　拟办40台。

接洽中者:

西北工学院(汉中)　拟办40台

长安郭辅堂　拟办40台

宝鸡雨湖平民工厂　拟办40台

其他自办者:

第二战区经济建设委员会——由宜川一带迁来西安、泾阳者三所,每所70台。

西北实业公司在三原六桥镇创办手纺厂,第一步办200台。

二、机械工业

1.洪顺机器厂——继续添造厂房,并由汉口招来技工12名,已陆续到厂。

2.华兴铁厂——该厂机器由孟县拆迁后方,大部已到洛阳,锅炉已到河边,即可渡过黄河。

三、矿业

1.陇县新陇煤矿已于2月间正式出煤,预计6月间每日可产煤百吨。

2.大生煤矿与陕甘开矿合作社纠纷,经调解,以分采合运方式,于2月间签订合同,并请代勘运道协助修筑,以后采运当顺利进行。

3.大生煤矿已开始试行炼焦,以广营业。

4.同官煤矿一、二号大井现已凿深27公尺,预计60公尺即见第5层煤,厚约二公尺。凿土效率每月以10公尺计算,再经三月,约可正式出煤,预计产量每日千吨。

5.天水娘娘坝铁矿,已于1月2日雇工开采,含铁成分经化验65%强。

6.西安新记公司王焕然,现由山西晋城(沦陷区)采办生铁,陆续运陕,预计每月可运50吨,由本处发给特种护照。

7.陇南武都煤田及天水田家山煤田,均经有人计划开采,并经呈请本处派员调查协助。

8.民生煤矿现于凤翔北百三十里之麟游县,勘定煤田一处,质量尚佳,惟交通困难,亦在设计开办。

9.天水协华砖厂,拟请贷款增制耐火砖。

四、化学工业

1.东华染厂——该厂与善昌所合办,现已正式复工。

2.西华造纸厂——该厂扩大建设,增加打浆筒、干燥筒、压光机等,预计每日可产印刷用纸100刀,每个干燥筒可供给40个纸槽之用。

3.中南火柴公司——停工已久,现正协助设法购进原料,一面先向他厂暂借若干,以维工作。

五、其他工业

1.福新面厂——装入山洞计划,已停正[止]进行,现拟改建楼房。

2.陕州打包厂——该厂拟迁泾阳安乐店,本处已核准贷款。

六、推动事业

1.凤翔酒精厂——利通汽车公司经理杜绍周,拟在凤翔设立一酒精厂,现已采购设备材料,由本处派员设计主持。

2.河南宝丰酒精厂——宝丰酒价、燃料,均甚便宜,新记公司王焕然拟在该处设立一酒精厂,亦由本处设计主持。

3.天水机器厂——天水士绅拟筹设一机器厂,在组织中。

4.天水荣康纺毛社——天水人士郑嗣康,设立纺毛训练班,分发甘谷、泰安、通渭各地,大量发动纺毛,呈请本处贷款。

5.检查成通纱厂机件——该厂存陕机件,检查竣事,可修配6,000锭,拟协助设厂。

6.西北实业公司——该公司计划设立洋灰厂、熔铁炉、炼钢厂、机器厂、纺织厂、造纸厂、代汽油厂、电池厂等,正进行中。谨呈

处长翁、张

职刘益远谨呈

四月八日

附赍大新借款25,000元收据一纸[缺]

[工矿调整处档案]

## 7. 经济部工矿调整处等筹设秦宝工业区有关文电(1941年2月18日—9月20日)

### (1)工矿调整处致驻陕办事处训令(2月18日)

训令

令本处驻陕办事处

据查宝鸡十里铺至卧龙寺车站一带,地势平坦,交通便利,堪为设立工业区之选,目前该区域内工厂日益增多,一切防空治安及公用事业等行政事务亟待积极进行。除电请陕西省政府转饬协助外,仰即迅与各有关方面联合组织秦宝工业区公共事业委员会,负责推进并将进展情形随时具报为要。此令。

### (2)工矿调整处致陕西省政府代电(2月18日)

西安陕西省政府公鉴:本处鉴于宝鸡十里铺一带工厂日渐增多,关于治安、空防、市道、场集、公园、医院、学校、工人福利、水电公用事业等,均须着手规划,尤以当空袭堪虞之时,各厂之距离亟须规定,于各厂距离之中尤须及早密植树木,以资掩蔽,凡此筹划均须有一负责统筹机构,方能措置裕如。故拟将该处划为工业区,由本处驻陕办事处会同地方官厅及当地工业界人士组织秦宝工业区公共事业委员会,以资负责推进。事关后方生产,请即惠予转饬当地专员公署及县政府协助进行,并希见复为荷。经济部工矿调整处。巧。印。

### (3)陕西省政府复工矿调整处代电(3月16日)

重庆经济部工矿调整处公鉴:准本年二月巧代电以宝鸡十里铺一带工厂日多,关于治安等均须规划,拟会同地方官署及工业界人士组织秦宝工业区公共事业委员会,嘱即饬属协助。等因。准此。查事关公共福利,在原则上本府极表赞同,惟管理方法及进行步骤并经费来源均应先事筹划,以期妥善。准电前由,除电饬本省第九区专员公署及宝鸡县政府会同贵处驻宝鸡办事处妥拟具体办法,呈候核定实施外,相应电复查照为荷。陕西省政府。铣。府建四。印。

### (4)秦宝工业区公共事业委员会筹备会致翁文灏等呈(9月20日)

案查本会奉令成立,主办秦宝工业区一切公共事业。遵于八月一日召开第一次筹备会议,其会议记录业由钧处驻陕办事处转呈鉴核在案。复于八月十五日召开第二次筹备会议,众以便利继起工厂举办公共事业,需要巨款,决非商厂所能筹措。案经决议呈请经济部拨借国币一千万元,以资着手办理各项建设事业。所借一千万元其分配办法,拟先征收秦宝区可以建筑地亩约计7,000亩,估计国币700万元,公路衔接宝鸡市,长14,000公尺,估计建筑费30万元,公所分邮电、警卫、交通等项,估计15万元,医院建筑与设备估价25万元,公园、苗圃估计30万元,电力、电话、电灯等设备材料估计150万元,消防、防空设备估计35万元,学校建筑设备估计15万元。以上各项总计1,000万元,借款担保即以购得地亩与兴办事业两项作担保品,付息办法拟请由第三年起开始,至还本拟由第五年起开始至第十年还清。理合检呈征收地亩建设工程预称草案及其说明书、工业区分配图、秦宝工业区之缘起、秦宝工业区公共事业委员会组织简章草案暨第二次会议记录各一份,备文赍请鉴核,转请经济部核示祗遵,实为公便。谨呈

处长翁、张

秦宝工业区公共事业委员会筹备会呈

计呈赍:

1. 征收地亩建设工程预算草案及其说明书。

2. 工业区分配图[略]。

3. 秦宝工业区之缘起。

4. 秦宝工业区公共事业委员会组织简章草案。

5. 第二次会议记录。

中华民国三十年九月二十日

**预算草案说明书**

查宝鸡居秦陇之忠,形势便利,气候适宜。以言物产,则有惠渭惠洛惠诸渠灌溉农田,得大量棉麦之供给,以言原动,则有宝鸡峡水力,将来如资源委员会在彼兴修水力发电厂,能有数万千瓦之电力,以为生产之资。以言交通,

则陇海路东西贯通,宝平、宝成公路南北联络,运输殊便捷。以冬不过寒,夏不过暑,实为纺织业及粮油制造业之最适宜区域,如经营得法,处处与企业者以便利,则西北纺织业可以集中于是,聚各惠渠流域产生之优良原棉,精制各种布匹、线绳,以供给东南人口密集区及西北气候艰于植棉之处之衣着,将较英国之曼彻斯特及敌国之大阪等处素以纺织中心著名于世者,其优胜行将过之矣。然常人难与图始易于共成,今钧长层峰之倡导,划为工业区域,以促进西北之生产,非与以种种便利,则不能收速成之功本,预算乃就以前经过之困难,对于新兴工厂应与代筹便利,而拟者谨逐项说明如后:(1)购买民田。因农人不甘放弃之关系,故意商抬地价或坚执不售。非经县政府召开评价会作种种之劝导,则不能收购,以致旷日可持久,事业不能进行。故拟请政府拨巨款,将可为工厂商店及服务职工之住宅者,先为划清,全数购下,以利企业者之分段承购。如此则纠纷既无且易支配,秩序井然,企业者自不期来而来矣。(2)内地办厂者,除利用铁路外更须利用公路,以资零星运输原料及制品等,故办厂如求便利必择城市或铁路车站附近,则地价过昂且无整块之大地。如择在乡间,则须自修公路。际兹物价高涨之时,企业小者将因之趑趄不前,故工业区中心须先造主要之公路一二条,以资工厂之利用。(3)宝鸡土壤坚凝,居民大都穴居,毫不加工支撑,故申新纱厂开凿山洞,砌砖发圈,用以装纺纱机至12,000余锭之多,成绩颇好。今如在高原之下先造公共防空洞若干座,再加消防设备若干项,则投资者将视为安全之区,而乐聚于是矣。(4)电力之供给照目下申新已装之发电机,自用之外尚多八百千瓦,可供新厂之扩充。将来如宝鸡电厂拟备之1,000千瓦发电机装妥后,可供工业区之用者再有600千瓦,此有余电力之路线设备及变压器等,均应从早置备贮待新厂之购用。企业者知此间电力及电件之可以领购,自争至工业区创建矣。(5)医院、学校及公园之设备,可以利当地职工之卫生及其子弟之教育者,均为举办,庶企业于是者必另自筹设而专能致力于事业矣。

以上五端均可便利企业者而启其进取之心,故本预算所拟垫款虽巨,然将来仍可由企业者之购置以取价之。

照图中所规划7,000亩之基地,约可容纺纱锭30万枚,布机1万台,线锭5万枚,漂染印花厂两所,毛纺织厂一所,棉纺织厂一所,造纸厂一所,铁工厂两所,木管制造厂一所,面粉厂两所,植物油厂一所,自来水厂一所,发电厂一所,区北沿高原之处有山坡长3,600余公尺,可以筑洞装主要机器,遇有战争时可以迁入工作区内,职工均居住其中,是一切自筹给养之方法,共谋合作之利,期以十年完成之,以开发西北之利源,藉副层峰倡导之钧旨。至准借之开办费1,000万元,即拟将所购之地亩、电料及所建之房屋作为抵押,合并声明。

## 秦宝工业区之缘起

溯自抗战军兴前方工厂纷纷内迁,二十七年八月奉委员长手谕:迁陕工厂以宝鸡为目的地,经三年来之惨淡经营,一变没落之古城蔚成繁荣之重镇。三十年二月经济部复以宝鸡十里铺一带工厂日渐增多,关于治字、防空、道路、公园、医院、工人福利、水电公用事业等,均须着手规划,尤以空袭堪虞,各厂之距离亟须有适当之规定,于各工厂距离之间尤须密植树木,以资掩蔽。凡此规划,均须有负责统筹机构,方能措置裕如,故将宝鸡金陵河以东至斗鸡台以西划为工业区,指令经济部工矿调整处驻陕办事处会同地方官厅及当地工业界人士,组织秦宝工业区公共事业委员会,以资负责推进。兹当本会成立之初,爰将本区之情况与合于工厂设立之条件及进行之计划,略述梗概,以作建设之目标而供各界之指正焉。

一、地形

宝鸡古称陈仓,唐代始改今名。渭水横贯其腹,秦岭南峙,其面北背黄土高原,而以西之罗家岭与东之斗鸡台二原为门户,因该二原向南突出,故此半环之内方圆数十里之间一片平坦,四面如堵。工业区即在此平坦地之东端由斗鸡台起,西至金陵河为止,共占地1.4万亩,其中可资建筑者约八九千亩。此地即俗传暗渡陈仓韩信屯兵之所也。

二、交通

陇海铁路东西越境贯通,川陕公路南北交错,最近宝平公路完成,经汧陇至天水、兰州,且较西兰路为近。区内有火车站,货物起卸极便,预计建筑之上山公路完成以后,则北原与秦岭两地物产皆得以本区为积散地矣。

### 三、气候风景

本区四围如堵,西北有高原屏障,不受冷流朔风之侵袭,南则岭峰罗列,秀气迎人。从树茂林,苍翠如画。渭水横贯境内,金陵汧阳二水自北来汇。区内泉源十余处,水声潺潺,可饮可濯,空气润和,并无大陆燥气。历三年之经过,夏无酷暑,最高不逾百度,冬无严寒,止水仅结薄冰,除八、九两月雨季外,长年气候清爽,极宜于纤维工业之建设。每当退食之余,散步其间,举目秦岭在望,仁者可寿;渭水环绕,智者可乐。鸟语花香,在在皆是,天然图画,洵足欣赏。将来市区完成,灯月交辉,机声应响,将不知山林抑为城市,既可工作又可兼供修养,公私交利于无既矣。

### 四、人口现状

本区内土著人口约4,000余人,工厂暨外来住户约万余人。现有工厂迁来者,有申新纱厂、福新面粉厂、大新面粉厂、洪顺机器厂、民康毛棉厂与药棉厂、华兴机器厂等家,新成立者有维勤纺织用品厂、宝大酒精厂、轻油提炼厂等家。手工业有织布厂20余家、肥皂业2家、铁工业4家、砖窑业5家,各种商业俱备,据邮政代办所统计,每日来往信件在500件以上,售出印花邮票五六十元。

### 五、主要工业

棉毛为西北特产,本区气候适于纤维工业。西北人民冬则皮毛,余季则着棉,故毛棉纺织为合于本区主要之建设。兹将原料来源、出品销路分述于下:

甲、原棉:陕省棉产于二十六年、二十七年、二十八年平均皆在百万担以上,二十九年棉田减少,秋雨成灾,亦达80万担,此仅为泾阳、高陵、三原、咸阳、临潼、渭南等县之一部分植棉而已。全境土厚地广,惠渠纵横,陕北平原,泾洛渭水两岸无不宜棉,推广改良,增加三五倍之产量决非难事。现有纱锭全部开工,不过6万锭,以万锭用棉四万担计,共用棉24万担,就原有棉产量,尚可加开15万锭,就将来陕棉产增加一倍,而又加以豫西、灵宝每年外销之10余万担棉使之西运,则可增加棉纺50万锭矣,是纺织工业方兴未艾也。

乙、羊毛:甘肃南部及青海与甘肃交界各县与本省西北边区均为产羊毛之区,其产量约15万担,以张家川为集散地,由天水采运甚便,除手纺自用外,最少可得15万担,足供1万锭毛纺厂之用。

丙、销路:新疆遥远姑不计外,陕西、甘肃、宁夏、青海四省区域邻接,势必就近取给,且东沿陇海可达津沪,西沿天成路通成都,运销便利。

丁、燃料:蒲城、白水、同官、耀县煤矿俱在本区,三百里内均有铁路可通,麟游陇县煤运相距仅八十里,若有轻便铁道运输取给甚便,产量颇丰,用之不竭。

六、辅助工业

区内现有面粉厂两家,日产四千袋,食用不虞缺乏,纺织用品厂一家,木制、革制等品可以充分供给,独立铁工厂二家,附属铁工厂二家,修理添配机件,绰有余裕。酒精、轻油所以便利运输,秦岭木材丰富,就地烧砖,并皆取之不尽。申新迁来电机,马力四千匹,尚有半数富余,可供四万纱锭之用。

七、区内分配(见图)

八、公共事业之建设

甲、工业区以铁路为界,分南北两路。路北者,西起水电厂,东迄申新,长凡四公里,宽则平均300公尺,足敷50万锭之用。路南者,宽250公尺,东至车站,长逾三公里,亦足按装40万锭。除现有辅助工厂占地外,建议棉纺织染50万锭,毛纺织1万锭,绰有余地。

乙、以车站东侧为普通堆栈区,各厂具沿铁路,靠铁路建筑栈房,起卸亟便。

丙、商业区东西长三公里,南北宽200公尺,共计1,000亩。

丁、住宅区分三部,爱山者路北原坡,爱水者路南渭滨,共计1,650亩。

戊、公园分两部,名胜古迹,登临凭眺,则有斗鸡台、作物园;徘徊散步,闲话品茗,则有河滨林园。两地占地450亩,加以林园林苗,推广造林于北原,约高500公尺,斜坡二十度,可植树300万株,造成城市山林区。南过渭河至马营镇,计十里,有温泉,水温约四十至五十度,将来加以建设,可供休沐。

己、学校医院皆在路南,接近林园,滨于渭水,空气极佳,共占地四百五十亩。

庚、公所包括邮电、交通、警卫,所以收指挥灵敏之效,占地150亩。

辛、区内先建筑工业区南干路、铁路北小路、上山公路(名称另定),其次建筑商业区干路、环绕公路、各支路,以利交通。

九、期望中之成就

申新电机尚有2,000匹之余裕,足供给4万锭,若有机器,随时可以利用。

先办水电厂于金陵,渭水交流处,取水便利,于北原边建水塔,居高临下,输水亦便,送电本区之余兼可供宝鸡市及渭河南岸各业之需。

棉纺以5万锭或10万锭为一单位,织机以150或3,000台与纺厂配合建设,以减少工程步骤,藉合于管理经济。

接近水电厂铁路南侧办一日出3万匹至4万匹之棉织整染厂,统筹全区整染工程,以收划一之效而便对外经营。

毛纺织染1万锭独设一厂,划一品质,便于营运。全区棉纺锭50万枚、织机2万台、整染厂、毛织厂及其他辅助工厂内外工人约4万人,加其眷属及其他工商居民,合约16万人。

每日需要原料、燃料、食料及输出货品约在千吨以上,火车、汽车、大车、肩负背驮,熙来攘往,辙迹相望,蔚成大观,不惟纤维工业中心,且成商业中心,而为西北金融集中地,亦为国防轻工业之根据地。

结论

西北地大物博,尽人皆知,如何开发利用,则向托空言。自工厂迁来,开其端倪。自本工业区成立,负责推进责任之本会责任重大,同人能力薄弱,海内企业家、有志开发西北人士不吝赐教,共负艰巨,以成大业,幸甚幸甚。

### 秦宝工业区公共事业委员会组织简章草案

第一条　本会以促进及完成秦宝工业区工厂及公共事业之发展为宗旨。

第二条　本会由经济部工矿调整处驻陕办事处、陕西省第九区专员公署、宝鸡警备司令部、宝鸡县政府及本区各大工厂负责人为委员共同组织之。

第三条　本会受经济部工矿调整处之协助监督并呈请陕西省政府备案。

第四条　本会暂设于[?]。

第五条　本会设主任委员一人,由各代表互推之,综理本会一切进行事宜。

第六条　本会组织系统如下:

```
                        ┌ 总务组 ── 文书、事务、会计、出纳
                        │
公共事业委员会 ── 主任委员 ┤ 建设组 ┬ 设计、水电、公园、苗圃、
                        │        └ 建设、道路、交通
                        │
                        └ 公用组 ┬ 教育、劳工、防空、卫生、
                                 └ 治安、消费、娱乐
```

第七条　本会各组事项由各代表互相推举分任之,如认为必要时得由各组提出会议另聘专门人员充任之。

第八条　本会各组视事务之繁简,得成立组会议,由委员三至五人组织之,并推定一人为召集人。

第九条　本会各职员俱属义务性质,不支薪金,但另聘之专任人员不在此限。

第十条　本会每月举行会议一次,如有必要时得临时由主任委员召集之。

第十一条　每届开会各委员因事不能出席时,得委托代表书面通知接受本会议决议案。

第十二条　本会会议记录,按期分发各代表,另备二份分呈经济部工矿调整处、陕西省政府备查。

第十三条　本会办事细则另订之。

第十四条　本简章如有未尽事宜,随时提出会议修正之。

第十五条　本简章呈请经济部工矿调整处核准施行。

## 秦宝工业区公共事业委员会第二次筹备会议记录

时间:三十年八月十五日下午四时

地点:宝鸡县政府

出席者:维勤纺织用品厂张士心、宝大酒精厂李升安(代)、西华毛织厂蒋鼎五(周中规代)、经济部工矿调整处驻陕办事处刘益远、陕西省第九区专员公署温崇信、大新粉厂杨清宇、申新纱厂李国伟、华兴铁工厂吴维彬、民康毛棉厂瞿冠英(代)、第二战区经济委员会轻油提炼厂刘益远(代)

主席:刘益远

记录：周中规

报告事项：

一、通知参加本次筹备会者仅警备司令部、洪顺铁工厂未到。

二、宣读第一次会议记录。

讨论事项：

一、第一次会议推定刘益远、周中规会拟之本会组织章则草案业经拟就提请公决案（草案略）。

决议：修正通过呈请经济部工矿调整处核准并报陕西省政府备案。

二、温专员、董县长、李经理国伟、杨经理靖宇会拟之1,000万元借款计划，业经拟就提请公决案（附工业区设计草图一份、借款用途分配表一份[略]）。

决议：甲、设计图：1.靠铁路北加筑五公尺宽之小路一道，2.第四工业区之第三部必要时改为堆栈区。乙、借款分配：1.地价：圈买民地7,000亩约计700万元，2.筑路费：铁路南第一干路、铁路北第二干路及上山坡路共约需30万元，3.工业区管理处建筑费：约需15万元，4.医院建筑费：约需25万元，5.公园苗圃：约需30万元，6.电料费：约需150万元（包括电力、电灯、电话等材料），7.防空消防设备费：约需35万元，8.学校建筑及设备费：约需15万元。

以上八项共1,000万元，推经济部工矿调整处驻陕办事处刘主任、陕西省第九区专员公署温专员、宝鸡县政府董县长、申新纱厂李经理、大新粉厂杨经理会同另拟详细计划，于八月底拟就，九月五日以前呈请经济部工矿调整处核办。

三、经济部工矿调整处、宝大酒精厂、福新粉厂会拟之临时经常预算及筹款办法。

决议：保留于下次会议时讨论。

四、下次会议俟奉到经济部工矿调整处批示后再行召集。

五、散会。

[经济部工矿调整处档案]

## 8. 工矿调整处抄送西北纱厂现状表及大华纱厂增开布机困难情形致经济部呈（1942年7月29日）

经济部工矿调整处呈　工矿(71)业字第3993号　中华民国卅一年七月二十九日发

案查迁川及西北各纱厂未开纱锭布机，迭奉钧部令饬迅将各厂增装完成开工时期具报在案，遵将迁川各厂增开情形另行呈复外，关于西北各纱厂存锭、布机，前经转饬本处驻陕办事处查明具报去后，兹据该处本月二日陕工字第647号呈复称：案奉钧处工矿(31)业字第2210号及第3076号两令，饬查西北各纱厂所存纱锭、布机预定完成增装数量及期限具报等因，遵转饬各厂查实具报。兹据各厂呈复，另列表赍呈。查其中大华纱厂尚有布机420台，以原动不够，厂房缺少，机料难购，开出无期，业径向军政部呈明在案。湖北纱布局尚有纱锭5,000枚，布机150台，材料、动力、房屋俱无着落，介绍与厂商合作，又久不得核准，迁延迄今，复工无期。广元大华分厂以炸毁机器2万锭为基础，究能修复若干，尚不明悉。理合检同西北纱厂现状表，备文呈复，仰祈鉴核转呈等情。附呈西北纱厂现状表一份、大华纱厂呈军政部文一件到处，理合据呈检抄西北纱厂现状及原抄件各一份，具文呈报。仰祈鉴核。

谨呈

经济部

附西北纱厂现状表及大华纱厂呈军政部文各一件

工矿调整处处长翁文灏谨呈

### 西北纱厂现状表

三十一年六月十五日止

| 厂　名 | 机别 | 应有数 | 已开数 | 未开数 | 开齐日期 | 未开原因 | 备　考 |
| --- | --- | --- | --- | --- | --- | --- | --- |
| 申新纱厂 | 纱机锭 | 22,048 | 17,904 | 4,144 | 卅一年九月 | 零件缺乏，装配困难 | 内迁20,400，租与大华，炸毁400，湖北纱布局租来6,048 |

续表

| 厂 名 | 机别 | 应有数 | 已开数 | 未开数 | 开齐日期 | 未开原因 | 备 考 |
|---|---|---|---|---|---|---|---|
| | 布机台 | 420 | 140 | 160 | 卅一年十二月 | 少工人、房屋，缺零件，修配难 | 二十九年炸毁120 |
| 咸阳工厂 | 纱机锭 | 10,000 | 5,000 | 5,000 | 卅一年十月 | 三十年九次被炸，原动损坏 | 中国银行与湖北省府合办 |
| 蔡家坡纱厂 | 纱机锭 | 6,000 | 2,000 | 4,000 | 2,000锭卅一、十，2,000锭卅一、十二 | 原系半成品，修配困难，无原动 | 另有6,000锭正由滇运陕中 |
| 大华纱厂 | 纱机锭 | 25,000 | 16,000 | 9,000 | 随时可开 | 电力不足 | 已装好22,000 |
| | 布机台 | 820 | 400 | 420 | 无定 | 电力不足，无房屋 | 二十八年纱厂被炸，拆去420台，改装纱机 |
| 湖北纱布局 | 纱机锭 | 5,000 | 无 | 5,000 | 无定 | 本身资物力不够，介绍与人合作，该省府又不许 | |
| | 布机台 | 260 | 无 | 150 | 无定 | 零件不齐，材料难购，本身无力量 | 二十九年炸毁约百余台 |
| 广元大华分厂 | 纱机锭 | 20,000 | 9,000 | 11,000 | 不详 | 炸毁，修配困难，动力不够 | 总数约可修配17,000 |

广元回信未到，上数就四月份查得。

照抄呈军政部文

案奉三十年十二月十二日军需局转来钧部渝需丙三○制17633号代电开：查太平洋现已发生战事，向外购运物资已感极大困难，此后对军需服装材料自应尽量就内地设法搜集,或增加产量,以求自给之道。就西北一区而计,只有该厂及申新两厂以供一二,军需局及各军事部队机关之应用尚感不敷,深盼该厂等共体时艰,努力生产,将来装配之织布机亦应一律配装织制布匹,藉供军需,以增抗战力量为要。等因。奉此。事关军需,理应遵办,惟商厂剩余布机,因现在环境,绝对无法添装,谨将以往事实及今后增开困难详情,缕陈如次:

(一)商厂于二十八年十月曾受敌机狂炸,纱厂全部被毁,厂屋尽付一炬,因梁柱皆系铁质,故遇高热即灼熔湾垂,既不能拆卸,亦无法利用。彼时布厂厂屋、机械虽尚保存,然无纱焉能织布,不获已,乃将布机台数减开为400台(原有820台),腾出空址以安装修复之纱机,以迄于今。此商厂拆除布机之根原一也。

(二)查布厂因布机纯赖天轴传动,其建筑材料必须特别强韧,每装1台布机,平均约需100方尺之地面,以420台计,共需4.2万方尺。如斯庞大厂屋需用之建筑材料,值此物质艰贵之际,实属无法觅购。此乃建筑上之窒碍情形二也。

(三)商厂被毁已有及租赁申新之纱锭,修复后装于西安者只有9,036锭,其余悉疏迁至广元。同时原动锅炉原为3具者,亦随之移往1具。所有未装布机之马达、天轴,因后租震寰之纱锭1万余枚缺乏天轴挂脚,悉已配装于该租锭之上。以西安现存之锅炉工具、发动布机400台、自有纱机9,000余锭,及震寰租机万余锭之电力已感不敷。所以商厂现在虽已装好2.2万锭,但平均只能开一万五六千锭者,职斯故也。如再增开布机,则纱机势必因之更减。此动力之不够三也。

(四)商厂布机所用之纬纱,皆系由细纱机直接纺成,布机为自动换纬式,其纬纱管亦为特制,纺机之锭子,亦与寻常者异。所有原备之纬纱机1万锭,原足能于供应820台布机纬纱之用,其后因布机420台已经拆出,乃将余剩之纬纱机尽行改造为普通纱锭,迁至广元。如西安重装布机,则纬纱无从供给。此机械上之欠缺四也。

(五)商厂以前拆出之布机机件,其易于销耗者,两载以还,已使用无余,其未经消耗者,如筘框、钢筘等,不幸于三十年十二月二日被敌弹掷中仓库,尽成灰烬。以故非但无法重行配开。即现在开转布机零件之补充,亦形成为严重问题。此布机机料之缺乏五也。

　　上述各点,有一缺略,即难筹划推进,今竟具备困难,自属无法着手。爰将不能增开布机缘由,备文呈复,尚乞鉴核,免予增开布机,至为公便。谨呈军政部

[经济部档案]

# 五、迁滇桂工厂与滇桂开发

## 1. 工矿调整处关于合作五金公司在桂林筹设分厂的简报①（1941年2月）

合作五金公司近为扩充营业起见，积极在桂林筹建分厂，现时已派职工七十余人由渝赴桂筹办，并拟就地招募大批技工，俾在短期内完成建厂生产，厂址已择定桂林城外五权村，并定名为大中机器厂云。

[经济部物资局档案]

## 2. 林继庸拟迁移工厂发展云南工业筹划进行经过稿（1938年1月19日）

### 迁移工厂发展云南工业筹划进行经过
### 廿七年一月十九日　继庸

云南省工业落后，然其土地腴美，气候适宜，矿产农产均甚丰富，苟能加以人事推动，尽力发展，必可成西南工业重镇，其国防地势较优于川湘，实为谋国者早应注意之地。今尚不亟早为谋，则过此时机不知又将待至何日矣。

发展滇省实业之进行步骤，须同时进行，兼程并进。其应着手办理之事项如下：1.与法属安南政府订立运输互惠条约，2.展筑滇黔湘及川黔桂铁路，3.迁移上海工厂至滇，4.增设发电机，5.增加农产，采种美棉，6.以实力推动西南实业促进会，7.催促省府予以各种方便。

---
① 此件系节录自1941年2月经济部工矿调整处编《厂矿动态简报》第二期。

关于迁移工厂至滇已商妥者有下列各家，惟兹事体大宜秘密进行，否则上海机器出口恐遭海关留难也。查现在机件由沪运出，商人托德人代办，尚无问题，至于由海防运至昆明之手续及运费等问题，已托美亚织绸厂致电昆明询问，俟得答复即可根据拟具补助方案呈请鉴核。查前上海工厂联合迁委会委员赵孝林、王佐才现尚留沪，项康原君现尚留港，拟托胡厥文君赴港设法与赵、王两君取得密切联络，在港沪两地秘密推动，于必要时，并拟请李副主任景潞亲往港沪筹划进行。职赴渝后，关于迁滇接洽各事亦托李副主任随时报告。

增加农产、加种美棉一事，已请张秘书文潜负责推动。查滇省气候最宜种棉，只以无纱厂之设立（最近始有一万锭，但现在滇省产棉可供给二万锭纱），故军民合作注重种烟，凡宜于种烟之地皆宜植棉，证之陕西情形可以略见。今若设立纱厂四万锭，当需棉花十五万担，大可乘此时机铲除烟毒，积极种棉。新花登场纱、厂开工时期适合，对于民族利益实非浅鲜。

增设电动能力，查明昆明现有水力发电能力一千六百千瓦已不敷用，新设四万纱锭约再需一千六百匹马力，加以其他工厂所需约共需四五千匹马力之电动设备。查四川自流井新设之电厂，其机件七百余吨（约有五千瓦之动力），到巷者已近百吨，其余尚在途中。投资者中国银行已不愿意再付款项，加以交通阻塞，该电厂实在已不能进行，不若商洽杨公庶先生将该厂改设昆明，较为一举两得也。

上月沪上实业家多人有组织西南实业促进会之举，并托人征求职意，拟举职任该会秘书主任，职以无暇却之，然允尽力协助其进行。若能加以实力援助，彼等当能出其全力，以尽力推动黔、滇、桂省之工业建设也。

滇省府委员周惺甫先生来汉曾与孙处长恭度、李副主任景潞同往晤谈，告以发展该省工业之要，请设法减免工业上困难，如苛税、劳工纠纷、地段征收、动力价格等事，并喻以此间配备机器携带资本材料前往该省生产，如同遣爱女携妆奁出阁，女子生而望之有家，固为家长之责，若到翁姑家而不能体恤爱护，致令婢仆侵凌，则为翁姑者亦不能辞其责云云。周惺甫先生颇以为然，答以愿尽力爱护，祝其百年好合，百世其昌云云。若再能实力与滇省府取密切联络,免蹈鄂省府覆辙,则将来事业当较易进行也。

开于昆明电力供给情形。

查昆明有水电发动能力16千瓦,现已无余力,若设备纱锭四万枚,即需电力12千瓦,再加最高量,约共需16千瓦,尚有其他工厂所需者未算入,故必须新设一、四、五千瓦之发电厂,方可应付。

查自流井拟设之电力厂机件共七百余吨,到巷者约八十吨,并未起运入川,其交通已成问题,且闻中国银行已不愿继续投资付款,故经济上又成问题。不若将该厂机件设备运往昆明,较为两得其美。

查中兴煤矿场有全新发电机机件(4千瓦、3000Volt、50cycb、A.C),除锅炉外,其余机件连冷凝器均已运抵汉口,共重48吨,若以设置于自流井,则较可省时减费。闻黎重光先生云以该机件作为设厂股本,应可办到。此事俟职抵达重庆后,当与杨公庶先生讨论之。

## 拟迁昆明工厂

### 元月十九日

1. 大成纱厂:有新购纱锭(瑞士制)一万四千枚,分存马尼、香港、上海栈房,拟迁滇,已由该厂刘丕基、刘国钧负责筹划进行。

2. 申新第四纱厂:有新购英国制纱锭一万五千枚,尚未到港,拟迁昆明,已由该厂李国伟先生负责筹备进行。

3. 美恒纺织公司(该公司与美亚织绸厂合作):有旧纱锭一万枚(1905年)存上海栈房,拟运滇,已由美亚织绸厂副厂经理高事恒君负责筹划进行。

4. 新民机器厂:拟将存沪之机器并在港、沪配备机件运滇,设立一完备之五金机器厂,已由该厂经理胡厥文君负责进行。

5. 民丰纸厂:有由嘉兴运出存在港、沪之机件,拟运滇设厂,已由该厂经理金润庠君往巷筹划进行。

6. 家庭化学工业社:陈栩(天虚我生)、陈蘧(小蝶)父子拟于黔滇等处设立分厂,已由陈君等赴渝蓉转贵阳、昆明筹划。

7. 工商谊记橡胶厂及民营化学社:拟由汉迁滇,该厂厂长阮觉施君已在筹划进行。

8.新亚制药厂:拟将九龙分厂一部分机件并在港配足机件运滇设厂,已由该厂经理许超(冠群)在港来函商洽进行。

由海防铁道运货往昆明,运费每吨九十八元,越境税外货值百抽四,国货抽一,滇特税免,关税洋货须照纳,但用在十年以上者可作土货论。

按:此是今日所得昆明来电,俟得来信当可详知内容。至于由沪及由港运往海防之运费,亦可于日间得复。以意度之,大约每吨由沪起运,约需150元。容另制补助办法呈核。

[资源委员会档案]

## 3. 翁文灏为中国建设工程公司等迁桂各公司请予协助有关函令稿(1938年4月)

### (1)翁文灏致广西省政府公函稿(4月1日)①

公函　第　号

查上海中国建设工程公司及九江江西光大瓷器公司,前由本处协处,先后迁往贵省省会,又因国立同济大学附属机械工厂,亦正由本处协助,计划由赣迁往贵省。该公司等此次迁移,旨在继续生产,或陶冶人才,以增加抗战力量,热忱爱国,良堪嘉许。关于该公司达到后所需购地复工,或电力运输等事项,拟请贵省政府分饬各主管厅予以切实协助,以资激励。除其他各厂一俟起运来桂时再行奉告外,先此函请查照办理为荷。此致

广西省政府

处长翁〇〇

### (2)翁文灏给中国建设工程公司等训令稿(4月22日)②

训令　第　号

令中国建设工程公司、九江江西光大瓷器公司

案查该公司迁往桂林,以谋继续生产,关于到达后所需购地复工或电力

---

① 此为拟稿时间。
② 该时间为拟稿时间。

运输等事项,业经本处函请广西省政府分饬各主管厅予以切实协助在案,兹准广西省政府建字第一二七号函复,自当照办。等因。准此,合行令仰知照。此令

处长翁○○

[工矿调整处档案]

## 4. 工矿处广西办事处抄中国兴业铸铁厂等十七户内迁地点及到达日期调查表呈(1940年11月9日)

经济部工矿调整处广西办事处呈　桂总字第1738号　民国二十九年十一月九日

案奉钧处二十九年十月十四日矿整字第一○四○六号训令,关于迁桂各厂免缴过分利得税一案,转准财政部咨请查明中国兴业铸铁厂等17户是否由战地内迁,令仰查明具复。等因。奉此,遵即会同迁桂工厂联合会派员切实调查,旋据该会于十一月七日填呈各该厂内迁日期调查表一纸到处,并谓除毕昌机器厂1户,该会前送所得税广西办事处之名单并无列载外,至长城修车厂近已停工,汤荣记翻砂厂业经迁衡,似无庸再行列及。又查泰昌五金等厂因规模尚小,不合规定,故未申请登记。其间虽有于到桂后扩充或改组者,然其确属战地内迁,则有事实证明。奉令前因,理合具文将调查表抄副呈复,敬祈查核办理,实为公便。谨呈

处长翁、张

附呈调查表一纸

广西办事处主任姚文林谨呈

**各工厂内迁地点及到达日期调查表**

二十九年十月　日

| 厂名 | 迁移地点及到达日期 | | | 附注 |
|---|---|---|---|---|
| | 第一次 | 第二次 | 第三次 | |
| 中国兴业铸铁厂 | 二十六年九月　日<br>自上海迁至武昌 | 二十七年十二月　日<br>自武昌迁至桂林 | | |

续表

| 厂　名 | 迁移地点及到达日期 | | | 附　注 |
|---|---|---|---|---|
| | 第一次 | 第二次 | 第三次 | |
| 长城修车厂 | 停止营业 | | | |
| 新华煤气机制造厂 | 二十六年八月　日自上海迁至广州 | 二十八年九月一日自广州迁至桂林 | | |
| 启昌五金电焊厂 | 二十七年八月自上海迁至桂林 | | | |
| 怀民实验机器厂 | 二十七年十月一日自汉口迁至衡阳 | 二十八年四月二十二日自衡阳迁至桂林 | | |
| 汤荣记铁工厂 | 已他迁,最近迁往衡阳 | | | |
| 熊发昌翻砂厂 | 二十六年七月由上海迁至长沙 | 二十八年八月一日由长沙迁至桂林 | | |
| 宝泰机器厂 | 二十七年八月自汉口迁至长沙 | 二十七年十一月自长沙迁至衡阳 | 二十八年四月自衡阳迁至桂林 | |
| 朱洪昌铁工厂 | 二十六年八月二十一日自汉口到衡阳 | 二十七年十一月二十日自衡阳至桂林 | | |
| 三友电焊厂 | 二十六年由上海迁至汉口 | 二十七年八月由汉口迁至桂林 | | |
| 金陵修车厂 | 二十七年八月由南京迁至桂林 | | | |
| 钱荣记铁工厂 | 二十七年由汉口迁桂林 | | | |
| 陈永泰五金厂 | 二十六年十一月二十四日自汉口迁至长沙 | 二十七年十月二十五日自长沙迁至桂林 | | |
| 福裕凤记钢铁厂 | 二十七年十月十六日自汉口迁至衡阳 | 二十九年四月由衡阳迁至桂林 | | |
| 国华电焊厂 | 二十七年九月十五日由汉口迁衡阳 | 二十九年四月二十由衡阳迁桂 | | |
| 泰昌五金厂 | 二十六年十一月二十三日自长沙迁至桂林 | | | |
| 毕昌机器厂 | | | | 此厂向未据报 |

[工矿调整处档案]

## 六、军需民用品的生产

### 1. 工矿调整处要求各厂以国家利益为重辅助生产军需品函（1938年2月16日）

笺函　二月十六日　汉办发字第74号

径启者：查此次政府协助上海各工厂内迁，原期为国家保存抗战实力，特以供军需品生产得大量增加，前方作战能随时补充为最重要目的。其对于各厂之利益，罔不尽量予以便利，种种事实，想各厂当所共鉴。迩者以一部分厂家工作无着，本会特予介绍，代兵工厂制造军需用品。其所出造价，系以该署各厂平日所需成本为标准，并按现时行情计算，而酌予增加提高。各厂承造虽无大利，但亦不致亏损，乃此间有少数厂家未能以国家利益为前提，而互相推诿，不愿制造，此种事实，殊有失政府一向爱护各厂之厚意，而本会深为失望者也。查贵会襄赞政府有素，总揽各厂，职责所在，尚希转饬各厂应深明大义。兹国家存亡之际，凡我国民只有共同艰苦支撑，始能渡过难关。对于今后交办之工作，不得推诿，以期共同合作，而挽危局。至价格方面，本会自当注重事实，切实核算。事关全民抗战，相应函达，即请查照转饬注意为荷。此致

迁鄂工厂联合会

处启

［经济部工矿调整处档案］

## 2. 工矿调整处编制内迁工厂工人、机料及产品率一览表①(1938年3月16日)

| 厂名 | 地点 | 随往工人数 | 迁移物资吨位 | 主要机械数量 | 运往之主要原料 | 产品及产率 | 备注 |
|---|---|---|---|---|---|---|---|
| (一)迁往四川省 | | | | | | | |
| 顺昌铁工厂 | 重庆 | 45 | 200.0 | 车床11、搪床1、铣床及磨床4、其他工具机9、马达16、电焊鼓风起重等机6、半成品车床80、熔铁炉及铸工用具5、磨机1 | 铁板29吨、炉铜板7吨、钢条0.5吨、元[圆]铁方铁9.4吨、其他铁类35吨、生铁60吨、五金及电料2.4吨 | 工作机、起重机、翻砂工具、炸弹壳 | |
| 中华铁工厂 | 重庆 | 60 | 194.0 | 车床22、刨床5、钻床5、磨刀机1、铣床2、磨床1、锯床1、闸床1、老虎钳20、马达2、发电机1 | | 工作机 | 每年工作机产值至多二十五万元 |
| 大公铁工厂 | 重庆 | 15 | 42.0 | 车床36、刨床2、铣床1、钻床1、老虎钳72、马达2、磨刀机1、翻砂机工具全套 | | 六尺车床每日半部,小刨床、钻床或小柴油发电机1部,手榴弹每日一千五百个,迫击炮每日一尊 | 尚须补充工人57名(车工及钳工) |
| 精华机器厂 | 重庆 | 10 | 13.3 | 车床3、钻床3、锯床5、压边机2、打头机2、弯脚机2、织衣机14、成衣机4、制针机1 | | 各种针织机 | 每年针织机产值8万元 |

---

① 此件为1938年3月16日工矿调整处致经济部工业司公函附件。

续表

| 厂名 | 地点 | 随往工人数 | 迁移物资吨位 | 主要机械数量 | 运往之主要原料 | 产品及产率 | 备注 |
|---|---|---|---|---|---|---|---|
| 上海机器厂 | 重庆 | 70 | 65.0 | 车床23、钻床7、铣床3、火石车1、刨子2、磨床2、老虎钳8、发电机1、马达1、引擎1、钢珠轴领6付 | | 引擎、邦浦、工作机、手榴弹 | |
| 公益机器厂 | 重庆 | | 60.0 | | | 修理纺织机器 | |
| 中国实业机器厂 | 重庆 | 25 | 101.0 | 车床20、钻床7、磨平床1、刨床3、冲床2、闸床1、钻床7、浇字机1、锯床1、砂轮架1、印字机1 | 铜2.14吨、钢铁20.7吨 | 华文打文字机、机关枪零件 | |
| 大鑫钢铁厂 | 重庆 | 193 | 644.0 | 电气炼钢炉4、车床16、刨床7、钻床7、铣床1、火石车2、马达42 | | 炼钢、翻砂 | |
| 达昌机器厂 | 重庆 | 20 | 6.5 | 车床3、钻床2、磨光车1、老虎钳6、马达2 | | 纺织机、切面机 | |
| 徐兴昌铸铜厂 | 重庆 | 7 | 3.5 | 翻砂工具全套 | 钢料4700磅、黄铜800磅 | 铸铜 | |
| 合作五金公司 | 重庆 | 20 | 22.8 | 车床7、刨床1、冲床7、磨床1、刨光床1、马达1 | | 销类 | |
| 美艺钢器公司 | 重庆 | 6 | 40.0 | 车床5、刨床1、钻床4、铣床1、切床1、冲床1、拔床1、马达5 | 铜板41.5吨 | 避弹室、炸弹零件、手榴弹 | |

续表

| 厂名 | 地点 | 随往工人数 | 迁移物资吨位 | 主要机械数量 | 运往之主要原料 | 产品及产率 | 备注 |
|---|---|---|---|---|---|---|---|
| 精一器械厂 | 重庆 | 35 | 21.0 | 冲床7、钻床3、车床4、磨床1、刨床1、剪刀车2、滚线车2、发电机1、马达4、电钻、翻砂工具、电镀工具全套 | | 科学仪器面具零件 | |
| 中国制钉厂 | 重庆 | 8 | 353.3 | | | 钉 | 物资中包括机件7.8吨，原料197.2吨，成品150.3吨，名目不详 |
| 陆大铁工厂 | 重庆 | 64 | 103.5 | 车床23、刨床2、磨床1、冲床2、剪刀床1、铣床2、钻床6、柴油机2、马达3、发电机3、打风机2 | 铜料15吨、钢板12.5吨 | 地雷每日100个，手榴弹每日2,000个 | |
| 大同五金厂 | 重庆 | 30 | 56.5 | | | | 全系五金材料，并无机械 |
| 康元制罐厂 | 重庆 | 27 | 36.0 | 车床3、钻床2、火石车1、刨床2、冲床22、铣床1、滚方车1、橡皮线车2、剪刀车2、滚圆车2、返边车1、锯床1、马达2 | 黄铜皮5,000磅、铜圈3,250磅、钢皮600磅、铁皮5,600磅、发条2,000磅、花铁6,500磅 | 印刷制罐烟幕罐爆发罐、面具、水壶 | |
| 亚浦耳电器厂 | 重庆 | | 28.0 | | | | 全系电灯泡，并无机件 |
| 华光电化厂 | 重庆 | 8 | 2.4 | 截焊条车1、调粉车1、制电焊条工具全套 | 化学原料635公斤、化学药水30公斤 | 每日电焊条5,000支 | |

续表

| 厂名 | 地点 | 随往工人数 | 迁移物资吨位 | 主要机械数量 | 运往之主要原料 | 产品及产率 | 备注 |
|---|---|---|---|---|---|---|---|
| 中国蓄电池厂 | 重庆 | 13 | 86.8 | 车床1、冲床5、剪刀床1、扎线车6、喷砂机3、钳床2、压力车1、马达6 | 炭精1.5吨、炭板0.5吨、黑铝粉20吨、白蜡0.5吨、锰粉10吨、锌皮1.5吨、盐1吨 | 每日干湿电池2,000打及各种小型机件 | |
| 汇明电池厂 | 重庆 | | 18.2 | 打电机3、喷砂机1 | 铅粉10吨、锰粉1吨、盐1吨、铅皮20件、火漆500磅 | 干湿电池 | |
| 张瑞生电焊厂 | 重庆 | 15 | 5.0 | 电焊工具全套 | 养气4,480磅、电石1,600磅、铁板700磅 | 电焊工作 | |
| 中国无线电公司 | 重庆 | 53 | 157.0 | 刻字机1、烧焊机1、绕线机1、手压机1、水压机1、抽气机1、喷漆机1、沙轮机1、真空烤炉1、烤炉1、老虎钳35、剪刀1、2号冲床1 | 元[圆]铁、角铁、扁铁共11,144吨、方铁350磅、铁管、双纱色线、铁皮、铅皮、黄铜、紫铜管、胶板、胶木等 | 收发报机5W、15W、20W等每日共90部,每四个月可完成5~10千瓦广播无线电台1座 | |
| 中央化学玻璃厂 | 重庆 | 60 | 38.7 | 全部炉灶工具 | 纯碱50包、棚砂30包、坛烧粉2包 | 化学玻璃器、日用玻璃器、高度耐火材料 | |
| 益丰搪瓷厂 | 重庆 | | 25.7 | 摇手车4、剪卷车1、滚泥机2、压土机2、括刀机3、冲压车5、车床1、冲床2、呑克车9、亚克车2、调和车1、铁石研子各1、冲片车1 | 水白粉17箱、水底粉12箱、上青粉0.3吨、湖色粉4.3吨、桃红粉1吨、竹青粉6吨、铁皮30.5吨、火砖10吨 | 搪瓷器皿 | |

续表

| 厂名 | 地点 | 随往工人数 | 迁移物资吨位 | 主要机械数量 | 运往之主要原料 | 产品及产率 | 备注 |
|---|---|---|---|---|---|---|---|
| 天盛陶器厂 | 重庆 |  | 102.0 |  |  | 各种陶器 | 机件名称不详 |
| 家庭工业社 | 重庆 |  | 40.0 | 马达1、轧石膏机1、打盖机1、石印机2、电木机1、洒粉机1 | 各种化装品原料15吨 | 日用化装品 |  |
| 天利淡气厂 | 重庆 |  | 49.0 | 空气抽送机、氮气化合器、燃烧炉、压缩机、硝酸分离机、硝酸提浓机、吸收塔、养气压缩机、冰车、蒸溜[馏]器 |  | 硝酸 |  |
| 新亚药厂 | 重庆 | 14 | 21.7 | 制药用机器全套,制造医疗器械用机件全套 | 药品原料3,600磅 | 医疗器械各种医药卫生药品 |  |
| 中法药房 | 重庆 | 4 | 9.5 | 远心分离机、真空机、马达、电热干燥厨、制片机、制粉机、制丸机、电动机 |  | 医药卫生用品 |  |
| 永利硫酸铔厂 | 重庆 | 20 | 200.0 | 铁工机件大小560件、电焊机9件 | 生铁80吨、铁板20吨、铁皮18吨 | 硫酸铔 |  |
| 中兴赛璐珞厂 | 重庆 | 5 | 54.0 | 滚筒车2、粉碎机1、硝化铁锅8、离心力机3、压车4、抛车2、冲床2、马达11 |  | 硝化棉每日1,000磅 |  |
| 美丰祥印刷所 | 重庆 |  | 1,165 | 印书机4、平面机3、三色板机1、圆盘机5、切纸机2、电铸字炉3、装钉机全套、柴油引擎、马达 | 铅字及材料55吨、白报纸10吨、道林纸11吨、其他各种纸12吨 | 印刷铸字 |  |

续表

| 厂名 | 地点 | 随往工人数 | 迁移物资吨位 | 主要机械数量 | 运往之主要原料 | 产品及产率 | 备注 |
|---|---|---|---|---|---|---|---|
| 华丰印刷所 | 重庆 | 24 | 84.0 | 自动铸字炉1、手摇铸字炉6、铡刀1、刨铅条机1、刨床1、制模工具全套、制板机2、浇铅条机1、报纸全张机1、报纸对开机2、圆盘机5 | 各色纸张10吨、卡片纸5吨、油墨400斤 | 铸字印刷 | |
| 京华印书馆 | 重庆 | 64 | 252.5 | 铅印机22、彩印机11、雕刻机1、凹版机20、浇字机6、电镀机1、切纸机2、发动机12、铜模铅字69吨、小圆盘铅印机10 | 纸张63吨、油墨1.5吨 | 铅印部每日可出印成品单面87令、彩印部108令 | |
| 中国科学图书公司 | 重庆 | | 250.0 | | | | 机件名称不详 |
| 开明书店 | 重庆 | | 36.0 | 无机件 | 书面纸25,000磅、白报纸34,000磅、纸型4,500磅 | | |
| 生活书店 | 重庆 | | 70.4 | 无机件 | | | 全系书籍纸型及纸张 |
| 时事新报 | 重庆 | 20 | 62.0 | 印报机全部、铅字、铜模4吨 | 白报纸16吨 | 印报 | |
| 美亚绸厂 | 重庆 | | 110.0 | | | | 机件名称不详 |
| 震寰纱厂 | 重庆 | | 700.0 | 纱锭10,000枚 | | 棉纱平均二十支,每日产25件 | |
| 申新纱厂 | 重庆 | | 1,400.0 | | | 纺纱 | |
| 裕华纱厂 | 重庆 | | 1,400.0 | | | 纺纱 | |

续表

| 厂名 | 地点 | 随往工人数 | 迁移物资吨位 | 主要机械数量 | 运往之主要原料 | 产品及产率 | 备注 |
|---|---|---|---|---|---|---|---|
| 汉中制革厂 | 重庆 | 20 | 42.9 | 开皮机1、压花机1、刨肉机1、磨皮机1、磨亮机1、磨里机1、匀皮机1、蒸汽锅炉1、马达6 | 化学材料20吨 | 军用皮带每日200、防毒面具皮每日300 | |
| 六合建设公司 | 重庆 | | 151.4 | 水泥拌机及引擎1、水泥小车10 | 钢条110吨、盘丝钢条8吨、洋钉1吨 | 建筑房屋 | |
| 震旦机器厂 | 重庆 | 24 | 13.2 | 无机件 | 铁管铁皮2吨,灭火药粉原料5吨 | 救火器 | |
| 华西兴业公司 | 重庆 | 2 | 655.0 | 无机件 | 生铁41吨、铜丝7吨、铁块309吨 | 电器 | |
| 天原电化厂 | 自流井 | 5 | 169.0 | 土壤分析仪器1、电炉1、电分析器1、烘箱1、离心机1、滤器、榨滤器、养[氧]气筒、变压器2、方棚1、调和机1、打气车1、碳酸气筒 | 化验药品700公斤、紫铜板4,700公斤、电料45公斤 | 固体烧碱每日44吨、氯气3吨或盐酸12吨或漂粉10吨 | |
| 龙章造纸厂 | 北碚 | | 810.5 | 1250kVA透平机1、马达5、管子锅炉3、加煤机3、造纸机器1部 | | 道林纸每日38,000磅,不造时可发1,500匹马力电动力 | |
| 大成纺织公司 | 北碚 | | 374.8 | 布机123台 | | 布匹 | |
| (二)迁往湖南省者 | | | | | | | |
| 新中工程公司 | 长沙 | 40 | 189.0 | 车床25、刨床2、铣床2、磨床2、钻床4 | 生铁50吨、角铁板等70吨 | 引擎桥梁及工作机等 | |
| 金钢电池厂 | 长沙 | | 11.0 | | | 干湿电池 | 机件名目不详 |

续表

| 厂名 | 地点 | 随往工人数 | 迁移物资吨位 | 主要机械数量 | 运往之主要原料 | 产品及产率 | 备注 |
|---|---|---|---|---|---|---|---|
| 公记电池厂 | 长沙 | | 21.0 | | | 干湿电池 | 机件名目不详 |
| 中国窑业公司 | 长沙 | | 180.0 | | | | 机件名目不详 |
| 大新荣橡胶厂 | 长沙 | | 126.6 | | | 各种橡胶品 | 机件名目不详 |
| 启文机器厂 | 湘潭 | 2 | 6.0 | 铣床3、刨床2、车床2、雕刻机2、磨床4、钻床5、马达20 | | 号码机 | 机件不全不能开工 |
| 大中华橡胶厂 | 湘潭 | | 31.3 | 马达1、炉子1、大滚筒4、传动器1、面子车1 | | 各种橡胶品 | 机件不全不能开工 |
| (三)迁往云南省者 | | | | | | | |
| 中国工商谊记橡胶厂 | 昆明 | 60 | 204.9 | 锅炉2、马达13、炼和机10、硫化压力机17、切断机4、制浆机4、括胶机1、管子机1、烘钢8、减速机3、冷气机2、抛光机8、出光机料机10 | 橡胶4吨、亚铅笔10吨、促进剂1吨、填充剂3.4吨、补充剂7吨、颜料1.4吨、电料1吨 | 军用渡船每日3只、防毒面具橡皮罩2,000只、防毒衣服10套、操鞋6,000双、口罩1,000个 | |
| 申新纱厂 | 昆明 | | | | | | 正计划由上海迁往 |
| 美恒纱厂 | 昆明 | | | | | | 正计划由上海迁往 |
| 大成纱厂 | 昆明 | | | | | | 正计划由上海迁往 |
| 民丰造纸厂 | 昆明 | | | | | | 正计划由上海迁往 |
| 家庭工业社 | 昆明 | | | | | | 正计划由上海迁往 |
| 新民机器厂 | 昆明 | | | | | | 正计划由上海迁往 |

续表

| 厂名 | 地点 | 随往工人数 | 迁移物资吨位 | 主要机械数量 | 运往之主要原料 | 产品及产率 | 备注 |
|---|---|---|---|---|---|---|---|
| 中国科学图书公司 | 昆明 | | | | | | 印刷部分计划由沪迁往 |
| 新亚制药厂 | 昆明 | | | | | | 正计划由沪迁往 |
| (四)迁往鄂西各地者 | | | | | | | |
| 三北造船厂 | 宜昌 | | 150.0 | | | 修理船舶 | 机件名称不详 |
| 建委会电机制造厂 | 宜昌 | 100 | 278.1 | | | 收发电机、马达 | 机件名称不详 |
| 中国铅笔厂 | 宜昌 | 53 | 245.0 | | | 每日500箩 | |
| 万盛酱油厂 | 岳口 | 1 | 22.0 | | | 酱油 | 机件名称不详 |
| 中国机制茶厂 | 恩施 | 1 | 12.0 | | | 茶叶 | 机件名称不详 |
| (五)迁往其他各地者 | | | | | | | |
| 中国建设公司 | 桂林 | 3 | 8.0 | 车床3、冲床3、钻床1、锯床1、剪刀床1、刨床1、马达3 | 铜皮、铜丝1,200磅、保险丝、瓷器75付 | 马达开关每日20部、电口、电门、手榴弹 | |
| 光大瓷业公司 | 桂林 | 50 | 160.0 | 制瓷机29、升降机1、辘轳机64、匣钵机8、制砖机1、瓷釉机1、修理厂机器5、发电机2、马达20 | | 普通餐具及电料每日产100万件 | |
| 民营化学工业社 | 贵阳 | 26 | 19.4 | 马达2、水压车2、邦浦1、手压车2、抛车1、冲床7、钻床1、车床8 | 电木粉3.4吨 | 防毒口罩每日600具 | |

续表

| 厂名 | 地点 | 随往工人数 | 迁移物资吨位 | 主要机械数量 | 运往之主要原料 | 产品及产率 | 备注 |
|---|---|---|---|---|---|---|---|
| 中国煤气机厂 | 贵阳 | 100 | 228.0 | 车床16、刨床1、钻床3、剪刀机1、压边机1、铣床1、卷筒机1、压机1、剪刀1、虎钳59、翻砂工具全套 | | 煤气代油炉每日3套 | |
| 利用五金厂 | 西安 | 11 | 13.0 | 车床4、刨床2、铣床1、磨床1、电钻1、马达7 | | 工具机械 | |
| 附记 | 1.本表材料截至二十七年二月二十八日止。2.本表所列各厂包括已迁及决定迁之工厂,上海及广东方面正在接洽迁运中者未列入。3.机械数量及现有原料系根据汉口迁出时报关单,尚未报者则根据其呈递本会之迁运请求书中之机械清单或到汉登记表。4.各厂尚需补充原料,因制造品之种类数量而不同,未易估计,复工所需之资金,估计尤难,均不列入。 ||||||| 

[经济部所属单位档案]

## 3. 工矿调整处陈送《各工厂承造军用品调查报告》呈稿①(1938年5月13日)

呈 第 号

查本处协助各厂迁移内地,其主要目的在增进后方生产,以充实国防。现此等工厂在武汉及其他地方复工者日渐增多,兹为明了其对于国防方面有何实际贡献,生产情形与方法能否使各厂均有竭其最大能力之机会,以为继续调整工作之参考起见。爰将本处协助迁之工厂136厂及原设武汉之较大工厂12厂,加以调查,得悉曾经本处之调整,已能承造军需用品者,计共62厂,而迁来工厂中复工后有三分之二能承造军用品,且有24厂,全以制造军用品为其主要工作。再查承造军用物品中,有工兵器材、机枪零件、交通通讯、防毒器皿、消防工具以及军需用品等项。截至四月五日止,承造总价值达170余万元,其中以机器翻砂业及电器业贡献较多。目前各厂颇能就技能上

---
① 报告中附表均缺。

彼此联合生产,尤盛行于机器厂及翻砂厂间。过去事实尤足证明生产联合之程度愈深,而所收益则愈大,厂家之设备与技能愈精,则制造之范围愈广。兹谨将调查所得事实加以分析:(一)调查之目的与范围,(二)承造军用品之业别,(三)承造军用品之种类与价值,(四)承造军用品各工厂生产联合之形成,(五)结论第五节,编成《各工厂承造军用品调查报告》,将来本处仍拟继续采取工厂生产联合办法,对于组织上、技术上再加改进,以收增加生产之实效。理合缮呈该项报告,备文呈请鉴核。谨呈

经济部

计缮呈各工厂承造军用品调查报告一份

### 各工厂承造军用品调查报告

(一)调查的目的与范围

自抗战开始,政府协助战区以内各工厂迁移内地,其目的非仅避免炮火之摧残而已,主要动机仍在增加后方之军用品生产能力,藉以补充国营各兵工厂之不足,此于所迁各业中以机器、电器及化学工厂居五分之四之事实即可知之。而今半数以上之工厂,业已先后复工,其于军需方面,现已有何实际贡献,各厂个别之军需生产能力,以及因承造军需用品而产生之组织与活动,均为本处亟待明了者,盖此等事实,不仅可供今后本处介绍各厂与兵工署航技处等兵工制造机关联络生产之参考,且可根据过去事实,察其得失,以谋更进一步之调整,而使各工厂于军需方面,均有贡献其最大生产能力之机会也。

此次调查之工厂,包括以下两种:(1)曾受本处协助者,(2)虽过去未受本处直接协助,但在汉口与本处迁来各工厂在工作方面有往还者。其承造之军需工作列入此次调查范围内者,亦限于(1)各厂在抗战开始以迄四月五日以前承接者,(2)在抗战开始以前承接,但抗战开始以后尚未完全交货者。

(二)承造军用品工厂之业别分析

为便于分析计,根据此次调查范围,将承造军用品之工厂分为两类:一为原设武汉之工厂,一为由上海及其他各地迁来之工厂。第一类工厂承造军用品经调查者共12家,包括机器五金翻砂业6厂,纺织染业4厂,皮革及玻璃业各1厂,其中以纺织业工厂之贡献最大,盖京沪沿线纺织区沦失,各大纺织工

厂均未迁出,故军用布匹,大部分赖武汉各纱布厂承造故也。

第二类即由上海及其他地方迁来之工厂,为数虽达136家,但其中19家只有原料或成品运来,至于机件,或未迁出,或滞途中无法运来,故实际仅117家有复工之可能。除利用五金厂因与第八路军修理军械随迁延安,大昌铁工厂据闻与航技处合作移往宜昌,及中兴赛璐珞厂与兵工署商妥合作正拟迁川外,其余114厂中,有48厂因重迁内地,建筑厂地,缺乏原料,或负责人尚未到汉等关系,尚未复工。惟其中复兴铁工厂、工商谊记橡胶厂与永利公司铁工部等3厂现已接有兵工定货矣。

故截至四月五日止,迁来厂家曾经先后复工者,共只66厂(现仍开工者只有55厂,其余因向内地迁移,或生意不佳,复工不久又告停工),其中承造军用品者,占三分之二,计有44厂,且此44厂中,有24厂全部工作时间均系从事军用品之制造,中尤以机器五金厂及电器厂于军需生产贡献最力,详见附表一。

至于已复工而未承接军需工作者,经调查原因不外以下五种:

(1)工作能力不适于承造军用品者,有家庭工业社(牙粉雪花膏等)、中国铅丹厂、中国铅笔厂、大公报馆、中国科学图书公司、美丰祥印刷所、美亚绸厂、迪安针织厂、四明糖厂、梁新记牙刷厂等。

(2)开工不久即决定重迁者,有顺昌铁工厂、康元制罐厂、精华机器厂及萧万兴铜器厂。

(3)该厂原有工作甚多,无暇从事兵工制造者,有新中公司(引擎邦浦)、姜乎铁厂(经济油灯)、合众电器公司(手电筒用电)、发昌机器厂(机器及锅炉修理工作)、华昌无线电公司(修理收音机)。

(4)在最近期内,方始复工,尚未承接军需工作者。有维锠机器厂及大来机器厂。

(5)此外尚有源大制革厂,因其厂屋临近飞机场,敌机常来轰炸,故开工不数日即行停工。

此五项原因下之各工厂,除属第一项者外,其余各厂似均具有承造军需品之能力,惟为事实所限,故过去于军需方面,无所贡献。现时顺昌铁工厂准备在四个月内自制20部小车床,以便专制各种兵工器物,而新中公司正拟扩充设备,制造柴油汽车,此不仅系后方交通,而前方军需之运输,亦有所利赖。此亦足见此等工厂未尽忘怀迁移后方所应尽之义务也。

(三)承造军用品之种类与价值

抗战以来,截至现在,各工厂曾经承造之军用品,可大别为四类:(一)兵工类,有陆军用之炮上零件、机枪零件、迫击炮弹、手榴弹、筒掷弹、地雷、铁防盾及烟幕罐,海军用之水雷,空军用之飞机附属物,各种炸弹及其零件等。(二)军需类,有军用布、军装配件、军用罐头、工兵用具、军医用品及其他。(三)防毒消防类,有防毒衣服、防毒面具、各种救火车等。(四)交通用具类,有军用橡皮船、无线电台、收发报机及军用电话、电池等。

以上四类军用品工作,除第一类外,其余三类,大都与承造工厂之原来生产性质相同,故在承造方面较少困难。惟承造兵工器物之厂家,除平常产品属小五金者,其工具尚适于制造兵工器物外,普通机器工厂,多数工具,未必合式。故其出品每须再三修整,始能符合定制标准。再则此等承造兵工器物之厂家,设备完善,兼有车钻冲剪模型翻砂电焊者,仅大鑫、顺昌、永利、周恒顺而已。是以能承造一种兵工器物全部工作之工厂绝少,反之,能为一厂所单独承造其全部工作之兵工器物亦绝少。故过去各厂承造者,大多只是一种器物之局部工作或零件,而此局部工作或零件,亦常非一种工作部门所能毕事者。是以某厂承接一种兵工订货,每每将其中若干特别工作,转包其他工厂承作。如此,不仅交货时间势必较长,且有时须将所制物品往返运送,遂致多耗脚力。以上两因,均足致增高生产成本。故过去订制机关,常觉各厂报价过高,而承造工厂则又时以单价不敷成本为憾也。

就各厂过去承接之军用品价值分析之,除极少数长期承造数量不定或因单价不详未便统计总价值者外,以上四类军用品承造之总值,计兵工类356,000元,军需类385,000元,防毒消防类367,000元,交通用具类676,000元,合计总值1,784,000元。其中由上海及其他各地迁来之工厂承造者,占百分之九十三,值1,661,000余元。惟将迁移以前承接者735,000元,及虽承接而尚未开制者277,000元除外,则各厂迁移以后承造之军用品总值仅649,000元。以现时承造军用品之44厂均计之,每厂在复工后承造总值,平均为14,700余元。然事实上承造价值能超过此平均数者，只有9厂。可知各厂复工后，军用品之承造，实操揽于极少数厂家手中也。（附表二及附表三）

至于各厂过去承造军用品之个别情形，经按承造品分类，编为附表四，可资参考。

（四）承造军用品工厂生产联合之形成

迁移工厂承接军用品制造之44家中，机器业居30厂，电器业占10厂，故此两业所占地位实较重要。惟迁来电器各厂，多数具有特殊产品及独立生产之能力，且分工较显，厂与厂间甚少雷同。但机器厂则不然，普通机器厂之设备与另一厂家比较，其机器大概只有多寡与大小之分，甚少种类或功能上之绝对不同，故此中难免有造成竞争工作之因素存在。他一方面，又以留汉复工各厂，规模设备均少完善者，故此厂与彼厂之间，不无互相可以利赖之处。是以生产联合之趋势尚未见之于电器业，而先见之机器翻砂业矣。

此种生产联合之最有力量者有四，举其领袖工厂言之，一为合作五金公司，一为上海机器厂，一为美艺钢器公司，一为铸亚铁工厂。此等工厂各附有数家工厂为其羽翼，以补充其生产能力之不足，俾使实力充实，以便承接多种军用器物之制造工作。兹举一例以明之：如上海机器厂缺乏制造精细五金之工具，故拉拢精一科学仪器制造厂，且无电焊与翻砂之设备，故属下有张瑞生电焊厂与徐兴昌翻铜厂。他如合作与美艺之联属工厂中，尚有非由沪迁来者，兹由各工厂生产联合营业范围之大小，及承造品价值之多寡，衬以属厂之数目，两相比较，当可察知其梗概。

迁鄂机器翻砂工厂中，既小厂多于大厂，为使各厂均有贡献其最大生产能力于国家之平等机会，生产联合之组织，亟应提倡。联合之程度愈深，效能愈大，然而实现之困难亦愈多：

一、如今日铸亚铁工厂领导下之各厂联合生产办法实现最为容易，而组织亦最为松懈。即每次承接工作之后，按所属各厂生产能力，分配其工作。以曾经承接之迫击炮弹及手榴弹例之，使翻砂厂担任翻铸弹壳，钻床多之工厂担任打眼，车床多之工厂担任车工。各厂厂址既不相联，而一物之各工作部门，又系各厂分任。于是时日既费，运费复增，最后产品尚难使称准划一，至于某厂钻眼或车工不良,以至连带翻砂者须重为翻铸,过去已不乏此等事例矣。

二、又有集中同一厂址将机器合并,但管理上未经统一。目前上海机器厂与其三家属厂,即是如此。其生产联合之程度,较前一种情形,又进一步。至于美艺与合作两组只有一部分属厂之机器,已并在一处生产,而其余属厂,仍自立门面。如目前上海机器厂等情形,自可较节省开支,惟因非合并管理,故在生产效率上未必配合得宜。且各厂仍可单独承接生意,若值所接工作非其他联合厂家所能分作者,必致各厂之劳逸不均,或使共接之工作大受影响。上海机器厂一组之所以尚未有此情形发生者,因其属厂之规模均极小(精一原来之规模虽较大但已迁移大部分入川,故留汉之机器甚少),缺乏单独活动之能力故也。

三、最高度之联合生产,不仅机器合作,而且对内对外管理统一,此惟在资本合并之情形下,可以实现。其最大优点,不仅能节省开支,划一技术标准,且可使小厂之效率随而增高,即将不平衡之生产能力,他为平衡。现有之工厂生产联合,尚未达到此种联合程度者,推溯原因,要以资本自由合并,实现非易耳。

(五)结论

综观上述各节事实,可得如下之结论:

(1)此次迁来工厂之已复工者,有三分之二之厂家均努力于军用品之制造。其中半数以上之工厂,均赖军需工作,以维持其生计。

(2)惟因各厂设备技术及组织各方面之不等,致使承接工作之机会不均,忙者过忙,闲者过闲,尤以一部分工作较小之铁工厂,无法获得竭尽其最大生产能力之机会。

(3)机器翻砂工厂以承接军用品工作为主者,为增大其生产能力起见,已有生产联合之组织。祇因武汉兵工工作能交民间工厂承做者尚未达最大限度,故虽各工厂有时仍不免竞争营业,惟结果只能略使造价减低,尚不致影响按技术能力分配工作之自然原则。

中华民国廿七年五月十三日

[经济部所属单位档案]

## 4. 翁文灏陈送内迁工厂复工生产及承造军需品状况、统计各表致蒋介石呈（1938年5月20日）

敬呈者：前以经济部工矿调整处分期工作计划及工作报告，摺呈鉴核，奉微待代电嘉勉，并准予备案在案。兹者内迁工厂，相继在川鄂湘各处分别复工，其原设武汉之工厂亦经调整，使与内迁工厂相互为用。兹谨将此等工厂复工生产之实际状况，择要缕陈：（一）复工生产，首重军需，截至四月五日止，内迁工厂在各地复工者，计共66厂，其中承造军需用品者42厂，内机器五金翻砂业38厂，电机电器无线电业12厂，化学工业3厂，造船制罐及其他各业11厂。其原设武汉之工厂，承造军需物品者12厂，内机器五金翻砂业6厂，纺织染业4厂，皮革及玻璃业各1厂。（二）承造之军需物品截至四月五日止，要分四类：一、兵工类，计造迫击炮弹3.5万个，手榴弹17万个，圆锹25万把，200公斤炸弹引信2,000套，以及筒掷弹、地雷、水雷、炸弹等。二、军需类，计制罐头食品100万听，军服布匹27万余匹，军服铜纽300万个，以及修造军需有关之机器及军医用具等。三、防毒消防类，计造防毒面具及其零件共三万套，消毒器锅200只，药沫灭火车、轻便救火车等共300辆。四、交通及电讯用具类，计造橡皮船192只，无线电收发报机470部，手摇脚踏发电机共420部以及军用电话零件及各种干湿电池等。（三）承造军需物品之价值，截至四月五日止，计兵工类43.9万余元，军需类30.2万余元，防毒消防类36.6万余元，交通及电讯用具类67.5万余元，共178万余元。（四）承造军需物品之生产联合，民营工厂承造军需物品，每有为一厂所不能完装之件，须由数厂相互辅助，方能完成，各厂遂有生产联合。现已形成联合之较有力者有四，择其代表工厂言：一为合作五金公司，一为上海机器厂，一为美艺铜器公司，一为铸亚铁工厂。此种联合生产之形成，非特有补于事实，而各厂之生产力亦因以逐渐增加。目前迫击炮弹每月生产量为2.5万个，手榴弹每月生产量为10万个，圆锹为15万把，各种炸弹引信为2万枚，水雷为100具，军服布匹为10.7万匹，大抵均可按月如额出货，其他不定期制造之物品尚不在内。今后拟更由处因势利导，继续推进，务期各厂联合之程度愈高，生产之能力愈大，对军需用品源源接济，仰副钧座期许之至意。理合检同迁汉及其他各地工厂复工统计

表、各厂承作军用品价值统计表、订购军用品各机关及其总价值统计表暨各厂承造军用品一览表各一份，折呈鉴核。谨呈

委员长蒋

职翁〇〇

附迁汉及其他各地工厂复工统计表、各厂承作军用品价值统计表、订购军用品各机关及其总价值统计表、各厂承造军用品一览表各一份

中华民国廿七年五月二十日

表一 迁汉及其他各地工厂复工统计（截至本年四月五日止）

| 业别 | 工厂数 | 有机件运到厂数 | 复工之厂数 | | | |
|---|---|---|---|---|---|---|
| | | | 共计 | 全部工作均是承造军用品者 | 局部工作是承造军用品者 | 未承接军用品工作者 |
| 机器五金翻砂业 | 62 | 56 | 38 | 18 | 12 | 8 |
| 制罐业 | 2 | 2 | 2 | 1 | | 1 |
| 造船业 | 4 | 3 | 1 | 1 | | |
| 电机电器无线电业 | 18 | 15 | 12 | 4 | 6 | 2 |
| 陶瓷玻璃业 | 5 | 5 | 0 | | | |
| 化学工业 | 22 | 19 | 3 | | 1 | 2 |
| 印刷文具业 | 12 | 7 | 5 | | 1 | 4 |
| 纺织工业 | 7 | 6 | 2 | | | 2 |
| 其他工业 | 4 | 3 | 3 | | | 3 |
| 共计 | 136 | 117 | 66 | 24 | 20 | 22 |

附注：（一）以下各厂只有原料或成品到汉：肇新化学厂、中奥球轴公司、亚光电木厂、昌明电器厂、大中染料厂、吴祥泰机器厂、亚浦耳电器厂、茂行篷行、庆丰纱厂、中华火柴厂、开明书店、生活书店、新亚书店、中华书局、六合公司、大同五金号、三雄铁厂、可炽铁行、公盛记，共计19厂。

（二）以下各厂虽已复工但因迁移内地或其他原因，现又停工：顺昌铁工厂、精华机器厂、徐兴昌铸铜厂、张瑞生电焊厂、萧万兴铜器厂、康元制罐厂、华丰造船厂、电机制造厂、电力及电信部、中国无线电公司、迪安针织厂、源大皮革厂，共12厂。

(三)复工地点不在武汉者,计大鑫炼钢厂(重庆)、新中公司制邦浦部分(长沙)、民营电木厂(长沙)、中国铅笔厂(宜昌),尚有美亚绸厂、家庭工业社及电机制造厂电池部在汉口及重庆两地均复工,其余各厂复工地址均在武汉。

(四)利用五金厂随八路军迁往延安、大昌铁工厂与航技处合作迁往宜昌,中兴赛璐珞厂与兵工署合作,正拟迁川,以上三厂复工否,不明,均未计入复工工厂内。

表二　各厂承作军用品价值统计(截至本年四月五日止)

| 类 | 别 | | 总价值(元) | 附　　注 |
|---|---|---|---|---|
| (一)兵工类 | 陆军兵工 | 炮上零件 | 5,236.3 | 中国机器厂长期工作之钢炮碰火,每日价值35元,未计入内 |
| | | 机枪零件 | 54,003.9 | |
| | | 迫击炮弹 | 39,520.0 | |
| | | 手榴弹 | 13,295.0 | |
| | | 筒掷弹 | 21,750.0 | |
| | | 地雷 | 27,000.0 | |
| | | 烟幕罐 | 9,000.0 | 永利钰铁工部所作之烟幕罐未详数量与单价 |
| | | 铁防盾 | 16,000.0 | |
| | 海军兵工 | 水雷 | 9,335.0 | 顺兴昌长期工作之水雷翻砂,每两周值1,775元未计入内 |
| | 空军兵工 | 飞机零件及附属物 | 27,464.0 | |
| | | 炸弹及其零件 | 133,230.0 | 此外尚有单价不详之炸弹工作150公斤者2,000及新昌长期承作炸弹盖,每日可值19.8元 |
| | | 烧炭弹 | 不详 | |
| | 共　计 | | 355,834.2 | |

续表

| 类别 | | 总价值(元) | 附注 |
|---|---|---|---|
| (二)军需类 | 军服及配件 | 72,480.0 | 武汉各纱厂承制之军用布、染布未计入 |
| | 军粮 | 200,000.0 | |
| (二)军需类 | 工兵工具 | 83,332.7 | |
| | 军医用具 | 7,650.0 | |
| | 修造军器之机器 | 20,593.0 | 另有一架烟幕压药机未详价值 |
| | 其他 | 1,600.0 | 包括军用油炉及图书等,惟图书价值不详 |
| | 共计 | 385,655.7 | |
| (三)防毒消防类 | 防毒衣服 | | 工商谊记橡胶厂长期承造,数量及价值均未详 |
| | 防毒面具 | 341,200.0 | 民营化学工业社承接金陵兵工厂者,数量及价值均未详 |
| | 消防机车 | 25,460.0 | |
| | 共计 | 366,660.0 | |
| (四)交通用具类 | 橡皮船 | 277,401.0 | |
| | 无线电台 | 170,000.0 | |
| | 收发报机 | 192,725.0 | |
| | 军用电池 | 33,016.0 | |
| | 军用电话零件 | 2,755.0 | |
| | 共计 | 675,897.0 | |
| 总计 | | 1,784,046.9 | |

## 表三 订购军用品各机关及其价值统计(截至本年四月五日止)

| 订购机关 | 主要订购品 | 总价值(元) | 附注 |
|---|---|---|---|
| 兵工署 | 地雷、橡皮船、炸弹 | 309,201.0 | |
| 西北实业公司 | 防毒面具 | 300,000.0 | |

续表

| 订购机关 | 主要订购品 | 总价值(元) | 附注 |
| --- | --- | --- | --- |
| 军政部 | 军用布、牛肉罐头 | 200,000.0 | 军用布后长期订购,总价值不详 |
| 军政部交通司 | 电池收发报机 | 174,725.0 | |
| 金陵兵工厂 | 迫击炮弹、机枪零件、十字镐、冲床、面具 | 99,851.6 | |
| 上海炼钢厂 | 炸弹、十字镐、铁锹 | 98,850.0 | 大鑫原造之炸弹壳单价不明 |
| 军政部被服厂 | 军装配件 | 72,480.0 | |
| 航空兵器技研处 | 炸弹、烧卖弹 | 66,930.0 | |
| 巩县兵工厂 | 手榴弹、烟幕罐、工具机、防毒面具 | 62,685.0 | |
| 各部队 | 电池及发报机 | 50,800.0 | |
| 南昌火工作业场 | 炸弹 | 36,400.0 | |
| 汉阳兵工厂 | 机枪零件、筒掷弹 | 35,550.0 | |
| 航空委员会 | 飞机附属物、电池、救火车、经济油炉 | 28,376.0 | |
| 武汉警备司令部 | 铁防盾 | 16,000.0 | |
| 重庆消防联合会 | 救火车 | 12,500.0 | |
| 海军部 | 水雷 | 9,335.0 | |
| 武汉空军总站 | 炸弹起重机 | 9,000.0 | |
| 陆军医属购料会 | 铁副木、卷绷带器、消毒锅 | 7,650.0 | |
| 航空第六修理厂 | 飞机附属零件、压车、工具机 | 6,564.0 | |
| 炮兵研究处 | 炮上零件 | 5,000.0 | |
| 陆军装甲兵团 | 工具机 | 2,568.0 | |
| 中央飞机制造厂 | 飞机用电池 | 850.0 | |
| 江防炮台 | 炮上零件 | 236.3 | |
| 军政部制呢厂 | 机器杠杆 | 40.0 | |
| 订购机关不明 | 无线电台、军用电话机、机用灯泡、地雷 | 178,455.0 | |
| 共计 | | 1,784,046.9 | |

表四  各厂承造军用品一览表(截至本年四月五日止)

| 厂名 | 承造物 | 工作部分 | 承造量 | 订购者供给之原料 | 单价(元) | 总值(元) | 订购机关 | 备考 |
|---|---|---|---|---|---|---|---|---|
| (甲)兵工制造 | | | | | | | | |
| 铸亚铁工厂 | 迫击炮弹 | 车工 | 10,000个 | 生铁 | 0.280 | 2,800.00 | 金陵兵工厂 | |
| 顺兴翻砂厂 | 迫击炮弹 | 翻砂 | 10,000个 | 生铁 | 0.920 | 9,200.00 | 金陵兵工厂 | |
| 达昌机器厂 | 迫击炮弹 | 翻砂及车 | 20,000个 | 生铁 | 1.200 | 24,000.00 | 金陵兵工厂 | |
| 达昌机器厂 | 手榴弹 | 翻砂打眼 | 7,500个 | 生铁 | 0.177 | 1,327.50 | 巩县兵工厂 | |
| 慎昌铸铁厂 | 手榴弹 | 翻砂 | 12,500个 | 生铁 | 0.167 | 2,087.50 | 巩县兵工厂 | |
| 中兴铁工厂 | 手榴弹 | 打眼 | 12,500个 | 生铁 | 0.010 | 125.00 | | |
| 中兴铁工厂 | 飞机炸弹 | 弹头 | 1,000个 | | 1.200 | 1,200.00 | | |
| 中兴铁工厂 | 飞机炸弹 | 弹圈 | 1,000个 | | 0.650 | 650.00 | | |
| 中兴铁工厂 | 飞机炸弹 | 引信零件 | 1,000个 | | 0.450 | 450.0 | | |
| 中兴铁工厂 | 飞机炸弹 | 零件工作 | 2,000套 | | | 约700.00 | | |
| 福泰翻砂厂 | 手榴弹 | 翻砂 | 7,500个 | 生铁 | 0.176 | 1,252.50 | 巩县兵工厂 | 以上均是厂联合会包下分配,各厂工作按每月78个手榴弹分配 |
| 姚顺兴铁工厂 | 手榴弹 | 翻砂打眼 | 6,000个 | 生铁 | 0.177 | 1,062.00 | 巩县兵工厂 | |
| 陈信记翻砂厂 | 手榴弹 | 翻砂 | 17,000个 | 生铁 | 0.167 | 2,839.00 | 巩县兵工厂 | |
| 广利砂砻机器厂 | 手榴弹 | 打眼 | 12,000个 | 生铁 | 0.010 | 120.00 | 巩县兵工厂 | |
| 东升机器厂 | 手榴弹 | 打眼 | 15000个 | 生铁 | 0.010 | 150.00 | 巩县兵工厂 | |

续表

| 厂名 | 承造物 | 工作部分 | 承造量 | 订购者供给之原料 | 单价（元） | 总值（元） | 订购机关 | 备考 |
|---|---|---|---|---|---|---|---|---|
| 宝兴翻砂厂 | 手榴弹 | 翻砂 | 7,500个 | 生铁 | 0.167 | 1,252.50 | 巩县兵工厂 | |
| 永平翻砂厂 | 手榴弹 | 翻砂 | 7,500个 | 生铁 | 0.167 | 1,252.50 | 巩县兵工厂 | |
| 利泰翻砂厂 | 手榴弹 | 翻砂 | 5,000个 | 生铁 | 0.167 | 835.00 | 巩县兵工厂 | |
| 姚兴昌机器厂 | 手榴弹 | 打眼 | 6,000个 | 生铁 | 0.010 | 60.00 | 巩县兵工厂 | |
| 永利电机厂 | 手榴弹 | 打眼 | 12,000个 | 生铁 | 0.010 | 120.00 | 巩县兵工厂 | |
| 上海机器厂 | 14公斤炸弹引信 | 打眼 | 26,000套 | | 1.400 | 36,400.00 | 南昌火工作业场 | |
| | 50公斤炸弹引信、水雷零件 | 翻砂车钻 | 4,000套 | | 4.350 | 16,400.00 2,000.00 | 航技处、海军部 | |
| 精一科学器械厂 | 炸弹引信 | | | | | | | 与上海机器厂合作 |
| | 防毒面具铜器另件 | | 120,000个 | 弹簧条 | 1.350 | 1,620.00 | | |
| 徐兴昌铜器厂 | | 翻砂 | | | | | 上海炼钢厂 | 附属上海机器厂工作合作 |
| 张瑞生电焊厂 | | 电焊 | | | | | | |
| 大鑫钢铁厂 | 250公斤炸弹壳 | 铸钢 | 2,000个 | 废铁200吨 | | | | 虽已承接，因迁移尚未制造 |
| 顺兴昌机器厂* | 装弹机 | 车钻冲压 | 17部 | | 45,000 | 76,500 | 航空第六厂 | |
| | 水雷 | 门头及闭关 | 每两周50个 | | 35,500 | 每两周1,755.00 | 海军部 | 长期工作 |
| 华新电焊厂 | 装弹机 | 电焊 | | | | | | 附属顺兴昌工作合作 |
| | 水雷 | 电焊 | | | | | | |

续表

| 厂名 | 承造物 | 工作部分 | 承造量 | 订购者供给之原料 | 单价（元） | 总值（元） | 订购机关 | 备考 |
|---|---|---|---|---|---|---|---|---|
| 邵定兴翻砂厂 | 水雷 | 翻砂 | | | | | | 顺兴昌交来 |
| | 手榴弹 | 翻砂 | 4,500个 | 生铁 | 0.167 | 751.50 | 巩县兵工厂 | 厂联会分配 |
| | 炮上零件 | 翻砂 | | | | 3,000.00 | 炮兵研究处 | |
| 合作五金公司 | 迫击炮弹尾 | 剪工 | 160,000个 | 铁片 | 0.011 | 1,760.00 | 金陵兵工厂 | |
| | 机枪装弹机 | 车工 | 200部 | | 65.400 | 13,800.00 | 汉阳兵工厂 | |
| | 炸弹引信（11号） | 车工 | 1,000个 | | 8.600 | 8,600.00 | 上海炼钢厂 | |
| | 炸弹引信（12号） | 车工 | 1,000个 | | 10.900 | 10,900.00 | 上海炼钢厂 | |
| | 铜器干粮袋 | 冲压工 | 244,000套 | | 0.095 | 23,180.00 | 军政部被服厂 | |
| | 十字镐 | 铁工 | 50,000双 | 钢 | 大0.700 小0.600 | 32,500.00 | 上海炼钢厂 | |
| | 军鞋铁掌 | 铁工 | 70,000双 | | 0.080 | 5,600.00 | 军政部实验工厂 | |
| | 军衣纽扣 | 冲压工 | 200,000付 | | 0.040 | 82,000.00 | 军政部被服厂 | |
| | 背囊铜器 | 冲压工 | 60,000付 | | 0.400 | 24,000.00 | 军政部实验工厂 | |
| | 射弹筒子弹 | | 15,000个 | | 1.450 | 21,750.00 | 汉阳兵工厂 | |
| | 烟幕罐 | 冲压工 | 50,000个 | 马口铁 | 0.180 | 9,000.00 | 巩县兵工厂 | 正在接洽中 |

续表

| 厂名 | 承造物 | 工作部分 | 承造量 | 订购者供给之原料 | 单价（元） | 总值（元） | 订购机关 | 备考 |
|---|---|---|---|---|---|---|---|---|
| 新民机器厂 | 机枪另件 | 车工 | | | | 14,438.86 | 金陵兵工厂 | |
| | 装弹机底座 | | 200只 | | 10.400 | 2,080.00 | 汉阳兵工厂 | 向合作五金公司包来 |
| | 大十字镐 | | 4,329把 | 钢 | 0.920 | 3,982.68 | 金陵兵工厂 | |
| | 炸弹起重机 | | 15部 | | 600.00 | 9,000.00 | 武汉空军总站 | |
| | 飞机三角块架 | | 1座 | | 414.000 | 414.00 | 航空第六厂 | |
| | 炸弹引信壳 | | 1,000个 | | 2.050 | 2,050.00 | 上海炼钢厂 | 向合作五金公司包来 |
| 新民机器厂 | 炮上零件 | | | | | 236.30 | 江防炮台 | |
| | 修配零件 | | | | | | | 航空六厂炮兵十团及一八二师等 |
| | 工作机 | 车刨钻床 | 4部 | | | | 陆军装甲兵团 | |
| | 工作机 | 压机一部 | 1部 | | 139.000 | 139.00 | 航空第六厂 | |
| | 工作机 | 冲床 | 10部 | | 65.000 | 650.00 | 金陵兵工厂 | |
| | 工作机 | 车刨床 | 3部 | | | 1,746.00 | 航空第六厂 | |
| 耀泰五金厂 | 炸弹击针头 | | 100个 | 供料 | 0.300 | 300.00 | | 由合作包来 |
| 中国机器厂 | 小钢炮碰火 | | 每日100个 | | 0.350 | 每日35.00 | | 由新民机器厂包来 |
| | 手榴弹 | 打眼 | 6,000个 | 生铁 | 0.010 | 60.00 | 金陵兵工厂 | 厂联合分配 |
| | 机器杠杆 | | 20个 | 生铁 | 2.000 | 40.00 | 军政部制呢厂 | |

续表

| 厂名 | 承造物 | 工作部分 | 承造量 | 订购者供给之原料 | 单价（元） | 总值（元） | 订购机关 | 备考 |
|---|---|---|---|---|---|---|---|---|
| 美艺钢器公司 | 飞机炸弹尾 | | 1,300双 | 钢皮 | 最低2.000 | 约4,000.00 | 航技处 | 与镐锠合作，美艺是车钻冲压等，镐锠是热炉冷作电焊与剪工 |
| | 飞机炸弹箍 | | 4,500个 | 钢皮 | 最低0.450 | 2,250.00 | 航技处 | |
| | 炸弹引信零件 | | 1000套 | 钢皮 | 7.580 | 7,580.00 | 航技处 | |
| | 地雷及其他零件 | | | 钢皮 | | 5,000.00 | | |
| 中国钢铁工厂 | 炸弹尾 | 冲压机 | 1,000个 | 钢皮 | 0.200 | 200.00 | 航技处 | |
| 镐锠铁工厂 | 14公斤小弹尾 | | 5,000个 | 钢皮 | 1.700 | 8,500.00 | 航技处 | 与美艺合作 |
| | 炸弹零件 | | | 钢皮 | | 10,000.00 | 航技处 | |
| 周恒顺机器厂* | 炸弹尾 | 冲压工作 | 6,000套 | | 2.500 | 15,000.00 | 航技处 | |
| | 炸弹铜引信 | | 1,500套 | | 4.890 | 7,333.00 | 航技处 | |
| 冠昌机器厂 | 铁防盾 | | 80架 | | 200.000 | 16,000.00 | 武汉警备司令部 | |
| | 机尾架 | | 80付 | | 170.00 | 13,600.00 | 航空委员会 | |
| | 修飞机零件 | | 每日平均60个 | 生铁 | | 约2,000.00 | 航空修理厂 | 此种工作继续不断 |
| 新昌机器厂 | 炸弹盖子 | 车工 | | | 0.330 | | | 长期承造 |
| 复兴（公益）铁工厂 | 炸弹引信 | | 300个 | | | | | 正在接洽中 |
| 永利钽厂铁工部 | 硫酸桶[b] | | 5个 | | 34.00 | 10,200.00 | 巩县兵工厂 | |
| | 氯气桶[b] | | 10个 | | 350.000 | 1,750.00 | 巩县兵工厂 | |
| | 安摩尼亚桶[b] | | 2,000个 | | 350.000 | 3,500.00 | 巩县兵工厂 | |
| | 地雷[b] | | 500个 | | 11.000 | 23,000.00 | 兵工署 | |

续表

| 厂名 | 承造物 | 工作部分 | 承造量 | 订购者供给之原料 | 单价（元） | 总值（元） | 订购机关 | 备考 |
|---|---|---|---|---|---|---|---|---|
| 永利铔厂铁工部 | 12公斤炸弹b | | 20个 | | 15.000 | 7,500.00 | 兵工署 | |
| | 1,000公斤炸弹b | | 20个 | | 115.000 | 2,300.00 | 兵工署 | |
| | 烟幕罐b | | 不定 | | | | 兵工署 | |
| | 烟幕压药机b | | 1架 | 熟铁、钢丝 | | | 巩县兵工厂 | 尚未制造，无法定单价 |
| 华丰造船厂 | 烧夷弹 | 修补工作 | 500个 | 来货 | | | 航技处 | |
| 华成电器厂 | 迫击炮弹尾 | 剪工 | 160,000个 | 铁皮 | 0.011 | 1,760.00 | 金陵兵工厂 | |
| 华生电器厂 | 机枪零件 | | | | | 约25,000.00 | 金陵兵工厂 | |
| 希孟氏历钟厂 | 炸弹盖子 | 车工 | 2,000个 | 来货 | 0.300 | 600.00 | | |
| 华中铁厂 | 铁锹 | 铁工 | 150,000把 | 铁板 | 小0.280 大0.350 | 46,850.00 | 上海炼钢厂 | |
| (乙)军用交通器材 | | | | | | | | |
| 资委会电机厂 | A种电池 | | 5,000个 | | 1.200 | 6,000.00 | 军政部交通司 | |
| | A种电池 | | 2,000个 | | 1.200 | 2,400.00 | 四路总部 | |
| | A种电池 | | 20,000个 | | 1.150 | 23,000.00 | 电料行代某部订购 | |
| | 收发报机 | | 15W 20部 | | 1,200.000 | 24,000.00 | 电料行代某部订购 | |
| 中华无线电公司 | 收发报机 | | 145部 | | | 168,725.00 | 军政部交通司 | |
| | 收发报机 | | 1,200部 | | | | 军政部交通司 | |
| 孙立记电气厂 | 手摇发电机 | | 共70部 | | 250.00 | 约17,500.00 | 军政部交通司 | |
| | 电动发电机 | | 共70部 | | 100元至300元 | 约17,500.00 | 军政部交通司 | |

续表

| 厂名 | 承造物 | 工作部分 | 承造量 | 订购者供给之原料 | 单价（元） | 总值（元） | 订购机关 | 备考 |
|---|---|---|---|---|---|---|---|---|
| 谭泮电池厂 | 湿电池 | | 4只 | | 54.00 | 216.00 | 航空委员会 | |
| | 修理飞机电池 | | | | | 约850.00 | 中央飞机制造厂 | |
| 中国无线电公司 | 收发电台 | | 15架 | | 不等 | 约170,000.00 | 江汉关代某机关订 | |
| 中国蓄电池厂 | 军用电池 | | 2,000打 | | 0.6~0.8 | 1,400.00 | 平汉线驻军 | |
| 华生电器厂 | 脚踏发电机 | | 100部 | | 290.000 | 29,000.00 | 军政部交通司 | 中华无线电公司包来 |
| | 手摇发电机 | | 250部 | | 220.000 | 55,000.00 | 军政部交通司 | |
| 华电器制造厂 | 军用电话 | 螺丝穿钉 | 19,000个 | 各种材料 | 0.145 | 2,755.00 | | |

(丙)其他军需用品

| 厂名 | 承造物 | 工作部分 | 承造量 | 订购者供给之原料 | 单价（元） | 总值（元） | 订购机关 | 备考 |
|---|---|---|---|---|---|---|---|---|
| 震寰纱厂* | 军用布 | | 每日500匹 | | 10.000 | | 军政部 | 长期承造 |
| 昌维染厂* | 染军用布 | 染黄 | 每日800匹 | | 0.500 | | 军政部被服厂 | |
| 申新纱厂* | 军用布 | | | | | | 军政部 | 长期承造 |
| 裕华纱厂* | 军用布 | | | | | | 军政部 | 长期承造 |
| 振华电器制造厂 | 军服铜纽 | | 3,000,000个 | 铜皮 | 0.003,9 | 11,700.00 | 军政部被服厂 | |
| 中国工商谊记橡胶厂 | 防毒面具[b] | | 不定 | | 50.000 | | 学兵队 | 自二十五年下季起长期承造 |
| | 防毒面具[b] | 橡皮部分 | 不定 | | 2.000 | | 金陵兵工厂 | 自二十二年起长期承造 |
| | 防毒面具[b] | 橡皮部分 | 30,000个 | | 2.000 | 60,000.00 | 西北实业公司 | |
| | 橡皮船 | | 192个 | | 1,444.800 | 277,401.00 | 兵工署 | |

续表

| 厂名 | 承造物 | 工作部分 | 承造量 | 订购者供给之原料 | 单价（元） | 总值（元） | 订购机关 | 备考 |
|---|---|---|---|---|---|---|---|---|
| 民营化学工业社 | 防毒面具b | 零件 | 不定 | | | | 金陵兵工厂 | 车工商谊记橡皮胶厂合作 |
| | 防毒面具b | 零件 | 30,000套 | | 8.000 | 240,000.00 | 西北实业公司 | |
| 汉中制革厂* | 防毒面具 | 皮件 | | | | 25,000.00 | 巩县兵工厂 | |
| 希孟氏历钟厂 | 铁副木 | | 3,000只 | | 0.800 | 2,400.00 | 陆军医属购料委员会 | |
| | 消毒器锅 | | 200只 | | 20.000 | 4,000.00 | 陆军医属购料委员会 | |
| | 卷绷带品 | | 500个 | | 2.500 | 1,250.00 | 陆军医属购料委员会 | |
| 震旦机器厂 | 轻便救火车 | | 3辆 | | 1,320.000 | 3,960.00 | 航空委员会 | |
| | 药沫灭火机 | | 300辆 | | 30.000 | 9,000.00 | 航空委员会 | |
| | 救火汽车 | | 1辆 | | 约9,500.000 | 9,500.00 | 重庆消防联合会 | |
| | 人力救火车 | | 6辆 | | 500.000 | 3,000.00 | 重庆消防联合会 | |
| 冠生园 | 黄豆牛肉罐头b | | 1,000,000听 | | 0.200 | 200,000.00 | 军政部 | |
| 华丰印刷铸字所 | 军用图书 | 印刷 | 每日10令 | | | | 军用图书局 | 长期承印 |
| 申新工厂 | 经济油炉b | | 100只 | | 16.000 | 1,600.00 | 航空委员会 | |
| 沪汉玻璃厂* | 飞机上玻璃灯泡 | | 100个 | | 1.000 | 100.00 | | |

续表

| 厂名 | 承造物 | 工作部分 | 承造量 | 订购者供给之原料 | 单价（元） | 总值（元） | 订购机关 | 备考 |
|---|---|---|---|---|---|---|---|---|
| (丁)与军事机关合作之工厂 | | | | | | | | |
| 利用五金厂 | | | | | | | | 与第八路军合作随军迁往延安 |
| 大昌机器厂 | | | | | | | | 与航空技术委员会合作已迁往宜昌 |
| 中兴赛璐珞厂 | | | | | | | | 与兵工署合作正拟由兵工署迁该厂入川 |
| 附注 | a代表该项工作系由他厂转包而来,故统计各厂承造之军用品总价值时不应计入。*原设武汉之工厂。b此项工作系在迁移以前承接而未完全交货者。 | | | | | | | |

[经济部所属单位档案]

## 5. 汪泰经检送迁川工厂承造军需品一览表呈(1938年7月23日)

查关于本办事处自本年六月十一日起,至六月二十日止之工作进行情况,前经编就第六次工作报告呈报钧处鉴核在案。兹奉钧处二十七年七月七日矿整字第1063号指令开:呈及报告均悉。查所呈各节尚无不合,惟(一)关于空屋栈房事,应通知各迁移工厂利用复工。(二)关于登记各内迁工厂之机件设备事宜,仍应严加督促,毋令其敷衍了事,致失调查之本意。(三)在渝复工之厂家,在六月底以前所承办之军需用品类别及数量,应加以调查,用备恭考。以上诸点,仰即遵照办理。此令。报告存。等因。奉此,自应遵办,特将各点分呈于下:(一)空屋栈房早经分别介绍与各迁川工厂应用(如东栈介绍与华生电器厂及龙门浩房屋由中法药房进行等),现时迁川工厂中除申新及中华无线电厂地尚在洽购外,其他工厂厂房均详载历次工作报告内。以后续到之工厂,自当尽量介绍利用空栈房屋。(二)迁川工厂登记后,即派员据表前往逐一点验,嗣后更当遵令严加督促。(三)各厂承造军用品情形,于本办事处进行复工调查时,已附带调查,并于第六、七、八各次工作报告中各厂复工近况节内具报在案。奉令前因,理合从[重]编迁川工厂承造军需品一览表(迄至本年六月底止),检呈鉴核。谨呈

  处长翁

  副处长张

  附检呈迁川工厂承造军需品一览表一份

职汪泰经

中华民国廿七年七月廿三日

## 迁川工厂承造军需品一览表(截至本年六月底止)

| 厂名 | 承造物 | 工作部分 | 承造量 | 单价 | 总值 | 订购机关 | 备考 |
| --- | --- | --- | --- | --- | --- | --- | --- |
| 顺昌铁工厂 | 四尺车床 | | 70部 | | 34,090.00 | 炮兵技术研究处 | |
| | 迫击炮弹 | 代铸工 | 100,000只 | 0.212 | 21,200.00 | 由重庆炼钢厂转包而来 | |
| | 迫击炮弹 | 代车工 | 90,000只 | 0.250 | 22,500.00 | 金陵兵工厂 | |
| 复兴铁工厂 | 迫击炮弹引信正身 | | 50,000只 | 0.450 | 22,500.00 | 金陵兵工厂 | |
| | 保护螺丝 | | 100,000只 | 0.080 | 8,000.00 | 金陵兵工厂 | |
| | 迫击炮弹铜螺丝头 | | 15,000只 | 0.430 | 6,450.00 | 金陵兵工厂 | |
| | 手扳压机 | | 6部 | 160.000 | 960.00 | 金陵兵工厂 | |
| | 涂药机 | | 1部 | 180.000 | 180.00 | 金陵兵工厂 | |
| 上海机器厂 | 炸弹弹头引信 | | 2,000只 | 1.350 | 2,700.00 | 兵工署第二十工厂 | |
| | 迫击炮弹引信正身 | | 1,200只 | 0.450 | 540.00 | 兵工署第二十一工厂 | |
| | 迫击炮弹引信 | | 50,000只 | 0.50 | 22,500.00 | 兵工署第二十一工厂 | |
| 上海机器厂 | 机枪零件十六种 | | 各1,000只 | 每套19.100 | 19,100.00 | 兵工署第二十一工厂 | |

续表

| 厂名 | 承造物 | 工作部分 | 承造量 | 单价 | 总值 | 订购机关 | 备考 |
|---|---|---|---|---|---|---|---|
| 大公铁工厂 | 七尺车床 |  | 6部 | 800.000 | 4,800.00 | 兵工署第二十一工厂 |  |
|  | 警报器（手摇） |  | 3部 | 250.000 | 750.00 | 应用化学研究所 |  |
|  | 直铣床 | 车工、刨工 | 30部 |  |  | 金陵兵工厂 | 价未讲定 |
|  | 迫击炮弹引信 |  | 50,000只 | 小0.450 |  | 金陵兵工厂 |  |
| 精一科学器械制造厂 | 迫击炮弹引信零件 |  | 10,000只 |  |  | 兵工署第二十一工厂 | 价未讲定 |
|  | ＃94机关枪零件 |  | 1,000只 |  |  | 由上海机器厂转包而来 | 价未讲定 |
|  | ＃755机关枪零件 |  | 1,000只 |  |  | 由上海机器厂转包而来 | 价未讲定 |
|  | ＃757机关枪零件 |  | 1,000只 |  |  | 由上海机器厂转包而来 |  |
|  | 手榴弹铜螺丝 |  | 20,000只 | 0.100 | 2,000.00 | 由上海机器厂转包而来 |  |
| 徐兴昌翻砂厂 | 迫击炮弹引信铜坯 |  | 10,000只 |  |  | 由上海机器厂转包而来 | 价未讲定 |
|  | 500瓦特电报电台 |  | 15部 |  | 150,000.00 | 上海海关代定 | 因各购主需要附带零件种类、数量不同故单价因之有异 |
|  | 15瓦特发报机 |  | 8部 |  |  | 第七战区军 |  |
|  | 75瓦特发报机 |  | 1部 |  | 总值 20,000.00 | 第七战区军 |  |
|  | 150瓦特发报机 |  | 1部 |  |  | 第七战区军 |  |
|  | 50瓦特发报机 |  | 4部 |  |  | 第卅集团军 |  |
|  | 15瓦特发报机 |  | 14部 |  | 总值 40,000.00 | 第卅集团军 |  |
| 精华机器厂 | 飞机炸弹引信 |  | 400付 | 0.400 | 160.00 | 由通惠工厂转包而来 |  |
| 京华印书馆 | 石印军事图 |  |  |  |  | 中央军校 |  |

续表

| 厂名 | 承造物 | 工作部分 | 承造量 | 单价 | 总值 | 订购机关 | 备考 |
|---|---|---|---|---|---|---|---|
|  | 军事书籍 |  |  |  |  | 中央军校、军需学校 |  |

[经济部工矿调整处档案]

## 6. 工矿调整处附送内地各面粉厂生产能力一览表公函稿(1938年9月13日)

公函

案准贵司鄂留字第426号公函,以需用军粉,嘱将武汉奉令迁移面厂迁移地点、复工日期及国内其他尚未迁移而能供给军粉各面厂地点等分别见告。等由。准此。相应将内地各面粉厂厂名、地点、每日生产能力列表函复查照为荷。此致

军政部军需署储备司

附内地各面粉厂生产能力一览表1份

处长 翁○○

中华民国二十七年九月十三日

### 内地各面粉厂生产能力一览表

| 厂名 | 原来地点 | 迁移地点 | 迁移吨位 | 每日生产能力(袋) | 附注 |
|---|---|---|---|---|---|
| 福新面粉厂 | 湖北汉口 | 重庆、宝鸡 | 1,400 | 11,000 | 六月后可复工,因迁往宝鸡之电厂故,六个月方可完工,入川机械又因潮落后用木船载运,故复工需时 |
| 胜新面粉厂 | 湖北 | 宝鸡 | 204 | 1,200 | 该厂或留西安工作,则复工日期速;如迁宝鸡,须六个月后复工 |
| 五丰面粉厂 | 湖北汉阳 | 沅陵 | 250 | 2,000 | 五个月后可复工,亦因本身发电及房屋均须从新建筑 |

续表

| 厂　　名 | 原来地点 | 迁移地点 | 迁移吨位 | 每日生产能力（袋） | 附　注 |
|---|---|---|---|---|---|
| 裕隆面粉厂 | 湖北 | 未定 | 400 | 3,500 | 查该厂机件过旧，迁移后恐不能用，拟留汉生产以供军粉，需要时再迁 |
| 金龙石粉厂 | 湖北汉口 | | | 400 | 该厂地处租界，电力无虞，业已缓迁 |
| 亚明义记麦粉厂 | 湖北沙市 | | | 800 | |
| 信义元记麦粉公司 | 湖北沙市 | | | 500 | |
| 复新面粉第一厂 | 四川重庆 | | | 900 | |
| 复新面粉第二厂 | 四川重庆（江北） | | | 450 | 系前先农面粉厂 |
| 岁丰面粉厂 | 四川重庆（南岸） | | | 260 | |
| 兆丰机制面粉厂 | 四川成都 | | | 300 | |
| 东溪面粉厂 | 四川綦江 | | | 80 | 廿六年成立 |
| 湖南第一面粉厂 | 湖南长沙 | | | 500 | |
| 新新面粉厂 | 湖南常德 | | | 10 | |
| 华丰面粉有限公司 | 陕西西安 | | | 2,334 | |
| 济南成丰石粉公司分厂 | 陕西西安 | | | 3,000 | |

[经济部工矿调整处档案]

## 7. 经济部编内迁工厂承造军用品一览表（1938年11月）

| 厂名 | 承造物 | 承造量 | 总值 | 订购机关 |
|---|---|---|---|---|
| （甲）兵工类 | | | | |
| 大鑫钢铁厂 | 手榴弹弹壳 | 100,000个 | 39,500.00 | 兵工署陕厂运输筹备会 |
| | 新式掷榴弹弹壳 | 100,000只 | 16,000.00 | 兵工署陕厂运输筹备会 |
| | 手提小钢炮 | 1,900个 | 未定在接洽订制中 | 兵工署陕厂运输筹备会 |
| 上海机器厂 | 四号引信 | 26,000只 | 34,332.00 | 南昌火工作业坊 |
| | 11号弹头引信 | 2,000组 | 2,700.00 | 兵工署第廿工厂 |

续表

| 厂名 | 承造物 | 承造量 | 总值 | 订购机关 |
|---|---|---|---|---|
| | 水雷触角 | 1,500套 | 8,050.00 | 电雷学校 |
| | 迫击炮弹引信正身 | 5,000只 | 22,500.00 | 金陵兵工厂 |
| | 机枪零件十六种 | 1,000套 | 19,000.00 | 金陵兵工厂 |
| | 11号弹头引信 | 4,000套 | 13,680.00 | 航技处 |
| | 枪弹机 | 322部 | 65,200.00 | 兵工署第廿五工厂 |
| | 四号甲雷引信 | 28,000只 | 107,800.00 | 兵工署第廿工厂 |
| | 水雷触角 | 6,500套 | 34,650.00 | 海军新舰监造办公处 |
| 美艺钢铁厂 | 老式飞机炸弹零件等 | 8,700件 | 658.16 | 上海炼钢厂 |
| | 飞机炸弹弹尾箍等 | 890件 | 3,552.18 | 上海炼钢厂 |
| | 50~800kg飞机炸弹弹尾箍 | 2,200件 | 3,720.00 | 航技处 |
| | 50~250kg飞机炸弹弹尾箍 | 2,700件 | 2,290.00 | 航技处 |
| | 500-16飞机炸弹弹箍 | 200件 | 420.00 | 上海炼钢厂 |
| | 500-16飞机炸弹弹尾 | 10件 | 109.80 | 上海炼钢厂 |
| | 250kg飞机炸弹弹箍 | 200件 | 880.00 | 上海炼钢厂 |
| | 50kg飞机炸弹弹尾铁翅 | 1,000件 | 167.00 | 上海炼钢厂 |
| | 炸弹装药手压火冲床 | 1件 | 540.00 | 上海炼钢厂 |
| | 14公斤飞机炸弹弹盖 | 1,000件 | 1,500.00 | 航技处 |
| | 50kg飞机炸弹弹尾全套 | 3,000件 | 7,500.00 | 上海炼钢厂 |
| | 50kg飞机炸弹零件等 | 3,000件 | 5,300.00 | 上海炼钢厂 |
| | 100kg飞机炸弹弹尾制定圈 | 1,300件 | 1,950.00 | 兵工署第三工厂 |
| | 四号甲雷引信全 | 43,400套 | 353,710.00 | 兵工署第三工厂 |
| | 水雷触角 | 6,600套 | 36,960.00 | 海军新舰监造办工处 |
| | 飞机零件及制造设备工程 | 150件 | 5,000.00 | 中央杭州飞机制造厂 |
| 新民机器厂 | 机枪件:助退器 | 8,000套 | 16,000.00 | 金陵兵工厂 |
| | 机枪件:退子钩 | 8,000只 | 4,800.00 | 金陵兵工厂 |
| | 机枪件:出壳器 | 8,000只 | 3,200.00 | 金陵兵工厂 |

续表

| 厂名 | 承造物 | 承造量 | 总值 | 订购机关 |
| --- | --- | --- | --- | --- |
| 新民机器厂 | 机枪件:探火弹 | 12,000只 | 1,200.00 | 金陵兵工厂 |
| | 机枪件:正身架 | 1,000只 | 11,500.00 | 金陵兵工厂 |
| | 机枪件:紧松扣头 | 400只 | 1,000.00 | 金陵兵工厂 |
| | 机枪件:月形牙 | 200只 | 1,800.00 | 金陵兵工厂 |
| | 机枪件:拉条 | 600只 | 540.00 | 金陵兵工厂 |
| | 机枪件:紧松螺丝 | 200只 | 800.00 | 金陵兵工厂 |
| | 机枪件:拉簧钩 | 400只 | 660.00 | 金陵兵工厂 |
| | 100kg炸弹升降机 | 30部 | 18,000.00 | 航委会 |
| | 两用手溜[榴]弹 | 3,000只 | 4,200.00 | 汉阳兵工厂 |
| | 100公斤炸弹引信 | 2,000套 | 12,500.00 | 上海炼钢厂 |
| | 100公斤炸弹体盖 | 1,500只 | 1,500.00 | 上海炼钢厂 |
| 徐兴昌翻砂厂 | 四号引信 | 26,000只 | 5,590.00 | 南昌火工作业场 |
| | 11号弹头引信 | 4,000套 | 5,200.00 | 航技处 |
| | 水雷触角 | 500套 | 250.00 | 电雷学校 |
| | 水雷触角 | 4,000套 | 2,000.00 | 海军新舰监造办公处 |
| | 迫击炮弹引信正身 | 10,000只 | 4,000.00 | 金陵兵工厂 |
| | 四号甲雷引信 | 20,000磅 | 8,600.00 | 四川第一兵工厂 |
| 合作五金公司 | 100公斤炸弹吊攀 | 600套 | 1,210.00 | 上海炼钢厂 |
| | 100公斤炸弹11号引信 | 1,000套 | 8,600.00 | 上海炼钢厂 |
| | 100公斤炸弹12号引信 | 1,000套 | 10,900.00 | 上海炼钢厂 |
| | 机关枪装弹机 | 200架 | 13,000.00 | 汉阳兵工厂 |
| | 迫击炮尾翼 | 160,000件 | 1,760.00 | 金陵兵工厂 |
| | 水雷引信 | 1,000套 | 1,100.00 | 海军部 |
| | 手掷弹 | 15,000枚 | 21,750.00 | 汉阳兵工厂 |
| | 100公斤炸弹吊攀 | 2,000套 | 2,491.00 | 军政部第三工厂 |
| | 100公斤炸弹吊攀 | 600套 | 747.00 | 军政部第三工厂 |
| | 100公斤炸弹11号引信 | 1,300套 | 8,710.00 | 军政部第三工厂 |
| | 100公斤炸弹12号引信 | 1,300套 | 11,570.00 | 军政部第三工厂 |
| | 100公斤炸弹零件11—12号引信 | 600套 | 5,420.00 | 军政部第三工厂 |
| | 迫击炮弹翼 | 160,000片 | 1,760.00 | 金陵兵工厂 |

续表

| 厂名 | 承造物 | 承造量 | 总值 | 订购机关 |
|---|---|---|---|---|
| 顺昌铁工厂 | 迫击炮弹绕铸工 | 100,000只 | 21,200.00 | 重庆炼钢厂 |
| | 迫击炮弹弹体铁工 | 90,000只 | 22,500.00 | 兵工署第廿一工厂 |
| 精一科学器械厂 | 四号弹头引信 | 26,000套 | 6,500.00 | 南昌火工作业场 |
| | 11号弹头引信 | 4,000套 | 3,668.00 | 航技处 |
| | 机关枪零零件四种 | 500套 | 1,548.74 | 金陵兵工厂 |
| | 迫击炮弹引信盖 | 10,000只 | 600.00 | 兵工署第廿一工厂 |
| | 迫击炮弹引信火帽圆筒 | 10,000只 | 1,700.00 | 兵工署第廿一工厂 |
| | 甲雷引信 | 28,000套 | 29,120.00 | 兵工署第廿工厂 |
| 中国实业机器厂 | 马克沁机枪零件#700 | 500件 | 4,000.00 | 兵工署第廿一工厂 |
| | 马克沁机枪零件#702 | 500件 | 3,150.00 | 兵工署第廿一工厂 |
| | 马克沁机枪零件#734 | 2,000件 | 19,000.00 | 兵工署第廿一工厂 |
| | 马克沁机枪零件#837 | 1,000件 | 1,000.00 | 兵工署第廿一工厂 |
| | 马克沁机枪零件#822、823、824 | 1,000套 | 1,100.00 | 兵工署第廿一工厂 |
| | 马克沁机枪零件#808、809、811、813 | 1,000套 | 1,750.00 | 兵工署第廿一工厂 |
| | 枪筒盒 | 2,000套 | 1,600.00 | 兵工署第廿一工厂 |
| 永立化学工业公司 | 机枪空放器 | 500套 | | 兵工署第廿一工厂 |
| | 机枪加快卡 | 229套 | 869.56 | 兵工署第廿一工厂 |
| | 机枪扫射挡头 | 202套 | 1,552.71 | 兵工署第廿一工厂 |
| | 机枪档头挂鼻 | 416件 | | 兵工署第廿一工厂 |
| | 保护管螺 | 20,000个 | 540.31 | 兵工署第廿一工厂 |
| | 装药卡子 | 4个 | 1,352.80 | 兵工署第廿三工厂 |
| | 烟幕罐 | 40,000件 | 10,800.00 | 兵工署第廿三工厂 |
| | 手溜[榴]弹弹壳 | 300,000件 | 120,000.00 | 兵工署陕厂迁渝筹备处 |
| | 硫酸桶 | 100个 | 6,332.90 | 兵工署购料委员会 |
| | 电焊迫弹弹尾 | 每月约30,000个 | 1,450.00 | 川康绥靖公署武器修理所 |
| 洽生工业公司 | 机枪零件 | 4,800件 | 4,020.00 | 兵工署第廿一工厂 |
| | 机枪零件 | 6,000件 | 42,200.00 | 兵工署第廿一工厂 |
| | 掷溜[榴]弹引信零件 | 200,000件 | 27,000.00 | 华生电器厂 |

续表

| 厂名 | 承造物 | 承造量 | 总值 | 订购机关 |
|---|---|---|---|---|
| 陆大工厂 | 四号地雷引信 | 16,000个 | 61,600.00 | 第二十兵工厂 |
| | 手溜[榴]弹壳 | 100,000件 | 13,000.00 | 陕西兵工厂 |
| 群立铁工部* | 四号引信机针座 | 4,000件 | 640.00 | 第廿兵工厂 |
| | 四号引信保险件 | 32,000个 | 1,440.00 | 第廿兵工厂 |
| | 四号引信防湿罩 | 32,000个 | 3,840.00 | 第廿兵工厂 |
| | 四号引信切断器 | 32,000个 | 960.00 | 第廿兵工厂 |
| 复兴铁工厂 | 装弹机车轮 | 1,000 | 2,172.00 | 兵工署第廿一厂 |
| | 油壶咀 | 1,000 | 74.00 | 兵工署第廿一厂 |
| | 油壶盖 | 1,000 | 73.96 | 兵工署第廿一厂 |
| | 出气软管接头 | 1,000 | 183.48 | 兵工署第廿一厂 |
| | 出气软管接头管 | 1,000 | 69.29 | 兵工署第廿一厂 |
| | 出气软管头 | 1,000 | 32.81 | 兵工署第廿一厂 |
| | 水壶咀 | 1,000 | 81.16 | 兵工署第廿一厂 |
| | 水壶盖 | 1,000 | 105.33 | 兵工署第廿一厂 |
| | 迫弹铜螺丝头 | 10,000 | 2,908.00 | 兵工署第廿一厂 |
| | 断壳起子 | 1,000 | 110.00 | 兵工署第廿一厂 |
| | 断壳起子螺丝帽 | 1,000 | 40.00 | 兵工署第廿一厂 |
| | 断壳起子主心 | 1,000 | 45.00 | 兵工署第廿一厂 |
| | 通条棉纱擦条 | 1,000 | 75.00 | 兵工署第廿一厂 |
| | 通条握手柄 | 1,000 | 15.00 | 兵工署第廿一厂 |
| | 通条杆 | 1,000 | 85.00 | 兵工署第廿一厂 |
| | 通条连杆 | 1,000 | 60.00 | 兵工署第廿一厂 |
| | 握手柄接头 | 1,000 | 40.00 | 兵工署第廿一厂 |
| | 涂药机 | 1 | 180.00 | 兵工署第廿一厂 |
| | 手扳压机 | 6 | 960.00 | 兵工署第廿一厂 |
| | 引信正身 | 50,000 | 22,500.00 | 兵工署第廿一厂 |
| | 保护管螺丝 | 100,000 | 8,000.00 | 兵工署第廿一厂 |
| | 黄磷手溜[榴]弹螺丝接头 | 3,000 | 510.00 | 兵工署第廿一厂 |
| | 迫炮铜螺丝头 | 15,000 | 6,450.00 | 兵工署第廿一厂 |
| | 迫炮零件 | 180 | 240.00 | 兵工署第廿一厂 |
| | 保护管螺丝 | 100,000 | 7,600.00 | 兵工署第廿一厂 |

续表

| 厂名 | 承造物 | 承造量 | 总值 | 订购机关 |
| --- | --- | --- | --- | --- |
| 复兴铁工厂 | 引信正身 | 100,000 | 45.000 | 兵工署第廿一厂 |
| | 四号甲雷引信 | 35,000 | 134,750.00 | 兵工署第廿厂 |
| | 手溜[榴]弹 | 100,000 | 13,000.00 | 兵工署陕西厂 |
| 华生电器厂 | 机关枪零件 | 10,200件 | 22,610.00 | 兵工署第廿一厂 |
| | 迫击炮引信 | 10,000件 | 36,000.00 | 巩县兵工厂 |
| | 四号甲雷 | 43,400件 | 156,240.00 | 兵工署第三工厂 |
| | 掷溜[榴]弹 | 100,000只 | 82,000.00 | 兵工署陕西厂 |
| 达昌机器厂 | 迫击炮弹 | 20,000件 | 24,000.00 | 金陵兵工厂 |
| | 手溜[榴]弹 | 7,500个 | 1,327.50 | 巩县兵工厂 |
| 大公铁工厂 | 迫击炮零件 | 3,000件 | | 兵工署第廿一工厂 |
| 通惠机器厂* | 地雷发火器 | 1,650件 | 4,785.00 | 兵工署第一兵工厂 |
| | 导火剪 | 1,650件 | 1,485.00 | 兵工署第一兵工厂 |
| | 炸弹引信 | 420个 | 915.00 | 兵工署第一兵工厂 |
| | 高射接杆 | 840只 | 13,440.00 | 金陵兵工厂 |
| 复昌机器厂 | 军器零件 | | 2,500.00 | 兵工署 |
| 生泰翻砂厂 | 军器铜制零件 | 约1,000件 | 350.00 | 金陵兵工厂 |
| | 铜条翻砂 | 1吨 | 2,000.00 | 第一兵工厂 |
| 天成机器厂* | 机枪零件 | 2,000套 | | 武器修理所 |
| 华联钢铁厂公司* | 铸钢零件 | 3吨 | | 金陵兵工厂 |
| | 保护螺丝 | 600只 | | 金陵兵工厂 |
| 铸亚铁工厂 | 迫击炮弹 | 10,000个 | 2,800.00 | 金陵兵工厂 |
| 顺兴翻砂厂 | 迫击炮弹 | 10,000个 | 9,200.00 | 金陵兵工厂 |
| 慎昌铸铁厂 | 手溜[榴]弹 | 12,500个 | 2,087.50 | 巩县兵工厂 |
| 福泰翻砂厂 | 手溜[榴]弹 | 750个 | 1,252.50 | 巩县兵工厂 |
| 姚顺兴铁工厂 | 手溜[榴]弹 | 600个 | 1,062.00 | 巩县兵工厂 |
| 陈信记翻砂厂 | 手溜[榴]弹 | 17,000个 | 2,839.00 | 巩县兵工厂 |
| 广利砂砻机器厂 | 手溜[榴]弹 | 12,000个 | 120.00 | 巩县兵工厂 |
| 东升机器厂 | 手溜[榴]弹 | 15,000个 | 150.00 | 巩县兵工厂 |
| 宝兴翻砂厂 | 手溜[榴]弹 | 7,500个 | 1,252.50 | 巩县兵工厂 |

续表

| 厂名 | 承造物 | 承造量 | 总值 | 订购机关 |
|---|---|---|---|---|
| 永丰翻砂厂 | 手溜[榴]弹 | 7,500 | 1,252.50 | 巩县兵工厂 |
| 利泰翻砂厂 | 手溜[榴]弹 | 5,000个 | 835.00 | 巩县兵工厂 |
| 姚兴昌机器厂 | 手溜[榴]弹 | 6,000个 | 60.00 | 巩县兵工厂 |
| 永利电机厂 | 手溜[榴]弹 | 12,000个 | 120.00 | 巩县兵工厂 |
| 中兴铁工厂 | 手溜[榴]弹 | 12,500个 | 125.00 | 巩县兵工厂 |
| | 飞机炸弹弹头 | 1,000个 | 1,200.00 | 航空处 |
| | 飞机炸弹弹圈 | 1,000个 | 650.00 | 航空处 |
| | 飞机炸弹引信零件 | 1,000件 | 450.00 | 航空处 |
| | 飞机炸弹零件 | 2,000个 | 约700.00 | 航空处 |
| 顺兴昌机器厂* | 装弹机 | 17部 | 765.00 | 航空第六厂 |
| | 水雷 | 每两周50个 | 1,775.00 | 海军部 |
| 邵定兴翻砂厂 | 水雷 | | | |
| | 手溜[榴]弹 | 4,500个 | 751.00 | 巩县兵工厂 |
| | 炮上零件 | | 3,000.00 | 炮兵研究处 |
| 耀泰五金厂 | 炸弹击针头 | 1,000个 | 300.00 | |
| 中国机器厂 | 小钢炮碰头 | 每日100个 | 35.00 | |
| | 手溜[榴]弹 | 6,000个 | 60.00 | 金陵兵工厂 |
| 镐锟铁工厂 | 14公斤小弹尾 | 5,000个 | 8,500.00 | 航技处 |
| | 炸弹零件 | | 10,000.00 | 航技处 |
| 中国钢铁工厂 | 炸弹尾 | 1,000个 | 200.00 | 航技处 |
| 周恒顺机器厂 | 炸弹铜引信 | 6,000个 | 15,000.00 | 航技处 |
| | 水雷引信 | 1,500套 | 7,335.00 | 海军部 |
| 冠昌机器厂* | 铁防盾 | 80架 | 16,000.00 | 武汉警备司令部 |
| | 机尾架 | 80付 | 13,600.00 | 航空委员会 |
| | 配修飞机零件 | | 2,000.00 | 航空修理厂 |
| 新昌机器厂 | 炸弹盖子 | 每日平均60个 | 19.80 | |
| 华丰造船厂 | 烧夷弹 | 500个 | | 航技处 |
| 华成电器厂 | 迫击炮弹尾 | 160,000个 | 1,760.00 | 金陵兵工厂 |

续表

| 厂名 | 承造物 | 承造量 | 总值 | 订购机关 |
|---|---|---|---|---|
| 希孟氏历钟厂 | 炸弹盖子 | 2,000个 | 600.00 | |
| 沪汉玻璃厂 | 飞机上玻璃灯泡 | 100个 | 100.00 | |
| 计 | | | 2,094,840.79 | |
| (乙)军需类 | | | | |
| 新民机器厂 | 六尺车床 | 4部 | 2,800.00 | 航会第六厂 |
| | 吊机头升降机 | 1部 | 1,100.00 | 航会第六厂 |
| | 炮弹车床 | 30部 | 12,000.00 | 金陵兵工厂 |
| | 单杆立钻床 | 10部 | 2,400.00 | 金陵兵工厂 |
| | 三杆立钻床 | 6部 | 3,600.00 | 金陵兵工厂 |
| | 拔来复线机 | 6部 | 9,600.00 | 金陵兵工厂 |
| | 牛头刨床 | 2部 | 1,600.00 | 航会第六厂 |
| | 六尺车床 | 4部 | 2,800.00 | 陆军装甲兵团 |
| | 万能铣床 | 2部 | 4,400.00 | 陆军装甲兵团 |
| | 八匹发动机 | 2部 | 2,400.00 | 八陆军 |
| | 药包冲压机 | 4部 | 2,800.00 | 兵工署武昌工作场 |
| | 牛头刨床 | 2部 | 1,800.00 | 陕军装甲兵团 |
| | 四尺车床 | 8部 | 4,250.00 | 陕军装甲兵团 |
| | 磨床 | 1部 | 1,200.00 | 陕军装甲兵团 |
| 合作五金公司 | 军用衣纽扣 | 200,000付 | 9,600.00 | 华商联合被服厂 |
| | 大小军用圆錾 | 150,000把 | 50,000.00 | 军政部第三工厂 |
| | 军鞋铁掌 | 70,000付 | 5,600.00 | 军政部实验工厂 |
| | 背囊铜件 | 60,000付 | 24,000.00 | 军政部实验工厂 |
| | 干粮袋铁件 | 150,000付 | 14,250.00 | 军政部实验工厂 |
| | 干粮袋铁件 | 130,000付 | 9,722.00 | 军政部第一被服厂 |
| | 军衣纽扣 | 2,000,000粒 | 8,600.00 | 军政部武昌被服厂 |
| | 军用大十字镐 | 25,000把 | 17,500.00 | 军政部第三工厂 |
| | 军用小十字镐 | 25,000把 | 15,000.00 | 军政部第三工厂 |
| | 军衣纽扣喷漆 | 1,000,000粒 | 12,000.00 | 军政部实验工厂 |
| | 炼钢煤气炉拆卸工程 | 6座 | 9,450.00 | 军政部钢厂迁建会 |

续表

| 厂名 | 承造物 | 承造量 | 总值 | 订购机关 |
|---|---|---|---|---|
| 合作五金公司 | 军用大衣纽扣 | 2,550,000粒 | 18,240.00 | 军政部第一被服厂 |
| | 军用圆錾及木柄 | 50,000把 | 16,900.00 | 军政部第三工厂 |
| 顺昌铁工厂 | 4"车床 | 70部 | 34,090.00 | 炮兵研究处 |
| | 12吨电力起重机 | 1部 | 19,600.00 | 重庆炼钢厂 |
| | 双头平铣机 | 10部 | 13,000.00 | 兵工署第廿一工厂 |
| 中国实业机器厂 | 军用大圆锹 | 30,000把 | 11,400.00 | 兵工署第三工厂 |
| | 军用小圆錾 | 50,000把 | 15,500.00 | 兵工署第三工厂 |
| 永利化学工业公司 | 辗压油漆用辗机 | 1部 | 1,216.80 | 兵工署第廿工厂 |
| | 4"生铁水管长1.5m | 18根 | 774.72 | 兵工署陕厂迁渝筹备处 |
| | 4"生铁水管长1m | 1根 | 31.16 | 兵工署陕厂迁渝筹备处 |
| | 4" godc of alir | 2个 | 100.20 | 兵工署陕厂迁渝筹备处 |
| | 4"弯头 | 3个 | 45.60 | 兵工署陕厂迁渝筹备处 |
| | 4"三通 | 1个 | 23.10 | 兵工署陕厂迁渝筹备处 |
| 冠生园驻渝工厂 | 光饼 | 100,000斤 | 18,000.00 | 军需署 |
| | 半斤装饼干 | 150,000包 | 21,000.00 | 战地服务团 |
| | 罐装黄豆牛肉 | 150,000罐 | 36,000.00 | 战地服务团 |
| | 果子酱 | 3,000听 | 5,000.00 | 战地服务团 |
| | 罐装黄豆牛肉 | 1,000,000听 | 200,000.00 | 军需署 |
| | 罐装黄豆牛肉 | 1,000,000听 | 260,000.00 | 军需署 |
| 通惠机器厂 | 手铣床 | 20部 | 10,400.00 | 金陵兵工厂 |
| | 四尺车床 | 12部 | 7,440.00 | 军政部电信修理厂 |
| | 铁坯 | 400只 | 78.00 | 军政部电信修理厂 |
| | 铁尖 | 2,200只 | 110.00 | 军政部电信修理厂 |
| 大公铁工厂 | 修理开花机零件 | 27 | 44.72 | 军政部第一被服厂 |
| | 起重顶 | 4 | 368.00 | 兵工署第五十工厂 |
| | 湾地轴一条(修理) | 1 | 90.00 | 军政部第一被服厂 |
| | 制图纸储存器 | 1 | 7.80 | 兵工署第五十工厂 |
| | 皮带盘接轴等 | 26 | 155.70 | 军政部第一被服厂 |
| | 皮带盘拉松器 | 1 | 33.11 | 兵工署第廿三工厂 |

续表

| 厂名 | 承造物 | 承造量 | 总值 | 订购机关 |
|---|---|---|---|---|
| 大公铁工厂 | 修理弹花机等 | 9 | 197.80 | 军政部第一被服厂 |
| | 境合等 | 14件 | 197.80 | 军政部第一被服厂 |
| | 皮带盘等 | 12件 | 174.80 | 军政部第一被服厂 |
| | 手铣床2部 | 2部 | 3,000.00 | 军政部电信机械修造厂 |
| | 钻床 | 2部 | 2,400.00 | 兵工署第廿三工厂 |
| 上海机器厂 | 四尺车床 | 20部 | 17,000.00 | 兵工署第廿五工厂 |
| | 七尺特式车床 | 6部 | 4,800.00 | 金陵兵工厂 |
| 希孟氏历钟制造厂 | 铁副木 | 3,000只 | 2,400.00 | 陆军属购料委员会 |
| | 消毒器锅 | 200只 | 400.00 | 陆军属购料委员会 |
| | 卷绷带器 | 500个 | 1,250.00 | 陆军属购料委员会 |
| 京华印书馆 | 石印军事图 | | | 中央军校 |
| | 军事书籍 | | | 中央军校军需学校 |
| 华联钢铁公司 | 铣床 | 40部 | | 金陵兵工厂 |
| 中国机器厂 | 机器杠杆 | 20个 | 40.00 | 军政部制泥厂 |
| 华中铁厂 | 铁錾 | 150,000把 | 46,850.00 | 上海炼钢厂 |
| 华丰印刷铸字所 | 军用图书 | 每日10令 | | 军用图书局 |
| 中新工厂 | 经济油炉 | 100只 | 1,600.00 | 航委会 |
| 振华电器制造厂 | 军服铜纽 | 3,000,000个 | 1,600.00 | 军政部被服厂 |
| 震寰纱厂 | 军用布 | 每日500匹 | | 军政部 |
| 隆昌织染厂 | 染军用布 | 每日800匹 | | 军政部被服厂 |
| 申新纱厂 | 军用布 | | | 军政部 |
| 裕华纱厂 | 军用布 | | | 军政部 |
| 计 | | | 1,002,031.31 | |
| (丙)防毒消防类 | | | | |
| 精华工厂 | 代车警报机飞轮 | 12只 | 144.00 | 防空司令部 |
| | 代车警报机地轴 | 12只 | 84.00 | 防空司令部 |
| | 代车警报机牙子盘 | 12只 | 384.00 | 防空司令部 |
| | 代车警报机波所 | 12只 | 48.00 | 防空司令部 |

续表

| 厂名 | 承造物 | 承造量 | 总值 | 订购机关 |
|---|---|---|---|---|
| 震旦机器厂 | 轻便救火车 | 3辆 | 3,960.00 | 航空委员会 |
| | 药沫救火车 | 300辆 | 9,000.00 | 航空委员会 |
| | 救火气车 | 1辆 | 9,500.00 | 重庆消防联合会 |
| | 人力救火车 | 6辆 | 3,000.00 | 重庆消防联合会 |
| 中国工商谊记橡胶厂 | 防毒衣服 | 不定 | | 学兵队 |
| | 防毒面具 | 不定 | | 金陵兵工厂 |
| | 防毒面具 | 30,000个 | 60,000.00 | 西北实业公司 |
| 民营化学工业社 | 防毒面具 | 不定 | | 金陵兵工厂 |
| | 防毒面具 | 30,000套 | 240,000.00 | 西北实业公司 |
| 上海大公铁工厂 | 制防毒石具AB工具 | 2 | 341.60 | 兵工署第廿三工厂 |
| | 制毒气工具 | 1套 | 1,016.18 | 兵工署第廿三工厂 |
| 精一科学器械厂 | 防毒面具零件 | 60,000套 | 15,000.00 | 金陵兵工厂 |
| 汉中制革厂 | 防毒面具 | | 25,000.00 | 巩县兵工厂 |
| 上海机器厂 | 手摇警报器 | 3只 | 750.00 | 泸县防空司令部 |
| | 手摇警报器 | 1只 | 250.00 | 兵工署第二十五工厂 |
| 计 | | | 368,477.78 | |
| (丁)交通用具类 | | | | |
| 中国无线电业公司 | 500瓦特发报机 | 15部 | 150,000.00 | 上海海关 |
| | 15瓦特发报机 | 8部 | 20,000.00 | 第七战区军 |
| 中国无线电业公司 | 75瓦特发报机 | 1部 | 20,000.00 | 第七战区军 |
| | 150瓦特发报机 | 1部 | | 第七战区军 |
| | 15瓦特发报机 | 4部 | 40,000.00 | 第三十集团军 |
| | 15瓦特发报机 | 14部 | | 第三十集团军 |
| 华生电器厂 | 5W手摇无线电发电机 | 15部 | 4,496.30 | 陆军三十二军 |
| | 15W手摇无线电发电机 | 64部 | 8,840.00 | 中央无线电厂 |
| 上海大公铁工厂 | 汽艇(修理) | | 98.90 | 军委会委员长行营 |
| 资委会电机厂 | A种电池 | 5,000个 | 6,000.00 | 军政部交通司 |
| | A种电池 | 6,000个 | 2,400.00 | 四路总部 |
| | A种电池 | 20,000个 | 23,000.00 | 电料行代某部队订购 |
| | 收发报机15W | 20部 | 24,000.00 | 电料行代某部队订购 |

续表

| 厂名 | 承造物 | 承造量 | 总值 | 订购机关 |
|---|---|---|---|---|
| 中华无线电公司 | 收发报机15W | 145部 | 168,725.00 | 军政部交通司 |
| | 收发报机 | 3,100部 | | 军政部交通司 |
| 孙立记电气厂 | 手摇发电机 | 共70部 | 约17,500.00 | 军政部交通司 |
| | 电动发电机 | | | 军政部交通司 |
| 谭泮电池厂 | 湿电池 | 4只 | 216.00 | 航空委员会 |
| | 修理飞机电池 | | 约850.00 | 中央飞机制造厂 |
| 中国无线电公司 | 收发电台 | 15架 | 170,000.00 | 江汉关代某机关订 |
| 中国蓄电池厂 | 军用电池 | 2,000打 | 1,400.00 | 平汉线驻军 |
| 振华电器制造厂 | 军用电话 | 19,000个 | 2,755.00 | |
| 中国工商谊记橡胶厂 | 橡皮船 | 192个 | 277,401.00 | 兵工署 |
| 计 | | | 917,655.20 | |
| 合计 | | | 4,383,005.08 | |

以上总计价值未包括价值不明者,有*者非内迁工厂。

[经济部档案]

## 8. 工矿调整处编迁川工厂复工后经常产品目录(1938年12月)

## 迁川工厂复工后经常产品目录（截至廿七年十一月五日止）

| 业别 | 产品种类 | 产品名称 | 业别 | 产品种类 | 产品名称 |
|---|---|---|---|---|---|
| 机器五金业计二十二家 | 特种工作机 | 矿用起重机 | 机器五金业计二十二家 | 普通工作机 | 车床 |
| | | 蒸汽压路机 | | | 铣床 |
| | | 抽水机 | | | 钻床 |
| | | 卫尘机 | | | 刨床 |
| | | 浜方元车 | | | 磨床 |
| | | 切边车 | | | 锯床 |
| | | 轧石车 | | 材料 | 各种铸钢 |
| | | 辗石机 | | | 各种铸铁 |
| | | 碾米机 | | | 竹节钢 |
| | | 磨粉机 | | | 圆钢 |
| | | 切面机 | | | 方钢 |
| | | 造纸机 | | | 地轴钢 |
| | | 油漆机 | | 动力 | 煤汽原动机 |
| | | 纺纱机 | | | 煤汽引擎 |
| | | 弹花机 | | | 柴油引擎 |
| | | 轧花机 | | | 锅炉 |
| | | 织布机 | | | 邦浦救火车 |
| | | 织带机 | | | 药沫救火车 |
| | | 织线机 | | 其他 | 自动号码机 |
| | | 汗衫机 | | | 印刷号码机 |
| | | 围巾机 | | | 轧票机 |
| | | 毛线衫机 | | | 钢窗钢门 |
| | | 运动衫机 | | | 保险银箱 |
| | | 输风机 | | | 卷宗钢箱 |
| | 仪器 | 测量器械 | | | 保管铁箱 |
| | | 绘测仪器 | | | 钢质文具 |
| | | 物理仪器 | | | 华文打字机 |
| | | 化学仪器 | | | 御火库门 |
| | | 军用指南针 | | | 火炉 |

续表

| 业别 | 产品种类 | 产品名称 | 业别 | 产品种类 | 产品名称 |
|---|---|---|---|---|---|
| 化学工业计八家 | 酸类 | 硝酸 | 陶瓷玻璃业计二家 | 玻璃 | 化学玻璃 |
| | | 盐酸 | | | 日用玻璃 |
| | | 液气 | 电气业计三家 | 电气 | 发电机 |
| | | 烧卤水 | | | 变压机 |
| | | 漂白粉 | | | 电动机 |
| | | 烧碱 | | 电气交通器材 | 发报机 |
| | | 纯碱及其产品 | | | 收报机 |
| | | 阿摩利亚 | | | 电话机 |
| | 盐类 | 灰酸气 | | | 广播电台 |
| | | 氯化钾 | | | 干电池 |
| | | 模范盐 | 印刷文具业计五家 | 文具 | 鼎牌铅笔 |
| | 油漆 | 普通厚漆 | | | 飞机牌铅笔 |
| | | 熟油 | | | 鼎牌蜡笔 |
| | | 磁漆 | | | 飞机牌蜡笔 |
| | | 调合漆 | | | 新闻报纸 |
| | | 清凡立水 | | | 各种纸张 |
| | | 黑凡立水 | | 印刷 | 铅印品 |
| | 液体燃料 | 汽油 | | | 石印品 |
| | 日常化学用料 | 人丹 | 纺织业计四家 | 棉纺织 | 棉纱 |
| | | 各种制剂 | | | 蓝布 |
| | | 花粉 | | | 细布 |
| | | 蝶霜 | | | 色布 |
| 陶瓷玻璃业计二家 | 陶瓷 | 耐酸瓷 | | 丝织 | 绸 |
| | | 耐酸缸 | | | 丝 |
| | | 耐酸管 | | | 缎 |
| | | 考克 | | | 绨 |
| | | 排酸烟机 | | | |

注：起运来渝者一二五家，已有物资到运者六九家，本表系截至十一月五日已运到中四四家之复工后经常产品目录调查。

[资源委员会档案]

## 9. 经济部关于国营民营机电工业复工及产品产量情况报告①(1939年)

### 发展机器及电器工业

(一)国营机器制造厂　该厂自去年自湘迁滇以来,本年继续建厂装机,同时并为补助抗战工作及后方工业起见,自一月份起,积极增加开工部分,迄五月底止,承造各方委制物品中,已完成之产品有:

兵工署十一厂定制二五式迫击炮弹及掷溜[榴]弹引信　149,124件

中国茶叶公司定制烘茶炉揉茶机等　40余件

兵工署光学器材厂定制铣刀　50把

滇缅铁路工程局定制手摇抽水机　50部

叙昆铁路工程局定制煤铲椿锤等　600余件

昆湖电厂定制锅炉机件　38件

电工器材厂定制弹簧水管接头等　1,000余件

其营业状况,计接收定货价国币442,552元,又美金9,688元,销货价国币35,839元。此外如交通部驮运管理所定制之胶轮货车,叙昆路工程局定制之方头铁铲,中国茶叶公司定制之脚踏风箱,兵工署定制之摇车运输车,兰州电厂定制之放射式冷凝器及自用车床等,目下均在赶制中。原动机部分现已进行制造250kVA发电机,及180马力煤气机,并设计锅炉各部机件。

(二)民营机械工业　民营机械工业,由工矿调查处协助内迁复工之厂,就需要缓急及设备能力情形,分别辅导工作,期有最大努力。(1)第一,首重兵工器材之制造,目前承接此项工作者,每月可制手溜[榴]弹30万,迫击炮弹7万,各式炸弹炮弹引信7万,飞机炸弹6,000余,机枪零件千套,子弹机30部,大小圆锹30余万,大小十字镐20余万,鱼雷引信千余个,陆军测量仪器200套,军用炮表千枚,军用纽扣500万个,质量均较去年大为增进。现仍设法扩充,本年度下半期内生产数量,可以加倍,庶于军事需要得有所直接裨益。(2)其次,则为动力机之制造,本年度先试制百匹马力以下蒸汽机200部,由大鑫、恒顺、上海、新民等厂负责制造,目前止已完成60余部,迁川之恒顺

---

①节录自《经济部二十八年上期工作进度报告》。

机器厂及迁桂之中国煤气机厂已余部复工,每月可产10~50HP,煤气机20部,年底以前亦不难达到200部之数,目前能制100HP,以下之柴油机者,有祁阳之新中工程公司,柳州之中华铁工厂及重庆之上海、大公、新民等厂,可月出30部、水力发动机目前每月可产5部。(3)再次则为工作母机及工具之制造,工作母机包括车床、刨床、钻床、铣床、冲床等,目前可月出55部,预期于年终以前增加各项工作母机至1,000部,藉以补充各厂本身工作机能及筹设新厂之用,截至目前止,此项机械已增至400部左右。关于工具如刮刀、圆锯、钻头等大部仰给外来,现正协助各厂招致对于此项制造熟练之技工,筹设工具厂一所,就可能范围内设法自制。(4)至作业机器之制造,如碾米机、切面机、磨粉机、轧花机、针织机、起重机、水泵、离心泵、压气机、印刷机、碎石机、造纸机、织染机、通风机、压路机、子弹机、鼓风机、救火机、卷扬机、洗煤机、热风管等,均已按各厂原有设备及技术程度,分别充实及改进。目前每月可产842部,取得经验后,年内产量更大有可观。(5)他如交通工具之制造修理,中国汽车公司已迁桂林,专任修理工作,新中工程公司试制柴油汽车,已告成功,目前每月已能生产3部至5部。中国煤气机制造厂近已开始赓续工作,并制造汽车上所需零件。至于湘黔一带修理汽车,则已指定瑞丰工厂及湘西联合工厂等担任。船之修造则有民生、协兴、建华等造船厂,已经协助充实设备,三北公司修船厂已于重庆复工,修理能力勉敷应用。(6)日用品,如制钉、制针、制罐、时钟、灭火机、植物油灯、门锁、华文打字机、钢制叉具、家具、保险箱、小刀、纽扣及建筑用之五金材料等,内迁各厂产量已大增进,可敷目前社会需要。所有各项机械工业,现时及年终以前生产数量另见附表。

**机械工业现时及年终以前产量表**

| 产品类别 | | 现有设备之每月产量 | 年终以前之每月产量 | 主要工厂 |
|---|---|---|---|---|
| 兵工器材 | 手溜[榴]弹 | 300,000个 | 600,000个 | 陆大、新昌、达昌、新民及湖南各工厂 |
| | 掷溜[榴]弹 | 36,000个 | 72,000个 | 大鑫、复兴、上海 |
| | 迫炮弹 | 70,000个 | 140,000个 | 新民、广利、达昌 |
| | 炸弹引信 | 70,000个 | 70,000个 | 顺昌、复兴、大鑫、大公、新民 |

续表

| 产品类别 | | 现有设备之每月产量 | 年终以前之每月产量 | 主要工厂 |
|---|---|---|---|---|
| 兵工器材 | 飞机炸弹 | 6,500个 | 6,500个 | 顺昌、复兴、大公、大鑫 |
| | 子弹机 | 30部 | 60部 | 上海机器厂 |
| | 机枪零件 | 1,000套 | 2,000套 | 洽生、上海、新民 |
| | 防毒面具零件 | 1,200套 | 2,400套 | 顺昌、协昌 |
| | 铁锹 | 300,000把 | 600,000把 | 中国实业、精益、新民、合作 |
| | 铁镐 | 250,000把 | 500,000把 | 毛有定及其他锻工作厂 |
| | 陆军测仪 | 200套 | 400套 | 精一 |
| | 军用指南针 | 100双 | 200只 | 精一 |
| | 炮表 | 1,000个 | 2,000只 | 精一 |
| | 军用纽扣 | 5,000,000个 | 10,000,000个 | 合作五金公司 |
| 工作母机 | 车床 | 15部 | 30部 | 大公、顺昌、新民、陆大、上海、恒顺、新中、复泰、恒顺、华成等 |
| | 刨床 | 15部 | 30部 | 大公、陆大、顺昌、新民、复兴、新中、华成等 |
| | 钻床 | 14部 | 20部 | 上海、大公、顺昌、陆大、新民、华成等 |
| | 铣床 | 6部 | 10部 | 新民、陆大、新中、复兴 |
| | 冲床 | 5部 | 10部 | 上海、新民、大公、顺昌、复兴 |
| 原动力机 | 100马力蒸汽机 | 5部 | 30部 | 恒顺、上海、新民 |
| | 10、550马力煤汽机 | 20部 | 30部 | 恒顺、上海、洪顺、建华、中国煤汽机厂 |
| | 10至30马力柴油机 | 30部 | 50部 | 陆大、上海、大公、新民、新中、中华 |
| | 水力机 | 5部 | 10部 | 上海、新昌 |
| 作业机器 | 弹花机 | 40部 | 40部 | 毓蒙、联华 |
| | 轧花机 | 150部 | 180部 | 洪顺 |
| | 针织机 | 400部 | 450部 | 新昌、老振兴、精华 |
| | 纺纱机 | 41部 | 450部 | 广西纺织机械厂 |
| | 织布机 | 10部 | 15部 | 复兴 |
| | 造纸机 | 1部 | 3部 | 永利、顺昌 |
| | 抽水机 | 200部 | 250部 | 上海、新民、大公、顺昌、新中、陆大 |

续表

| 产品类别 | | 现有设备之每月产量 | 年终以前之每月产量 | 主要工厂 |
|---|---|---|---|---|
| 交通工具 | 汽车 | 5部 | 10部 | 新中 |
| | 新式货车 | 10部 | 20部 | 新民 |
| 金属用品 | 华文打字机 | 50部 | 60部 | 中国实业 |
| | 植物油灯 | 7,000打 | 7,000打 | 姜孚、合作、广西机械厂 |
| | 邦浦灭火车 | 15辆 | 20辆 | 震旦 |
| | 印刷号码机 | 200个 | 250个 | 启文 |
| | 弹簧锁 | 1,600打 | 1,600打 | 合作 |
| | 党徽帽花 | 1,500,000个 | 2,000,000个 | 合作 |
| | 理化仪器 | 1组 | 3组 | 精一 |
| | 保险柜 | 10个 | 10个 | 美艺 |
| | 制罐 | | 300,000个 | 康元、冠生园 |
| | 制钉 | | 3,000□ | 中国制钉厂、大鑫、桂林联合厂 |
| | 制针 | | 400万枚 | 现在迁移中之大中针厂 |

（三）国营电工器材厂　该厂原设湘潭下摄司，自去年次第迁移滇桂后，本年均先后成立开工，其情况略述如下：(1)电工器材厂第一厂（电线厂）。该厂设昆明石咀村，自本年三月后，铜线组厂房才落成，各部机器设备亦陆续装置试车，惟以外汇结购困难，所需润滑油及原料铜杆，不能及时购运到滇，以致未能遵照预定计划在五月中旬开工出货。润滑油问题近已设法解决，六月底止，已先代交通部拉制铜线。(2)电工器材厂第二厂（电管厂）。该厂自迁设桂林，预定本年二月复工，惟因电源缺乏，故于三月中始开工制造，而电子管部分复因技术上之困难，以致不能大量生产，迄五月底止，其已完成之产品有真空电灯泡12,867只，氩气电灯泡7,628只，发信电子管49只，收信电子管6只，弧汞整流管10只。(3)电工器材厂第三厂（电话厂）。该厂九龙预备厂于本年初开工以来，迄五月底止，计已装配成军用话机3,059部。昆明正式厂厂房，现已兴工建造，积极推进，期于明年春初成立开工。(4)电工器材厂第四厂（电机厂）。该厂电机、电池两组设于桂林，而电池组另设重庆分厂，自本年一月间开工以来，迄五月底止，计已制成电动机153具，小型变压器57具，电

池75,434只。变压器及开关设备两组设在昆明,厂房已进行建筑,现正积极准备制造。

(四)国营中央电瓷制造厂　该厂自迁移沅陵后,全部机械设备均已装置完毕,五月中复工制造,近鉴于各方需要之激增,决定扩充范围,在宜宾设立分厂。

(五)国营中央无线电机制造厂　该厂自去冬迁桂,于本年一月复工制造,上半年6个月中,计已产制收发报机448部,收报机14架,发报机34架,收音机17架,扩大机4架,无线电零件附件102,300件。营业状况计接收定货价841,734元,销货价913,639元。近并拟在昆明及重庆筹设分厂或修配所,扩充业务范围。

(六)民营电器工业　(1)华生电器制造厂,能制50匹马力以下之小型发电机,该厂早在渝市设厂复工,近因空袭危险,奉命迁移,已协助在南岸大湾勘定厂址,二月内可以复工赓续工作,赶造50HP以下之各式发电机及电讯用小手摇发电机。该厂又可制变压器,年产量5,000kVA,已令加紧生产,本年内后方需用之1,000kVA,以下变压器当可以自给。其他开关电表等件亦有出品。(2)华成电器制造厂,为国内制造马达历史最早产量最大者,经协助内迁衡阳后,一面工作,一面将机件继续输运桂林,觅地复工。目前生产能率月可制0.5～100HP之马达百具,已敷湘桂黔一带所需。该厂兼制电表开关等件。(3)中华无线电社,每月可制造600～1,300V之移动式小型发电机45部,军用5W、15W及50kW收发电报机各20部,电话机40部。(4)中国无线电业公司,每月可出广播机(500V左右)4部及军用无线电收发报机20部。(5)永川电器厂在渝复工,已开始制造。(6)中国蓄电池厂及汇明电池厂月可出A号电池千只,小干电池万二千只。此外并谋协助西安电池厂扩充设备,促香港复工之谭泮电池厂继迁昆明工作。兹将关于民营电器工业现时及年终以前产量另行列表附后。

### 电器工业现时及年终以前产量表

| 产品类别 | | 现有设备之每月产率 | 年终以前之每月产率 | 主要工厂 |
| --- | --- | --- | --- | --- |
| 电机 | 发电机50~1,000W | 50部 | 60部 | 华生 |
| | 手摇发电机 | 250部 | 250部 | 华生、中国无线电 |
| | 移动式小发电机 | 45部 | 60部 | 中国、中华无线电公司 |
| | 电表 | | 50双 | 华生、华成正试制中 |
| | 马达0.5~100HP | 100具 | 120具 | 华成 |
| | 变压器 | 10部 | 15部 | 华生 |
| | 电开关 | 2,000套 | 4,000套 | 华生、华成、中国建设 |
| | 灯泡 | | 300,000只 | 大光明、新川、亚浦耳 |
| 电讯 | 广播机(500W) | 4部 | 10部 | 中国无线电 |
| | 无线电收发报机 | 50部 | 100部 | 中国、中华无线电 |
| | 电话机 | 40部 | 100部 | 中国无线电、中天 |
| 电池 | 干电池 | | 36,000只 | 中国蓄电池、汇明电池厂 |
| | 水电池 | | 3,000只 | 谭泮 |

[经济部档案]

## 10. 主计处统计局有关内迁工厂复工后产品价值统计①(1940年9月)

### 内迁工厂复工后之产品价值

| 产品类别 | 截至民国二十七年底(1) | 截至民国二十八年底(2) |
| --- | --- | --- |
| 总计 | 5,512,541 | 34,268,223 |
| 兵工器材类 | 1,405,407 | 5,509,317 |
| 机器工具类 | 863,643 | 6,523,115 |
| 交通用品类 | 926,005 | 2,413,768 |
| 消防用品类 | 71,720 | 243,482 |
| 电器电池类 | 73,388 | 701,297 |
| 医药器材类 | 145,660 | 1,201,203 |

① 节录自1940年9月国民政府主计处统计局编：《中华民国统计简编》。据原编辑例说明，表中"凡实际上缺乏数字，即有事实而无从用数字表示者，在栏内用横线（——）表明之"。

续表

| 产品类别 | 截至民国二十七年底[1] | 截至民国二十八年底[2] |
|---|---|---|
| 防毒面具类 | 180,000 | 183,600 |
| 军装零件类 | 151,746 | 481,223 |
| 服用物品类 | 762,148 | 9,160,044 |
| 食品类 | 540,418 | 3,406,243 |
| 铁器类 | 14,574 | 164,330 |
| 教育文具类 | 297,429 | 1,766,471 |
| 油漆颜料类 |  | 14,935 |
| 玻璃器皿类 | 14,540 | 68,327 |
| 陶瓷砖瓦类 | 11,312 | 612,358 |
| 其他用器类 | 54,551 | 1,418,510 |

材料来源：根据经济部造送之材料编制。

说明：(1)包括143厂。(2)包括219厂。

[主计部档案]

## 11. 工矿调整处编制后方开工纱厂现在生产能力及炸后疏建复工情形表(1940年10月1日)

### 后方开工纱厂现在生产能力及炸后疏建复工情形表

### （廿九年十月一日）

| 厂名 | 厂址 | 炸前开工锭数 | 被炸时间 | 被炸损失 | 现开锭数 | 产量估计 | 炸后复工及疏建情形 |
|---|---|---|---|---|---|---|---|
| 豫丰纱厂 | 重庆 | 25,000 | 廿九年五、六两月间被炸4次 | 损失纺机近5,000锭，机油数10吨 | 15,000 | 每日28.80件 | 拟在合川设15,000锭分厂，已派员堪(勘)测厂基 |
| 裕华纱厂 | 重庆 | 23,000 | 廿九年八月被炸两次 | 损失纺机5,000余锭 | 11,000 | 21.12 | 拟疏散一部分机件至安全地带 |
| 申新渝厂 | 重庆 | 10,000 | 廿九年八月被炸两次 | 清花机尽受损失 | 1,000 | 1.92 | 机件在原址附近分散开动 |

续表

| 厂名 | 厂址 | 炸前开工锭数 | 被炸时间 | 被炸损失 | 现开锭数 | 产量估计 | 炸后复工及疏建情形 |
|---|---|---|---|---|---|---|---|
| 大华陕厂 | 陕西 | 25,000 | 廿八年十月被炸一次 | 全部机件统须修配方可利用 | 16,000 | 30.22 | 迁17,000锭至广元建分厂 |
| 咸阳工厂 | 陕西 | 1,000 | 廿九年八月被炸一次 | 毁钢丝机3部 | 1,500 | 2.88 | 加速修配复工,须期开足5,000锭 |
| 申新陕厂 | 陕西 | 6,000 | 廿九年八月被炸一次 | 毁棉花千余包水箱损坏 | 5,400 | 10.37 | 拟迁一部分纱锭在距原址约10里处建分厂 |
| 广西纺织机械工厂 | 广西 | 1,300 | 未 | 无 | 1,300 | 2.50 | |
| 云南纱厂 | 昆明 | 5,000 | 未 | 无 | 5,000 | 9.60 | |
| 裕滇纱厂 | 昆明 | 4,000 | 未 | 无 | 4,000 | 7.68 | |
| 总计 | | 100,300 | | | 60,200 | 125.09 | |

附注:(1)未复工各厂不在内;

(2)产量以每日每锭二十支纱18磅计算;

(3)每件430磅。

[工矿调整处档案]

## 12. 工矿调整处编制一九四一年七至十二月重庆附近豫丰等四厂棉纱产量表(1942年 月 日)

### 三十年七月至十二月重庆附近豫丰、裕华、申新、纱市四纱厂棉纱产量表

(单位:件)

| 月份\支别 | 十支 | 十六支 | 二十支 | 三十二支 | 共计 |
|---|---|---|---|---|---|
| 七月 | 479.0 | 50.0 | 2,244.0 | | 2,773.0 |
| 八月 | 404.5 | 58.0 | 1,294.0 | | 1,756.5 |
| 九月 | 731.0 | 65.0 | 1,525.5 | 15.0 | 2,336.5 |
| 十月 | 1,286.0 | 135.0 | 2,769.5 | 53.0 | 4,243.5 |

续表

| 支别<br>月份 | 十支 | 十六支 | 二十支 | 三十二支 | 共计 |
|---|---|---|---|---|---|
| 十一月 | 1,047.5 | 85.0 | 2,481.5 | | 3,614.0 |
| 十二月 | 1,528.0 | 200.0 | 3,049.5 | | 4,777.5 |

[工矿调整处档案]

## 13. 工矿处关于一九四一年上半年民营机械工业生产概况①（1941年）

**机械工业**

本半年来，机械工业仍赓续去年工作辅助兵工器材之制造，及利用已有设备及技术员工制造各种工作母机、原动机及工业机器，以供给后方各工厂需用。兹将本年一月至六月内机械工业进度概况分述如后：

（甲）兵工器材

后方各机械工厂辅助兵工器材之制造，在本半年内计有刺刀、手榴弹、木柄步枪背环、手榴弹壳、枪榴弹平头梢、黄磷、手榴弹接头、木箭弹头、军服纽扣、警报器、地雷引信及修理钢盔、电报等项，主要承制厂家有：建国捷和、祥泰、合作、精一、华康、华云、鼎丰、三北、姜孚、合成、大中等厂。现时各兵工厂已渐次建设完成，各种兵工器材交由民营工厂代制者略减。

（乙）工作母机及工具

子、工作母机在本半年内主要制造工厂有：上海、新民、新中公司、大川实业、新昌实业、恒顺、顺昌、上川、洪发利、汉昌等家，合计已制成工作母机482部，以车床、钻床占多数，其中尤以新中工程公司之龙门刨床及特种宕床为宕制引擎之用，较有供献，其他如上海、顺昌、恒顺、新民等厂，均能制造各种精密器械，各种工作母机，余各厂自用以增添设备外，并供给其他工厂购用。

丑、工具：本半年内西南、荣兴已制锉刀60,675把，其他如老虎钳、铁锤、铁砧、铁丝钳等产量均有增加。

---

① 节录自《经济部工矿调整处三十年度上半年工作报告》。

(丙)原动机

子、蒸汽机:本半年来,本处推进各厂完成三年计划。第一年扩充增产部分,恒顺机器厂本半年度已制成蒸汽机10部,共1,800匹马力。新中工程公司、中国兴业公司机器厂、洪发利机器厂共制成蒸汽机16部,共马力1,820匹。在制品有6部,共计马力870匹。

丑、煤气机:国内汽油供应困难,煤气炉与煤气引擎之需要,日见增加。半年以来,恒顺、上海、公益、新中各厂已制成煤气机47部,共1,848匹马力。大中实业公司制造厂及中国、维通、恒顺等厂均可制造煤气发生炉。

寅、柴油机:制造煤气机工厂亦可制造柴油引擎。本年内,新中工程公司制成25匹柴油发动机10部。

卯、水轮机:水轮机仍由上海机器厂设计制造,本期完成60匹及25匹马力水力发动机各1部。

辰、锅炉:本半年来,民生、恒顺、三北、福裕、万声记等厂制成大小锅炉计13座,其他同昌及桂林中国动力机制造厂亦能制造。

(丁)工业机器

子、纺织机器:本处拟利用顺昌、公益、广西等厂制造纺织机器之经验,每年仿制大型纺纱机2万锭,已于本期内着手筹备。又协助上海新友铁工厂派遣技术人员来渝制造新农式小型纺纱机。在本期内则顺昌、公益、华康、新机等厂,暂仍继续完成其印度式纺纱机之制造,计已制成6套,集成铁工厂仿制美国回四式缝衣机8部,在制者45部,毓蒙、联华等厂专制弹棉机,完成281部,其他如四方企业、洪顺、老振兴、精华、兴华等厂亦照常制造棉织、毛织、针织机器。

丑、化学工业机器:后方化学工业进展甚速,需用设备分别由各机器厂承制,除中国植物油料厂、集成三酸厂及永利化学工业公司自设有铁工厂,添制自用机械及代各化工厂承造化学机器外,其他化学工厂与机器厂保持相当联系者颇多,如铜梁纸厂与广和机器厂、庆华颜料厂与洪发利机器厂等是,其他较具规模之机器厂多有承制各种化学机械。本半年内顺昌继续制造各种造纸机器、水泥球,新昌实业公司制酒精蒸溜[馏]塔、压砖机,建国、汉华等厂制造制糖离心机,其他如制药机、制皂机、火柴机器,亦分别由中国实业、大川、复华等厂承造。

寅、矿冶机器:中国兴业公司机器部、渝鑫钢铁厂、顺昌铁工厂、恒顺机器厂在本年内铸制各炼钢厂、冶铁厂机器配件,制成蒸汽锤2座、叶氏式鼓风机14部、轧钢辊4具、钢锭模5付、化铁炉2座,其他离心式鼓风机、抽水机、起重机、碎煤机等亦分别由新中、恒顺、顺昌、上海、中国兴业、大川、同益等厂制造。

卯、不属上项之工业机器:其他工业机器有印刷机、推卤机、灭火机、电焊机、牙刷机等均分别由大川、汉昌、公益、源记、震旦、华光等厂制造,本半年来制成数量详见后附表。

(戊)其他出品

其他机械制造有轮船、车辆及金属用品等项,轮船之制造及修理,有民生、三北、协兴、鸿锠等厂,完成轮船四艘,修妥轮舶74艘,煤气发生炉之制造及装配有中国机械、大中、沈宜甲等厂,完成煤气炉191套。新中工程公司制造汽车用煤气引擎及试制10吨拖车,均有成绩。中国汽车制造公司制造柴油车零件及试制用桐油发动之引擎,俟将来改善后,当可为交通工具增加便利。其他洋钉、门锁、植物油灯、五金用品等项,本期内仍由广西、姜孚、合作五金、鼎丰等厂分别制造。

### 机械工业三十年上半年度主要产品数量表

| 类别 | 产品名称 | 三十年度上半年度成品数量 | 三十年度上半年度半制品数量 | 主要工厂 |
| --- | --- | --- | --- | --- |
| 兵工器材 | 刺刀 | 31,500把 | | 建国、捷和 |
| | 手榴弹柄 | 72,000把 | | 祥泰 |
| | 步枪背环 | 104,000只 | | 合作、精一 |
| | 手榴弹壳 | 367,376只 | 2,000只 | 华康、华云 |
| | 枪榴弹配件 | 10,000只 | | 三泰 |
| | 黄磷弹零件 | 106,500件 | | 鼎丰 |
| | 箭弹头 | 186,893个 | | 鼎丰 |
| | 军服纽扣 | 12,836,260个 | | 合作、姜孚、合成 |

续表

| 类别 | 产品名称 | 三十年度上半年度成品数量 | 三十年度上半年度半制品数量 | 主要工厂 |
| --- | --- | --- | --- | --- |
| 兵工器材 | 修理钢盔 | 10,000顶 | | 捷和 |
| | 地雷引信 | 1,600个 | | 大中 |
| | 水雷配件 | 75,700套 | | 民实、宝丰、瑞生 |
| 工作母机 | 车床 | 297部 | | 新民、上海、新中、大川、美艺、惠工、洪发利 |
| | 钻床 | 91部 | 6部 | 新民、新中、大川、德和、湖北、惠工、复华 |
| | 牛头刨床 | 43部 | | 惠工、邓兴发、泰昌、新中、培康、上川 |
| | 龙门刨床 | 5部 | | 新昌、实业、新中、上川 |
| | 铣床 | 35部 | 3部 | 新民、上川、新中、华中 |
| | 其他 | 11部 | | 新民、新昌、实业、新中、中国实业 |
| 工具 | 老虎钳 | 1,931把 | 150把 | 新民、大川、四方、恒顺、鼎丰、中国机械 |
| | 铁砧 | 33具 | | 福利、邓兴发 |
| | 铁锤 | 500把 | | 福裕 |
| | 铁丝钳 | 99,359把 | 13,000把 | 精一、华丰、捷和 |
| | 锉刀 | 60,675把 | | 西南、荣兴 |
| | 剪刀车 | 2台 | | 大来 |
| 原动机 | 蒸汽机 | 26部共3,630匹马力 | 120匹马力1部、180匹马力1部 | 中国兴业、洪发利、恒顺、新中 |
| | 煤气机 | 47部,共1,848匹马力 | | 恒顺、上海、复兴、新中 |
| | 柴油机 | 10部,共250匹马力 | | 新中工程公司 |
| | 锅炉 | 13座 | | 恒顺、三北、汉昌、民生、万声记 |

续表

| 类别 | 产品名称 | 三十年度上半年度成品数量 | 三十年度上半年度半制品数量 | 主要工厂 |
|---|---|---|---|---|
| 原动机 | 煤气发生炉 | 191套,共5,880匹马力 | | 大中、恒顺、中国兴业、维通木炭厂、中国机械、沈宜甲 |
| | 水轮机 | 2部,25匹马力及60匹马力各1部 | | 上海机器厂 |
| 工业机器 | 打包机 | 16部 | | 建华、华康 |
| | 弹棉机 | 312部 | | 毓蒙、联华、洪顺、新民 |
| | "七七"纺纱机 | 100部 | | 四方企业 |
| | 印度式纺纱机 | 6套 | 18套 | 顺昌、新机、华康 |
| | 缝衣机 | 8部 | 45部 | 集成 |
| | 针织机 | 14部 | | 新昌、实业、老振兴 |
| | 洗毛机 | 5部 | | 渝记大来、兴华 |
| | 打浆机 | 9部 | 2部 | 顺昌、中兴、集成、宝泰、广和 |
| | 造纸机 | 5部 | | 顺昌、广和、集成 |
| | 切纸机 | 3部 | | 顺昌、姚顺兴 |
| | 卷纸机 | 2部 | 1部 | 顺昌、姚顺兴 |
| | 球磨机 | 6部 | 4部 | 顺昌、新昌 |
| | 制糖离心机 | 35部 | 7部 | 建国、汉华、培康 |
| | 酒精蒸溜[馏]器 | 6套 | | 方兴发、新昌 |
| | 火柴机 | 2部 | | 汉昌 |
| | 制药机 | 2部 | | 中国实业 |
| 工业机器 | 制皂机 | 3部 | | 汉华 |
| | 印刷机 | 95部 | | 中国实业、湖北、建华 |
| | 切面机 | 36部 | | 达昌、建华、汉华 |
| | 面粉机 | 6套 | | 公益、华云 |

续表

| 类别 | 产品名称 | 三十年度上半年度成品数量 | 三十年度上半年度半制品数量 | 主要工厂 |
|---|---|---|---|---|
| 工业机器 | 推卤机 | 17部 | | 源记、美艺、达昌 |
| | 鼓风机 | 108部 | 313部 | 顺昌、恒顺、新中、同益 |
| | 轧钢机 | 6具 | | 大川 |
| | 化铁炉 | 2座 | | 顺昌 |
| | 邦浦 | 135部 | | 顺昌、恒顺、上海、公益、同益 |
| | 蒸汽抽水机 | 30部 | | 中国兴业、恒顺 |
| | 碎煤机 | 9部 | | 顺昌、中国实业 |
| | 汽锤 | 4部 | 1部 | 渝鑫、顺昌 |
| | 药沫救火机 | 500具 | | 震旦 |
| | 人力救火机 | 22部 | 10部 | 震旦 |
| 金属用品 | 锁 | 459打 | | 合作五金 |
| | 植物油灯 | 1,345打 | | 姜孚、合作五金、合成 |
| | 保险箱 | 101只 | | 美艺 |
| | 医疗用具 | 31,200件 | | 合作五金、耀泰 |
| 交通用具 | 造船 | 4艘 | 2艘 | 民生、三北 |
| | 修船 | 74艘 | 5艘 | 民生、三北、协兴、鸿铝 |
| | 胶轮板车 | 200辆 | | 美艺、钢铁厂、福利铁工厂 |

[主计处档案]

## 14. 工矿调整处关于一九四一年度下半年民营工矿业生产进度概况①(1942年)

### 民营工矿业进度概况

(1)冶炼工业

(甲)钢

---

① 节录自《经济部工矿调整处三十年度下半年工作报告》。

本半年内后方民营炼钢工厂仍用电炉炼钢,中国兴业、渝鑫两厂每月平均产量约共达200吨,较上半年165吨略增。因鉴于电力及炭精两感缺乏,中国兴业及渝鑫两厂设立毕士麦炉,已先后于十月与十二月间开炉,每月平均共产200吨。人和制铁公司之毕士麦炼钢炉1座则正在赶建中,期于三十一年二月间开炉。中国兴业公司之10吨马丁炼钢炉除起重机、瓦斯炉、马丁炉壳、动力设施等均已大致完成外,炉内用砖仍在设法自制。中国兴业及渝鑫两厂之轧钢机则仍按照钢锭产能尽量轧制各种钢材。此外,云南境内之中国电力制钢厂亦于本期内开工,所设之1吨电炉与10寸轧钢机工作效能尚佳。

(乙)铁

本期内各新法小型炼铁炉除各5吨炼铁炉已开炉者仍赓续冶炼,及人和铁厂增开1炉,福昌炼铁厂亦于十一月开炉出铁外,尤以中国兴业公司之江北厂30吨炼铁炉于十一月二十六日完成开炉产铁,平均日产灰口生铁18至20吨,含矽达3.5%宜于翻砂。其第一、第二两个月产品除自用一部分外,悉由本处收购,以期资金之周转,并统筹分配各机器翻砂工厂应用。兹将本半年内后方钢铁产量列表于次:

### 三十年下半年钢产数量表

| 厂别 | 日产(吨) | 月产(吨) | 下半年总产量 | 备注 |
| --- | --- | --- | --- | --- |
| 渝鑫钢铁厂 | 3.5 | 105 | 413.5吨 | 因中间历经停电、轰炸、修配致停日数较多,未能达到充分产量 |
| 中国兴业公司钢铁部 | 3.0 | 90 | 354吨 | 因中间历经停电、轰炸、修配致停日数较多,未能达到充分产量 |
| 中国电力制钢厂 | 2.0 | 60 | 120吨 | 开工未久即以安宁耀龙电厂被炸,修理停炼,半年内工作日数仅60日 |
| 总计 | 8.5 | 255 | 887.5吨 | |

### 三十年下半年铁产数量表

| 厂别 | 日产(吨) | 月产(吨) | 下半年总产量 | 备注 |
| --- | --- | --- | --- | --- |
| 新记蜀江铁厂 | 5.00 | 150.00 | 390.00 | 七、八两月因修炉未产铁,九、十两月仅1炉开炼 |

续表

| | | | | |
|---|---|---|---|---|
| 人和制铁公司 | 4.33 | 129.90 | 807.40 | 自十二月二十五日起两炉同时开炼 |
| 中华工业社綦江铁厂 | 1.56 | 46.67 | 186.68 | 七、八两月系停炉修理 |
| 大昌矿冶公司 | 2.57 | 77.06 | 222.89 | 七、八、十二各月曾停炉修理 |
| 渠江矿冶公司 | 3.00 | 90.00 | 215.00 | 九月开炉,十二月中旬停炉修理 |
| 中国兴业公司渝厂 | 18.00 | 246.00 | 316.00 | 十一月二十四日始开炉出铁,初开炉之数日产铁甚少 |
| 中国兴业公司永蒙厂 | 2.68 | 80.49 | 332.00 | |
| 福昌铁厂 | 3.90 | 117.00 | 99.50 | 七月十三日开炉出铁,未及10日即以火砖损坏停炉,十一月间开炉未数日,又以匪患停炉 |
| 东原实业公司 | 8.00 | 240.00 | 150.00 | 七月至十月为停炉修理期,自十一月起始陆续开炉 |
| 荣昌铁厂 | 1.67 | 50.00 | 100.00 | 自十一月开炉产铁,未及一个月又因动力不足停炉 |
| 谦虞公司 | 6.00 | 180.00 | 无 | 夏季停炉后,资金缺乏,至年底犹未产铁 |
| 永和实业公司 | 1.33 | 40.00 | 无 | 因患水灾,停炉修理后迄未开炉产铁 |
| 永兴冶铁公司 | 2.50 | 75.00 | 无 | 因停炉修理,下半年未开炉 |
| 进记企业公司 | 1.22 | 36.67 | 无 | 因停炉修理并改用热风,本年下半年未开炉 |
| 总计 | 61.76 | 1,588.79 | 2,919.47 | |

(2)机械工业

(甲)兵工器材

年来国内各兵工厂多已建厂完成,委托民营工厂制造兵工器材者亦较前为少。本期内各厂制造出品,除刺刀、手溜[榴]弹柄、枪溜[榴]弹零件、黄磷弹零件、平射炮零件等外,另有协昌、精一、建兴及各铁工厂制造军用破坏障碍物用导火索钳及防毒用唧气筒等项。其产量详见附表。

(乙)工作母机及工具

(子)工作母机 车床、刨床、钻床、铣床等工作母机之生产,在本期内质与量均见提高。在质方面，除车床精确程度已有进步外，顺昌铁工厂制造圆磨床及中国汽车制造公司华西分厂制造工具磨床已告完成，实为机器制造技术上进步之表现。在量方面，本半年内制成工作母机586部，在制造中即将完成者274部，连同上半年工作母机之产量562部，本年内共制造1,422部，与本处计划内本年应产工作母机1,400部之产量已超过22部。

（丑）工具　本期内工具生产方面，各厂除继续制造老虎钳、铁丝钳、修理锉刀等工具外，另有陆大、大川等厂仿制自来卡头较有成效，业已制成84只，在制造中者46只。现正由本处协助陆大工厂扩充设备，俾利用其所长，专门制造此项出品。由钢坯制造钢锉刀，渝鑫钢铁厂已有此项机器设备，并经安装就绪，惜以电力不足及该厂工具钢产量尚嫌过少，目前尚未出货。

（丙）原动力机

（子）蒸气机　后方各厂动务除少数自备外，多取给于电力厂，每遇电厂发生障碍时，各种工业全部即须停工，损失实巨。本处为解决民营工厂动力问题起见，经协助倡导各机器厂注意研究制造动力机，并由本处材料库向各厂定制煤气机及发电机，俾供各厂配合购用，先后曾向大中制造厂、华生电器厂等定购。关于蒸汽机之制造，本处曾协助恒顺机器厂扩充设备，增加生产能力，该厂上半年完成180匹马力蒸汽机10部，本半年内复完成14部，计2,520匹马力，供给民生等厂需用。其他各厂如中国兴业公司机器厂、洪发利、精勤、同昌、同益等厂，亦有制造成品，本期内共制成蒸汽机31部，计2,786匹马力，在制品13部，共584匹马力。

（丑）柴油机　以前后方柴油来源缺乏，价格昂贵，故一般工厂采用柴油机者颇少，制造者亦稀。现时国内已有柴油出品，即可供应市需，本处正督促新中等厂扩充制造柴油内燃机。

（寅）煤气机　本期内各厂已制成煤气机27部，共计241.5匹马力，在制品8部，共218匹马力，并制成煤气发生炉182具。主要制造工厂有新中、上海、洪发利、洪顺、中国机械厂、恒顺、西京、维通等厂。

（卯）水轮机　后方水轮机之制造，前有上海机器厂及新昌实业机器厂等。本期内西安集成铁工厂制成40匹马力水轮机1部。

（辰）锅炉　本期内锅炉产量较上半年度略有增加，计完成锅炉33部，凝结器5部，在制造者有锅炉15部。主要制造工厂有民生、福裕、洪发利、顺昌、精勤、同益、同昌等厂。

（丁）工业机器

（子）纺织机器　本处于上半年着手督导各厂仿制大型纺纱机，本期内尚能依照计划继续推进，现经指定顺昌铁工厂担任精、细纱机之设计工作，现时图样已大部完成。清花部机器之设计指定恒顺机器厂担任，正积极进行绘图工作，再过两月即可完成。其他并条、梳棉等机，图样已备，刻正督促民生、公益、顺昌3厂报价，下期内当可开始制造。本期内顺昌、华康等厂完成小型纺纱机5套。其他如缝衣机、织衣机、织袜机、洗毛机及人力弹花机、轧花机等纺织机器均有产品。其产量详见附表。

（丑）化学工业机器　本期内各厂主要产品有造纸机、榨油机、制糖机、水泥球磨机等。现时后方小型水泥厂用直窑烧制水泥，其主要机械设备即为水泥球磨机。最近开工之贵阳水泥厂及筹备中之江西水泥厂所用球磨机，均由顺昌铁工厂承制。

（寅）矿冶机器　近年来矿业及冶炼业发展颇速，矿冶机器之需要增加，本半年内已完成者有叶氏鼓风机20部，抽水机74部，其他如碎煤机、碎矿机、化铁炉、起重机、碳精机等均有成品。主要制造工厂有顺昌、中国兴业、集成、上海、恒顺、同益等厂。

（卯）其他工业机器　其他作业用各种机器，本期内完成者计有制钉机、石棉机、压砖机、碾米机、砻谷机、印刷机、锯木机、蒸汽锤、蒸汽水泵等，分由大川、新昌、上海、洽生、湖北、中国实业等厂制造。其产量详见附表。

（戊）交通工具

交通工具之制造，包括船舶、汽车之制造及修理。本期内民生、三北等厂计造成新轮3艘，共680吨，在建造中者16艘，共2,350吨。修船大小119艘。汽车之引擎制造，新中工程公司计完成柴油车引擎及柴油改造煤气车引擎共25部，并装成煤气汽车5部，经试行各公路成绩甚佳。其他如汽车零件、活塞等项，由中国汽车制造厂、中国机械厂及其他机器厂制造，均有出品。

(己)日常五金用品

日常五金用品,如针、钉、锁、油灯、电石灯、灭火机、保险箱及卫生用具等项,本期内仍由大川、姜孚、康元、震旦、美艺、协成、合作、中国实业、亚洲、合成等厂制造。兹将机械工业三十年下半年度主要产品数量表列后:

### 机械工业三十年下半年度主要产品数量表

| 类别 | 产品名称 | 完成数量 | 半制品数量 | 主要制造工厂 |
|---|---|---|---|---|
| 兵工器材 | 刺刀 | 13,800把 | 10,500把 | 建国工业社 |
| | 手溜[榴]弹壳 | 371,400只 | | 中国兴业铸铁厂、陈信记 |
| | 枪溜[榴]弹零件 | 61,000件 | 11,000件 | 三泰、汉华、鼎丰 |
| | 甲雷体 | 15,000套 | | 中国兴业铸铁厂 |
| | 平射炮零件 | 200件<br>32,000元 | | 福裕 |
| | 发射筒 | 6,000套 | | 兴国 |
| | 黄磷弹零件 | 28,800件 | | 鼎丰 |
| | 木弹头 | 2,727,484个 | | 鼎丰 |
| | 十字镐 | 1,100把 | | 捷和 |
| | 地雷引信 | 35,000件 | | 大中 |
| | 水雷配件 | 84,300套 | | 民实、宝丰 |
| | 导火索剪 | 128,500把 | 76,400把 | 捷和、协昌、精一、建兴 |
| | 唧气筒 | 3,000只 | | 协昌 |
| 工作母机 | 车床 | 296部 | 197部 | 大公、顺昌、新昌、新民、治生、惠工、大川、申新、允利 |
| | 牛头刨床 | 112部 | 23部 | 大公、洽生、建国、汉昌、渝记、大来、万县、开源 |
| | 龙门刨床 | 6部 | 8部 | 新昌、振华、中华职校、开源、集成、渝鑫 |
| | 钻床 | 135部 | 23部 | 大川、鼎丰、大公、渝记、大来、姚顺兴、集成、申新、邓兴发 |
| | 铣床 | 21部 | 8部 | 新民、洽生、大中、汉昌、中国汽车制造公司 |
| | 锯床 | 2部 | | 新民 |

续表

| 类别 | 产品名称 | 完成数量 | 半制品数量 | 主要制造工厂 |
|---|---|---|---|---|
| 工作母机 | 工具磨床 | 11部 | 15部 | 中国汽车制造公司 |
| | 圆磨床 | 2部 | | 顺昌 |
| | 搪床 | 1部 | | 中国汽车制造公司 |
| 工具 | 老虎钳 | 318把 | 385把 | 上海仁记、祁阳民生、张瑞生、大中、新民 |
| | 铁丝钳 | 18,300把 | 10,000把 | 精一、华丰 |
| | 修理锉刀 | 13,500把 | | 西南、荣兴 |
| | 剪刀车 | 2部 | | 恒顺、渝记、大来 |
| | 手摇钻 | 7部 | | 复华、祁阳民生 |
| | 自来卡头 | 84只 | 46只 | 陆大、大川、中国工具、中国汽车公司 |
| | 磅秤 | 361部 | 108部 | 瑞新、协昌、怀民、公平 |
| | 砂轮机 | 3部 | | 浙赣、大川、中国工具厂 |
| | 螺丝公及扳手 | 5,000件 | 2,000件 | 中国汽车制造公司 |
| 原动机 | 蒸汽机 | 31部 2,786马力 | 13部 584马力 | 恒顺、精勤、洪发利、中国兴业、同益、同昌 |
| | 煤气机 | 27部 241.5马力 | 8部 218马力 | 新中、上海、洪发利、洪顺、允利、恒顺 |
| | 柴油机 | | 3部 60马力 | 建中 |
| | 锅炉 | 33座 | 15座 | 福裕、洪发利、精勤、同益、同昌、浙赣 |
| | 水轮机 | 1部 40马力 | | 集成 |
| | 煤气发生炉 | 182具 | | 恒顺、中国机械、维通、中国兴业、新中 |
| | 凝结器 | 5具 | | 顺昌、洽生 |
| 棉毛纺织染工业机器 | 大型细纱机 | | 3台(384锭) | 公益 |
| | 小型纺纱机 | 5组 | | 顺昌、华康、中国植物油料厂、铁二厂 |
| | 开棉机 | | 3台 | 宝鸡申新 |
| | 松花机 | 1部 | | 洪顺 |

续表

| 类别 | 产品名称 | 完成数量 | 半制品数量 | 主要制造工厂 |
|---|---|---|---|---|
| 棉毛纺织染工业机器 | 和花机 | 1部 | | 洪顺 |
| | 皮辊机 | 9部 | | 复华、洪顺 |
| | 弹花机 | 270部 | 5部 | 新民、建国、毓蒙、洪顺 |
| | 轧花机 | 23部 | | 永丰、四方 |
| | 人力纺纱机 | 222部 | | 四方 |
| | 自力式纺纱机 | 4组 | 6组 | 自力纺织机制造厂 |
| | 小型梳棉机 | 1台 | | 精勤 |
| | 摇纱车 | 50台 | | 申新 |
| | 钢领圈 | 5,500只 | 2,000只 | 中国汽车制造公司、允利 |
| | 洗毛机 | 8部 | | 谕记、大来 |
| | 弹毛机 | 5部 | | 永丰 |
| | 上浆机 | 1部 | | 华丰 |
| | 脱水机 | 1部 | | 广和 |
| | 织袜机 | 81部 | | 上海、新昌 |
| | 织衣机 | 5部 | | 上海、新昌 |
| | 缝衣机 | 20部 | | 集成 |
| 化学工业 | 造纸调粉机 | 1部 | | 顺昌 |
| | 卷纸机 | 1部 | | 顺昌 |
| | 打包机 | 1部 | | |
| | 切纸机 | 5部 | | 集成、洽生 |
| | 压光机 | 2部 | | 集成、广和 |
| | 纸浆搅拌机 | 5部 | | 集成、广和 |
| | 筛浆机 | 1部 | | 姚顺兴 |
| | 磨浆机 | 2部 | | 集成 |
| | 除尘机 | 1部 | | 集成 |
| | 榨油机 | 3部 | | 洪发利、华丰 |
| | 制油离心机 | 1部 | | 中国植物油料厂铁工厂 |
| | 轧籽机 | 1部 | | 中国植物油料厂铁工厂 |

续表

| 类别 | 产品名称 | 完成数量 | 半制品数量 | 主要制造工厂 |
| --- | --- | --- | --- | --- |
| 化学工业 | 制油球磨机 | 3部 | | 中国植物油料厂铁工厂 |
| | 压滤机 | 4部 | | 洽生 |
| | 制糖离心机 | 3部 | | 建国、汉华、西南 |
| | 水泥球磨机 | 1组 | 3组 | 顺昌 |
| | 酒精蒸溜[馏]器 | 15套 | | 福裕、新昌、兴泰、恒顺、万昌、中植 |
| | 炼油锅 | 5座 | | 洪发利、浙赣、万昌 |
| 矿冶机器 | 叶氏鼓风机 | 20部 | 42部 | 顺昌、恒顺、中国兴业、新昌 |
| | 离心力鼓风机 | 60部 | 5部 | 顺昌、新昌、同昌、大中、大川 |
| | 抽水机 | 74部 | 17部 | 上海、顺昌、同益、恒顺、王新华 |
| | 碎煤机 | 4部 | | 新昌 |
| | 碎矿石机 | 1部 | | 上海 |
| | 化铁炉 | 4部 | 2部 | 大川、福裕、中国兴业 |
| | 炼铁炉 | 1座 | | 福裕 |
| | 起重机 | 3部 | 2部 | 顺昌、兴国、广和、衡阳民生 |
| | 碳精机 | 2部 | | 渝鑫 |
| | 磨煤机 | 2部 | 1部 | 中国兴业 |
| 其他工业机器 | 制钉机 | 2部 | | 大川 |
| | 石棉机 | 3部 | | 大川 |
| | 压砖机 | 1部 | | 新昌 |
| | 碾米机 | 61部 | 20部 | 瑞新、上海、洪顺、允利 |
| | 砻谷机 | 15部 | 28部 | 瑞新、毓蒙、永丰、洪顺 |
| | 打稻机 | 10部 | | 中华职校 |
| | 切面机 | 249部 | 20部 | 瑞新、刘祥顺、汉华、达昌 |
| | 面粉机 | 3部 | | 瑞新 |
| | 和砂机 | 2部 | | 顺昌 |
| | 冷泵 | 1部 | | 新昌 |
| | 空气锤 | 2部 | | 顺昌 |
| | 蒸汽锤 | 4部 | | 同昌、渝鑫 |
| | 蒸汽水泵 | 90部 | 20部 | 广利、荣昌、恒顺、公益、王新华、洪顺、祁阳民生 |

续表

| 类别 | 产品名称 | 完成数量 | 半制品数量 | 主要制造工厂 |
|---|---|---|---|---|
| 其他工业机器 | 锯木机 | 3部 | 2部 | 冶生、大川、美艺 |
| | 刨板机 | 2部 | | 美艺、浙赣 |
| | 拉丝机 | 1部 | | 大川 |
| | 螺丝冲床 | 6部 | | 中植、洪发利 |
| | 油墨机 | 1部 | | 集成 |
| | 印刷机 | 47部 | 6部 | 达昌、湖北、中国实业 |
| | 凹板机 | 9部 | | 中国实业 |
| | 轧墨机 | 1部 | | 中国实业 |
| | 药片机 | 6部 | | 建昌、利人 |
| 交通工具 | 造船 | 3艘 680吨 | 16艘 2,350吨 | 民生、三北 |
| | 修船 | 119艘 6,305吨 | | |
| | 汽车引擎 | 25部 | 5部 | 新中 |
| | 汽车活塞 | 2,051只 | | 中国机械、中国汽车、顺昌、祥兴、西和兴 |
| | 活塞涨圈 | 25,840只 | | 中国机械、中国汽车、顺昌、祥兴、西和兴 |
| 日常五金用品及其他 | 针 | 1,605万枚 | | 大川 |
| | 钉 | 530桶 | | 大川、广西机械工厂 |
| | 锁 | 1,429打 | | 合作 |
| | 油灯 | 1,543打 | | 姜孚、合成、广西机械工厂、同济 |
| | 电石灯 | 5,000只 | 2,500只 | 康元 |
| | 饭锅 | 65,680个 | | 裕和祥、川西各厂 |
| | 保险箱 | 228只 | | 美艺、协成 |
| | 测量仪器 | 2,240件 | | 精一、鼎丰 |
| | 华文打字机 | 14部 | | 中国实业 |
| | 绘图仪器 | 150付 | | 精一 |
| | 军服纽扣 | 9,007,000枚 | | 合作 |
| | 卫生用具 | 21,666件 | | 合作、耀泰 |
| | 消毒罐 | 55,000只 | | 合作 |
| | 瓶盖 | 162,100只 | | 合成、姜孚、广和 |

续表

| 类别 | 产品名称 | 完成数量 | 半制品数量 | 主要制造工厂 |
| --- | --- | --- | --- | --- |
| 日常五金用品及其他 | 油墨盒 | 2,594只 | | 姜孚 |
| | 人力抽水机 | 245部 | | 中国兴业、开源、震旦 |
| | 人力救火机 | 59部 | | 震旦 |
| | 药水灭火机 | 382具 | | 震旦 |
| | 救火机 | | 85部 | 震旦 |
| | 救火汽车 | | 1部 | 震旦 |
| 其他 | 螺丝 | 34吨 | | 各铁工厂 |
| | 铆钉 | 39吨 | | 福裕、浙赣 |

(3)电器工业

(甲)电力机及器材

(子)发电机　后方民营工厂之制造发电机者，【目】前只有华生电器厂1家，本期内新创大华电器厂1家，可制100千伏安以下之发电机，又衡阳华成电器厂经本处督促后亦开始制造发电机，计本半年内该3厂共制成发电机34部，合1,140千伏安。其他手摇发电机、电动发电机、移动发电机等，仍由中国兴业公司、中华无线电社、电声制造厂照常制造。

(丑)电动机　电动机或称马达，本半年内除仍由华成电器厂制造，运渝供给各厂矿应用外，上川实业公司电机制造厂及大华电器厂均有制造，本期内共制成半匹至75匹电动机356部。至电动机起动器，华成、华美、中国建设工程公司3厂共制成181部。

(寅)变压器　制造变压器之工厂，计有华生、华美、大华、上川、中国建设工程公司等5家，本半年内计制成变压器30具，合1,221千伏安。

(卯)电开关及配电板　本半年内华生电器厂制成配电板31副，又中国建设工程公司、华美电机厂、华生电器厂共制成各种开关780具。

(辰)电表　电压表及电流表，本半年内仍由华生电器厂制造，共计制成174具。

(巳)电线　建川电化厂经本处协助后，本期内制成7号至16号各种铜线

28.7吨,并增加设备以谋增产。

(午)电灯泡　后方民营工厂能制造电灯泡者仅有建华电器厂1家,本期内制成电灯泡205,000只,川、滇、桂、筑各省以前仰给于外货者,现已由该厂供给一部分需要。

(未)家用电器　电风扇、电炉及电熨斗等器具,华生、华成等厂均可制造,惟为节省材料及电力之消耗起见,均经设法限制制造。

(乙)电讯器材

(子)无线电收发报机　制造电讯器材之工厂,计有中国兴业、中华无线电社、大陆电业公司、电声制造厂、上川公司电机制造厂、强华电器厂等厂,本半年内计制成各种收发报机233部。

(丑)电话总机　本半年内电声制造厂、义华电话厂共制成10至50门,电话总机19部。

其他扩音机、整流器等电讯器材,本期内各民营工厂仍照常制造。

(丙)电池

(子)蓄电池　后方制造蓄电池之民营工厂,计有中国机械厂、日新电池厂、永生实业社、新华公司等家,本半年内共制成蓄电池334个。

(丑)干电池　本半年内,益丰、神明、兴华、西北、亚星等电池厂共制成单节电池93,095打,"A"字电池502只,"B"字电池112只。

兹将本半年来后方民营工厂电器产量列表附后:

### 后方民营工厂电器厂产品名称数量表

| 类别 | 品名 | 三十年下半年产量 | 规格 | 主要制造厂 |
|---|---|---|---|---|
| 电机 | 发电机 | 34部 | 共1,140伏安 | 华生、华成、大华 |
| | 手摇发电机 | 205部 | | 中华、电声 |
| | 电动发电机 | 26部 | | 中华 |
| | 移动发电机 | 65部 | | 中华 |
| | 电动机 | 356部 | 共5,149马力 | 华成、上川、大华 |
| | 电动机起动器 | 181部 | | 华成、中建、华美 |

续表

| 类别 | 品名 | 三十年下半年产量 | 规格 | 主要制造厂 |
|---|---|---|---|---|
| 电讯器材 | 收发报机 | 223部 | | 中国兴业、中华、中益、大陆、电声、强华 |
| | 电话总机 | 19部 | 10~50门 | 电声、义华 |
| | 扩音机 | 6部 | | 中华、中国兴业 |
| | 整流器 | 95部 | | 中建、电声、大陆 |
| | 变压器 | 30具 | | 华生、中建、大华、华美 |
| | 配电板 | 31副 | | 华生 |
| | 电开关 | 780具 | | 华生、华美、中建 |
| | 电表 | 174只 | | 华生 |
| | 电线 | 28.7吨 | | 达川 |
| | 电灯泡 | 205,000只 | | 建华 |
| | 蓄电池 | 334个 | | 永生、日新、中国机械 |
| | 单节电池 | 93,095打 | | 益丰、神明、亚星、兴华 |
| | A电池 | 502只 | | 益丰、神明、亚星 |
| | B电池 | 112只 | | 益丰、神明、亚星 |

（4）化学工业

（甲）酸碱

（子）硫酸　本半年内仍由中国、裕川、集成及蔡家场等厂用铅室法制造硫酸，广益自本年三月停工修理，添装机器，已告竣事，三十一年一月即可复工。贵州大众酸碱公司为新创，工厂已有出品，本期内制成硫酸150箱。

（丑）盐酸　天原电化厂因漂粉销路极旺，本期内减制盐酸。其他裕川、集成、大利等厂仍继续制造，均有出品。

（寅）硝酸　本半年内集成、裕川两厂用硫酸、土硝制造硝酸，尚有少量产品。

（卯）醋酸　本期内仍由友联化学工业社用发酵方法制造醋酸，前由本处筹备之乐山木材干馏厂，本半年内积极进行，现时厂房建筑均已完成，一俟机件赶制完竣，安装试车后即可开工。

(辰)纯碱 用"勒勃朗"法制造纯碱之工厂,仍有裕民、嘉裕、同益、开济、信华及瑞华等家,现时玻璃工业所需之高纯度纯碱,则另有友联化学工业社用烧碱制造,及瑞华碱厂(即前开凉碱厂)以纯碱重新结晶,其碳酸钠成分高至95%以上,足以代替舶来品供应玻璃业需要。

(巳)烧碱 天原电化厂制造液体烧碱,因外货来源减少,销路极畅,经本处协助添设第2列电解槽,增加烧碱产量,预计明年六月后即可完成,至时供求当可平衡。本处复协助裕民碱厂,利用制造纯碱之废液,制造液体烧碱,预计四月后即可开工,月制液体烧碱2吨。

(午)硫化碱 克太化学工业社经本处协助添加设备后,生产能力已有增加,庆华颜料厂仍照常生产,本半年内两厂共制成硫化碱50吨。

(未)漂白粉 后方制造漂白粉工厂现仍只天原电化厂1家,本处已协助该厂添设第二座漂粉塔,预计三月后即可完工生产。

(申)氯化锌 制造干电池之主要原料氯化锌,本期内有友联化学工业社制造,供应需要。

兹将现时后方各酸碱厂生产能力列表于后:

### 后方碱工厂每月产量一览表

单位:吨

| 省别 | 厂名 | 酸 | | | 碱 | | | 盐 | 备注 |
| --- | --- | --- | --- | --- | --- | --- | --- | --- | --- |
| | | 硫酸 | 盐酸 | 硝酸 | 烧碱 | 纯碱 | 硫化碱 | 漂白粉 | |
| 四川 | 天原电化厂 | / | 30.0 | / | 150.0 | / | / | 165.0 | |
| | 克太化学工业社 | / | / | / | / | / | 10.0 | / | |
| | 友联化学工业社 | / | / | / | / | 4.0 | / | / | |
| | 中国造酸公司 | 40.0 | / | / | / | / | / | / | |
| | 蔡家场制酸合作社 | 8.0 | 0.5 | / | / | / | / | / | |
| | 庆华颜料厂 | / | / | / | / | / | 20.0 | / | |
| | 瑞华公司碱厂 | / | / | / | 15.0 | / | / | / | |

续表

| 省别 | 厂名 | 酸 | | | 碱 | | | 盐 | 备注 |
|---|---|---|---|---|---|---|---|---|---|
| | | 硫酸 | 盐酸 | 硝酸 | 烧碱 | 纯碱 | 硫化碱 | 漂白粉 | |
| 四川 | 广益化学工厂 | 55.0 | / | / | / | / | / | / | 该厂本期增加设备停工,可于卅一年一月复工 |
| | 信华化学制造厂 | / | / | / | / | 3.0 | / | / | |
| | 裕川化学工厂 | 8.0 | 3.0 | 0.6 | / | / | / | / | |
| | 建业化学公司 | 5.5 | / | / | / | / | / | / | |
| | 沅记永源硫酸厂 | 5.0 | / | / | / | / | / | / | |
| | 裕民碱厂 | / | / | / | / | 30.0 | / | / | 该厂现在添加设备,提制烧碱,日可达2吨 |
| | 同益碱厂 | / | / | / | / | 50.0 | / | / | |
| | 开济碱厂 | / | / | / | / | 30.0 | / | / | |
| | 嘉裕碱厂 | / | / | / | / | 35.0 | / | / | |
| 贵州 | 大众酸碱公司 | 8.0 | / | / | / | / | / | / | |
| 云南 | 大利造酸厂 | 4.0 | 1.5 | / | / | / | / | / | |
| 云南 | 昆明造酸厂 | 7.0 | / | / | / | / | / | / | |
| 江西 | *江西硫酸厂 | 7.5 | / | / | / | / | / | / | 本年十月开工,并有月产4吨固体烧碱之设备可于卅一年一月后出货 |
| 浙江 | *浙江省化学工厂 | 25.0 | 7.0 | 1.2 | / | / | / | / | |
| 陕西 | 集成三酸厂 | 8.0 | 3.0 | 2.0 | / | / | / | / | |

续表

| 省别 | 厂名 | 酸 | | | 碱 | | | 盐 | 备注 |
|---|---|---|---|---|---|---|---|---|---|
| | | 硫酸 | 盐酸 | 硝酸 | 烧碱 | 纯碱 | 硫化碱 | 漂白粉 | |
| 共计 | 181.0 | 45.0 | 3.8 | 150.0 | 167.0 | 30.0 | 165.0 | | |

\*系省营工厂。

(乙)造纸

(子)全用机器之纸厂　本期内已开工者,有龙章、中元、嘉乐、正中、西南、云丰、铜梁等7厂。云丰、铜梁工厂系本期内筹建完竣开工之新厂。龙章纸厂本期内仍照常生产,制造道林纸、白报纸等供应需要,该厂自本年十二月起已由财政部接办,改名中央造纸厂。中元纸厂现日产纸约0.5吨,产品种类颇多,主要者如牛皮纸、绘图纸、卷烟纸等,尚能替代一部分舶来纸张之用。嘉乐前经本处协助增添纸机2部,第1部已于二十九年七月装竣开工,其第2部装置工程短期内亦将完成,现时日产纸约2吨(100令)。正中纸厂系前兴蜀纸厂,由正中书局接办以供应该局印刷纸张之需,已于本年九月间复工,照常生产。铜梁造纸公司本年十月纸机装置完竣,正式出货,产品有卷烟纸、打字纸、白报纸等项。西南纸厂为筑省唯一机制纸厂,现时日产纸约半吨。云丰纸厂经本处协助积极进行后,本年九月即已完成试车,现日产纸1.5吨(75令),产品为报纸、包皮纸、航空信纸、包纱纸等,对于滇省需用之高等纸张。

其他尚在筹备中机制纸厂,尚有建国、益生等2厂。建国纸厂系本处倡导独立,厂房已建筑完竣,重要机件亦已运达装置中,预计下年四月间可以试车开工。益生纸厂筹建工程早已完成,惟因纸机金属自制,试车后仍待改进,现在设计改善中。湖南纸厂手工部分已于本年十一月开工出品,有贡川纸、薄纸板、卡片纸等,机制部分则尚在建厂进行中。

总计后方民营机制造纸工厂,现时共有9家,分布于川、筑、滇、陕4省内,计内迁厂3家,原有厂2家,新创厂4家,已开工各厂每日平均产量约为11吨,筹建中各厂之每日平均产量约为5.5吨。

(丑)半手工半机器之纸厂　该项工厂原有四川造纸公司、溥泉、昆仑、纪伦等厂,自二十九年下半年起,人工、物料节节上涨后,该项工厂深受影响,同时又受土纸之竞销,维持极感困难。各厂率多将生产工具归并于机制纸厂,除四川造纸公司已于本年上半年将机器设备归并于嘉乐纸厂外,溥泉纸厂本期已改组为杨家沟造纸合作社,昆仑纸厂亦已将打浆机让售与中元纸厂,惟纪伦一家仍照常制造印刷纸及薄纸板,月产报纸约100令,黄纸板1万张。

(寅)手工造纸 内地手工造纸业夙称发达,因其属于农村副业,成本低廉,其产品以书写纸张为大宗。抗战发生后,后方印刷纸张需要激增,舶来纸张来源艰阻,价格昂贵,以故川、湘、赣、浙等省手工造纸近年出品需要增加,颇有长足之进展。如川省夹江、铜梁、梁山、广安4大纸区之产量,据调查,较之战前约增加10倍之多。湘省之来阳及宝庆,赣省之泰和、吉安等地所出之官堆纸,品质细韧,现颇多用作印刷纸张。浙省改良手工造纸,推行颇力,质量均有进展。至具有工厂雏形之手工纸厂,亦颇发达,如川省之汤泉、川东、裕华、泰新、兴华、力得等厂,筑省之亮宾,湘省之湘西、复兴、亚华、洪江、洪攸、永顺、资江、东安等厂,赣省之萍实,滇省之庆胜等纸厂,亦均成立不久,产量颇丰。

(卯)纸浆之供给 川嘉造纸公司前由本处倡导设立,以供应后方各纸厂机械木粕之需,现时厂房、水池均早已完成,惟因机器及器材滞留仰光,内运艰阻,进行颇受影响。现经本处积极协助,大部分机器经已运抵重庆,转运乐山,俟装置后即可试车。

兹将后方各机制纸厂本半年度产品及产量列表如后:

### 后方民营机制纸厂产品产量表

| 厂名 | 厂址 | 产品名称 | 现时每日平均产量(吨) | 附注 |
| --- | --- | --- | --- | --- |
| 龙章造纸厂 | 四川 | 道林纸 书面纸<br>白报纸 特种纸 | 4 | 本年十二月起由财政部接办,改为中央造纸厂 |
| 建国造纸公司 | 四川 | 道林纸 火柴纸<br>白报纸 印刷纸 |  | 现在筹备中,预计三十一年四月试车,日产纸3.5吨 |

续表

| 厂名 | 厂址 | 产品名称 | 现时每日平均产量(吨) | 附注 |
|---|---|---|---|---|
| 嘉乐制纸厂 | 四川 | 本色新闻纸 | 2 | 第2部新机装置即将完竣试车 |
| 正中纸厂 | 四川 | 牛皮纸 印刷纸 书面纸 | 1 | |
| 中元造纸厂 | 四川 | 牛皮纸 绘图纸 道林纸 卷烟纸等 | 0.5 | |
| 铜梁造纸公司 | 四川 | 印刷纸 火柴纸 打字纸 卷烟纸 | 1 | |
| 西南造纸厂 | 贵州 | 新闻纸 火柴纸 | 1 | |
| 云丰造纸厂 | 云南 | 新闻纸 航空薄纸 包纱纸 书面纸 | 1.5 | |
| 益生造纸公司 | 陕西 | 印刷纸 | | 机器已装竣试车,现在设计改进中 |
| 合计 | | | 11 | |

(丙)制革及鞣剂

后方内迁及原有制革工厂,本期内仍旧维持旧有产量,继续生产。本期筹建完成之新制革厂,有雍兴公司之长安制革厂,已于本年十一月底正式开工,每月可制重革600张。本半年内各制革厂之增资改组者,有华胜制革厂,预计三十一年二月即可正式复工,资业制革厂增资改组为成都二明制革厂,已复工生产。

汉中制革厂所制之麂皮,品质续有改进,现时飞机上所用之汽油过滤皮,已可由该厂供给。

自日美战事发生以后,拷胶输入困难,亟需自制替品,极为急迫,以供制革所需。本期内本处协助华中化工厂增加拷胶之生产外,并计划迁厂陕西,以期接近原料之产地。此外中国药产提炼公司亦有少量鞣酸出产。

兹将本半年度各制革厂生产情形列表于后:

### 三十年下半年后方民营制革厂生产概况表

| 省别 | 厂名 | 重革(张)每月产量 | 轻革(张)每月产量 | 备注 |
|---|---|---|---|---|
| 四川 | 汉中制革厂 | 900 | 1,700 | |
| | 求新制皮厂 | 1,700 | 300 | |
| | 华胜昶记制革厂 | 900 | | 正改组中 |
| | 光华制革厂 | 600 | 1,500 | |
| | 大成制革厂 | 80 | 600 | |
| | 华西建设公司成都制革厂 | 200 | 600 | |
| | 成都二明制革厂 | 150 | 1,200 | |
| | 庆鑫制革厂 | 300 | 450 | |
| 陕西 | 西北化学制革厂 | 1,000 | 1,200 | |
| | 东寨制革厂 | 300 | | |
| | 雍兴公司长安制革厂 | 600 | | |
| 甘肃 | 丰记制革厂 | 120 | 350 | |
| | 建华制革厂 | 200 | 150 | |
| | 其他 | 800 | 1,000 | |
| | 共计 | 7,750 | 9,250 | |

（丁）酒精及糖

（子）酒精　本期内新兴之酒精厂开工,计有中兴、利通、利华、雍兴、益门镇、兰州等家,后方民营酒精厂每日生产能力共达20,710加仑,较前期略有增加。惟因原料价涨,糖蜜、酒精等原料供给不足,及流动资金缺少等问题,各厂生产减少,其平均产量只合各厂生产能力1/2,总产量反较上期为低。现时汽油来源日少,国内用植物油提炼之液体燃料产量有限,酒精之需要必多,本处协助各厂改善制造技术及增建发酵设备,以期增加酒精产量。兹将后方民营酒精厂生产情形列表如左：

| 厂名 | 地址 | 每日产量(加仑) | 备考 |
|---|---|---|---|
| 上川实业公司农业化学厂 | 四川 | 1,500 | |
| 宝大动力酒精厂 | 陕西 | 300 | |
| 宝和动力酒精厂 | 陕西 | 100 | |
| 资中力合化学工业社 | 四川 | 250 | |

续表

| 厂名 | 地址 | 每日产量(加仑) | 备考 |
| --- | --- | --- | --- |
| 四川复兴酒精制造有限公司 | 四川 | 1,300 | |
| 泰昌制造厂 | 四川 | 400 | |
| 蜀川酒精厂 | 四川 | 200 | |
| 胜成人造汽油厂 | 四川 | 350 | 由合川迁江津,仅工作一个月 |
| 大成化学工业公司酒精厂 | 四川 | 400 | |
| 复华酒精厂 | 四川 | 300 | |
| 永川酒精厂 | 四川 | 350 | 八月及十二月停工 |
| 大华公司新民酒精厂 | 四川 | 1,500 | 因改装设备,七至十二月全在停工中 |
| 中兴酒精厂 | 四川 | 430 | 十二月一日开工 |
| 西华动力酒精厂 | 陕西 | 300 | 因原料干酒缺乏,停工达4个月之久 |
| 宝济液体燃料厂 | 陕西 | 50 | |
| 建国酒精厂 | 四川 | 200 | |
| 蜀丰实业公司第一酿造厂 | 四川 | 600 | 七月十五至九月十八日因修理机器停工 |
| 广西酒精厂 | 广西 | 120 | |
| 雍兴实业公司兰州制药厂 | 甘肃 | 20 | |
| 永川酒精厂第一分厂 | 四川 | 350 | |
| 新中国人造汽油厂 | 四川 | 500 | |
| 光大酒精厂 | 四川 | 400 | |
| 华中酒精厂 | 四川 | 200 | |
| 达济酒精厂 | 四川 | 100 | |
| 金川酒精厂 | 四川 | 1,000 | |
| 金川酒精厂峨眉分厂 | 四川 | 300 | |
| 中川化学工业社酒精厂 | 四川 | 1,200 | |
| 内江化学工业社酒精厂 | 四川 | 120 | |
| 辅仁酒精厂 | 四川 | 300 | |
| 光轮酒精厂 | 四川 | 600 | |

续表

| 厂名 | 地址 | 每日产量(加仑) | 备考 |
|---|---|---|---|
| 耀华酒精厂 | 四川 | 300 | |
| 中央工业社有限公司酒精厂 | 四川 | 100 | |
| 大华纱厂广元分厂酒精部 | 四川 | 500 | |
| 资中合作社酒精厂 | 四川 | 800 | |
| 陆合酒精厂 | 陕西 | 300 | |
| 新亚酒精厂 | 陕西 | 300 | |
| 雍兴公司蔡家坡酒精厂 | 陕西 | 1,000 | |
| 益门镇酒精厂 | 陕西 | 300 | |
| 大华酒精厂 | 陕西 | 1,000 | |
| 平凉新民酒精厂 | 甘肃 | 50 | |
| 雍兴公司化工厂酒精厂 | 甘肃 | 120 | |
| 国防动力酒精第二、三厂 | 四川 | 1,000<br>1,000 | |
| 以上在工作之酒精厂四十四家,每日生产能力及本期产量计 | | 20,710 | |
| 天厨味精厂酒精部 | 四川 | 1,000 | 尚在筹备中 |
| 建设酒精厂 | 四川 | 200 | 建设完成,未准登记,故未开工 |
| 信恒代汽油厂 | 四川 | 350 | 因添置发酵设备,本期完全停工 |
| 久大酒精厂 | 四川 | 200 | 尚在筹备中,三十一年春季出货 |
| 雍兴公司广元动力酒精厂 | 四川 | 500 | 尚在筹备中 |
| 睿源动力酒精厂 | | 500 | 因添置发酵设备,本期完全停工 |
| 国华动力酒精第二制造厂 | 四川 | 300 | 尚在筹备中 |
| 国华动力酒精第一制造厂 | 四川 | 700 | 尚在筹备中 |
| 宝元企业公司沱江糖业部酒精厂 | 四川 | 1,000 | 尚在筹备中 |
| 全华化学公司酒精部 | 四川 | 300 | |
| 中国胜利酒精厂 | 四川 | 1,000 | 尚在筹备中 |
| 乐山酒精厂 | 四川 | 1,000 | 尚在筹备中 |

续表

| 厂名 | 地址 | 每日产量(加仑) | 备考 |
|---|---|---|---|
| 国防动力酒精厂第一厂 | 四川 | 300 | 尚在筹备中 |
| 国防动力酒精厂第四厂 | 四川铜鑵驿 | 300 | 尚在筹备中 |
| 以上尚在筹备或因故暂告停工之酒精厂十五家,每日生产能力共为 | | 7,650 | 已告停顿而无复工希望者则未列入 |

（丑）糖　后方精糖工业发展较缓,现时只有数家,计已开工者,四川3家,贵州1家,湖南1家;在筹备中者计四川2家。全部开工后,每日生产能力达36.85公吨。兹将各厂情形表列如后：

| 区域 | 厂名 | 每日产量 | 备考 |
|---|---|---|---|
| 四川 | 中国炼糖公司 | 白糖10公吨 | 该厂尚在筹设中,本半年内增加真空锅2部,过滤机2部,离心机6部,并积极筹设酒精厂,利用漏水,预计三十一年开工 |
| | 大华实业公司华农糖厂 | 白糖3公吨 精糖1公吨 | 该厂本半年内增加60H锅炉1部 |
| | 沱江糖业公司 | 白糖4.5公吨 | |
| | 华原糖厂 | 白糖3吨 | |
| | 资中合作社炼糖厂 | 白糖15公吨 | 该厂由资中区300余家糖业合作社组成,本年方开始筹备 |
| 贵州 | 贵州制糖厂 | 白糖0.2公吨 | 该厂七月二十八日方开始试制白糖,现拟添设酒精制造设备 |
| 湖南 | 湘西糖厂 | 白糖0.15公吨 | 该厂本半年因缺乏原料停工 |
| 共计 | | 36.85公吨 | |

（戊）油脂及其有关工业

（子）植物油之榨炼

四川机榨植物油工厂仅有四川榨油厂1家,该厂每日可产菜油6吨,油饼12吨。陕西方面有裕农与仁生东2厂。裕农厂设咸阳,有处理棉籽绒壳及榨油等机,每日可榨棉籽5吨,产棉籽油0.5吨;仁生东设厂三原,每日可产菜籽、黄豆、蓖麻仁等项植物油0.5吨。

中国植物油料厂铁工厂试制卧式小型榨油机1部,每日可榨油0.5吨,正在试车中。惟以钢铁材料缺乏关系,尚须稍加改良,始可大量制造,以期改良土法榨油,供应社会需要。

(丑)植物油之提炼

(一)净炼植物油　桐油为我国出口之大宗。净炼桐油后方以中国植物油料厂为最大,该厂已在重庆、万县、贵阳、沅陵、衡阳等地设厂,代复兴商业公司及各油商等净炼桐油,平均每月净炼桐油约1,000吨。

(二)代汽油、代煤油　战时后方液体燃料甚感缺乏,以植物油加热裂化制成代汽油、代煤油、代柴油等动力用油料,为代替矿质燃料油之用,颇有需要。现有低压高温裂化炉等设备之工厂,已开工者有中国、大明、建成、新源、建国及中国植物油料厂之重庆、贵阳、衡阳3厂,每月可产代汽油、代煤油1.5万余加仑;未开工者有西南化学厂1家,设备经已装妥,正在试车中,每月可产2.4万加仑左右。至于装置高温触煤裂化炉等设备之工厂,已开工者有天元炼油厂暨大华炼油厂之重庆、彭水、云阳、石硅、万县、丰都、广安7厂,每月可产代汽油、代煤油1.5万余加仑;未开工者有中孚、兴中及昌宁3厂,产量共计每月1.7万余加仑,下期内均可开工。

(三)代柴油　代柴油除用触煤或低压裂化制造,如天元及大华7厂已开工,每月可产120余吨外,中孚、兴中、昌宁3家新兴工厂明春可望开工,至时产量当可增至100吨,并有利用菜油稍加热沉淀压滤等制造程序,即可制成代柴油。中国植物油料厂之重庆、贵阳、衡阳3厂,即用该法制造,月产80余吨。此外尚有用热裂松香与菜油混合制成代柴油之工厂,已开工者有大陆、民生、美亚3家,月产50余吨,在筹建中者有裕康及开源2家,明春亦可开工,每月共约产20吨。

(四)其他油料　滑润油、擦枪油、刹车油、锭子油、汽缸油、方棚油、缝纫油、地轴油、红车油等项油料,已有中国机器油厂、中国植物油料厂、一志化工厂、云斋机器油厂、新成炼油厂等家制造,本期内均照常生产。

## 后方民营炼油厂产量一览表

| 业别 | 厂名 | 每月产量 | 备考 |
|---|---|---|---|
| 榨油 | 四川榨油厂 | 180吨 | 菜籽缺乏,产量减少 |
| | 裕农榨油厂 | 15吨 | |
| | 仁生东制油厂 | 15吨 | 缺乏原料 |
| | 共计 | 210吨 | |

| 业别 | 厂名 | 每月产量 | | 备考 |
|---|---|---|---|---|
| | | 代汽油代煤油 | 代柴油 | |
| 炼油 | 中国炼油厂 | 5,000加仑 | | 新办厂,九月开工,因漏锡失火,机器无损,已复工 |
| | 大明炼油厂 | 3,000加仑 | | 改组停工,三十一年一月可望复工 |
| | 建成炼油厂 | 3,500加仑 | | 七、八两月,停工修理 |
| | 新源炼油厂 | 950加仑 | | 新兴工厂,本年十一月开工 |
| | 建国炼油厂 | 900加仑 | | |
| | 西南化学厂 | 24,000加仑 | | 设备完成,三十一年一月可望开工 |
| | 中国植物油料厂重庆厂 | 300加仑 | 40吨 | |
| | 中国植物油料厂贵阳厂 | 400加仑 | 30吨 | |
| | 中国植物油料厂衡阳厂 | 1,000加仑 | 15吨 | |
| | 中国建业公司中孚炼油厂 | 12,000加仑 | 90吨 | 设备装妥,正在试制中,三十一年可望正式开工 |
| | 兴中炼油厂 | 1,500加仑 | 2.5吨 | 本年十一月试车,以原料缺乏,未能大量生产 |
| | 昌宁化学实业社 | 3,600加仑 | 13吨 | 正在建筑中,三十一年春可望开工 |
| | 大华炼油厂重庆厂 | 3,750加仑 | 30吨 | |
| | 大华炼油厂彭水厂 | 1,850加仑 | 15吨 | |
| | 大华炼油厂云阳厂 | 1,850加仑 | 15吨 | |
| | 大华炼油厂石硅厂 | 1,850加仑 | 15吨 | 仍在试制中 |

续表

| 业别 | 厂名 | 每月产量 | | 备考 |
|---|---|---|---|---|
| | | 代汽油代煤油 | 代柴油 | |
| 炼油 | 大华炼油厂万县厂 | 1,850加仑 | 15吨 | |
| | 大华炼油厂丰都厂 | 1,850加仑 | 15吨 | 已在试制中 |
| | 大华炼油厂广安厂 | 900加仑 | 7.5吨 | |
| | 天元炼油厂 | 1,850加仑 | 15吨 | 系由大华炼油厂涪陵厂改组而成 |
| | 大陆化学制造厂 | | 10吨 | |
| | 裕康荣记炼油厂 | | 15吨 | 新兴工厂,年底试车 |
| | 美亚股份有限炼油厂 | | 25吨 | |
| | 民生实业公司炼油厂 | | 20吨 | |
| | 开源液体燃料制造厂 | | 4吨 | 新兴工厂,本年八月开工 |
| | 共计 | 71,900加仑 | 392吨 | |

(寅)松脂之干馏

干馏松脂以提炼松香及松节油之工厂,有开远、振兴、三和及中国植物油料厂南川分厂4家,本期内各厂均照常生产,月产松香1,400余市担与松节油6,900余磅,可供应需要。

| 厂名 | 每月产量 | | 备考 |
|---|---|---|---|
| | 松香 | 松节油 | |
| 中国植物油料厂南川分厂 | 300市担 | 1,500磅 | |
| 振兴松脂厂 | 210市担 | 900磅 | |
| 开远松香厂 | 600市担 | 3,000磅 | |
| 三和工业社股份有限公司 | 300市担 | 1,500磅 | |
| 共计 | 1,410市担 | 6,900磅 | |

(卯)肥皂与甘油

制造肥皂之主要原料为动植物油脂与烧碱,自舶来固体烧碱来源短缺后,天原电化厂所出液体烧碱又因停电影响,产量较少,不足供应需要,影响肥皂生产甚巨。本处除协助天原积极督促增设第2列电槽,期于短时间内完成增产1倍外,并提倡利用纯碱以资代替。本期内制造肥皂各厂,如西南、永新、利民、乐山、达昌、国民、贵州、雍兴、陕西等厂,产量均有增加,共计月产肥皂6万余箱。

甘油之提制,可供国防与民生日用之需,现时用肥皂废液为原料,制造甘油之工厂已有西南、永新两家,每月可产粗质甘油6吨。此外用低压温油脂水解法或酸解法以提取甘油之工厂有长江化学制药厂与中国炼油厂两家。长江已开工出品,每月可产200余磅;中国炼油厂在筹建中,明春可望开工,产量每月1吨。

(辰)蜡烛

后方有艺华、一心、江南、百利、永明、贵州及陕西等化工厂制造洋烛,本期内照常生产,每月可产10万包左右。又西南化学工业厂制有硬脂酸结晶蜡烛,品质较佳。

| 业别 | 厂名 | 每月产量 | 备考 |
| --- | --- | --- | --- |
| 肥皂 | 永新化学工业公司 | 4,500箱 | |
| | 西南化学工业厂 | 5,000箱 | |
| | 利民肥皂厂 | 4,000箱 | |
| | 乐山大华肥皂公司渝厂 | 3,000箱 | 乐山分厂产量尚未列入 |
| | 开利企业公司油脂部 | 1,300箱 | |
| | 皂烛生产合作社 | 1,500箱 | |
| | 龙门浩肥皂工业合作社 | 1,000箱 | |
| | 上海协记大来化学制胰厂 | 1,000箱 | |
| | 上海大新化学制造厂 | 600箱 | |
| | 江南皂烛厂 | 900箱 | |
| | 汉昌肥皂厂渝厂 | 800箱 | |
| | 柏林制皂厂 | 800箱 | |

续表

| 业别 | 厂名 | 每月产量 | 备考 |
|---|---|---|---|
| 肥皂 | 天伦肥皂厂 | 700箱 | |
| | 美德实业公司 | 600箱 | |
| | 民生实业公司炼油厂 | 200箱 | |
| | 永明实业制皂厂 | 300箱 | |
| | 百利肥皂厂 | 900箱 | |
| | 长江肥皂厂 | 500箱 | |
| | 美廉肥皂厂 | 200箱 | |
| | 中国化学工业社 | 300箱 | 在渝设厂初期试制,未达正常产量 |
| | 达昌胰厂 | 600箱 | |
| | 贵州化学工业厂 | 1,000箱 | |
| | 国民肥皂厂 | 500箱 | |
| | 雍兴实业公司兰州制药厂 | 300箱 | |
| | 陕西省企业公司化学工业厂 | 1,500箱 | |
| | 其他 | 28,000箱 | |
| | 共计 | 60,000箱 | |
| 甘油 | 西南化学工业厂 | 4吨 | |
| | 永新化学工业公司 | 2吨 | |
| | 中国炼油厂 | 1吨 | 正在安装中,三十一年二、三月可望开工 |
| | 长江化学制药厂 | 0.1吨 | |
| | 共计 | 7.1吨 | |
| 蜡烛 | 贵州化学工业厂 | 5,000包 | |
| | 江南皂烛厂 | 6,000包 | |
| | 一心实业社 | 7,000包 | |
| | 艺华家庭工业社 | 25,000包 | |
| | 西南化学工业厂 | 30,000包 | |
| | 永明实业制皂厂 | 7,000包 | |
| | 百利工厂 | 7,000包 | |
| | 陕西省企业公司化学工业厂 | 5,000包 | |
| | 龙门浩肥皂工业合作社 | 5,000包 | |
| | 共计 | 97,000包 | |

(巳)油漆

本期内新兴油漆工厂有兴华1家,已于九月间开工,原有建华、光华、竟成、志成、贵州等厂产量均有增加。兹将各厂本半年来油漆产量列表于后:

| 厂名 | 三十年下半年度总产量 | | | | | 备考 |
|---|---|---|---|---|---|---|
| | 厚漆 | 调和漆 | 磁漆 | 鱼油 | 凡立水 | |
| 建华制漆厂 | 36,000磅 | 2,500加仑 | 9,400加仑 | 2,100加仑 | 1,500加仑 | |
| 光华油漆制造厂 | 40,000磅 | 800加仑 | 600加仑 | 6,000加仑 | 900加仑 | |
| 贵州油脂工业厂 | | 1,800加仑 | 300加仑 | | 300加仑 | |
| 竟成化学厂 | 9,000磅 | | 3,700加仑 | 2,500加仑 | | |
| 光华油漆厂 | 6,600磅 | 400加仑 | 500加仑 | 200加仑 | 100加仑 | 新兴工厂,本年九月开工 |
| 志龙化学厂 | | 300加仑 | 100加仑 | 250加仑 | | |
| 共计 | 91,600磅 | 5,800加仑 | 14,600加仑 | 11,050加仑 | 2,800加仑 | |

(己)水泥工业

本半年来后方已开工之水泥厂,除四川、华中、昆明3家外,新开工者有贵阳水泥厂,本期内共产水泥78,240桶,产量较上期略低。以华中水泥厂于上期被炸后,至七月二十二日始局部复工,至九月以后始恢复以前之生产能力,但以销路不畅,未尽量生产。四川水泥厂除受空袭影响外,复以电力不足,未能达到预期产量,而重庆电力厂疏建郊外设厂之第二厂于明春完成发电后,产量当可增加。昆明水泥厂为新创工厂,采用竖窑烧制水泥,早已试车开工,近复改建竖窑,并由本处将以前订制之磨机1套让与该厂,俾其扩充生产。贵阳水泥厂在本期内已筹建完成,正式开工,本月竖窑烧制水泥。此外陕西白水之建华洋灰厂纯用土法试制,亦已成功,每月可产水泥160桶。

在筹备中之水泥厂,本期内尚未完成者有广西、江西、嘉华等厂。广西仕敏土厂筹备已久,目前厂房岩洞业已完成,机器已全部运抵厂房,一俟建筑完成,即可装置开工。江西水泥厂机器已运吉安本厂修配,预计在明年夏季开工,本期内该厂附设之砖瓦火砖部已完成出货,除供自用外,并售供当地需要。嘉华水泥厂机器在渝制造,可于明年春季完成运往川西,刻正赶建厂房中。

至建成水灰厂制造水硬石灰以供普通建筑之需,本期内仍继续生产。

兹将后方水泥工业生产情形列表如左:

| 省别 | 厂名 | 每日最大产量(桶) | 备　　考 |
|---|---|---|---|
| 四川 | 四川 | 900 | 因受空袭及电力不足影响,是以产量减少 |
| 湖南 | 华中 | 600 | 因被炸停工及销路不畅,故未大量生产 |
| 云南 | 昆明 | 100 | 试车期长,故产量未能如预期之期,十二月产量估为1,000桶 |
| 贵州 | 贵阳 | 50 | 尚在试车期间 |
| 陕西 | 建华 | 5 | 尚在试销期间 |
| 四川 | 建成水灰厂 | 30 | 尚在试销期间 |
| 广西 | 广西 | 300 | 尚在筹备之中 |
| 江西 | 江西 | 100 | 尚在筹备之中 |
| 四川 | 嘉华 | 50 | 尚在筹备之中 |
| 四川 | 广元 | 50 | 尚在初步筹议中 |
| 云南 | 云南 | 50 | 尚在初步筹议中 |
| 合　　计 | | 2,235 | |

(庚)窑业

(子)陶磁

目前工业上需用之陶磁制品,有化学陶器及电磁2项。

化学陶器可分为耐酸、耐碱与耐高温3种。后方制造化学陶器工厂,以天盛陶器厂之生产能力为最大,每月可出成品20吨,供给工业、医疗、电讯、电力各方之用。此外中国兴业公司炼钢厂火砖部,亦可承制少量之化学陶磁。

电磁供电讯与电力两项用途。低压电磁后方民营工厂能制造者较多,除天盛陶器厂外,光大瓷业公司之曲靖分厂及泸县分厂、永安电磁厂、建新实业公司瓷器厂、永盛瓷厂、民生瓷业工厂及广西陶瓷厂等,制品以电瓶碍子及瓷夹板等为最多。高压电磁已由本处协助天盛及永安两厂试制,均已有出品。

(丑)耐火材料

民营耐火材料工厂后方共有10余家,以重庆之中国兴业公司钢铁部火砖厂、大鑫火砖厂、宜宾之德生窑业厂、湖南之中国窑业公司出品较多,供给锅炉、反射炉、炼钢炉、炼铁炉所需之火砖、火泥为主要出品,特种耐火砖如矽

□□素砖之制造，中国兴业公司钢铁部火砖厂及天盛陶器厂均已开始出品，成绩尚佳。兹将各耐火材料厂本期内生产情形列表如左：

| 厂　　名 | 地址 | 每月火砖产量(块) | 备考 |
|---|---|---|---|
| 大鑫 | 江北黄垭树 | 30,000 | |
| 德生 | 宜宾白沙湾 | 25,000 | |
| 光大瓷厂泸县分厂 | 泸县四渡溪 | 10,000 | |
| 建新瓷厂 | 陕西同官 | 40,000 | |
| 中国窑业公司 | 湖南零陵 | 40,000 | |
| 永盛瓷厂 | 威远西门外 | 10,000 | |
| 天盛陶器厂 | 江北猫儿石 | 无定 | |
| 威远火砖厂 | 威远新场 | 10,000 | |
| 中国兴业公司火砖部 | 江北香国寺 | 20,000 | |
| 贵州陶磁厂 | 贵州黔陶镇 | 3,500 | |
| 其他 | | 10,000 | |
| 合计 | | 198,500 | |

(寅)玻琍[璃]

制造化学仪器、医药用仪器、安瓿等玻璃器皿之工厂，有瑞华、义大、宝华、贵州、光大诸厂，以瑞华为较具规模。该厂于本年八月十二日被炸，损失颇大，经本处督促协助，至十一月一日已告复工，日制各种玻璃器皿9,000余件。建华电器厂玻璃部自制电灯泡，月产4万余只。

土法制造玻璃之手工业，后方为数颇多，四川境内集中江北之吊耳崖、犍为之张沟，以及威远、成都、重庆诸地，出品有粗制窗玻璃、药瓶、口杯、玻瓷等项。

(卯)搪瓷

后方搪瓷厂现时仅有4家，即重庆之振西、华丰、和记与衡阳之新华是也。振西厂每月可产汽车号牌1万块，医疗器皿1.5万件，口杯1.8万只。华丰每月能产口杯5,000只，痰盂200套，门牌1万块，但因原料薄铁皮仍须由外输入，是以产品数量颇受限制。

(辛)火柴及其原料工业

(子)火柴

后方制造火柴工厂共有74家,每年产量约在10万大箱左右,内中安全火柴仅占2/10,其余为硫化磷及黄磷火柴。销量方面,滇、黔、陕、赣约可自给自足;四川年销可3万箱,输出者约2万箱;甘、宁、青三省产量不敷需要,战前每年须由平津输入2,000余箱,抗战发生后,一部分由陕西各厂供给。

(丑)火柴原料

制造火柴之主要原料为磷、氯酸钾、硫磺与牛胶四种,后方所产硫磺与土法制造牛胶产量尚丰,供给不生问题。惟磷与氯酸钾两种火柴原料均极缺乏,前由本处协助筹设之中国火柴原料厂已于本年十一月二十五日开工试车,赤磷产量可增至每日百磅,足供后方火柴厂需用之半数,氯酸钾可增至每日0.5吨,足供后方用量1/3,供求自可平衡。此外同谊药厂由牛骨提制磷质及磷酸,已有少量出品。

兹将本半年来后方火柴厂生产情形列表如后:

| 省别 | 厂数 | 每年产量(箱:每箱7,200匣) | 备考 |
| --- | --- | --- | --- |
| 四川 | 37 | 50,000 | |
| 西康 | 1 | 1,600 | |
| 贵州 | 9 | 5,000 | |
| 湖南 | 2 | 1,800 | |
| 江西 | 3 | 10,000 | |
| 福建 | 1 | | |
| 陕西 | 5 | 3,200 | |
| 甘肃 | 4 | 2,660 | |
| 青海 | 1 | | |
| 广东 | 4 | | |
| 安徽 | 3 | | |
| 云南 | 4 | 14,000 | |
| 合计 | 74 | 87,860 | |

(壬)颜料及染料(煤膏业 附)

(子)颜料

前经本处协助中国植物油料厂筹设颜料制造厂于上期内已将重庆之颜料研究室移并衡阳厂内,设立颜料部,嗣于本期内加招商股,改组为国泰实业公司颜料油漆厂,已于八月间出产红丹、黄丹、它僧等颜料,后复增加机械设备,制炼锌白,亦于十一月间完成出货。现时对于普蓝、群青等蓝色颜料已研究成功,计划在下期内正式制造,并开始制造油漆。此外建华制漆厂及贵州油脂工厂仍继续制造红丹、烟黑等项颜料。

(丑)染料

庆华颜料厂自本年三月局部开工后,现时已正式出货,月出硫化元青150担。本期内新创工厂有中国化工企业公司第二厂,该厂采用国产原料制造硫化染料,已有小量出品,预计三十一年三月即可大量制造,供应市需。

(寅)煤膏工业

民营煤膏工厂刻仅有广孚公司及光华化学工业社2家。广孚原拟设厂达县,嗣因该地煤质不适于用,叠经调查研究,近乃决定设厂南川,现时积极进行建厂工作。光华设于云南平彝,用改良土法提炼煤膏副产品,近已有少量出品。

(癸)其他

(子)电石及炼气

制造电石之民营工厂,现时已有渝光、利工、中国三家。渝光电熔厂自上期开工后,现时生产已入常轨,本期共制成电石30吨。昆明之利工电石厂,仍照旧有规模生产。中国工业煤气公司之长寿电石厂,经本处积极促助,已于本期内正式开工,月产电石30吨。又该公司之泸县炼气厂,仍照常制造高压氧气,供应兵工机关及民营工厂电焊之需。

(丑)车胎翻制

中南橡胶厂设厂重庆、昆明、广元、贵阳等处,翻制车胎尚可适合现时需要。兹将该厂各地分厂工作情形列表于后:

| 厂名 | 地点 | 每月翻制数 | 本期内翻制总数 | 备考 |
| --- | --- | --- | --- | --- |
| 中南橡胶厂 | 重庆 | 1,000 | 5,000 | |
| 中南橡胶厂 | 昆明 | 400 | 2,200 | |

续表

| 厂名 | 地点 | 每月翻制数 | 本期内翻制总数 | 备考 |
|---|---|---|---|---|
| 中南橡胶厂 | 贵阳 | 400 | 2,000 | |
| 中南橡胶厂 | 广元 | 200 | 1,000 | |
| 共计 | | 2,000 | 10,200 | |

(寅)医药用品及卫生用品

各项医药本期内仍由光华、中法、金灵、华西、民康等厂继续制造,出品有各种注射药、酊剂、药棉、纱布等项。本期筹建之药厂有上海新亚药厂华西分厂及大明化学制药厂两家。新亚于本年九月开始筹备,已择定北温泉为厂址,预计三月后可以开工。大明购用合川酒精厂厂房,亦正积极进行中。至卫生用品之制造,有中国化学工业社、家庭工业社、永新化学公司等家,出品有牙粉、药皂等项。

(5)纺织工业

(甲)棉纺织

(子)纱厂

(一)四川　四川省内民营纺纱厂有重庆之豫丰、裕华、申新、沙市四厂,合川之豫丰支厂、广元之大华分厂等家。豫丰纱厂重庆、合川两厂,本年内两遭敌机轰炸,合川支厂损失甚重,但均早经整理复工。现时渝厂共开2.5万锭,合川厂共开1.5万锭,日产十支、十六支及二十支棉纱共约75件。裕华纱厂现已开足2.3万锭,每日出纱约59件,并租用震寰纱厂内迁纱锭1万枚,曾在八月间被炸,稍有损毁,现已修复装竣,一俟动力有着,即可开工生产。申新纱厂分南岸猫背沱与陶家石坝两厂,各开纱锭5,000枚,日可产纱约22件。沙市纱厂自将纱锭6,400枚由奉节运至李家沱建厂后,本年五月间已开3,000锭,现时已将全部纱锭开齐、日产棉纱约18件,并计划续运纱机来渝。至大华纱厂广元分厂,现时厂房建筑完成,已开工者5,000锭。

(二)陕西　陕西境内纱厂计有咸阳、申新、大华、蔡家坡等家。咸阳工厂系前中国打包公司咸阳厂与湖北官纱布局内迁纱锭合组而成,现时开工纱锭5,000枚。申新纱厂宝鸡分厂山洞工程及发电设备已大致竣工,该厂防空洞工场面积有4万平方尺,可容纱锭1.2万枚,现时开工纱锭共计8,000余枚。

大华纱厂西安厂已开纱锭共2万枚。雍兴公司蔡家坡纱厂利用前济南成通纱厂内迁之纱机5,000枚建厂,现时厂房已建造完成,纱机亦装竣,惟因动力不足,现仅开1,200锭。其他尚有裕泰纱厂,在战前向外国购妥纱机6,000余锭,现正由本处协助内运中。

其他各省民营纺纱厂尚有裕滇及广西两家。裕滇纱厂本期内陆续将纱机运抵昆明安装,去年年底仅开5,000锭,现已增开至1.67万余锭。广西纺织机械工厂以前仅开出纱锭1,300枚,本期内自行配造纺机,已开足1,800锭,连同该厂自造印度式小型纺机500锭,共有锭数2,300枚。

兹将各厂现时开工锭数与去年底开工锭数列表比较如后:

| 厂名 | 设厂地址 | 二十九年底开工锭数 | 三十年底开工锭数 | 比较增开锭数 |
| --- | --- | --- | --- | --- |
| 裕华纱厂 | 重庆 | 23,000 | 23,000 | / |
| 申新纱厂 | 重庆 | 8,000 | 10,000 | 2,000 |
| 沙市纱厂 | 重庆 | / | 6,400 | 6,400 |
| 豫丰纱厂 | 重庆 | 25,600 | 25,000 | 减600 |
| 豫丰纱厂 | 合川 | / | 15,000 | 15,000 |
| 申新纱厂 | 宝鸡 | 6,000 | 8,000 | 2,000 |
| 大华纱厂 | 西安 | 13,000 | 20,000 | 7,000 |
| 大华纱厂 | 广元 | 1,200 | 5,000 | 3,800 |
| 咸阳工厂 | 咸阳 | 5,000 | 5,000 | / |
| 广西纺织机械工厂 | 桂林 | 1,300 | 2,300 | 1,000 |
| 裕滇纱厂 | 昆明 | 3,300 | 16,700 | 13,400 |
| 雍兴公司纱厂 | 蔡家坡 | / | 1,200 | 1,200 |
| *云南纺织厂 | 昆明 | 5,200 | 5,000 | 减200 |
| *湖南纱厂 | 安江 | 5,000 | 10,000 | 5,000 |
| *浙江纱厂 | 浙江 | / | 5,000 | 5,000 |
| *军政部纺织厂 | 重庆 | / | 10,000 | 10,000 |
| 总计 | | 96,600 | 167,600 | 71,000 |

*系公营工厂。

(丑)小型纺纱厂

印度哥施式小型纺纱机设厂现已开工者,有维昌、振济、理治、大成、新民等厂。维昌有印度式小型纺机4套,已全数装妥开工。理治纺织染厂有小型纺机1套。新民纺织公司有小型纺机2套,本年十月六日完成开工。其他振济、大成两厂,本期内惟照常生产。此外,在筹备之小型纺纱厂,有合川、新渝、仁昌及万利等厂,计共有小型纺机7套,连共现已开工5家之纺机,总计15套,每套有纱锭168枚,将来全数开工,共有纺锭2,520枚。

(寅)各式纺纱机之制造与推进

(一)印度式小型纺纱机之仿制　哥施式纺纱机现由顺昌、广西等厂仿造,维昌、广西等厂之小型纺纱机器,即由上述各厂制成。

(二)大型纺纱机之制造　本处鉴于后方纱布之供不应求,已倡导由国内制造大型纺纱机器,以供新厂创设及旧厂扩充之用。现除经纬纺织机制造公司已正式成立,并指定恒顺、顺昌绘图设计协助进行制造外,其他公益及广西两厂亦正着手制造大型纺机。

(三)业精式纺纱机之推广　该项纺纱机经本处推广后,现时陕、甘、川各省纱厂多有采用,本处遂宁纱厂亦系采用该项纺纱机,现已正式开工。

(四)新农式纺纱机　振济第十六工厂及万利精棉织布厂均向上海新友铁工厂订购新农式纺纱机1套,现经运抵仰光。至新友铁工厂来渝设厂制造新农式纺机计划,现时已并由经纬纺织机制造公司负责进行。

(卯)织染

织布方面,以各内迁纱厂之动力织机多未装置开工,现时用人工之铁木机织布者颇多,尚能供应需要。

机器漂染方面,本半年内重庆和兴、东兴、渝德、裕华、大明、益华、楚兴、振大、利泰及东华等厂仍照旧有规模生产。兹将各厂每月染布能量列表于后:

| 厂名 | 厂址 | 每月染布能量 | 备考 |
| --- | --- | --- | --- |
| 重庆染整厂 | 重庆 | 染细布16,000匹 | |
| 和兴染整厂 | 重庆 | 染军布14,000匹 | |
| 东兴机器染厂 | 重庆 | 染军布12,000匹 | |
| 渝德染厂 | 重庆 | 染细布12,000匹 | |

续表

| 厂名 | 厂址 | 每月染布能量 | 备考 |
|---|---|---|---|
| 裕华染织布厂 | 重庆 | 染细布6,000匹 | |
| 大明染织厂 | 北碚 | 染细布15,000匹 | |
| 益华染织公司 | 成都 | 染细布3,000匹 | |
| 楚兴染织公司 | 沅陵 | 染军布12,000匹 | |
| 振大机器染厂 | 沅陵 | 染军布12,000匹 | |
| 利泰工艺社漂染厂 | 西安 | 染军布12,000匹 | |
| 东华染整公司 | 西安 | 染细布16,000匹 | |
| 共计 | | 130,000匹 | |

(乙)丝业

内迁后方之丝织业仅有美亚织绸厂1家,该厂有电力织绸机60台,本年九月间曾被炸1次,损失颇巨,现已全部复工。贵州丝织厂系新兴工厂,该厂现有缫丝车80台,织绸车12台,月可织绸250匹。其他织绸工厂尚有天孙电机织绸厂,每月织绸200匹,普益、经纬公司仍照常织伞绸。

(丙)毛纺织

(一)中国毛纺织厂　该厂厂房已建造完成,惟因机器以运输阻延,须至明年春季始可全部运到安装。现该厂为利用厂房与人力起见,已装妥小型纺纱机2套,预备开工。

(二)民治纺织厂　该厂由福民实业公司与理治纺织染公司合资组成,纺毛机器系利用前大新实业公司所购设备,现时经已内运,正积极筹备中。

(三)川康毛纺织厂　该厂设五通桥,备有梳毛机2套,环锭纺毛机2部,共计312锭,织呢机14台,已局部开工。

此外,光大、西京、西北等毛织厂织造毛呢、毛毯,已有出品。

(丁)麻纺织

(一)西南麻织厂　该厂现有织机48台,染整机1套,每月可产棉麻交织布约20万码。

(二)湖北麻织厂　该厂经本处协助内迁,在万县建厂开工,织造麻袋、麻布。

(6)饮食品工业

(甲)面粉

后方面粉厂已开工者计四川8家,陕西7家,贵州1家,广西1家,湖南2家,云南1家,甘肃1家,共21家。其中在本期内新开工者计有福新宝鸡分厂及甘肃雍兴面粉厂共2家,共计每日能产面粉19,650袋。尚在筹备中者计有允利万县分厂、天城、中国粮食公司重庆厂、建成分厂、复兴三厂、福新宝鸡厂分厂、广西三厂、甘肃雍兴分厂、宁夏新厂等共9家。兹将各厂半年内产量列表如后:

| 省别 | 厂名 | 每日产量(包) | 备考 |
| --- | --- | --- | --- |
| 四川 | 福新面粉厂重庆厂 | 400 | |
| | 复兴面粉厂一、二厂 | 1,800 | 该厂现收购合川面粉厂机器,拟在南充或广安筹设第三厂 |
| | 福民面粉厂 | 800 | 该厂因原料及电力缺乏,故生产情形不能按其能力出货 |
| | 岁丰面粉厂 | 300 | 该厂因原料缺乏,十一月十二日起停工 |
| | 建成面粉厂 | 400 | 该厂于本年七月一日开工,近因蓉市面粉供不应求,该厂正积极筹设分厂 |
| | 兆丰面粉厂 | 400 | |
| | 允利实业公司万县面粉厂 | 100 | 该厂原利用水力为原动,枯水期间以致停工,故产量不足,现正添置木炭引擎,预计三十一年元月份可试车 |
| | 允利实业公司白沙面粉厂 | 200 | |
| | 中国粮食工业公司 | 1,200 | 该厂现收买合川面粉厂地基与厂房,预备将运渝机器先行装置装配开工 |
| | 天城面粉厂 | 500 | 该厂机器设备早经安装就绪,俟钢漆运到即可开工 |
| | 合川面粉厂 | 400 | 该厂因种种关系业经停办,地基与厂房全部售与中粮公司,机器部分价让与复兴面粉厂 |
| 陕西 | 成丰面粉厂 | 5,000 | |
| | 华峰面粉厂 | 3,400 | |
| | 福新面粉厂宝鸡分厂 | 2,000 | 该厂于本年十月开工,现开钢磨8部,尚有4部拟另筹设分厂 |
| | 大新面粉厂 | 1,200 | |
| | 和合面粉厂 | 500 | |
| | 三泰面粉厂 | 400 | 该厂因赔亏甚大,预备于三十一年元月份起拆迁西安,与和合合并 |
| | 象丰面粉厂 | 400 | 本半年内增加25千瓦煤气引擎1座 |

续表

| 省别 | 厂名 | 每日产量(包) | 备考 |
|---|---|---|---|
| 贵州 | 大兴面粉厂 | 500 | 该厂本半年因机件损坏,曾停工二三月之久,故出品减少,现资本已由50万元增至100万元 |
| 广西 | 广西面粉厂 | 500 | 本半年内增加18″钢磨2部,资本扩充至90万元,其南宁分厂预计三十一年春可开车出货柳州分厂亦将筹备 |
| 湖南 | 新新面粉厂 | 150 | 该厂因原料不足停工,而减少生产 |
| | 蓝田面粉厂 | 200 | |
| 云南 | 嘉农面粉厂 | 500 | |
| 甘肃 | 雍兴面粉厂 | 500 | 该厂于本年十一月正式开工,现尚有钢磨4部拟另设分厂,惟地点未固定,正寻觅中 |
| 宁夏 | | | 拟筹设一机制面粉厂,机器正在西安定制中 |
| 共计 | | 21,750 | |

(乙)罐头工业

后方罐头食物制造厂仅冠生园1家,该厂生产能力每月可达1,000罐,本半年内计产各种食品罐头6,000余罐,及其他罐头5,600只。此外内迁罐头工厂尚有康元制罐厂1家,机器业已装置完竣,现时致力于电石灯之生产,本半年内制成电石灯5,000只。

(丙)卷烟业后方卷烟制造厂共有9家,计四川3家,陕西2家,贵州、广西、甘肃、江西各1家,共计每日最高产量可制卷烟116箱,惟以电力不足及轰炸关系,本半年内每日平均产量仅系半数。

制造卷烟之烟叶多半来自许昌,现时已有一部分改用川省郫县之改良烟叶。关于卷烟纸之供给,以前多仰赖舶来,现时中元、铜梁等造纸厂已试制成功,并由各厂采用,渐能自给。

兹将本半年度各卷烟厂之生产情形列表于后:

| 区域 | 厂名 | 每日最大产量(箱) | 半年实产量(箱) | 备考 |
|---|---|---|---|---|
| 四川 | 南洋烟草公司 | 25 | 2,000 | |
| | 蜀益烟草公司 | 20 | 566 | 该厂因电力关系,实开卷烟机2部,故产量减少,并于十月份增添卷烟机3部 |
| | 大通烟草公司 | 1 | 30 | |
| 贵州 | 贵州烟草公司 | 7 | 290 | |
| 广西 | 广西烟草公司 | 18 | 540 | |
| 陕西 | 秦丰烟草公司 | 30 | 1,559 | 本半年内增加印刷机1部,拟自印商标 |
| | 华兴烟草公司 | 10 | | 该厂于本年五月由洛阳内迁,经时四月始达宝鸡,正计划建厂复工中 |
| 甘肃 | 中国华陇烟草公司 | 5 | 524 | |
| 江西 | 华松烟草公司 | 3 | 90 | |
| 共计 | | 119 | 5,599 | |

(7)教育用品工业

(甲)铅笔　铅字

铅笔制造后方仅中国铅笔厂1家,该厂分设南温泉及重庆两地工作。南温泉厂有制杆、成品两部,主要设备已全部迁入防空洞工作,制心与制板两部仍设重庆原厂工作。本年七月二十日,制心部因失火被毁,复以渝市电力不足,影响生产,现时已添置煤气引擎2部,发电机2部,电动机3座,分装两厂自行发电。该厂并已采用湖南笔铅以作铅心,其余各种溶剂亦能制造自给。本半年内出产各种铅笔13,270箩,供给后方各地需要。

后方各大印刷厂均设有铸字设备、自制铅字,供给应用。专门经营铸字业者之工厂仅有内迁之华丰1家,该厂每月出产各种铅字材料1万磅。

(乙)墨水　油墨

墨水制造,本半年内计惠民墨水厂平均每月可产500打,本期内共产红、蓝墨水2,074打;中央文具公司半年内共产各种墨水5,500打,其他尚有打印台、打印油、打印水胶水、墨汁等出品；勤余化学工业社每月能产墨水10,000瓶，其他知行化学工业社、天工化学工业社等半年内各产墨水五六千打。

油墨制造厂，本半年内计大业油墨厂产油印墨5,400打，书报墨2,000磅；勤余化学工业社共产铅印油墨1,000磅，誊写油墨2,000听；竟成化学工业社半年内共产油墨25,660磅，中国建业油墨厂本半年内因被炸停工两月，半年内共产誊写墨5,000磅，书报墨17,000磅；三星油墨厂共产书报墨18,000磅，誊写墨2,000磅，新兴者之油墨厂本期内有陕西企业公司1家，本半年内共产油墨3,600磅。

(8)电力事业

(甲)协助民营电力事业

(子)重庆电力公司　该公司鹰公岩防空洞电厂尚未完成，本期内仍以总分厂原有电机供应渝市电力，前曾向龙章造纸厂趸购电流供给猫儿石工业区一部分用电，本年十一月龙章纸厂改组为中央造纸厂后，经本处督促重庆电力公司与该厂签订新约，继续趸购电流。又该公司鹰公岩山洞开凿工程已完成，机件安装亦已完成4/10，预计于三十一年三月间可完成发电。

(丑)成都启明电气公司　该公司疏建蓉郊分厂经已完成，于本年九月试车完竣，将来可供给郊外工厂用电。

(乙)协助自用电厂

(子)申新纱厂宝鸡分厂　该厂内迁之3,000千瓦发电设备自于上期正式发电后，除自用外，尚以余电供给宝鸡市区及其他工厂用电。

(丑)豫丰纱厂合川分厂　该厂自去年八月拆迁渝厂之500千瓦发电设备至合川分厂安装后，已于本年三月完成发电，惟于本年八月遭敌机狂炸，颇有损坏，嗣经本处协助督促修理，已于十月十五日恢复发电。

(寅)裕华纱厂　该厂之1,000千瓦发电设备经于二十九年十月装竣发电，并于本年三月添装锅炉2座，现仍继续发电。

(卯)中央造纸厂　该厂之1,000千瓦发电设备因凉水池容量不够，只可发800千瓦左右，经协助该厂将此凉水池加以扩充。此项工程现在进行中，约于明年二月可以完成。

此外李家沱工业区供电问题,前经本处督促及协助重庆电力公司敷设线路,并已于本年五月十二日完成供应。为减轻该公司负荷起见,本处正计划将萍乡煤矿1,600千瓦发电设备之透平发电机内运,另配以适当之锅炉,于此工业区内设立发电厂。

(9)矿业

本半年内本处继续协助民营各煤矿设法增产,现时筹备将具端倪,而规模较大者有建川、华安等厂。中国矿业公司改称建川矿业公司,自钻探工作告一段落后,即积极开采,目前日产60余吨,自老鹰岩至矿厂运道亦已建竣,即将正式通车,迁建区一带民用燃料大部分由该矿供给。华安矿业公司设煤矿于广安广顺乡,钻采及开拓工作业已告一段落,惟以运路之修筑迭因材料缺乏及当地民田收购困难,未能如期完成。湖南湘潭之湘江煤矿经本处贷款协助督促复工以还,积极兴修,业于十月间正式复工,目前日产50吨左右。

本期内由本处协助扩充增产各矿,有天府、江合等家。天府煤矿为后方规模最大,设备较全之煤矿,目前日产煤炭500吨,洗煤、炼煤设备亦将完成,渝、合各地工业上及输运所用煤焦率多取给于是。江合煤矿公司之龙王洞与石牛沟两矿厂迄狮子口码头之铁路,经积极兴建,业已完成15公里,其余7公里之路基亦已建竣。因钢轨缺乏,已改向二十四兵工厂订制铁皮,预备改建木轨,上敷铁皮,定于三十一年三月一日正式全路通车。届时产量随运量而增加,运费亦可减少2/3,渝市兵工厂及其他重要工厂炼钢暨翻砂所需优级焦煤,可以不患缺乏矣。除本处协助前叙各矿增加产量外,本期内本部燃料管理处对于整个煤业之管制与促进生产,亦在积极督导,兹不赘及。

其他矿业如金、钨、锑、锡、汞、磺等均已另有专管机关经营开发,兹不列述。

[经济部档案]

## 15. 恽震附送卅年度及卅一年度中央电工器材厂与后方民营工厂电工器材产量比较等文函(1943年7月5日)

径启者:顷见华生电器厂经理王佐才先生向全国生产会议所提电器制造

报告书内列：

甲、三十一年份生产量

一、发电机容量总额5,000kVA，华生厂占70%。

二、电动机容量总额24,500kW，华成厂占95%。

三、变压器容量总额4,800kVA，华生厂占92%。

乙、三十二年份估计生产量

一、发电机容量总额5,600kVA，华生厂出品占85%。

二、电动机容量总额13,500kW，华成厂出品占85%。

三、变压器容量总额2,800kVA，华生厂出品占95%。

上项产量不知是否包括国营厂产量在内，兹函奉卅年度及卅一年度中央电工器材厂与后方民营工厂电工器材产量比较表一纸，中央电工器材厂三十二年度生产数量及生产价值预计表一纸，即请查收参考校核见复为荷。此致

工矿调整处

附表二纸

资源委员会中央电工器材厂总经理恽震　启

卅二年七月五日

## 卅年度及卅一年度中央电工器材厂与后方民营工厂电工器材产量比较表

| 产品名称 | 单位 | 三十年度民营工厂产量 | | 三十年度本厂产量 | 产量之和 | 本厂所占百分数 | 三十一年度民营工厂产量 | | 三十一年度本厂产量 | 产量之和 | 本厂所占百分数 | 备注 |
|---|---|---|---|---|---|---|---|---|---|---|---|---|
| | | 主要厂名 | 产量 | | | | 主要厂名 | 产量 | | | | |
| 发电机 | kVA | 华生、大华、华成 | 2,390（75部） | 1,519 | 3,909 | 38.9 | 华生、大华、华成 | 3,000（72部） | 2,079 | 5,079 | 40.9 | |
| 电动发电机 | 部 | 中华 | 46 | — | 46 | | | | | | | |
| 电动机 | HP | 华成、大华 | 17,999（784部） | 3,612 | 21,611 | 16.7 | 大华、华成 | 2,800（500部） | 7,059 | 8,959 | 71.6 | 三十一年度总产量较三十年度总产量大减 |

续表

| 产品名称 | 单位 | 三十年度民营工厂产量 主要厂名 | 三十年度民营工厂产量 产量 | 三十年度本厂产量 | 产量之和 | 本厂所占百分数 | 三十一年度民营工厂产量 主要厂名 | 三十一年度民营工厂产量 产量 | 三十一年度本厂产量 | 产量之和 | 本厂所占百分数 | 备注 |
|---|---|---|---|---|---|---|---|---|---|---|---|---|
| 手摇发电机 | 部 | 华生、中华、中国、兴业 | 558 | 92 | 650 | 14.1 | 中华、大陆 | 184 | 335 | 519 | 64.5 | 三十一年度中央无线电器材厂产约400部 |
| 电话总机 | 门 | 电声、义华 | 32部,最高门数为960 | 1,110 | 2,070 | 53.6 | 电声、义华 | 30部,最高门数为900 | 6,305 | 7,205 | 87.5 | |
| 电力变压器 | kVA | 华生、中建、华美 | 86部估6,000kVA | 6,978 | 约12,978 | 约53.8 | 华生、中建、大华 | 5,200(70部) | 11,035 | 16,235 | 67.9 | |
| 电表 | 只 | 华生、华成 | 245 | | | | 华生 | 321 | 299 | 620 | 48.2 | |
| 裸铜线 | 吨 | 建川 | 60.5 | 474 | 534.5 | 88.7 | 建川 | 40 | 260 | 300 | 86.8 | |
| 灯泡 | 只 | 建华 | 397,000 | 231,384 | 628,384 | 36.8 | 建华 | 310,000 | 636,042 | 946,042 | 67.2 | |
| 蓄电池 | 只 | 兴华、日新、中国机械 | 508 | 564 | 1,072 | 52.6 | 日新、大陆、中国机械 | 1,200 | 842 | 2,042 | 41.3 | |
| 单节电池 | 打 | 益丰、神明、兴华、西北 | 167,405 | 52,421 | 219,826 | 37.3 | 益丰、神明、兴华、光华 | 56,000 | 21,160 | 77,160 | 27.4 | 三十一年度总产量较三十年度总产量大减 |
| A电池 | 只 | 益丰、神明、兴华、西北 | 2,652 | 153,075 | 155,727 | 98.2 | 益丰、神明 | 2,986 | 141,738 | 144,724 | 37.7 | |
| B电池 | 只 | 益丰、神明、兴华、西北 | 784 | 33,484 | 34,268 | 97.7 | 益丰、神明 | 978 | 44,290 | 45,268 | 97.8 | |

1.三十一年度民营工厂电动机、手摇发电机及单节电池之产量均大减,其三十一年度电动机之制造似偏重小马达。

2.三十一年度民营工厂蓄电池产量较三十【年】度增加一倍余,民营工厂大半对市场感觉敏锐,故蓄电池在川黔一带似有相当销路。

## 16. 国家总动员会议秘书厅查询鄂省省营万县机械厂等产销情况与工矿调整处往来代电(1944年12月—1945年1月)

### (1)国家总动员会议秘书厅代电(1944年12月6日)

经济部工矿调整处公鉴：案准湖北省政府三十三年十一月二日省业特字第1860号公函内开，案准贵厅审贰字第0009号公函，颁发战时公营私营企业请求调整价格或政府补贴考核办法，请查照等由，准此。查本省省营万县机械厂系利用前武昌造船厂拆迁后方之机器及象鼻山铁矿一部分器材所筹设，以之修造船只及制造各种机械工具，尚称利便。万县造纸厂系利用由汉运来小型造纸机全部及新置一吨半之造纸机电力转动，制造牛皮纸、书面纸、打字纸及电报盘纸等。恩施造纸厂系利用动力打浆机设备，制造毛边纸、报纸等。咸丰化工厂以植物油炼制代机油。利川硫酸厂以特产磺矿炼制硫磺及硫酸、硝酸、硫酸钾等。以上5厂产品均属交通、工业、文化、国防所需要，惟因物价波动过巨，工料陡涨，致成本增高，困难迭生，无法维持，拟援照上项办法第二条(一)款之规定，请求予以补贴。准函前由，相应函达，即请查照惠予核办见复为荷。等由。准此。查该省所营各厂营业情况及其产品供应情况如何，相应电请贵处查明详情[见]复为荷。国家总动员会议秘书厅。亥鱼。建审二。印。

### (2)工矿调整处复代电稿(1945年1月5日)[①]

代电

国家总动员会议秘书厅公鉴：三十三年十二月六日建审(二)字第1053号代电奉悉。兹将湖北省所营各厂营业情况及产品供应情形分列如下：

(一)湖北建设厅机器厂前在汉口时，原名武昌造船厂，现有工具机38部，技工360人，其工作以修造轮船为主，但亦可制造动力机及大型工具机。近因材料缺乏，工具机销路迟滞，改制造农业机器，如小型蒸汽抽水机(可作消防与灌溉之用)等，销路尚佳。如能贷以资金，使尽量发挥其工作效能，则对后方之交通及农村机器之供应，自不无裨益。

---

① 该为发文时间。

（二）万县造纸厂（亦湖北省建设厅所设）于廿九年七月由汉迁川，厂设万县明镜滩，卅年一月正式开工，具有圆网式造纸机两部，现制造牛皮机、书面纸、簿册纸、打字纸、印书纸及电报纸，每月产量可达12吨。

（三）恩施造纸厂设于湖北恩施，系手工造纸工业，现有出品为毛边纸及报纸等。

（四）咸丰化工厂（即湖北省政府建设厅第一化工厂），设湖北咸丰县，廿八年十二月开工。原为制造机油、印墨及皮革等，现专制代机油。

（五）利川硫酸厂（即湖北省政府建设厅硫酸厂），设湖北利川南平镇，卅年二月间开工。利用当地硫磺矿，炼制硫磺、硫酸、硝酸及硫酸钾。

该四厂出品纸张、代机油及酸类，均为重要化学工业，对于湖北省及川东一带供应，尚属需要。如资金宽裕，当能增加产量，发挥效能。准电前由，相应电复，即希查照为荷。经济部工矿调整处。（　）印。

　　　　　　　　　　　　　　　　　　　［工矿调整处档案］

# 七、战后复员声中的内迁厂企

## 1. 经济部工矿调整处编后方国营民营工矿业调整计划①（1945年 月）

壹　后方国营工矿业调整计划

甲、纲要

后方国营工矿业依据需要，分别扩充、整理、改组、合并或迁移。

乙、一般情形

抗战以来，厂矿内迁，后方工业始发其端，国营事业经历年艰辛缔造，虽略有成就，然以交通、器材、资金、技术种种困难，不无因陋就简。惟西南西北一带所有水力、石油、煤铁及其他金属矿产，各种重要资源蕴藏丰富，在工业建设中实居重要地位。为奠立分区发展之初基，及供应复员初期所需要之物资起见，后方国营工矿事业皆以择要扩充设备增加生产为原则。

丙、调整办法

事业类别

（一）矿冶工业

1.煤

国营煤矿大部均由经济部资源委员会办理，现在国营者计有嘉阳煤矿等15单位（见附表），年产共约70余万吨。在复员时期，后方工业均须继续扩充，需煤仍多，而铁路、船舶运输等使用燃料，亦必加增，故质量兼佳之煤矿，

---

① 节录自《经济部工矿商业复员计划》。

均将设法增产,其因受战争影响暂告停顿者,并应争取时间尽先复工,扩充开采,约计复员后第一年本区国营各矿,可增产至100万吨以上。兹将各矿调整办法分别列表于下:

## 后方国营工矿事业调整计划表

### (一)煤

类别:燃料工业

| 名称 | 地点 | 现有简况 | | | 调整办法 | 估计需要 | | | 备注 |
|---|---|---|---|---|---|---|---|---|---|
| | | 资金(千元) | 员工 | 产量 | | 经费(千元) | 员工 | 器材(吨) | |
| 嘉阳煤矿公司 | 犍为 | 2,000 | 员182 工2,563 | 100,000吨 | 扩充生产煤150,000吨 | 国币128 美金60 | 员230 工3,230 | 详总表 | |
| 威远煤矿公司 | 威远 | 4,000 | 员108 工2,400 | 100,000吨 | 扩充生产煤150,000吨 | 国币128 美金60 | 员150 工3,070 | | |
| 建川煤矿公司 | 巴县 | 12,000 | 员88 工941 | 50,000吨 | 扩充生产煤80,000吨 | 国币77 美金36 | 员120 工1,340 | | |
| 四川矿业公司 | 江北 广元 | 13,500 | 员36 工38 | 5,000吨 | 暂维现产量 开放民营 | | 员36 工38 | | |
| 南桐煤矿 | 桐梓 | 35,000 | 员160 工2,726 | 150,000吨 | 扩充生产煤180,000吨 | 国币77 美金36 | 员190 工3,130 | | |
| 贵州煤矿公司 | 贵阳 | 90,000 | 员114 工720 | 30,000吨 | | 国币770 美金354 | 员295 工4,400 | | |
| 黔南煤矿 | 都匀 | | 员40 工400 | 30,000吨 | 1.合设黔丰煤矿公司,由资源委员会参加主办。2.开发荔波煤田。3.扩充生产煤330,000吨 | | | | |
| 明良煤矿公司 | 宜良 | 22,400 | 员176 工2,643 | 80,000吨 | 扩充生产煤130,000吨 | 国币978 美金460 | 员240 工3,580 | | |
| 宣明煤矿公司 | 宣威 | 6,000 | 员41 工164 | 10,000吨 | 扩充生产煤20,000吨 | 国币26 美金12 | 员50 工280 | | |
| 滇西煤矿 | 祥云 | 1,500 | | | 恢复生产煤20,000吨 | 国币51 美金24 | 员50 工270 | | 现在停顿中 |

续表

| 名称 | 地点 | 现有简况 ||| 调整办法 | 估计需要 ||| 备注 |
|---|---|---|---|---|---|---|---|---|---|
|  |  | 资金（千元） | 员工 | 产量 |  | 经费（千元） | 员工 | 器材（吨） |  |
| 甘肃煤矿局 | 皋兰永登 | 25,000 | 员55 工179 | 30,000吨 | 扩充生产煤50,000吨 | 国币51 美金24 | 员70 工450 |  |  |
| 白水煤矿 蒲城煤矿 韩城煤矿 | 白水 蒲城 韩城 |  |  |  | （一）设置陕丰煤矿局，由资源委员会独资经营。（二）开采煤150,000吨 | 国币450 美金201 | 员200 工2,000 |  |  |
| 辰溪煤矿公司 | 辰溪 | 400 | 员32 工55 | 5,000吨 | 暂维现产量 开放民营 |  | 员32 工55 |  |  |

2.石油及天然汽[气]

石油矿在西北方面，现由甘肃油矿局在玉门开采并兼办新疆之乌苏石油矿，二矿均须加强设备，添凿油井，提高精炼效率，以为战后大量发展之准备。在四川方面，现由四川油矿探勘处在巴县石油沟吸取天然汽[气]，以供短程汽车及轮渡之用。又隆昌圣灯山近亦筹备吸取利用，除加大生产外，并须扩展探勘工作。兹将扩充计划列表于下：

### 后方国营工矿事业调整计划表
### （二）液体燃料

类别：燃料工业

| 名称 | 地点 | 现有简况 ||| 调整办法 | 估计需要 ||| 备注 |
|---|---|---|---|---|---|---|---|---|---|
|  |  | 资金（千元） | 员工 | 产量 |  | 经费（千元） | 员工 | 器材 |  |
| 甘肃油矿局（包括新疆油矿） | 玉门 乌苏 | 831,745 | 员1,120 工1,520 | 汽油4,000,000加仑 煤油2,000,000加仑 柴油1,000,000加仑 | （一）加凿油井，补充设备；（二）扩充生产原油150,000吨 | 国币13,000 美金10,000 | 员1,170 工2,270 | 详总表 |  |
| 四川油矿探勘处 | 巴县 隆昌 江油 | 25,233 | 员65 工170 | 天然气（立方公尺）240,000 天然油（加仑）30,000 | （一）扩展钻井工程；（二）扩充生产天然气1,000,000立方公尺 | 国币3,000 美金2,000 | 员110 工470 |  |  |

续表

| 名称 | 地点 | 现有简况 ||| 调整办法 | 估计需要 ||| 备注 |
|---|---|---|---|---|---|---|---|---|---|
| | | 资金（千元） | 员工 | 产量 | | 经费（千元） | 员工 | 器材 | |
| 犍为焦油厂 | 犍为 | 325 | 员74 技工22 | 每日处理烟煤50吨 | （一）迁设綦江，改为綦江焦油厂；（二）利用炼焦副产之煤胶蒸馏汽油 | 国币3,000 美金300 | 员320 工1,060 | | |
| 北碚焦油厂 | 北碚 | | | 84,000 | 裁撤设备，归并綦江焦油厂 | | | | |

### 3.钢铁

后方国营钢铁事业，几集中四川一省，其规模较大者为钢铁厂迁建委员会，其次则威远铁厂等7单位（附表），产品有翻砂、生铁、碱性生铁、钢锭及钢轨、钢条与铸钢机件等。在复员时，拟将川境各单位其业务相同者，合并组织为四川钢铁厂，以收集中经营之效，并促供[使]生产之专业化，俾能分工合作。至云南钢铁厂，则予扩充建设。以上二厂在复员初期，皆以炼制交通及工业方面之钢铁材料为主。兹将复员时调整办法列表于下：

**后方国营工矿事业调整计划表**

**（一）钢铁**

类别：冶炼工业

| 名称 | 地点 | 现有简况 ||| 调整办法 | 估计需要 ||| 备注 |
|---|---|---|---|---|---|---|---|---|---|
| | | 资金（千元） | 员工 | 产量 | | 经费 | 员工 | 器材 | |
| 资渝钢铁厂 | 重庆 | 2,240 | 职员189 技工257 | 生铁3,000吨 钢2,800吨 | （一）并组四川钢铁厂；（二）暂维原有生产规模 | | 员1,372 工2,867 | | （1）钢铁厂迁建委员会迁綦江。（2）电化冶炼厂之铜锌部分，并入川康铜铅锌矿务局 |
| 资蜀钢铁厂 | 重庆 | 80,000 | 职员100 技工200 | 生铁3,000吨 铸钢300吨 | | | | | |
| 钢铁厂迁建委员会（包括綦江铁厂） | 重庆 | 139,000 | 职员765 技工2,240 | 生铁9,000吨 钢品5,600吨 | | | | | |
| 威远铁厂 | 威远 | 654 | 职员127 技工79 | 生铁3,000吨 | | | | | |
| 电化冶炼厂 | 綦江 | 2,147 | 职员191 技工91 | 钢2,700吨 电铜500吨 锌4吨 | | | | | |

续表

| 名称 | 地点 | 现有简况 ||| 调整办法 | 估计需要 ||| 备注 |
|---|---|---|---|---|---|---|---|---|---|
| | | 资金(千元) | 员工 | 产量 | | 经费 | 员工 | 器材 | |
| 云南钢铁厂 | 安宁 | 1,813 | 职员85 技工159 | 钢品900吨 生铁3,000吨 | 暂维原有生产规模 | | 员85 工159 | | |
| 滇中矿务局 | 易门 | 6,250 | 员42 工190 | 铁砂5,814吨 锰砂490吨 | 暂维原有生产量 | | 员42 工190 | | |
| 江西炼铁厂 | 泰和 | 254 | 职员79 技工57 | 生铁2,000吨 | 并入江汉机械公司 | | | | 参见收复区机械部门 |

**4.铜、铝、锌、铅、镁等非铁金属**

此项非铁金属矿冶工业,拟利用已有初步基础,扩大建设,解除交通燃料各方面之障碍,增强采选效率。云南之铅矾土矿,储量有740余万吨,含铅氧53%,且接近大水力发电区域,拟就昆明炼铜厂改变业务,增强设备,扩充办理。所有调整办法列表于下:

### 后方国营工矿事业调整计划表
### (二)非铁金属

类别:冶炼工业

| 名称 | 地点 | 现有简况 ||| 调整办法 | 估计需要 ||| 备注 |
|---|---|---|---|---|---|---|---|---|---|
| | | 资金(千元) | 员工 | 产量 | | 经费(千元) | 员工 | 器材 | |
| 滇北矿务局 | 会泽 巧家 | 20,600 | 员150 工620 | 粗铜300吨 净铅200吨 净锌100吨 | 扩充生产粗铜600吨 净铅200吨 净锌100吨 | 国币132 美金76 | 员430 工2,740 | | |
| 川康铜铅锌矿务局 | 彭县 会理 | 28,192 | 员50 工120 | 净锌200吨 | 扩充生产净锌500吨 | 国币350 美金176 | 员120 工440 | | |
| 昆明电冶厂 | 昆明 | 820 | 员60 技工53 | 铅12吨 铜256吨 锌12吨 | (一)炼铜部分并入滇北矿务局,炼锌部分并入常宁铅锌局。(二)改为云南炼铅厂,从事扩充 | | | | |

5.钨、锑、锡、汞特种矿产

钨、锑、锡、汞四项矿产,因外销关系,向由政府实施管理。钨矿产赣南及广东沿海暨湖南南部各县,现已沦陷,此项工作暂告停顿。至于锑矿,则集中于湖南新化锡矿山,因存数过多,外销困难,仅由锑业管理处收购极少部分。锡矿在后方,则集中于云南之个旧,其次为广西富贺区域,所有产品,现由云南出口,矿产品运销处及锡业管理处分别收购精炼。汞矿则集中于湘黔边境,由汞业管理处经营炼成水银,外销尚未受战时影响。在复员时,锡、汞两项矿产外销畅旺,仍当就现状继续经营,并加扩充汞矿,并积极探勘新矿,以为增产准备。纯锑一项,因海运重开,运价减轻,可增产外销。钨矿则集中于赣粤,矿区俟收复时再行经营。兹将后方锑、锡、汞各矿调整办法列表于下:

### 特种矿产事业复员调整计划表

### (二)锑(锑品制造)后方区

| 类别 | 名称 | 地点 | 简况 | | | 调整办法 | 估计需要 | | | 备注 |
|---|---|---|---|---|---|---|---|---|---|---|
| | | | 资金(千元) | 员工 | 产量 | | 经费(千元) | 员工 | 器材(吨) | |
| 锑(锑品制造) | 锑品制造厂 | 重庆 | 10,000 | 200 | 锑白100吨 | (一)迁湘潭;(二)扩充改组为湘潭合金厂 | 国币1,000美金100 | 员40工400 | 200吨 | (一)合金厂之扩充,另列五年计划。(二)锑品制造成品内销,兹为便利计并列入本计划 |
| 锡 | 云南锡业公司(包括滇锡全部) | 个旧 | 100,000 | 3,000 | 纯锡生产1,000吨 收购1,000吨 | 扩充(一)生产1,200吨;(二)收购3,800吨 | (一)生产部分:国币12,000美金5,600;(二)收购部分:代款国币9,880 | 员2,800工47,000 | 6,000 | |

续表

| 类别 | 名称 | 地点 | 简况 ||| 调整办法 | 估计需要 ||| 备注 |
|---|---|---|---|---|---|---|---|---|---|---|
| | | | 资金（千元） | 员工 | 产量 | | 经费（千元） | 员工 | 器材（吨） | |
| 汞 | 汞业管理处 | 湖南贵州四川三省边境 | 4,000 | | 100吨（土法生产及收购） | 扩充新法生产150吨 | 国币2,800美金1,000 | 员工8,000 | 700 | |

### 6.金矿

采金事业耗费甚大，生产不丰，在复员时期顾及财力物力之限制，只能暂行维持现状。兹列表于下：

#### 后方国营工矿事业调整计划表

类别：采金事业

| 类别 | 名称 | 地点 | 现有简况 ||| 调整办法 | 估计需要 ||| 备注 |
|---|---|---|---|---|---|---|---|---|---|---|
| | | | 资金（千元） | 员工 | 产量 | | 经费（千元） | 员工 | 器材 | |
| 金 | 湘黔金矿局 | 洪江 | 30,000 | 员工370 | 平均月产金30市两 | 维持现状 | | 员工370 | | |
| 金 | 西康金矿局 | 康定 | 20,000 | 员工65 | 平均月产金5市两 | 维持现状 | | 员工65 | | |

### （二）电气事业

后方国营各电厂依据工业需要加以扩充，邻近各厂分别合并为一个组织，并加放高压线路调节负荷，其重要水力发电工程，亦继续举办，以期利用后方水力资源，树立动力中心。调整办法列表如下：

#### 后方国营工矿事业调整计划表

类别：电气事业

| 类别 | 名称 | 地点 | 现有简况 ||| 调整办法 | 估计需要 ||| 备注 |
|---|---|---|---|---|---|---|---|---|---|---|
| | | | 资金（千元） | 员工 | 产量 | | 经费（千元） | 员工 | 器材（吨） | |
| 电气事业 | 自流井电厂<br>岷江电厂<br>宜滨电厂<br>泸县电厂 | 自流井<br>岷江<br>宜滨<br>泸县 | 500<br>2,071<br>2,327<br>1,500 | 268<br>329<br>392<br>148 | 500<br>2,900<br>3,544<br>2,000 | （一）上列事业合并为一个组织"川西电厂"。（二）维持原容量加放五通桥至成都自流井及自流井至泸县高压线路 | 国币2,000美金1,500 | 员工950<br>237 | | |

续表

| 类别 | 名称 | 地点 | 现有简况 资金（千元） | 现有简况 员工 | 现有简况 产量 | 调整办法 | 估计需要 经费（千元） | 估计需要 员工 | 估计需要 器材（吨） | 备注 |
|---|---|---|---|---|---|---|---|---|---|---|
| 电气事业 | 万县电厂 | 万县 | 634 | 158 | 948 | 维持原产量 | | 员30 工128 | | |
| | 龙溪河水力发电厂工程处 | 长寿 | 2,937 | 198 | 4,076 | 1.扩充容量至6,470千瓦。2.通电至涪陵、重庆 | 国币1,100 美金250 | 员45 工173 | | |
| | 西宁电厂 | 西宁 | 250 | 36 | 490（包括进行中之400千瓦水） | 维持原产量 | | 员7 工29 | | |
| | 西京电厂 宝鸡电厂 汉中电厂 | 西京 宝鸡 汉中 | 1,200 533 | 166 20 65 | 2,275 购电 200 245 | 1.合并为一个组织"陕西电厂"。2.扩充容量至5,120千瓦 | 国币750 美金440 | 员55 工216 | | |
| | 兰州电厂 天水电厂 | 兰州 天水 | 954 258 | 192 58 | 974,535（包括进行中之400千瓦水力） | 1.合并为一个组织"甘肃电厂"。2.扩充容量至2,509千瓦 | 国币500 美金200 | 员52 工208 | | |
| | 西昌电厂 | 西昌 | 290 | 77 | 230 | 维持原产量 | | 员15 工62 | | |
| | 湘西电厂 沅陵总厂 辰溪分厂 | 沅陵 辰溪 | 473 | 99 69 | 400 500 | 扩充容量至1,940千瓦 | 国币400 美金200 | 员35 工143 | | |
| | 昆明电厂 | 昆明 | 2,737 | 469 | 6,336 | 维持原产量 | | 员94 工375 | | |
| | 贵阳电厂 | 贵阳 修文 | 974 | 269 | 840 | 1.扩充容量4,340千瓦。2.加放修至贵阳间线路 | 国币1,500 美金600 | 员74 工295 | | 修文指修文河水力 |

(三)机械工业

现有机械各厂，一律按照后方各工业中心之发展，酌为区位之配备，并厉行分业专工，以期适应需要。

复员期间电工器材方面之需要至为殷切，现有各厂应一律从事扩充，并依照分类设厂之区位，酌为迁移。兹将各机械工业调整办法分别列表于下：

## 后方国营工矿事业调整计划表
### (一)机器

类别:机械工业

| 名称 | 地点 | 现有简况 资金(千元) | 现有简况 员工 | 现有简况 产量 | 调整办法 | 估计需要 经费(千元) | 估计需要 员工 | 估计需要 器材(吨) | 备注 |
|---|---|---|---|---|---|---|---|---|---|
| 中央机器厂 | 昆明 | 39,414 | 员417 技工770 | 动力机1,400马力 工具机160部 其他产品 | (一)扩改为昆明机器厂; (二)扩充生产动力设备10,000马力、工具机500部 | 国币1,200 美金1,200 | 员520 工2,770 | | |
| 宜宾机器厂 | 宜宾 | 23,900 | 员100 技工122 | 工具机60部 动力机80马力 其他机械120部 | (一)迁重庆改为重庆机器厂; (二)扩充生产作业机1,500部、动力设备2,000马力 | 国币1,600 美金800 | 员300 工1,820 | | |
| 甘肃机器厂 | 兰州 | 22,930 | 员98 技工87 | 工具机45部 毛纺机500锭 | (一)改为兰州机器厂;(二)扩充生产工具机300部、作业机1,000部 | 国币800 美金800 | 员280 工1,780 | | |
| 江西机器厂 | 泰和 | 4,000 | 员68 技工260 | 工具机60部 煤气机600马力 | 并入江汉机械公司 | | | | 参见收复区机械部门。(以上机器) |
| 江西车船厂 | 泰和 | 3,000 | 员53 技工86 | 浅水轮船3艘 驳船3艘 兽力车20辆 | 并入江汉车船公司 | | | | 以上交通工具 |

## 后方国营工矿事业调整计划表
### (三)电工器材

类别:机械工业

| 名称 | 地点 | 现有简况 资金(千元) | 现有简况 员工 | 现有简况 产量 | 调整办法 | 估计需要 经费(千元) | 估计需要 员工 | 估计需要 器材(吨) | 备注 |
|---|---|---|---|---|---|---|---|---|---|
| 中央电工器材厂第一厂 | 昆明 | 530 | 300 | 电线电缆550吨 | 扩充生产电线电缆3,000吨 | 国币600 美金955 | 员150 工750 | | |

续表

| 名称 | 地点 | 现有简况 资金（千元） | 员工 | 产量 | 调整办法 | 估计需要 经费（千元） | 员工 | 器材（吨） | 备注 |
|---|---|---|---|---|---|---|---|---|---|
| 中央电工器材厂第二厂 | 昆明 重庆 | 330 | 400 | 电子管 15,000只 灯泡 600,000 只 | (一)电子管部分迁长沙；(二)灯泡部分迁兰州；(三)扩充生产电子管 100,000只灯泡 24,000,000只 | (一)长沙部分国币450美金300；(二)兰州部分国币450美金300 | 员70 工200 员60 工200 | | |
| 中央电工器材厂第三厂 | 昆明 | 230 | 400 | 电话机 3,000具 交换机 2,000门 | (一)迁设湘潭；(二)扩充生产电话机 150,000具 交换机 100,000门、电报机 150具 | 国币900 美金600 | 员180 工800 | | |
| 中央电工器材厂渝四厂 | 重庆 | 300 | 400 | 电动机 1,000马力 发电机 2,000 kVA 各项电池 60,000只 | 扩充生产各项电池 5,000,000只 电动机 80,000HP 发电机 30,000kW 变压器 80,000kVA 开关设备 10,000件 | 国币1,100 美金1,950 | 员500 工2,100 | | 包括筑支厂 |
| 中央电工器材厂兰州支厂 | 兰州 | 70 | 100 | 各项电池 60,000只 | 扩充生产各项电池 2,000,000只 | 国币100 美金240 | 员60 工300 | | |
| 中央电工器材厂昆四厂 | 昆明 | 240 | 650 | 电动机 5,000马力 变压器 6,000 kVA | 扩充生产发电机 20,000kW 电动机 80,000HP 变压器 120,000kVA 开关设备 20,000件 | 国币1,200 美金1,550 | 员500 工2,000 | | |

续表

| 名称 | 地点 | 现有简况 | | | 调整办法 | 估计需要 | | | 备注 |
|---|---|---|---|---|---|---|---|---|---|
| | | 资金(千元) | 员工 | 产量 | | 经费(千元) | 员工 | 器材(吨) | |
| 中央无线电器材厂重庆厂 | 重庆昆明 | 100 100 | 450 350 | 收发机等400部 收发机等500部 | (一)昆明部分并设重庆;(二)扩充生产各式收发报端机40,000部 | 国币1,000 美金2,000 | 员工2,500 员500 | | |
| 中央电瓷制造厂 | 宜宾 | 230 | 500 | 绝缘子及瓷件1,800,000件 | 扩充生产绝缘材料及瓷件20,000,000件 | 国币700 美金950 | 员240 工900 | | |
| 华亭电瓷厂 | 华亭 | 20 | 200 | 绝缘子及瓷件200,000件 | (一)迁白水改为白水电瓷厂;(二)扩充生产绝缘材料及瓷件8,000,000件 | 国币400 美金400 | 员100 工350 | | |
| 江西电工厂 | 泰和 | 120 | 150 | 收发报机30部 各项电池140,000只 | 扩充生产无线电机2,000部 各式电池2,000,000只 | 国币500 美金400 | 员250工 工900 | | |

(四)化学工业

酸碱为基本化工事业,后方各厂规模过于简陋,均拟扩充设备,利用后方资源增加产品。酒精及炼油工业为供应复员初期之交通燃料,更宜扩充生产,一俟收复区液体燃料事业逐步恢复生产后,再按需要酌为变更业务。兹将调整办法列表于下:

## 后方国营工矿事业调整计划表

类别：化学工业

| 名称 | 地点 | 现有简况 ||| 调整办法 | 估计需要 ||| 备注 |
|---|---|---|---|---|---|---|---|---|---|
| | | 资金（千元） | 员工 | 产量 | | 经费（千元） | 员工 | 器材（吨） | |
| 昆明化工材料厂 | 昆明 | 413 | 员63 技工60 | 纯碱120吨 | （一）合并为昆明化工材料厂；（二）扩充生产烧碱100吨、纯碱400吨、磷肥1,500吨 | 国币1,500 美金400 | 员90 工210 | | |
| 裕滇磷肥厂 | 昆明 | 45 | 员8 技工10 | 烧碱24吨 | | | | | |
| 甘肃化工材料厂 | 兰州 | 81 | 员18 技工6 | 纯碱30吨 | 扩充生产纯碱300吨 | 国币500 美金100 | 员28 工50 | | 以上一般化工 |
| 四川酒精厂 | 内江 | 238 | 员41 技工97 | 680,000加仑 | （一）合并为一个组织资中酒精厂；（二）扩充生产酒精4,000,000加仑 | 国币680 美金（缺） | 员100 工250 | | |
| 资中酒精厂 | 资中 | 596 | 员44 技30 | 720,000加仑 | | | | | |
| 内江酒精厂 | 内江 | | 员71 工36 | 600,000个 | | | | | |
| 简阳酒精厂 | 简明 | 295 | 员55 技工34 | 615,000加仑 | （一）合并为一个组织简阳酒精厂；（二）扩充生产酒精1,300,000加仑 | 国币130 美金（缺） | 员60 工90 | | |
| 广汉酒精厂 | 广汉 | | 员26 工71 | 310,000加仑 | | | | | |
| 遵义酒精厂 | 遵义 | 320 | 员67 工142 | 285,000加仑 | （一）合并为一个组织遵义酒精厂；（二）扩充生产酒精400,000加仑 | 国币80 美金（缺） | 员60 工150 | | |
| 安顺酒精厂 | 安顺 | | 员40 工100 | 160,000加仑 | | | | | |

续表

| 名称 | 地点 | 现有简况 资金(千元) | 现有简况 员工 | 现有简况 产量 | 调整办法 | 估计需要 经费(千元) | 估计需要 员工 | 估计需要 器材(吨) | 备注 |
|---|---|---|---|---|---|---|---|---|---|
| 北碚酒精厂 | 北碚 | 278 | 员43 工20 | 445,000加仑 250,000加仑 | （一）合并为一个组织移设江津，改为江津酒精厂；（二）扩充生产酒精1,000,000加仑 | 国币110 美金（缺） | 员50 工80 | | |
| 重庆酒精厂 | 重庆 | | | | | | | | |
| 泸县酒精厂 | 泸县 | 233 | 员57 工42 | 800,000加仑 600,000加仑 | （一）合并为一个组织泸县酒精厂；（二）扩充生产酒精2,000,000加仑 | 国币210 | 员60 工80 | | |
| 纳溪酒精厂 | 纳溪 | | | | | | | | |
| 云南酒精厂 | 昆明 | 257 | 员23 工14 | 370,000加仑 | 扩充生产酒精600,000加仑 | 国币80 美金（缺） | 员40 工70 | | |
| 咸阳酒精厂 | 咸阳 | 267 | 员45 工27 | 140,000加仑 134,000加仑 | （一）合并为一个组织咸阳酒精厂；（二）扩充生产酒精300,000加仑 | 国币120 美金（缺） | 员50 工60 | | |
| 褒城酒精厂 | 褒城 | | | | | | | | |
| 盘县酒精厂 | 盘县 | | | 119,000加仑 | 裁撤 | | | | |
| 上饶酒精厂 | 上饶 | | | 177,000加仑 | （一）合并为一个组织上饶酒精厂；（二）扩充生产酒精500,000加仑 | 国币90 美金（缺） | 员40 工90 | | |
| 南康酒精厂 | 南康 | | | 300,000加仑 | | | | | |

续表

| 名称 | 地点 | 现有简况 | | | 调整办法 | 估计需要 | | | 备注 |
|---|---|---|---|---|---|---|---|---|---|
| | | 资金(千元) | 员工 | 产量 | | 经费(千元) | 员工 | 器材(吨) | |
| 动力油料厂<br>巴县炼油厂 | 重庆<br>重庆 | 669 | 员127<br>工157 | 代汽油96,000加仑<br>柴油168,000加仑 | (一)合并为一个组织动力酒精厂；(二)扩充生产代汽油360,000加仑或柴油720,000加仑 | | | | 以上酒精 |
| 甘肃水泥公司 | 永登 | 528 | 员64<br>技工59 | 水泥10,000桶 | (一)增加设备；(二)扩充生产水泥5,000吨 | 国币100<br>美金50 | 员80<br>工100 | | |
| 重庆耐火材料厂 | 重庆 | 116 | 员55<br>技工153 | 火砖1,500吨 | 并入四川钢铁厂 | | | | 以上水泥附耐火材料厂 |

(五)工矿研究与示范

1. 工业研究与示范

我国沿海沿江各省工业，受此次战事影响，损失綦重，其迁移后方者，每因物资困难资金短少，以致生产情形相去理想甚远。战后复员欲求工业迅复常态，并力谋进步，以奠工业化之始基，则工业研究与示范尤关重要。此项工作原由经济部中央工业试验所办理，举凡工业原料之利用与补充，工业技术之改良与推广，工业标准之建立与实施，以及工业成品之检验与鉴定，均为该所中心工作，且不仅从事于试验室之研究，并致力于各种工厂之实验。计所设示范工厂共12单位，在设立时因后方一切困难，不无因陋就简，故复员期间均拟加以扩充。兹将各厂复员计划列表于下：

## 后方国营工矿事业复员计划表

| 事业类别 | 名称 | 复员时调整办法 | 所需调整经费或裁减员工 单位：千元 | | | 所需材料 | | 备注 |
|---|---|---|---|---|---|---|---|---|
| | | | 数额 | | 办法 | 种类 | 来源 | |
| (一)机械仪器制造工业 | 经济部中央工业试验所机械仪器制造示范三厂 | (1)将本所历年制造机械仪器、精密工具机、各种试验仪器之经验，大量制造军用、工业用、教育用机械仪器 (2)在武汉设立总厂 (3)将重庆工厂扩充设备 (4)增设西安、衡阳工厂 (5)设完备之试验室 | 国币40,000 美金2,000 | | 增添外国专家5人，外国领工10人，本国工程师60人，本国中级技术人员200人，管理人员220人，技工4,500人 | 聘请 聘请及训练 | 工作母机 检验仪器 钢铁材料 非铁金属材料 动力机械 建筑材料 | 由国外供给一部，国内供给大部 国外供给及本所自制 国内供给由国外供给一部 国外供给一部，国内供给大部 国内自给 |
| (二)电气仪器制造工业 | 经济部中央工业试验所电气仪器修造示范工厂 | (1)将本所历年制造电流表、电压表、电度表、高温计之经验，大量制造国防工业用、宣传通讯用、学术研究机关用电工仪器 (2)设总厂于武汉 (3)设衡阳工厂 (4)扩充重庆工厂 (5)设西安工厂 (6)设完备之试验室 | 国币30,000 美金2,000 | | 外国专家6人 外国技士10人 国内专家60人 技术员500人 管理员300人 工人20,000人 | 聘请 聘请 聘请 训练 训练 训练 | 工作母机 检验仪器 钢铁材料 非铁金属材料 动力机械 建筑材料 | 国内供给大部 国内供给及本所自制 国内供给 国内供给一部 国内供给 国内供给 |

续表

| 事业类别 | 名称 | 复员时调整办法 | 所需调整经费或裁减员工 | | | 所需材料 | | 备注 |
|---|---|---|---|---|---|---|---|---|
| | | | 单位:千元 | 数额 | 办法 | 种类 | 来源 | |
| (三)皮革及毛皮工业 | 经济部中央工业试验所制革鞣料示范工厂 | (1)将本所历年研究制造皮革及鞣料经验,大量制造军用革品、工业用皮革、日用皮革、毛皮鞣料 (2)扩充重庆工厂设备 (3)增设制革示范工厂4所 (4)增设植物鞣料示范工厂4所 (5)增设毛皮示范工厂2所 (6)[设立]设备完善之试验室 | 国币30,000 美金1,000 | 国外专家3人,国内专门人材50人 中级技术人员300人 技工1,200人 | 聘请 聘请及训练 训练 训练 | 机械设备 原料 建筑材料 动力机械 试验仪器 | 国外供给一部,大部在国内制造 国内自给 国内自给 国内自给 国外供给一部,大部国内制造 | |
| (四)陶瓷工业 | 经济部中央工业试验所陶业示范工厂 | (1)将本所历年来研究制造窑业经验,大量制造耐火材料、光学用玻璃器材及化工用陶瓷器皿及搪瓷水泥等 (2)扩充重庆工厂设备 (3)设立耐火材料厂3所 (4)设立玻璃厂3所 (5)设立陶瓷厂2所 (6)设立搪瓷厂2所 | 国币25,000 美金3,000 | 外国专家24人 本国专家280人 中级技术人员300人 管理人员500人 技工1,600人 普通工人3,500 | 聘请 聘请 训练 训练 训练 训练 招雇 | 机械设备 原料 建筑材料 动力机械 试验仪器 | 国外供给一部,国内供给大部 国内自给 国内自给 国内自给 国外供给一部,本所自制大部 | |

续表

| 事业类别 | 名称 | 复员时调整办法 | 所需调整经费或裁减员工 | | | 所需材料 | | 备注 |
|---|---|---|---|---|---|---|---|---|
| | | | 单位:千元 | 数额 | 办法 | 种类 | 来源 | |
| (五)纯粹化学药品制造工业 | 经济部中央工业试验所纯粹化学药品制造示范工厂 | (1)将本所利用国产原料制造各种纯粹化学药品之经验，大量制造工业用、军用、教育用、研究试验机关用纯粹化学药品 (2)在汉口设立总厂 (3)扩充四川工厂设备 (4)设立上海、兰州分厂 (5)设立完备之试验室 | 国币15,000 美金2,000 | 外国专家3人 外国技士20人 本国工程师120人 本国技术员300人 本国管理员500人 | 聘请 聘请 训练 训练 训练 | 机械设备 原料 建筑材料 试验仪器 动力机械 | 国外供给一部，国内供给大部 国内自给 国内自给 国外供给一部，本所自制大部 国内自给 | |
| (六)油脂工业 | 经济部中央工业试验所油脂示范工厂 | (1)将本所历年研究制造油脂及塑型体之经验，大量制造塑型体甘油硬脂酸、动植物油脂、油漆、油墨、油毡、松香等 (2)扩充四川工厂设备 (3)设立油脂总厂于汉口 (4)设立上海、大连、郑州、常德、广州工厂 (5)设立完备之试验室 | 国币16,000 美金2,000 | 外国专家5人 工程师40人 副工程师120人 助理技术人员1,000人 技工和普通工人16,000人 管理人员300人 | 聘请 聘请 聘请和训练 训练 训练 训练 | 机械设备 原料 建筑材料 试验仪器 动力机械 | 国外供给一部，国内供给大部 国内自给 国内自给 国外供给一部，本所自制大部 国内自给 | |

续表

| 事业类别 | 名称 | 复员时调整办法 | 所需调整经费或裁减员工 | | | 所需材料 | | 备注 |
|---|---|---|---|---|---|---|---|---|
| | | | 单位:千元 | 数额 | 办法 | 种类 | 来源 | |
| (七)淀粉及酿造工业 | 经济部中央工业试验所淀粉及酿造示范工厂 | (1)将本所历年研究制造有机酸高级醇类经验,大量制造淀粉及人造胶丙酮丁醇、有机酸及纤维素制造酒精 (2)设立武汉总厂 (3)扩充重庆工厂设备 (4)增设郑州、镇江、梧州工厂 (5)设立完备之试验室 | 国币26,000 美金2,000 | 国外发酵专家4人 本国工程师20人 副工程师60人 助理工程师120人 工务员400人 技工及普通工人300人 管理人员200人 | 聘请 聘请 训练 训练 训练 训练 训练 | 机械设备 原料 建筑材料 动力机械 试验仪器 | 国外供给一部,国内供给大部 国内自给 国内自给 国内自给 国外供给一部,本所自制大部 | |
| (八)盐碱工业 | 经济部中央工业试验所盐碱示范工厂 | (1)将本所历年研究用卤水提制化学药品之经验,大量提制氯化钙、氯化钾、硼砂碘溴等 (2)扩充自流井本所工厂设备 (3)增设大连、东海、闽候、汕头工厂 (4)增设完备之试验室 | 国币40,000 美金3,000 | 外国专家5人 外国领工10人 本国工程师60人 本国中级技术人员200人 管理人员120人 技工4,500人 | 聘请 聘请 聘请及训练 训练 训练 训练 | 机械设备 建筑材料 原料 动力机械 试验仪器 | 外国供给一部,国内供给大部 国内自给 国内自给 国内自给 国外供给一部,本国自制大部 | |

*续表*

| 事业类别 | 名称 | 复员时调整办法 | 所需调整经费或裁减员工 | | | 所需材料 | | 备注 |
|---|---|---|---|---|---|---|---|---|
| | | | 单位:千元 | 数额 | 办法 | 种类 | 来源 | |
| (九)纤维工业 | 经济部中央工业试验所纤维示范工厂 | (1)将本所历年研究制纤维之经验,大量制造人造纤维素、特种纸、人造丝,与棉麻交织品 (2)扩充重庆各厂设备 (3)设粘液法人造丝示范厂于咸阳 (4)设醋酸法人造丝示范厂于咸阳 (5)设耐龙法人造丝示范厂于太原 (6)设精制亚硫酸法纤维素示范厂于吉林 (7)设特种纸示范厂于长沙 (8)设人造丝交织示范厂于咸阳 (9)设亚硫酸法及硫酸盐法纤维素示范厂于常德 | 国币 40,000 美金 3,000 | 国外专家 6人 国外领工 10人 国内专家 24人 管理人员 200人 中级技术人员300人 技工 2,000人 | 聘请 聘请 聘请 训练 训练 训练 | 机械设备 原料 建筑材料 动力机械 试验仪器 | 国外供给一部,国内供给大部 国内自给 国内自给 国内自给 国外供给一部,国内供给大部 | |

续表

| 事业类别 | 名称 | 复员时调整办法 | 所需调整经费或裁减员工 单位：千元 | | | 所需材料 | | 备注 |
|---|---|---|---|---|---|---|---|---|
| | | | 数额 | 办法 | | 种类 | 来源 | |
| （十）纺织工业 | 经济部中央工业试验所纺织示范工厂 | (1)将本所历年研究改良纺织工业及机械之经验，大量推广各地，并制造示范 (2)扩充重庆工厂 (3)增设咸阳、西安、天津、无锡示范实验工厂三[四]所 (4)设立完备之试验室 | 国币40,000 美金3,000 | 外籍专家5人 本国高级技术人员120人 助理技术人员1,000人 技工5,000人 管理员300人 | 聘请 聘请及训练 训练 训练 训练 | 机械设备 原料 建筑材料 动力机械 试验仪器 | 国外供给一部，国内供给大部 国内自给 国内自给 国内自给 国外供给一部，本所自制大部 | |
| （十一）木材工业 | 经济部中央工业试验所木材加工示范工厂 | (1)将本所历年研究木材加工经验，大量制造防腐及干燥木材 (2)扩充嘉定本所木材加工厂设备 (3)设立木材干燥厂 (4)设立特种木材制造厂 (5)设立木材干馏厂 (6)设立完备之试验室 | 国币30,000 美金2,000 | 外籍伐木工程师2人 外籍木材干溜[馏]专家1人 外籍木材防腐专家1人 外籍胶木专家1人 筹措木材飞机设计专家1人 国内工程师50人 国内副工程师200人 技术员400人 技工（缺人数） | 聘请 聘请 聘请 聘请 聘请 训练 训练 训练 训练 | 木材加工机械设备 木材干燥及防腐设备 木材蒸溜[馏]设备 特种木材加工设备 原料 建筑材料 动力机械 试验仪器 | 国内供给大部 国内供给 国内供给 国内供给 国内供给 国内供给 国内供给 国外供给一部，本所供给大部 | |

续表

| 事业类别 | 名称 | 复员时调整办法 | 所需调整经费或裁减员工 | | | 所需材料 | | 备注 |
|---|---|---|---|---|---|---|---|---|
| | | | 单位:千元 | 数额 | 办法 | 种类 | 来源 | |
| (十二)制糖示范工业 | 经济部中央工业试验所制糖示范工厂 | (1)将本所历年研究改良制糖之经验及技术,大量推广全国各地,并大量制造及示范 (2)扩充四川内江之示范工厂 (3)增设广东、广西、台湾、兰州制糖示范工厂4处 (4)设立完备之试验室 | 国币 30,000 美金 2,000 | 外籍专家 10人 本国高级技术人员 200人 助理技术人员 1,500人 技工 5,000人 管理员 500人 | 聘请 聘请及训练 训练 训练 训练 | 机械设备 原料 建筑材料 动力机械 试验仪器 | 模仿国外新式机械,本国大量制造 国内自给扩大蔗种种植 国内自给 国内自给 国内自制不可能时,向国外订购 | |

### 2.矿冶研究与试验

我国矿冶事业在建设过程中,对于技术之研究试验至关重【视】,抗战期间后方矿冶事业之突飞猛进,如矿产之调查测勘,土法采选之改良,冶炼技术之发明等,其有助研究试验之启发协进者,所在多有,已干[为]社会所公认。复员期中,矿冶事业之接收整理,种类既繁,规模尤巨,以较战时在后方艰苦中建设之矿冶基础,岂止倍蓰,则其所需要研究试验之协助者,必尤较今日为急迫而扩大。顾今日之矿冶研究机关,如矿冶研究所,因限于人力及设备,应付后方矿冶之需要尚感不足,以之负担复员期中之使命,自必将该所大加扩充,在复员区域内添设工作站或分所,增加设备,预储各级技术人员,以资应用。兹为配合矿冶复员实际需要,拟订复员时充实矿冶研究所所需之人员、器材及经费,列表如下:

#### 一、矿冶研究试验复员工作所需人员表

| 研究试验项目 | 高级 | 中级 | 初级 |
|---|---|---|---|
| 探矿 | 10 | 10 | 10 |
| 采矿 | 15 | 15 | 20 |

续表

| 研究试验项目 | 高级 | 中级 | 初级 |
|---|---|---|---|
| 选矿 | 10 | 10 | 20 |
| 钢铁 | 10 | 10 | 20 |
| 非铁金属及非金属 | 10 | 10 | 20 |
| 轻金属 | 5 | 10 | 10 |
| 燃料 | 10 | 10 | 20 |
| 耐火材料 | 5 | 10 | 10 |
| 金属材料试验 | 5 | 10 | 10 |
| 化验 | 5 | 15 | 20 |
| 矿冶经济调查 | 5 | 10 | 10 |

## 二、矿冶研究试验复员工作所需器材表

| 研究试验项目 | 器材种类 | 所需美金 | 国币 |
|---|---|---|---|
| 探矿 | 各种探矿仪器及机件 | 200,000 | 500,000 |
| 采矿 | 测量仪安全设备及机件 | 200,000 | 500,000 |
| 选矿 | 重力磁力浮游选矿设备 | 300,000 | 500,000 |
| 钢铁 | 冶炼设备 | 500,000 | 1,500,000 |
| 非铁金属及非金属 | 冶炼设备 | 200,000 | 500,000 |
| 轻金属 | 冶炼设备 | 300,000 | 500,000 |
| 燃料 | 炼焦提油等试验设备 | 200,000 | 500,000 |
| 耐火材料 | 制造设备 | 200,000 | 500,000 |
| 材料试验 | 金图X光各种助理试验设备 | 300,000 | 1,500,000 |
| 化验 | 各种化验仪器药品设备 | 200,000 | 1,500,000 |
| 图书馆 | 工程图书杂志 | 300,000 | 1,000,000 |
| 陈列馆 | 标本模型 | 100,000 | 500,000 |

三、矿冶研究试验复员工作经费预算(包括器材及房屋建筑在内)

1. 国币　　35,000,000元

2. 美金　　3,000,000　折合国币10,000,000元

3. 合计国币　　45,000,000元

## 后方区需要员工估计表

| 工业部门 | 职员 | 工人 | 员工合计 | 备注 |
|---|---|---|---|---|
| 一、矿冶工业 | 9,352 | 87,927 | 97,279 | |
| 1.煤 | 1,663 | 21,843 | 23,506 | |
| 2.液体燃料 | 1,600 | 3,800 | 5,400 | |
| 3.钢铁 | 1,499 | 3,216 | 4,715 | |
| 4.非铁金属 | 610 | 3,233 | 3,843 | |
| 5.特种矿产 | 3,890 | 55,400 | 59,690 | |
| 6.采金事业 | 90 | 435 | 525 | |
| 二、电气事业 | 644 | 2,579 | 3,223 | |
| 三、机械工业 | 4,210 | 19,370 | 23,580 | |
| 1.机器 | 1,100 | 6,370 | 7,470 | |
| 2.交通工具 | | | | |
| 3.电工器材 | 3,110 | 13,000 | 16,110 | |
| 四、化学工业 | 768 | 1,390 | 2,158 | |
| 1.一般化工 | 118 | 260 | 378 | |
| 2.酒精 | 570 | 1,030 | 1,600 | |
| 3.制糖 | | | | |
| 4.木粕 | | | | |
| 5.水泥 | 80 | 100 | 180 | |
| 五、木材工业 | | | | |
| 六、工矿研究与示范 | 2,120 | 10,080 | 12,200 | 复员时拟先择要举例如上数 |
| 1.工业研究与示范工厂 | 2,000 | 10,000 | 12,000 | |
| 2.矿业研究与实验 | 120 | 80 | 200 | |
| 总计 | 17,094 | 121,346 | 138,440 | |

所需员工数额,除工矿研究与实验外,包括原有人数在内。

## 后方区需要器材估计表

（单位：公吨）

| 工业部门 | 需要器材总数 | 拟在善后救济计划内分配数 | 备注 |
|---|---|---|---|
| 一、矿冶工业 | | | |
| 1.煤 | 10,945 | 2,130 | |
| 2.液体燃料 | 3,479 | 970 | |
| 3.钢铁 | 17,600 | | |
| 4.非铁金属 | 2,941 | | |
| 5.特种矿产 | 6,900 | | |
| 6.采金事业 | 1,000 | | |
| 二、电气事业 | | | 与收复区合并列计 |
| 三、机械工业 | 4,449 | | |
| 1.机器 | | | |
| 2.交通工具 | 2,012 | | |
| 3.电工器材 | 2,437 | | |
| 四、化学工业 | 9,215 | | |
| 1.一般化工 | 8,015 | | |
| 2.酒精 | | | |
| 3.制糖 | | | |
| 4.木粕 | | | |
| 5.水泥 | 1,200 | | |
| 五、木材工业 | | | |
| 六、工矿研究与示范 | 12,100 | | 复员时先行择要 |
| 1.工业研究与示范工厂 | 12,000 | | |
| 2.矿业研究与实验 | 100 | | |
| 总计 | 68,629 | 3,100 | |

另备用器材2,345吨。

## 后方区需要经费估计表

(单位:千元)

| 工业部门 | 国币 | 美金 数额 | 美金 折合国币 | 共计国币 | 备注 |
|---|---|---|---|---|---|
| 一、矿冶工业 | 38,108 | 20,619 | 68,730 | 106,748 | |
| 1.煤 | 2,736 | 1,267 | 4,223 | 6,959 | |
| 2.液体燃料 | 19,000 | 12,300 | 41,000 | 60,000 | |
| 3.钢铁 | — | — | | | 暂不估列 |
| 4.非铁金属 | 482 | 252 | 840 | 1,322 | |
| 5.特种矿产 | 15,800 | 6,800 | 22,667 | 38,467 | 钨锑锡汞 |
| 6.采金事业 | — | | | | 暂维现状未列经费 |
| 二、电气事业 | 6,350 | 3,190 | 10,633 | 16,983 | |
| 三、机械工业 | 12,200 | 13,995 | 46,650 | 58,850 | |
| 1.机器 | 3,600 | 2,800 | 9,333 | 12,933 | |
| 2.交通工具 | — | — | | | 原有江西车船厂,移收复区 |
| 3.电工器材 | 8,600 | 11,195 | 37,317 | 45,917 | |
| 四、化学工业 | 3,710 | 550 | 1,834 | 5,544 | |
| 1.一般化工 | 2,000 | 500 | 1,667 | 22,667 | |
| 2.酒精 | 1,610 | — | | 1,610 | |
| 3.制糖 | — | — | | | 原有炼糖事业未列入计划 |
| 4.木粕 | — | — | | | |
| 5.水泥 | 100 | 50 | 167 | 267 | |
| 五、木材工业 | — | — | | | |
| 六、工矿试验 | 77,000 | 18,600 | 62,000 | 139,000 | 在复员期间拟先择 |
| 1.工业研究与示范工厂 | 72,000 | 13,500 | 45,000 | 117,000 | 要举办故酌列如上数 |
| 2.矿业研究与实验 | 5,000 | 5,100 | 17,000 | 21,000 | |
| 总计 | 137,278 | 56,954 | 189,847 | 327,125 | |

贰、后方民营工矿事业调整计划

甲、纲要

后方重要民营工矿事业，依其能适应战后需要之程度，分别维护及指导其变更经营方法，其须迁移者，并须经政府之核准。

乙、一般情况

后方民营工矿事业，过去因地域关系、经济条件不甚适合，故较落后，迨至抗战军兴，政府奖助厂矿内迁后，各项工业始呈蓬勃气象。惟以物资缺乏，资金困难，一切设备不无简陋，将来复员时应视其本身所具备条件及后方需要，予以合理之调整。

丙、调整办法

一、事业类别

(一)矿冶工业

1.煤

(1)现状调查

后方各省民营煤矿，以四川省最为重要，其产量亦以四川为最多；其次则陕西、湖南、江西、贵州、云南、甘肃等省民营各大小煤矿，亦有相当产量。总计年产煤约400万吨。

(2)复员时情势之预测

后方各民营煤矿既未受战时影响，在复员时自仍当继续生产，惟因战事向前方进展，关于军事运输所需铁路及船舶燃料，其数量当必加增。故后方各煤矿生产更须力求配合，以应急需。

(3)复员前准备事项

(子)复员前准备工作

按照地区环境与缓急形势，对于应行增产之煤矿，由政府贷予资金及器材，使其预为扩充设备；同时，并由政府收购上述各煤矿所采出之一部分煤触，储存于适当地点，以接济临时急用而免缺乏。

(丑)复员时应预为修订废除或增订办法令

修订：现行之煤焦管理规则，有必要时加以修订。

增订:拟增订煤焦增产增运奖励办法。

(4)复员时实施办法

## 后方民营煤矿调整计划表

| 类别 | 名称 | 地点 | 资金数额 | 员工人数 | 产量 | 复员时调整计划 | 所需调整经费及员工器材数额 | 备注 |
|---|---|---|---|---|---|---|---|---|
| 煤矿 | 天府公司 | 四川江北 | | 2,500 | 每日1,000吨 | 维持现产量 | 详总表 | 供给重庆区遗留各工厂,轮船之民用 |
| | 三才生 | 四川江北 | | 450 | 每日200吨 | 与天府公司合并 | | 合并后暂停生产,必要时再行复工 |
| | 华银公司 | 四川合川 | | 220 | 每日60吨 | 维持现状 | | |
| | 华安第二厂 | 四川铜梁 | | 300 | 每日100吨 | 扩充 | | |
| | 全济煤矿 | 四川合川 | | 300 | 每日50吨 | 维持现状 | | |
| | 宝源煤矿 | 四川璧山 | | 500 | 每日150吨 | 维持现状 | | |
| | 江合公司 | 四川江北 | | 750 | 每日100吨 | 维持现状 | | 因煤质特佳,可留供炼铁及轮船之用 |
| | 东林煤矿 | 四川南川 | | 300 | 每日100吨 | 维持现状 | | |
| | 华昌煤矿 | 四川犍为 | | 700 | 每日200吨 | 维持现状 | | 供给五通桥盐区及永利公司之用 |
| | 福华通煤矿 | 四川巴县 | | 200 | 每日70吨 | 与建川合并 | | |
| | 义大煤矿 | 四川隆昌 | | 150 | 每日80吨 | 维持现状 | | 供给成都各小工厂及民用 |
| | 灌县煤矿(成都燃料公司) | 四川灌县 | | 400 | 每日100吨 | 维持现状 | | 供给陇海宝天两铁路用 |
| | 陇县煤矿(雍兴公司) | 陕西陇县 | | 300 | 高产量每日100吨 | | | 同官煤矿之煤既全部供给陇海东展之用,本矿之煤可供给西安各工厂之用 |
| | 新生煤矿 | 陕西白水 | | 300 | 高产量每日100吨 | | | 供给湘西工厂用 |
| | 辰溪煤矿(合组及惠民两矿) | 湖南辰溪 | | 120 | 每日80吨 | 维持现状 | | |
| | 鄱乐煤矿 | 江西乐平 | | 100 | 每日50吨 | 扩充 | | |

2. 钢铁

(1) 现状调查

后方各省民营钢铁事业集中于四川,以中国兴业公司及渝鑫钢铁厂、中国制钢公司稍具规模,其余各小铁厂设备简单,仅供临时制铁之用。

(2) 复员时情势之预测

复员期中钢铁销场虽可较现在为佳,然除设备较佳之中国兴业公司外,其余各厂恐难维持。

(3) 复员前准备事项

对于中国兴业公司预储冶炼原料,完成轧钢设备,对于其他各厂则分别调整。

(4) 复员时实施办法

**复员民营钢铁事业调整计划表**

| 类别 | 名称 | 地点 | 资金数额 | 员工人数 | 产量(吨)(生产能力) | 复员时调整计划 | 所需调整资金数额(元) | 所需调整器材 数量 | 所需调整器材 来源 | 备 注 |
|---|---|---|---|---|---|---|---|---|---|---|
| 钢铁事业 | 中国兴业公司钢铁厂 | 重庆香国寺 | | | 9,000(生铁) 3,000(钢品) | 与资渝、资蜀合并改组一较完善之钢铁厂 | | | | 1.中国兴业公司钢铁厂现为后方厂中较完善者,以该厂为基础与资渝、资蜀合并,则可改组为一规模较大、设备较佳之钢铁厂,合并后改为国营 |
| | 渝鑫钢铁厂 | 重庆小龙坎 | | | 2,000(钢品) | 与资渝、资蜀合并改组一较完善之钢铁厂 | | | | 该厂各种条件于复员时皆无存在之必要,停办时其所有器材应由政府作价,拨入资渝或资蜀合并之厂应用 |
| | 渠江铁厂 大昌铁厂 荣昌铁厂 谦虞及东原公司铁厂 永川各铁厂 | 四川达县 四川合川 四川荣昌 四川綦江 四川永川 | | | | 上列各小型铁厂,应停止生产,无须维持 | | | | 各小型铁厂皆无存在价值,故可任其停闭,无须维持 |
| | 中国制钢公司 | 重庆南岸 | | | | 停办 | | | | |

(二)电气事业

(1)现状调查

抗战以前,我国民营电厂共有415家,占全国电厂总数90%;发电容量241,150千瓦,占全国总容量38%。截至三十三年止,后方民营电厂共有75家,占后方电厂总数79%;发电容量48,747千瓦,占后方总容量69%;至发电度数,三十三年度为127,700,000度,约占后方发电总度【数】73%。可见后方民营电厂所占之地位尚属重要。而重庆、成都、昆明等电厂,处于政治军事工业交通之紧要区域,其关系尤为重要。惟是四等小电厂占其中绝对之多数,大都机器陈旧,人财两缺,复受物价剧增影响,营业不振,时开时闭。但此等小厂仅供消耗之电灯,无力供给电力,既与军工生产无关,自无调整扩充必要。

(2)复员时情形之预测

在复员以前,后方之民营电厂除重庆、成都、昆明等因须供应军需工厂之电力,以增战时生产,由政府设法扩充机量外,其他各地电厂即使间有扩充或新创电厂,预计亦无多大之增加与变动也。

(3)复员前准备事项

(子)复员前准备工作及其实施办法

后方各省如川、黔、滇等,有不少河流可供小型水力发电之设置,已由资源委员会水力测勘队随时随地注意测勘,以备复员时当地人民之经营。而各省已有之民营电厂,业于本部注意其人力财力及其占有区域重要性之成分,分别确定其扩充或维护其业务。至省营或省商合营之电厂,应由复员时一律划归民营,亦已由部详查其内容,以作准备。

(丑)复员时应预为修订废除或增订之法令

《电气事业取缔规则》拟修改为《电气事业管理规则》,以期加强管制。

(4)复员时实施办法

(子)现在占有重要区域及战后仍不失其重要性者,如重庆、成都、昆明等电厂,酌予扩充。

(丑)与国防有关之边省民营电厂,如新疆之迪化、伊犁等,酌予扩充。

(寅)省营或省商合营之电厂,拟一律调整为民营。

（卯）后方各地三、四等小电厂，拟一律予以维持。

兹根据上列原则，拟具调整计划，分别列表如下：

### 后方民营工矿事业调整计划表

| 类别 | 名称 | 地点 | 资金（千元） | 员工（人数） | 产量（千瓦） | 复员调整计划 | 所需调整资金数额黄金(元)国币(千元) | 所需调整器材 | | 备注 |
|---|---|---|---|---|---|---|---|---|---|---|
| | | | | | | | | 数量部-千瓦 | 来源 | |
| 电力 | 重庆电力公司 | 四川重庆 | 30,000 | 1,370 | 11,000 | 扩充 | | | | |
| | 成都启明电气公司 | 四川成都 | 25,000 | 375 | 3,000 | 扩充 | | | | |
| | 眉山国光电灯公司 | 四川眉山 | 2,000 | | 200 | 维持原状 | | | | |
| | 嘉裕电气公司 | 四川乐山 | 1,738 | 32 | 150 | 维持原状 | | | | |
| | 中国兴业公司华明电厂 | 四川内江 | 2,000 | 25 | 87 | 维持原状 | | | | |
| | 民生实业公司合川电灯厂 | 四川合川 | 2,000 | 39 | 80 | 维持原状 | | | | |
| | 大明电灯公司 | 四川江津 | 1,000 | 33 | 56 | 维持原状 | | | | |
| | 繁光电气公司 | 四川繁县 | 204 | | 50 | 维持原状 | | | | |
| | 耀龙电力公司 | 云南昆明 | 3,016 | 350 | 3,940 | 扩充 | | | | |
| | 汉光电灯公司 | 云南马关 | 200 | | 80 | 维持原状 | | | | |
| | 玉龙水电厂 | 云南下关 | | | 200 | 维持原状 | | | | |
| | 民众实业公司电力厂 | 云南昭通 | 200 | | 80 | 维持原状 | | | | |
| | 康定水力发电厂 | 西康康定 | 15,000 | 120 | 500 | 维持现状 | | | | |
| | 协康水力电厂 | 西康雅安 | | | | 维持原状 | | | | |
| | 宁夏电厂 | 宁夏 | 200 | 32 | 100 | 维持原状 | | | | |
| | 光耀电灯公司 | 广东梅县 | 120 | 28 | 260 | 维持原状 | | | | |
| | 新光电灯股份有限公司 | 新疆迪化 | 440 | 75 | 220 | 扩充 | | | | |
| 电力 | 伊犁实业公司发电厂 | 新疆伊犁 | 2,300 | 80 | 224 | 扩充 | | | | |

续表

| 类别 | 名称 | 地点 | 资金(千元) | 员工(人数) | 产量(千瓦) | 复员调整计划 | 所需调整资金数额黄金(元)国币(千元) | 所需调整器材 数量部-千瓦 | 所需调整器材 来源 | 备注 |
|---|---|---|---|---|---|---|---|---|---|---|
| | 永安电厂 | 福建永安 | 648 | 119 | 240 | 改组 | | | | 原省商合营拟改组为民营 |
| | 南平电厂 | 福建南平 | 2,568 | 71 | 283 | 改组 | | | | 原省商合营拟改组为民营 |
| | 漳州电厂 | 福建龙溪 | 200 | 37 | 180 | 改组 | | | | 原省商合营拟改组为民营 |
| | 沙县电厂 | 福建沙县 | 460 | 44 | 86 | 改组 | | | | 原省商合营拟改组为民营 |
| | 建瓯电厂 | 福建建瓯 | 351 | 30 | 130 | 改组 | | | | 原省商合营拟改组为民营 |
| | 巴县电力厂 | 四川巴县 | 40,000 | 160 | 1,000 | 维持 | | | | |
| | 开远水力发电厂 | 云南开县 | | 300 | 2,500 | 维持 | | | | |
| | 平桂矿务局电厂 | 广西桂平 | | | 3,200 | 维持 | | | | |
| | 北碚富源水力发电厂 | 四川北碚 | | | 240 | 维持 | | | | |
| | 立煌 | 安徽立煌 | 1,500 | | | 改组 | | | | 原省营拟改组为民营 |

附注：本表所列民营各电厂，在50千瓦以下者未经列入。本表所列器材与经费，以各该公司自理为原则，但购运器材，政府认为必要时，得酌予贴补或担保其向银行借款。

(三)一般工业

(1)现状调查

后方工厂呈准经济部登记者，截至三十三年十二月底止，共4,881家，就所在省市言，重庆市之1,287家为最多；次为四川之913家，湖南之890家，广西之351家，陕西之344家；再次为甘肃之199家，贵州之183家，云南之156

家,江西之148家,浙江之132家。就所属工业类别言,化工之1,358家为最多;次为纺织之969家,机器之894家,饮食品之599家;再次为五金制造之355家,服饰品之162家,冶炼之155家,印刷文具之148家,电器之132家;而其他工业之109家为最少。就国营及民营言,数量上民营工厂远较国营为多,规模设备方面,国营均较民营为大。

后方民营工业演进情形,可分为三个阶段:(一)为迁建时期。各厂努力于自身建厂工作,并为兵工各厂配制零件工作最为紧张。(二)为发展时期。各厂迁建完成,正式生产,适值滇缅路中断,物资之需要愈殷,故不独旧厂扩充,新设工厂尤多,燃料工业如动力酒精及代汽油,机器工业、工具机、工作机等,其尤著者也。(三)为滞销时期。盖以后方需要渐达饱和,加以物价波动;资金短绌,营业不振,各项工业均遭遇空前所未有之困难,尤以机器及钢铁两业最为显著。经济部筹集基金1万万元交由工矿调整处向各厂定制机器,平价转售各使用工厂,各机器厂恃以周转,勉可维持。钢铁工业以新工程未能发展,而各厂对于需要最切之钢板、钢管等未能制造,经营极为艰苦。三十三年下期,复以湘桂军事转进,各地工厂所受损失尤多。

民营工业产品种类甚多,对于抗战力量之增强,贡献甚大。三十三年全年重要产品实际产量,关于冶炼工业者有(一)灰口铁9,805吨,(二)钢5,653吨;关于机器工业者有(一)原动机6,005马力,工具机1,061部,(二)作业机2,967部;关于电工器材者有(一)电动机1.165马力,(二)变压器6,460kVA,(三)电灯泡850,000只;关于化工材料者有(一)硫酸743吨,(二)盐酸416吨,(三)烧碱1,306吨,(四)纯碱3,449吨,(五)漂白粉797吨,(六)水泥226,604桶,(七)动力酒精4,520,000加仑;关于民生日用者有(一)棉纱114,163件,(二)面粉2,881,000袋,(三)机制纸3,869吨,(四)皮革105,386张,(五)火柴33,394箱,(六)肥皂225,338箱,(七)铅笔52,500箩。以上各项产量,均较各业之生产能力为小,则以受原料、动力、销路等项之限制也。

(2)复员时情势之预测

复员开始,各项建设事业均在重新规划,短时期内机器及电工器材等之定制,势将减少,而直接消耗用品因物资缺乏关系,恐仍有不敷供应现象,后方工业大多数将暂维现状。惟各厂技工大多均系来自沿江沿海一带,一部分且未携有家属,复员初期当有若干波动。

(3)复员前准备事项

(子)复员前准备工作及其实施办法

由主管机关约计第一期所急需物资,为后方民营各厂所能自制,而不必赖输入或租借法案供给者,制定规范,扩大定制机器基金,分配各厂工作,一方面准备器材及工具供应各厂,俾增强生产,以应需要。

(丑)复员时应预为修订废除或增订之法令

修订:各工厂运送机器护照办法,审核民营工业购运外国机器办法。

增订:技术人才登记办法,技工登记办法。

(4)复员时实施办法

后方民营工业之复员,拟分以下五项分别进行调整:

(子)内迁颇具成绩者,协助恢复其原来所在地之总厂。

(丑)后方需要者,维持现状,如棉纺、面粉等业;其产品为复员所急需者,扩充其设备,如机器等业。

(寅)原料或业务不甚适宜者,协助迁移至原处恢复原厂。

(卯)湘桂一带工厂确有成绩者,协助恢复原厂。

(辰)规模较小,业务相同或相仿者,督导合并经营。

兹根据上项原则,就各业工厂调整计划分别列表如下:

### 后方民营工矿事业调整计划表

| 类别 | 名称 | 地点 | 资金数额（千元） | 员工人数 | 每年产量 | 复员时调整计划 | 所需调查资金数额（千元） | 所需调整器材 | | 备注 |
| --- | --- | --- | --- | --- | --- | --- | --- | --- | --- | --- |
| | | | | | | | | 数量 | 来源 | |
| 机器 | 民生公司机器厂 | 重庆 | 10,000 | 1,990 | 百吨以上蒸汽轮12艘 | 维持现状 | | 各种钢料100吨,铁料450吨,其他五金50吨 | | |
| | 顺昌公司铁工厂 | 重庆 | 2,500 | 263 | 细纱机、造纸机、环磨机各12部、鼓风机120部 | 内迁颇具成绩,应助其恢复总厂 | | 动力机100马力,工具机100部 | | |

## 续表

| 类别 | 名称 | 地点 | 资金数额（千元） | 员工人数 | 每年产量 | 复员时调整计划 | 所需调查资金数额（千元） | 所需调整器材 数量 | 来源 | 备注 |
|---|---|---|---|---|---|---|---|---|---|---|
| 机器 | 恒顺机器厂 | 重庆 | 5,000 | 425 | 蒸汽机及煤汽机6,000马力，水泵120部 | 内迁颇具成绩，应助其恢复总厂 | | 动力机100马力，工具机100部 | | |
| | 中国汽车公司华西分厂 | 重庆 | 5,500 | 417 | 720部柴油车之零件 | 内迁颇具成绩，应助其恢复总厂 | | 各种钢料100吨，铁料240吨，其他五金20吨 | | |
| | 公益纺织面粉机器厂 | 重庆 | 2,500 | 289 | 梳棉机36台，1,000袋面粉机二套 | 内迁颇具成绩，应助其恢复总厂 | | 生铁500吨，钢料50吨 | | |
| | 上海机器厂 | 重庆 | 650 | 181 | 水轮机及柴油机6,000马力，离心抽水机120部 | 内迁颇具成绩，应助其恢复总厂 | | 生铁200吨，钢料60吨 | | |
| | 大川实业公司机器厂 | 重庆 | 200 | 305 | 针120,000,000枚，石棉出品240吨 | 内迁颇具成绩，应助其恢复总厂 | | 各种钢铁及石棉原料400吨 | | |
| | 豫丰纱厂机器厂 | 重庆 | 20,000 | 270 | 粗纱机24部 | 内迁颇具成绩，应助其恢复总厂 | | 生铁500吨，钢料50吨 | | |
| | 合作五金公司 | 重庆 | 1,200 | 150 | 各种五金及卫生器材240吨 | 内迁颇具成绩，应助其恢复总厂 | | 铜皮及铁皮100吨，各种钢铁及五金100吨 | | |
| | 新民机器厂渝厂 | 重庆 | 1,200 | 128 | 各种工具机180部 | 维持现状扩充设备 | | 动力机60马力，工具机20部 | | |
| | 渝鑫钢铁厂机器厂 | 重庆 | 90,000 | 350 | 制造车、轧钢机车、货车等钢件1,200吨 | 内迁颇有成绩，应助其恢复总厂 | | 动力机100马力，工具机100部 | | |
| | 新昌实业公司机器厂 | 重庆 | 1,400 | 92 | 各种工具机180部 | 迁移 | | 钢铁及其他五金390吨 | | |
| | 允利实业公司机器厂 | 重庆 | 3,000 | 42 | 大小型面粉机12套 | 内迁颇有成绩，应助其恢复总厂 | | 工作机15套，2,000面粉机1套 | | |
| | 中国兴业公司机器厂 | 重庆 | | | | 维持现状增加设备 | | 钢料、生铁及其他五金500吨 | | |

续表

| 类别 | 名称 | 地点 | 资金数额（千元） | 员工人数 | 每年产量 | 复员时调整计划 | 所需调查资金数额（千元） | 所需调整器材 数量 | 所需调整器材 来源 | 备注 |
|---|---|---|---|---|---|---|---|---|---|---|
| 机器 | 中国植物油料厂铁工厂 | 重庆 | 1,000 | 132 | 锅炉8,000平方尺,热面榨油机12部 | 迁移 | | 钢板388,000磅,钢管67,000□呎,生铁及其他178吨 | | |
| | 三北机器造船厂 | 重庆 | 1,000 | 209 | 10吨以上汽轮12艘,并修理轮只 | 迁移 | | 钢料、生铁及其他五金200吨 | | |
| | 惠工铁工厂 | 重庆 | 1,000 | 65 | 各种工具机120部 | 维持现状增加设备 | | 工作机80部,精制机器5部 | 英国自造 | |
| | 洪发利机器厂 | 重庆 | 87,250 | 271 | 锅炉16,000平方尺,热面各种工具机及作业机120部 | 迁移 | | 工具机60部,动力机60马力 | | |
| | 精一科学器械厂 | 重庆 | 330 | 55 | 绘图仪器6,000付,各种工具12,000件 | 迁移 | | | | |
| | 震旦机器厂 | 重庆 | 1,100 | 120 | 救火车及小型汽油机各36部,灭火机4,000具 | 迁移 | | 各种五金器材100部 | | |
| | 工矿建设公司机器厂 | 重庆 | 10,000 | 63 | 并条机18节,500袋面粉机2套 | 内迁颇有成绩,应助其恢复总厂 | | 钢料及铁55吨 | | |
| | 兴国工矿公司机器厂 | 重庆 | 10,000 | 85 | 缝纫机1,200部 | 内迁颇有成绩,应助其恢复总厂 | | 钢料、铁料75吨,工具机50部 | | |
| | 东原公司中国实业机器厂 | 重庆 | 3,000 | 230 | 缝纫机1,200部 | 内迁颇有成绩,应助其恢复总厂 | | 钢料、铁料及其他五金360吨 | | |
| | 新中工程股份有限公司 | 祁阳 | 1,000 | 700 | 煤汽机、蒸汽机6,000马力及其他机器 | 协助恢复原厂 | | 动力机150马力,工具机164部 | | |
| | 新民机器厂湘厂 | 祁阳 | 4,200 | 341 | 各种工具机240部 | 协助恢复原厂 | | 动力机50马力,工具机40部 | | |
| | 大中机器厂 | 桂林 | 700 | 146 | 各种五金用品120吨 | 协助恢复原厂 | | 动力机50马力,工具机50部 | | |
| | 六河沟制铁公司桂林机厂 | 桂林 | 500 | 146 | 冶炼用机器120部,工具机120部 | 协助恢复原厂 | | 动力机40马力,工具机34部 | | |

续表

| 类别 | 名称 | 地点 | 资金数额（千元） | 员工人数 | 每年产量 | 复员时调整计划 | 所需调查资金数额（千元） | 所需调整器材 | | 备注 |
| --- | --- | --- | --- | --- | --- | --- | --- | --- | --- | --- |
| | | | | | | | | 数量 | 来源 | |
| 机器 | 中国汽车制造公司桂林分厂 | 桂林 | 1,000 | | 弹力承轴2,400付及720部卡车零件 | 协助恢复原厂 | | 动力机100马力,工具机80部 | | |
| | 华中铁厂 | 桂林 | 3,000 | 92 | 各种工具机96部 | 协助恢复原厂 | | 动力机20马力,工具机21部 | | |
| | 循规机厂 | 桂林 | 300 | | 半吨至1吨造纸机6套,各种活塞环12,000付 | 协助恢复原厂 | | 动力机25马力,工具机23部 | | |
| | 中华铁工厂 | 柳州 | 2,500 | 112 | 各种工具机120部 | 协助恢复原厂 | | 动力机30马力,工具机29部 | | |
| | 经纬纺织公司柳州分厂 | 柳州 | 2,700 | 84 | 纱锭7,200套,钢领圈7,200套 | 协助恢复原厂 | | 动力机25马力,工具机26部 | | |
| | 雍兴公司西北机器厂 | 陕西蔡家坡 | 2,000 | 669 | 各种工具机360部 | 维持现状扩充设备 | | 动力机50马力,工具机44部 | | |
| | 西京机器厂 | 西安 | 5,200 | 162 | 各种工具机240部 | 维持现状扩充设备 | | 动力机20马力,工具机27部 | | |
| | 申新纺织公司机器修造厂 | 宝鸡 | | 320 | 纱锭7,500锭,零件12,000件 | 维持现状扩充设备 | | 动力机50马力,工具机47部 | | |
| | 洪顺机器厂 | 宝鸡 | 165 | | 轧花机及弹花机240部 | 维持现状扩充设备 | | 动力机10马力,工具机10部 | | |
| | 西京机器修造厂 | 西京 | 6,500 | 207 | 各种工具机180部 | 维持现状扩充设备 | | 动力机20马力,工具机19部 | | |
| | 广西纺织机械厂 | | 10,000 | 200 | 细纱机24部 | 协助恢复原厂 | | 动力机100马力,工具机104部 | | |
| | 工具机械类 | | 27,000 | 764 | 各种工具机720部 | 协助改良设备提高技术增加生产数量一部分予以归并 | | 动力机100马力,工具机100部 | | |
| | 动力机类 | | 4,665 | 266 | 各种动力机3,000马力 | 协助改良设备提高技术增加生产数量一部分予以归并 | | 钢料50吨,铁料300吨,工具机35部 | | |
| | 印刷机类 | | 4,720 | 140 | 各种印刷机 | 协助改良设备提高技术增加生产数量一部分予以归并 | | | | |

续表

| 类别 | 名称 | 地点 | 资金数额（千元） | 员工人数 | 每年产量 | 复员时调整计划 | 所需调查资金数额（千元） | 所需调整器材 | | 备注 |
|---|---|---|---|---|---|---|---|---|---|---|
| | | | | | | | | 数量 | 来源 | |
| 机器 | 卷烟机类 | | 430 | 17 | 24部 | 维持现状 | | | | |
| | 纺织机类 | | 9,100 | 940 | 各种纺纱机600,及纺织机零件 | 协助改良设备,提高技术增加生产数量 | | 钢料50吨,生铁500吨,工具机165部 | | |
| | 化工机械类 | | 1,836 | 92 | 炼油机及其他化工机器120部 | 协助改良设备,提高技术增加生产数量 | | | | |
| | 农业品加工机类 | | 6,020 | 236 | 各种农村用机器1,200部 | 协助改良设备,提高技术增加生产数量 | | 钢料、生铁300吨,工具机70部 | | |
| | 液体输送机类 | | 7,450 | 159 | 水泵及其他液体输送机240部 | 协助改良设备,提高技术增加生产数量 | | 钢料、生铁300吨,工具机30部 | | |
| | 气体输送机类 | | 4,575 | 108 | 鼓风机及其他气体输送机240部 | 协助改良设备,提高技术增加生产数量 | | 钢料、生铁200吨,工具机20部 | | |
| | 船舶及船用机械类 | | 3,130 | 233 | | 协助改良设备,提高技术增加生产数量 | | 钢料、生铁及其他五金200吨 | | |
| | 锻冲剪轧机类 | | 6,880 | 134 | 各种锻冲剪轧机240部 | 协助改良设备,提高技术增加生产数量 | | | | |
| | 工具类 | | 4,966 | 133 | 锉刀、钻头及其他各种工具6,000件 | 协助改良设备,提高技术增加生产数量 | | 各种钢铁240吨,工具机25部 | | |

续表

| 类别 | 名称 | 地点 | 资金数额（千元） | 员工人数 | 每年产量 | 复员时调整计划 | 所需调查资金数额（千元） | 所需调整器材 数量 | 所需调整器材 来源 | 备注 |
|---|---|---|---|---|---|---|---|---|---|---|
| 机器 | 五金器材类 | | 31,455 | 270 | 各种五金器材320吨 | 协助改良设备，提高技术增加生产数量 | | 铜皮及铁皮130吨，各种钢伕及五金130吨，工具机150部 | | |
| | 器具类 | | 620 | 92 | 银箱及其他器具500个 | 协助改良设备，提高技术增加生产数量 | | 铁料及五金350吨 | | |
| | 文具仪器类 | | 800 | 42 | 各种文具仪器12,000件 | 协助改良设备，提高技术增加生产数量 | | | | |
| | 修造机件类 | | 8,762 | 427 | 修理机器2,500部，机件125,000件 | 改良设备 | | 钢铁材料100吨，工具机105部 | | |
| | 汽车配件类 | | 7,897 | 339 | 各种汽车配件12,000件 | 改良设备 | | 钢铁材料100吨，工具机95部 | | |
| | 罐头及冲压制器类 | | 1,780 | 46 | 罐盒及其他冲压制品360,000只 | 协助扩充设备，增加生产 | | 铁皮及各种钢铁100吨，工具机10部 | | |
| | 铸工制品类 | | 4,460 | 364 | 翻铸各种机器零件4,680吨 | 改良技术提高工作效能 | | 铸工设备 | | |
| | 锻工制品类 | | 112 | 20 | 锻制各种机器零件720吨 | 改良技术提高工作效能 | | 锻工设备 | | |
| 电机电器 | 华生电器厂 | 重庆 | 2,500 | 220 | 变压器10,000千伏安、马达2,000马力、发电机2,000千伏安 | 迁移扩充 | | 矽钢片100吨，钢板生铁280吨，钢管5,500寸尺，铜线50吨 | | |
| | 中国建设工程公司电机制造厂 | 重庆 | 2,000 | 205 | 变压器6,000千伏安、马达2,000马力、发电机500千伏安 | 维持现状，增加设备，并扩充河口及上海厂 | | 矽钢片、钢板、生铁、铜线400吨，工具机50部 | | |
| 电机电器 | 西亚电器厂 | 重庆 | 5,000 | 123 | 电灯泡360,000枚 | 迁移扩充 | | 自动吹玻璃壳机心、挂机封口机、排气机等14部，钨丝、钼丝等1,600,000公尺 | | |

续表

| 类别 | 名称 | 地点 | 资金数额（千元） | 员工人数 | 每年产量 | 复员时调整计划 | 所需调查资金数额（千元） | 所需调整器材 数量 | 所需调整器材 来源 | 备注 |
|---|---|---|---|---|---|---|---|---|---|---|
| | 中华无线电社 | 重庆 | 500 | 130 | 无线电讯机600部，手摇发电机400部，移动发电机200部 | 扶植扩充供应电信需要 | | 矽钢片、漆包线、丝包线、真空管等器材 | | |
| | 华成电器厂 | 衡阳 | 11,200 | 200 | 马达4,800马力，变压器6,000千伏安，发电机1,000千伏安 | 协助恢复原厂 | | 动力机100马力，工具机53部，矽钢片、钢板、生铁400吨 | | |
| | 电机类 | | 2,400 | 320 | 变压器10,000千伏安，马达3000马力，发电机2,000千伏安 | 协助改良设备，提高技术，增加生产 | | 矽钢片、钢板生铁、铜线等材料450吨 | | |
| | 电讯器材类 | | 1,800 | 240 | 无线电讯机200部，电话机100部 | 协助改良设备，提高技术，增加生产 | | 漆包线、丝包线、橡皮线、真空管、传话器、扬声器等器材 | | |
| | 电工器材类 | | 7,200 | 960 | 电表500只，铜线100吨，灯泡700,000只，各种电池200,000打 | 协助改良设备，提高技术，增加生产 | | 锌皮、铅粉、锰粉、炭精、棒钨丝钼丝材料 | | |
| 酸 | 中国造酸公司 | 重庆 | 1,000 | 53 | 硫酸480吨，盐酸10吨 | 维持原状 | | | | |
| | 大利造酸厂 | 昆明 | 370 | 21 | 硫酸100吨，盐酸20吨 | 维持原状 | | | | |
| | 集成三酸厂 | 西安 | 120 | 100 | 硫酸180吨，硝酸40吨，盐酸15吨 | 维持原状 | | | | |
| 碱 | 永利化学公司 | 犍为 | 25,000 | 748 | 纯碱2,000吨 | 维持原状 | | | | |
| | 天原电化厂 | 重庆 | 3,000 | 120 | 烧碱2,000吨，盐酸700吨，漂粉1,000 | 液体烧碱 | | | | |
| | 天原电化厂宜宾分厂 | 宜宾 | 8,000 | | 固体烧碱 | | | | | |
| | 嘉裕碱厂 | 乐山 | 400 | 74 | 纯碱500吨 | 维持原状 | | | | |
| | 裕民碱厂 | 彭山 | 250 | 80 | 纯碱300吨 | 维持原状 | | | | |

续表

| 类别 | 名称 | 地点 | 资金数额（千元） | 员工人数 | 每年产量 | 复员时调整计划 | 所需调查资金数额（千元） | 所需调整器材 数量 | 所需调整器材 来源 | 备注 |
|---|---|---|---|---|---|---|---|---|---|---|
| 碱 | 开济 | 彭山 | 600 | 120 | 纯碱150吨 | 维持原状 | | | | |
| 橡胶 | 普利 | 泸县 | 5,000 | 52 | 刹车带80,000公尺，刹车油碗等480,000只 | 维持原状 | | | | |
| | 中南 | 重庆 | 1,000 | 129 | 翻制旧轮胎及补内胎等 | 维持原状 | | | | |
| 水泥 | 四川水泥公司 | 重庆 | | | 水泥144,000桶 | | | | | |
| | 华新水泥公司 | 昆明辰溪 | | | 水泥144,000桶 | | | | | |
| | 嘉华 | 乐山 | | | 水泥3,600桶 | | | | | |
| | 江西 | 秦和 | | | 水泥2,400桶 | | | | | |
| | 贵州 | 贵阳 | | | 水泥3,600桶 | | | | | |
| 面粉 | 复兴面粉公司 | 渝牛角沱 | 4,000 | 177 | 每日1,900袋 | 维持原状 | | | | |
| | 福民面粉公司 | 渝红砂碛 | 8,000 | 119 | 每日1,200袋 | 维持原状 | | | | |
| | 天成面粉公司 | 渝猫儿石 | 2,000 | 78 | 每日700袋 | 维持原状 | | | | |
| | 福新面粉公司渝厂 | 渝猫背沱 | 1,500 | 44 | 每日500袋 | 维持原状 | | | | |
| | 岁丰面粉公司 | 渝王家沱 | 600 | 8 | 每日400袋 | 维持原状 | | | | |
| | 兆丰面粉厂 | 成都 | | 53 | 每日500袋 | 维持原状 | | | | |
| | 建成面粉厂 | 成都 | 2,000 | 88 | 每日400袋 | 维持原状 | | | | |
| | 裕民面粉公司 | 四川长寿 | 1,000 | 32 | 每日200袋 | 维持原状 | | | | |
| | 永同面粉公司 | 四川綦江 | 1,000 | 60 | 每日200袋 | 维持原状 | | | | |
| | 允利公司万县面粉厂 | 四川万县 | 1,600 | 50 | 每日250袋 | 维持原状 | | | | |
| | 大兴面粉厂 | 贵州遵义 | 1,000 | 91 | 每日600袋 | 维持原状 | | | | |
| | 嘉农面粉厂 | 滇昆明 | 4,600 | 100 | 每日500袋 | 维持原状 | | | | |
| | 成丰面粉厂 | 西安 | 1,360 | 210 | 每日3,500袋 | 维持原状 | | | | |

续表

| 类别 | 名称 | 地点 | 资金数额（千元） | 员工人数 | 每年产量 | 复员时调整计划 | 所需调查资金数额（千元） | 所需调整器材 数量 | 所需调整器材 来源 | 备注 |
|---|---|---|---|---|---|---|---|---|---|---|
| 面粉 | 华峰面粉公司 | 西安 | 600 | 246 | 每日3,500袋 | 维持原状 | | | | |
| | 秦记和合面粉厂 | 西安 | 1,000 | 100 | 每日500袋 | 维持原状 | | | | |
| | 永丰面粉公司 | 西安 | 3,000 | 74 | 每日500袋 | 维持原状 | | | | |
| | 福豫面粉公司 | 西安 | 2,200 | 214 | 每日2,000袋 | 维持原状 | | | | |
| | 大新面粉厂 | 陕西宝鸡 | 900 | 140 | 每日12,000袋 | 维持原状 | | | | |
| | 福新面粉公司宝鸡厂 | 陕西宝鸡 | 合渝天水共4,000 | 74 | 每日2,000袋 | 维持原状 | | | | |
| | 象丰面粉公司 | 陕西渭南 | 300 | 75 | 每日500袋 | 维持原状 | | | | |
| | 襄城三泰面粉公司 | 陕西襄城 | 5,000 | 51 | 每日400袋 | 维持原状 | | | | |
| | 福新面粉公司天水厂 | 甘肃天水 | 合渝宝共4,000 | 42 | 每日400袋 | 维持原状 | | | | |
| | 兰州面粉公司 | 甘肃兰州 | 由雍兴公司拨给 | 130 | 每日500袋 | 维持原状 | | | | |
| | 惠民实业公司 | 四川泸州 | 10,000 | 64 | 每日250袋 | 维持原状 | | | | |
| 棉纺织 | 裕华 | 重庆南岸 | 6,000 | 2,395 | 棉纱1,044件 | 维持原状 | | | | |
| | 申新渝厂 | 重庆南岸 | 4,500 | 1,659 | 棉纱514件 | 维持原状 | | | | |
| | 豫丰渝厂 | 重庆小龙坎 | 4,200 | 2,210 | 棉纱900件 | 维持原状 | | | | |
| | 沙市 | 重庆南岸 | 1,000 | 785 | 棉纱642件 | 维持原状 | | | | |
| | 中国纺织企业公司 | 重庆沙坪坝 | 20,000 | 750 | 棉纱32件 | 维持原状 | | | | |
| | 维昌 | 重庆江北 | 2,000 | 253 | 棉纱139件 | 维持原状 | | | | |
| | 新民 | 重庆沙坪坝 | 700 | 65 | 棉纱9件 | 维持原状 | | | | |
| | 豫丰合厂 | 四川合川 | | 2,334 | 棉纱1,160件 | 维持原状 | | | | |
| | 申新蓉厂 | 成都 | 10,000 | 550 | 棉纱45件 | 维持原状 | | | | |

续表

| 类别 | 名称 | 地点 | 资金数额（千元） | 员工人数 | 每年产量 | 复员时调整计划 | 所需调查资金数额（千元） | 所需调整器材 数量 | 所需调整器材 来源 | 备注 |
|---|---|---|---|---|---|---|---|---|---|---|
| 棉纺织 | 申新宝鸡厂 | 陕西宝鸡 | 5,800 | 3,529 | 棉纱1,130件 | 维持原状 | | | | |
| | 裕华蓉厂 | 成都 | 12,000 | 250 | | 维持原状 | | | | |
| | | 陕西咸阳 | 6,000 | 1,028 | 棉纱460件 | 维持原状 | | | | |
| | | 陕西蔡家坡 | 5,000 | 738 | 棉纱480件 | 维持原状 | | | | |
| | 大华西安厂 | 陕西西安 | 6,000 | 2,646 | 棉纱1,040件 | 维持原状 | | | | |
| | 大华广元厂 | 四川广元 | 19,000 | 1,580 | 棉纱240件 | 维持原状 | | | | |
| | 广西 | 桂林 | 9,000 | 690 | 棉纱90件 | 维持原状 | | | | 因战争关系，全部损失 |
| | 湖南第一厂 | 湖南黔阳 | 2,400 | 1,450 | 棉纱550件 | 维持原状 | | | | |
| | 裕滇 | 昆明 | 20,000 | 1,100 | 棉纱10件 | 维持原状 | | | | |
| | 云南 | 昆明 | 10,000 | 1,066 | 棉纱280件 | 维持原状 | | | | |
| 染织 | 大明 | 重庆北碚 | 10,000 | 750 | 布匹9,700匹 | 维持原状 | | | | |
| | 宝星 | 重庆江北 | 4,000 | 81 | 布匹400匹，印绸360匹 | 维持原状 | | | | |
| | 苏州 | 重庆南岸 | 500 | 55 | 布匹360匹 | 维持原状 | | | | |
| | 振昆 | 昆明 | 2,000 | 70 | 布匹250匹，毛巾620 | 维持原状 | | | | |
| 染整 | 东禾 | 重庆南岸 | 1,500 | 30 | 染布9,000匹 | 维持原状 | | | | |
| | 协丰 | 重庆 | 1,500 | 20 | 染布4,000匹 | 维持原状 | | | | |
| | 和兴庆记 | 重庆南岸 | 200 | 45 | 染布2,000匹 | 维持原状 | | | | |
| | 新兴 | 四川乐山 | 1,200 | 86 | 绸3,000匹，染绸1,800 | 维持原状 | | | | |
| | 西京利秦 | 陕西西安 | 45 | 165 | 染布12,000匹 | 维持原状 | | | | |
| 毛纺织 | 中国 | 四川巴县 | 12,000 | 783 | 毛呢24,142公尺 | 维持原状 | | | | |

续表

| 类别 | 名称 | 地点 | 资金数额（千元） | 员工人数 | 每年产量 | 复员时调整计划 | 所需调查资金数额（千元） | 所需调整器材 数量 | 所需调整器材 来源 | 备注 |
|---|---|---|---|---|---|---|---|---|---|---|
| 毛纺织 | 川康 | 四川犍为 | 20,000 | 456 | 6,233公尺 | 迁移 | 国币3,000万元 | | | 该厂原在犍为，战时拟设成都 |
| | 民治 | 重庆沙坪坝 | 4,000 | 303 | 8,244公尺 | 维持原状 | | | | |
| | 厚生 | 成都 | 5,000 | 335 | 10,066公尺 | 归并 | | | | |
| | 官泉 | 天水官泉 | 5,000 | 277 | 2,350公尺 | 归并 | | | | |
| | 西北 | 陕西泾阳 | 1,400 | 176 | 3,175公尺 | 维持原状 | | | | |
| | 福民 | 重庆江北 | | | | 归并 | | | | 该厂已于卅三年十二月一日停工 |
| | 大秦 | 陕西西安 | | | | 维持原状 | | | | |
| 麻织 | 万县 | 四川万县 | 1,300 | 774 | 麻袋4,551只 | 维持原状 | | | | |
| | 华义 | 广西桂林 | 600 | 64 | 麻袋600只 | 归并 | | | | |
| | 成城 | 重庆 | 3,000 | 30 | 麻袋2,000只 | 归并 | | | | |
| | 中国企业协合公司长寿麻织厂 | 四川长寿 | 10,000 | | | | | | | 尚在筹备中 |
| | 广东省麻织厂 | 广东信宜 | 42,894 | 109 | 麻袋90,000只 | 维持原状 | | | | |
| | 西南 | 四川北碚 | 300 | 207 | 麻交布37,800尺 | 维持原状 | | | | |
| 缫丝 | 云南蚕业新村公司丝厂 | 云南草坝站 | 25 | 245 | 生丝20关担 | 维持原状 | | | | |
| | 贵州丝织厂 | 贵州遵义 | 400 | 95 | 生丝1关担 | 维持原状 | | | | |
| | 四川丝业公司 | 四川 | 12,000 | 1,741 | 生丝222关担 | 维持原状 | | | | |

续表

| 类别 | 名称 | 地点 | 资金数额（千元） | 员工人数 | 每年产量 | 复员时调整计划 | 所需调查资金数额（千元） | 所需调整器材 | | 备注 |
|---|---|---|---|---|---|---|---|---|---|---|
| | | | | | | | | 数量 | 来源 | |
| 丝织 | 华美织绸厂 | 四川乐山 | 500 | 104 | 绸10,000公尺 | 归并 | | | | |
| | 龙兴绸厂 | 四川乐山 | 1,000 | 122 | 绸9,000公尺 | 维持原状 | | | | |
| | 永华织绸厂 | 成都 | 3,000 | 86 | 绸3,000公尺 | 维持原状 | | | | |
| | 利国印染纺织厂 | 四川南充 | 10,000 | 293 | 绸6,000公尺 | 维持原状 | | | | |
| | 普益经纬公司 | 四川乐山 | 200 | 177 | 绸3,600公尺 | 维持原状 | | | | |
| | 美亚织绸厂 | 四川乐山 | 4,000 | 367 | 绸18,000公尺 | 维持原状 | | | | |
| | 华源织绸厂 | 四川磁器口 | 3,600 | 127 | 绸2,320公尺 | 维持原状 | | | | |
| | 云南蚕丝公司丝织厂 | 昆明 | 10,000 | 217 | 绸4,468公尺 | 维持原状 | | | | |

### 后方民营工矿事业调整计划所需员工估计表

| 事业类别＼员工数额 | 职员 | 工人 | 员工合计 |
|---|---|---|---|
| 矿冶工业 | 350 | 5,000 | 5,350 |
| 电气事业 | 30 | 150 | 180 |
| 机械工业 | | | 暂维原状 |
| 化学工业 | | | 暂维原状 |
| 其他工业 | | | 暂维原状 |
| 总计 | 380 | | |

### 后方民营工矿事业调整计划所需器材估计表

| 事业类别 | 所需物资吨数(公吨) | 来源 | 备注 |
|---|---|---|---|
| 矿冶工业 | 11,000 | 国外购运 | |
| 电气事业 | 27,000 | 国外购运 | |
| 机械工业 | 11,400 | 国外购运 | |

续表

| 事业类别 | 所需物资吨数(公吨) | 来源 | 备注 |
|---|---|---|---|
| 化学工业 | | | 暂行维持现状 |
| 纺织工业 | | | 暂行维持现状 |
| 其他工业 | | | 暂行维持现状 |
| 总计 | 49,400 | | |

后方民营工矿事业调整计划所需经费估计表

| 事业类别 | 国币(千元) | 美金 | | 合计国币 |
|---|---|---|---|---|
| | | 原币(千元) | 按30元合百元国币 | |
| 矿冶工业 | 17,000 | 2,500 | 8,333 | 25,333 |
| 电气事业 | 10,800 | 6,480 | 21,600 | 32,400 |
| 机械工业 | 2,734 | 540 | 1,800 | 4,534 |
| 其他工业 | 2,000 | 540 | 1,800 | 3,800 |
| 总计 | 32,534 | 10,060 | 33,533 | 66,067 |

[行政院档案]

## 2. 萧伯修拟利华橡胶厂复员计划大纲(1945年3月26日)

一、重庆分厂

为鉴于后方工业建设之不易,无论平时或万一时,此后方重镇之重庆有保留一橡胶业据点之必要,故重庆分厂不拟遣移。并在不添设备,紧缩开支,扩大生产,以胶底为主要出品之原则下,仍照常工作,供应西南需要。其所需运用之资金即以现在情况勉可维持,然亦无过剩资金调拨其他分厂使用。

二、上海分厂

但为扩大业务争取新的市场计,决定第一步先在上海成立分厂,取得海口联络作原料及产品运销之指挥中枢,并以制造胶鞋、球胆、雨衣、热水袋为主要出品,以上海各种取口容易发展当可迅速达成目的。此厂正请求经济部指拨敌伪厂交下经营,如获批准则便利多多,至计需运用资金约为1亿元,须以新增资补充之。

三、株洲总厂

再为拥护工业化国策计,第二步即在固定重工业区株洲或下摄司或长沙一带成立较大规模之永久性总厂,机器设备正请求救济总署指拨国外输入工业救济部分之橡皮机器交本厂经营,制造各种民生日用品,此厂当中南区交通中心,其补助原料可全部取自湖南;加以此区人口繁密,工食低廉,销场广大,为橡胶工业之处女地带,前途希望无限,至其所需资金暂定50万元,作购地建屋及次第主办附属原料工厂所需之用,以后可陆续将渝沪两厂利得资金向株洲厂转移,必要时再行募集之。

四、桂林分厂

产西不产原料,均需取自国外与湖南,故桂林设厂价值不若湖南,且该地厂屋被毁□□,两间完好,所遗笨重机件约8吨,及其残留金城江器材约13吨,均零件不甚完全,除已派员留桂及托人在金保管外,当俟交通正常恢复时将桂金存件已运湘集中交总厂使用,桂林分厂正俟结束。

五、榆树湾分厂

该厂补胎及卡车营运业务目前免可维持,但亦在紧缩中,暂兼负靖县、三江等地遗存器材之保管责任,一俟该地器材运总厂集中后此厂再视情形或续或裁尚难决定。总上情形,故应决定事项为:

(一)应增资为1亿元,积极进行在沪设厂;(二)除目前应力图【撙】节开支外,对于新进高超技术□业务人员之引进积极进行,以为扩展业【务】。

萧伯修拟

三十四年三月二十六日

本厂股金其所以定为每股1万元者,意在使本厂之事业与社会各界人事发生密切之关系,财多雄厚者固可为本厂股东,而经济不甚充裕有志工业之人士,亦得为本厂股东,俾本厂在各界人士爱护之下能发扬光大,完成其使命也。

[利华橡胶厂档案]

## 3. 商务日报有关亚浦耳电器厂复员计划的访问记(1945年8月30日)

（本报专访）亚浦耳电厂灯泡厂总经理胡西园氏拟即往上海，记者往访询问该厂复员计划。胡氏称：上海总厂占地有20亩光景，厂里有花园、运动场及大批□□，设备相当完善。因此沦陷以后，给日本人占去作为宪兵司令部，也因为住了宪兵，浪人不敢进去，因此房屋并无多大损坏，机器也没有被人偷去。现在日本人投降以后退出，产业可免破坏。总厂方面大致没有多大损失。民国二十年为了维持200多员工的生活，在小沙渡设立了分厂，存在租界上的机器原料都没有大损失，所以上海总厂的恢复工作并不很困难。人员也齐全，并且预备把小沙渡的分厂合并到总厂去。只要同上海的电报一通，就可以进行。西亚机器厂预备仍旧留在此地。我认为后方的工业将来一定有大发展，远远可以顾到后方几省的需要。新亚□水瓶厂准备搬到汉口去，因为汉口交通便利，原料来源容易。以下胡氏告诉记者未来扩展业务的计划。胡氏预备除恢复上海总厂，并大加扩充，以及保留重庆的灯泡厂外，并在天津汉口设立分厂。上海厂之市场以东南各省、南洋、台湾为目标。希望争取过去日本在南洋与台湾的市场。以前日本工业界有政治势力作为后盾。现在情势反过来，于中国工业界有利了。天津厂预备做供应华北各省、东三省和朝鲜的需求。汉口厂则供应华中各省，并拟在汉口大□新品，我们也要自造。胡氏预备以后重庆厂添造□□泡，上海总厂则制造各样新式灯泡。胡氏要求国人，以后要去除以用外国货为时髦的心理，要提倡非中国货不用。因为只有提倡国货，使工业家获得利润，才能谈改良。对于政府的管制，胡氏以为有利亦有弊，以后管制渐渐取消，民营工业视不救，即将来中国工业化工作中将失却一批人才，因为现在工厂中很多经历了奋斗的老手，失去是实为可惜的。同时，政府应有协助计划，□种厂应设于某处。过去工厂集中海□是一种失策……

[1945年8月30日重庆商务日报]

## 4. 渝鑫钢铁厂复员计划调查表(1945年9月)

渝鑫钢铁厂

1945年9月复员计划概述

查本厂原名大鑫钢铁工厂,旧厂基地房屋尚完好,且当有未经迁渝一部分之器械当即应用,若能早日迁还,即可复工开业。

| | |
|---|---|
| 抗战前原设厂地点 | 上海杨树浦齐物浦路 |
| 拟迁移地点 | 上海杨树浦齐物浦路 |
| 迁移之运输途径 | 由重庆经宜昌、汉口水运至沪 |
| 迁移之机器部数(车、刨床、钻等分类) | 刨床(5)、钻(2)、大小轧钢机(3) |
| 迁移之机器总重量(公吨) | 约150吨 |
| 迁移之材料成品半成品重量(公吨) | 250吨 |
| 迁移物品之最大件重量(公吨) | 9吨 |
| 迁移之员工人数(附连眷属人数) | 400人 |
| 复员后之出品种类 | 各种钢铁器材 |
| 复员建厂所需地亩(平方公尺) | 原有旧址面积为800方丈应设法在原址东边空地扩充1倍 |
| 复员建厂所需房屋建筑(平方公尺) | 应新建200方丈厂房两所 |
| 复员建厂所需添置之机器 | 300kW及800kW同期马达各1座 |
| 复员建厂所需动力总数 | 200kW |
| 其他 | 敌人中山等钢厂所有炼钢设备应请收归本厂应用 |

[渝鑫钢铁厂档案]

## 5. 迁川桂工厂联合会到沪会员名单(1946年2月20日)[①]

(以报到先后为准)

| 厂名 | 负责人 | 通讯处 |
|---|---|---|
| 上海机器厂 | 颜耀秋 | 东长治路553号 |
| 新民机器厂 | 胡厥文<br>翁六皆 | 牛庄路734号 |

---

① 此件沿用迁川桂工厂联合会驻沪办事处抄寄时间。

续表

| 厂名 | 负责人 | 通讯处 |
| --- | --- | --- |
| 中国建设工程公司 | 陈祖光 | 江西路368号、上海银行大厦314号 |
| 合作五金制造公司 | 胡叔常 | 牛庄路734号、东长治路553号 |
| 华成电器厂 | 周锦水 | 广东路153号 |
| 大中机器厂 | 樊景云<br>龚积成 | 雷米路雷米坊15号 |
| 顺昌公司铁工厂 | 徐兆民 | 戈登路北滨榔路口1034弄14号 |
| 恒顺机器厂 | 周茂柏 | 戈登路906号10号 |
| 震旦机器厂 | 薛威麟 | 浙江路596号 |
| 中华铁工厂 | 傅守璞 | 江西路396号 |
| 华生电器制造厂 | 袁宗耀 | 福建路431号 |
| 鼎丰制造厂 | 沃鼎卧 | 金神父路252号 |
| 庆丰颜料化学厂 | 乐作霖 | 福建路140弄12号 |
| 华丰机器厂 | 周世海 | 宁波路500号 |
| 美艺钢器公司 | 王季平 | 中正路纱花大楼331号 |
| 华新电气冶金公司 | 唐讃之 | 齐物浦路10号鱼市场 |
| 顺兴化学机械制造厂 | 谢天沙 | 马郎路新民邨36号 |
| 利华橡胶厂 | 萧伯修 | 河南路天津路口永利大楼504号 |
| 佛慈大药厂 | 冯明政 | 吕班路三德坊35号 |
| 惠工铁工厂 | 陈元章 | 马白路143号亚南厂转 |
| 大川实业公司 | 尹致中<br>吴叔臣 | 买西义路220号 |
| 新中铁工厂 | 陈百权 | 四川路185号陈秉衡转 |
| 中国标准铅笔厂 | 吴羹梅 | 四爱成斯路郑家弄51号 |
| 中和化工公司 | 承纪元 | 四爱成斯路郑家弄51号 |
| 大成化学工业公司 | 杨公庶 | 蒲石路杜美新村6号 |
| 立丰皮革制造厂 | 刘锡卿 | □园路1407弄2号 |
| 合成机器厂 | 刘锡树 | 紫阳路宝安坊29号□□□ |
| 振西搪瓷工厂 | 李开云 | 紫阳路宝安坊29号□□□ |
| 中华机器造船厂 | 叶竹 | 金陵路12号 |

续表

| 厂名 | 负责人 | 通讯处 |
| --- | --- | --- |
| 新昌机器厂 | 罗孟泉 | 金陵路34号1号五丰行转 |
| 东禾染整厂 | 沈鼎三 | 泰山路和合坊42号 |
| 新中工程公司 | 朱庭筠<br>钟兆林 | 江西路368号上海银行大楼309室 |
| 陈信记翻砂铁工厂 | 陈德泉 | 枯州路321号 |
| 经济部中国植物油料厂 | 朱孔惠 | 江西路170号3楼347号 |
| 上海冠成织造厂 | 万权发 | 汉口路金山饭店414号 |
| 益申电池厂 | 贺师能 | 宁波路[以下不清] |
| 新华搪瓷厂 | 陈歆馥 | 吉祥街30号振华号 |
| 中新工厂 | 吕时新 | 江西路1号 |
| 冠生园食品公司 | 冼冠生<br>黄翰良 | 南京路445至459号 |
| 大成纱厂 | 刘汉堃 | 北山东路48号 |
| 中华无线电社 | 朱凯风 | 广东路180号 |
| 美华油漆厂 | 宋家祥 | 天宝路704号 |
| 中南联合工厂 | 陈炳勋 | 牛庄路734号 |
| 培成机器厂 | 张礼运 | 河南路北京路景云大楼2楼202号 |
| 上海姜孚第一机器厂 | 王渭龙 | 静安寺路赫德路175号 |
| 建国工业社 | 李谷邨 | 小沙渡路1233弄488号科铸工厂内 |
| 大禾实业工厂 | 沃树炎 | 金神父路252号 |
| 广利机器厂 | 叶智骏 | 南市小南门黄家路106号 |
| 民治纺织染公司 | 何寿良 | 迈尔西爱路303号 |
| 精一科学器械制造厂 | 胡允甫 | 金神父路252号 |
| 建华电器厂 | 乐葆云 | 福建呼152号3桉荣泰实业公司内 |
| 华化学制药厂 | 陈汉清 | 中国企业银行大楼3楼306号 |
| 永安电磁厂 | 乐颂云 | 福建路152号3楼 |
| 家庭工业社渝厂 | 庄茂如 | 汉口路429弄 |
| 中原橡胶厂 | 张汝砺 | 静安寺路1093号 |
| 久大棉织厂 | 金震一 | 盛泽街93号2楼 |

续表

| 厂名 | 负责人 | 通讯处 |
|---|---|---|
| 华昌电机制造厂 | 施咸通 | 白利南路315号 |
| 重庆科学仪器厂 | 王柏生 | 福州路406号 |
| 中原机电工厂 | 侯启泉 | 北京路690号中国工商企业公司曹经理转 |
| 国泰颜料厂 | 曹莘畊 | 江西路105号新莘萧荷公司内 |
| 中和化工厂 | 郭森鑫 | 北京路690号中国工商企业公司曹经理转 |
| 福民实业公司 | 袁国梁 | 西摩路203号2号(静安寺路口) |
| 公益纺织面粉制造厂 | 章剑慧 | 西摩路203号2号(静安寺路口) |
| 申新第四纺织公司 | 章剑慧 | 西摩路203号2号(静安寺路口) |
| 民康实业公司 | 李颖川 | 迈尔西爱路303号 |
| 永兴铁工厂 | 朱金生 | 新闸桥路64号钱顺兴号转 |
| 允利实业公司 | 薛明剑 | 江西路421号 |
| 天兴机器制造厂 | 石顽<br>忻益昌 | 北京路634号正和号转 |
| 桂林求精机器铁工厂 | 袁渭清 | 北四川路底永安里62号 |
| 建国机器厂 | 沙千里 | 山东路227弄20号瑞泰号转 |
| 亚东祥记织造厂 | 杨云樵<br>胡藩田 | 山东路金□街8号新昌□□行内 |
| 循规机器厂 | 李惕民 | 永安街永安坊7号 |
| 钦州五金机器厂 | 钱久达 | 新闸桥路41号 |
| 赵金记机器厂 | 赵金元 | 康口脱路北西摩路849弄140号 |
| 光明电器制造厂 | 杨亚山 | 北四川路760弄41号 |
| 新华机械厂 | 赵秋棠 | 塘山路日新里4号亚达机器厂杨□庭转 |
| 桂林国成机器厂 | 章国成 | 四马路山西路口清洱罩内百福里五号 |
| 中国毛纺织公司 | 陈蔚青<br>徐谟君 | 四川路33号6楼章华公司转 |
| 京华印书馆 | 沈云峰 | 北四川路810号 |
| 中国实业机器厂 | 方再兴 | 汉口路692号 |
| 华侨协昌和记机器厂 | 王文元 | 四川路417号大华杂志公司转 |
| 亚洲制刀厂 | 岳奎璧 | 五马路金寿里19号 |
| 振兴饼干糖果厂 | 彭文安 | 中正路中南饭店304号 |
| 中国纺织设计社机械厂 | 桂实之 | 齐齐哈尔路上海第五纱厂 |
| 张瑞生铁工厂 | 张瑞生 | 周家嘴路顺德里68号 |

续表

| 厂名 | 负责人 | 通讯处 |
|---|---|---|
| 川昌和记机器造船厂 | 徐光义 | 威海卫路同享路口492弄9号建东机器厂 |
| 中国机械工具制造厂 | 何安亭 | 槟榔路391号源□木行转 |
| □□电灯泡厂 | 何安亭 | 槟榔路391号源□木行转 |
| 亚浦耳电器厂 | 胡西园 | [不清] |
| 友联皮带制造厂 | 李友廷 | [不清] |
| 中兴铁工厂 | 陈炳勋 | [不清] |
| 德记协大铁厂 | 林长根 | [不清] |
| 启文机器厂 | 李翊生 | [不清] |
| 中国生化制药厂 | 倪声 | 江西路322号 |
| 华美电业机器厂 | 李贻棠 | 中山东工路3号 |
| 民兴实业公司 | 刘景文 | [不清] |
| □康机器翻砂厂 | 高天祥 | [不清] |
| 勉记机制砖瓦厂 | 陈勉 | [不清] |
| 渝鑫钢铁厂 | 余名钰 | [不清] |
| 天原味精厂 | 吴蕴初 | [不清] |
| 维昌纺织厂 | 陆□□ | [不清] |

注：①此件"电话"一栏略。

②此件时间沿用迁川桂工厂联合会办事处抄寄时间为准。

[重庆市工业同业公会档案]

## 6. 商务日报有关战后迁川工厂停业留川的数量报道（1946年6月14日）

（中央社讯）渝市社会局统计室据迁川工厂第9届会员大会所送名册及经济部核准停业工厂名册，获得各厂停业、留川统计数字如后：

| 种类 | 迁川工厂数 | 停业厂数 | 留川工厂 |
|---|---|---|---|
| 机器制造业 | 185 | 98 | 87 |
| 化学工业 | 57 | 3 | 57 |
| 纺织工业 | 37 | 1 | 36 |
| 电工器材制造业 | 33 | 15 | 18 |

续表

| 种类 | 迁川工厂数 | 停业厂数 | 留川工厂 |
|---|---|---|---|
| 冶炼工业 | 20 | 3 | 17 |
| 印刷工业 | 18 | 1 | 17 |
| 综合工业 | 15 | 1 | 14 |

其他建筑工程9家,皮革毛骨及橡皮制造业7家,服用品制造业5家,饰物文具仪器制造业4家俱仍留川。迁川工业中无水电及动力、交通用具制造业、国防用具制造业、土石品制造业等工厂,故民族工业尚待国人努力。

[重庆《商务日报》1946年6月14日]

### 7. 资源委员会电化冶炼厂结束计划①(1946年8月)

本厂奉令结束,大部分员工须予分别迁散。原有职员199人,工人900人,除一部分职员计共107人调赴东北、台湾等处协助接收工作或返籍候调者外,其余本年度开始,即迁散职员20人,工人715人。遵奉会令,保留保管职员15人,工人80人,此项薪饷数目已照列入预算内维持项下。此外尚余待迁调职员43人(外另有奉派出国人员14人,将来调拨台湾铝业公司,故未列入),工人105人因奉令暂时局部复工,炼制精铜以应兵工需要,是项员工薪津另作管理费用列支,不列入结束费预算。俟至年底左右,精铜炼竣后即予分别迁调,其迁散费兹经如数编列。

[资源委员会电化冶炼厂档案]

### 8. 新华日报有关迁川工厂倒闭情况的报道(1946年12月)

**(1)12月10日**

(本报消息)自从放火炮后,因为内战打起来,而且官僚买办资本作祟,与民争利,加之在美货倾销下,内地工业差不多垮台了。据某工业团体的统计:内地原有中小工厂1,200家,现在关了门的有80%;重庆工协的会员原有470家,现在关了门的有2/3,其余除了少数几家工厂,都是半关门的状态;迁川

---

① 此件采用原标题。

工厂原有390家,现在只剩下100家了,这100家中开工的只有20家;制革业原有会员432家,现在关了门的有200多家,机器业原有435家,准停的63家,自动关了门的有141家,复员的有49家,现在开工的有182家,这100多家多是小铁工厂,大都在半停工状态;金属冶炼业有2/3关了门,1/3歇了业,只剩1家了,制酸业只剩1家了,夹江纸业从前有七八千家,现在只有1,500多家了。

(2) 12月22日

(本市消息)此间迁川工厂联合会自去年9月份起即开始重新登记会员,但截至目前为止,来登记的只有100家,这100家中有一半已经关了门,其余50家,除极少数尚在开门,大多数是处于半开门状态中。迁川工厂负责登记的人告诉记者:"垮光了!垮光了!"

[1946年12月新华日报]